Studies in Talmudic Logic

Volume 7

Delegation in Talmudic Logic

This book studies the Talmudic approach to Delegation. We develop logical models for the basic Talmudic views of delegation. The Talmudic approaches to the relationships between the Principal and his Agent/Delegate are fundamentally very logical, and deal with questions like chains of delegations, transfer of power, cancellations, death, irresponsible behaviour, change of the terms of delegation, and much more. We highlight the differences between the Talmudic approach and the view of delegation in modern legal systems.

Volume 1
Non-Deductive Inferences in the Talmud
Michael Abraham, Dov Gabbay and Uri Schild

Volume 2
The Textual Inference Rules Klal uPrat. How the Talmud Defines Sets
Michael Abraham, Dov Gabbay, Gabriel Hazut, Yosef E. Maruvka and Uri Schild

Volume 3
Talmudic Deontic Logic
Michael Abraham, Dov Gabbay and Uri Schild

Volume 4
Temporal Logic in the Talmud
Michael Abraham, Israel Belfer, Dov Gabbay and Uri Schild

Volume 5
Resolution of Conflicts and Normative Loops in the Talmud
Michael Abraham, Dov Gabbay and Uri Schild

Volume 6
Talmudic Logic
Andrew Schumann

Volume 7
Delegation in Talmudic Logic
Michael Abraham, Israel Belfer, Dov Gabbay and Uri Schild

Studies in Talmudic Logic
Series Editors
Michael Abraham, Dov Gabbay, and Uri Schild
dov.gabbay@kcl.ac.uk

Delegation in Talmudic Logic

Michael Abraham

Israel Belfer

Dov Gabbay

and

Uri J. Schild*

Bar Ilan University

*and Ashkelon Academic College

ISBN 978-2-84890-078-3

College Publications
Scientific Director: Dov Gabbay
Managing Director: Jane Spurr

http://www.collegepublications.co.uk

Printed by Lightning Source, Milton Keynes, UK

Delegation, Count as, and Security in Talmudic Logic

M. Abraham, R. Belfer, D. Gabbay, and U. Schild

Abstract

Delegation is a commonplace feature in our society. Individuals give power of attorney to their lawyers to perform certain actions for them (e.g. buy or sell property), institutions delegate to certain employees to sign for them (human resources send letters of appointment) and owners can grant access and administrative rights to other people in relation to their servers.

The logic behind such a system has been studied by several communities.

In philosophy this is known as "count as". X counts as Y in context C.

In law there are various rules for power of attorney.

In computer science one talks about access control and delegation.

This paper examines the approach to delegation in Talmudic Logic.

The current approaches to delegation, mainly study three features

1. Dominance — if several primary sources delegate to secondary sources who carry on delegating then what is the dominance relationship among the chains of delegations
2. Revocation — if some sources revoke the delegation or some change their minds and reinstate, how does this propagate through the chains of delegations?
3. Resilience — if one source revokes delegation do we cancel other delegations from other sources on the grounds that we now do not trust the delegate?

In the literature systems have been constructed which either model or implement a calculus of Delegation-Revocation (Privilege calculus). Their purpose is to answer the question of whether the chain of delegation and revocations can allow an agent to perform an action and their models are chain update models.

The Talmudic approach is slightly different not only in the details of its model but also in its point view.

The Talmud not only examines[1] the procedure of the actual acts of delegation and revocation and its calculus but also includes the analysis of ordinary actions (not just chain update actions) — their elements of

[1]The Talmud deals with delegation — Shlichut — in various contexts. It appears in many places across Talmudic literature, for example Tractate Kidushin, 41b-42a (basic source on the subject), Tractate Gittin 18a, 33c (on inexplicit multiple delegation).

agency, action, deliberation and competence. These attributes have preconditions addressing not only acts but also delegation and revocation chains leading to the actions. The Talmud also addresses cases of delegated agents unable to execute the actions for various reasons, and the possibility of agents going mad or dying during the delegation revocation process, with their repercussions.

1 Background and orientation

Delegation is a commonplace feature in our society. Individuals give power of attorney to their lawyers to perform certain actions for them (e.g. buy or sell property), institutions delegate to certain employees to sign for them (human resources send letters of appointment) and owners can grant access and adminisrtative rights to other people in relation to their servers.

The logic behind such a system has been studied by several communities.

In philosophy this is known as "count as". X counts as Y in context C [17, 18, 14], and see [10] for a survey.

In law there are various rules for power of attorney.

In computer science one talks about access control and delegation, see for example [16].

This paper examines the approach to delegation in Talmudic Logic.

The following are feature to be addressed:

1. The general logical context in which delegation takes place.
2. Exactly how (by what process) does agent **a** delegate to agent **b** item φ.
3. What are the rules for making chains of delegation?
4. How can delegation be revoked in a chain?
5. What happens in a delegation chain if some of the agents in the chain become insane (i.e. irresponsible or generally break down) and how to continue if such agents become sane again? What if they die (drop out permanently)?
6. What to do if some agents exceed their remit in a chain (e.g. human resources in a University sends a letter of appointment by mistake to the wrong candidate)?
7. It may be the case that several agents $\mathbf{a}_i$ capable of executing action α, each delegates to the same agent **b** to do α. Meanwhile some of these agents $\mathbf{a}_i$ go insane, some die, and some cancel the delegation. What can **b** do?

A word on methodology. The Talmud (completed at the end of the fifth century) and its later interpreters (another 5-10 centuries) is full of debate about various cases of delegation. There is no formal logic, but a dialogue-based argumentation and analysis that is true to the casuistic nature[2] of the

[2] Cf. Leib Moscovitz, Talmudic Reasoning: From Casuistics to Conceptualization, Tübingen: Mohr Siebeck, 2002.

Talmud's core object of analysis (the Mishna). This process involves various case studies of "hard-cases" and approaches offered by various deliberators. Finding the logic behind such extravagantly lively debate, spread over thousands of discussions is challenging: It requires find a logical model with some degrees of freedom and a mapping of the various scholars or views to parameters in the logical model. We then have to go to all places and cases in the Talmud where there is a debate and the model must explain each move in each argument in each debate in each place in a perfect match. This is possible to do because as a body of law, Talmudic debates are remarkably coherent and consistent, with much effort invested in sorting out conceptual irregularities and disagreements. A formal-logical background is called for especially where it can benefit the Talmudic scholar (in the deliberation process) as well as the benefit of formulating that the Talmud implicitly uses and can be beneficial in the development of modern logic.The Talmudic logic project is geared toward this dual goal.

The topic of delegation is the sixth topic in Talmudic logic which we are examining. We have already published five books modelling five previous topics, using the same methodology.[3]

3

1. Non-deductive Inference in the Talmud (with M. Abraham and U. Schild). 350pp, College Publications, 2010.
   We analyse the three basic non-deductive rules of Talmudic inference; namely Kal Vachomer (Argumentum A Fortiori) and the two kinds of Binyan Av (Analogy and Induction). We construct a unified Matrix Abduction model that explains all the major instances of these rules in the Talmud.

2. The Textual Inference Rules Klal uPrat. How the Talmud Defines Sets (with M. Abraham, G. Hazut, Y. Maruvka and U. Schild). 300pp, College Publications, 2010.
   We analyse the Klal uPrat family of textual rules in the Talmud. We view them as common-sense practical rules for defining sets. Such methods do not exist in general common-sense logical systems, and they complement the existing common-sense (non-monotonic) deductive logics.

3. Talmudic Deontic Logic (with M. Abraham and U. Schild). 296pp, College Publications, 2010.
   In this book we study the Deontic Logic of the Talmud. We find the system is different from the formal deontic logical system currently used in the general scientific community, both in its ethical aspects as well as in its legal aspects. We show that the Talmudic distinctions between Obligations and Prohibitions are not based on the manner of execution of actions (positive action or lack of action) and offer a suitable model for such distinctions.Our model distinguishes between the normative and practical aspects of the Talmudic legal and ethical argumentation and discusses several applications and clarifications to current so called paradoxes of Deontic Logic as related to Contrary to Duties and to legal and ethical practical decision making.

4. Temporal Logic in the Talmud (with M. Abraham, I. Belfer and U. Schild). 674pp, College Publications 2011.
   This book studies Talmudic temporal logic and compares it with the logic of time in contemporary law. Following a general introduction about the logical handling of time, the book examines several key Talmudic debates involving time. The book finds that we need multi-dimensional temporal models with backward causation and parallel histories.

   It seems that two major issues are involved:

   (a) Actions conditional about future actions (Tenayim), connecting with backward causality;

2 Motivating the Talmudic system

Let $\mathcal{A}$ be a set of actions and $\mathbf{A}$ be a set of agents. We need a relation $\mathbb{R} \subseteq \mathbf{A} \times \mathcal{A}$ giving us for each agent $\mathbf{a}$ in $\mathbf{A}$ the set of all actions $\alpha \in \mathcal{A}$ such that $\mathbf{a}$ can execute α ($\mathbf{a}$ has the authority to execute α). The actions have the form $\alpha = (A_\alpha, B_\alpha)$, where A_α is the pre-conditon and B_α is the post-condition. A_α and B_α are written in some predicate language $\mathbb{L}$, to be decided according to the required strengths and specifications of Talmudic delegation structure.

An agent $\mathbf{a}$ can delegate his authority to do any action to agent $\mathbf{b}$ (there are some restrictions on agent $\mathbf{b}$, like he has to be sane and responsible and can perform actions similar to α). He must not be involved in the action α himself, and the action α must be legally meaningful). We need a relation $\mathbb{D}$ where $\mathbb{D}(\mathbf{a}, \mathbf{b}, \alpha)$ means that $\mathbf{a}$ delegated action α to $\mathbf{b}$. This can be delegated further by $\mathbf{b}$. So the relation $\mathbb{R}$ can be expanded to a relation $\mathbb{F}^*$, namely

$$x\mathbb{R}^*\alpha \text{ iff } \exists y_1, \dots, y_k \text{ for some } k, \text{ such that } y_1\mathbb{R}\alpha \wedge \bigwedge_{i=1}^{k-1} \mathbb{D}(y_i, y_{i+1}, \alpha) \wedge y_k = x.$$

In order to model the complexities of delegation in Talmudic logic we want to realise $\mathbb{D}$ using tokens (modern papers call them certificates, see for example [2, 6] and [15]).

An agent $\mathbf{a}$ which can do α has a token $\mathbb{T}(\mathbf{a}, \alpha)$. Think of it as a copy print of $(\mathbf{a}, \alpha) \in \mathbb{R}$. If $\mathbf{a}$ wants to delegate to $\mathbf{b}$, he signs on the token, "I authorise $\mathbf{b}$'. We denote this by $(\mathbf{a}, \mathbf{b}, \alpha)$. Thus we can get the chain $(y_1, \dots, y_k, \alpha)$. If y_k wants to execute an action α, $\alpha = (A_\alpha, B_\alpha)$, the language $\mathbb{L}$ must also enable A_α to ask y_k: do you have a token $(y_1, \dots, y_k, \alpha)$?

So for example to sell a table t, we need the agent $\mathbf{a}$ to own t and then he can sell it to agent $\mathbf{b}$. Or we can have $(\mathbf{a}, y_1, \dots, y_k,$ sell table) and y_k can sell the table on behalf of $\mathbf{a}$. So the language $\mathbb{L}$ must contain $\mathbb{D}$, as well as the names of agents and facts about the world.

This is a language where $\alpha = (A_\alpha, B_\alpha)$ and A_α can talk about α. It is a self reflecting language.

Different delegation theories will be implemented by different properties of the tokens.

There are two main types of delegation in Talmudic logic.

(b) Actions involving entities defined using future events (Breira), connecting with ideas from quantum mechanics.The book concludes with a general comparative discussion of the handling of time in general law and in the Talmud

5. Resolution of Conflicts and Normative Loops in the Talmud (with M. Abraham and U. Schild). 316pp, College Publications 2011.
In this book we describe the fundamental rules for conflict resolution and address the basic Talmudic methods for resolving conflicts. We also investigate logical loops in Talmudic argumentation. It is obvious that one needs meta-level (out of the box) considerations. We also consider conflicts between Biblical Obligations and Prohibitions, a topic we studied in our third book. We conclude by comparing some features of conflict resolution with our matrix model presented in our first book.

1. *Power of attorney* view (Maimonides[4] view).

2. The *long arm/extended reach* view (Tur[5] view).

If **a** delegates to **b** and **b** delegates further to **c**, let us refer to **a** as the master (or principal, using modern terminology) and to **b** as the agent and to **c** as the subagent.

The *power of attorney* view is for the master to delegate to an agent to do action α.

The action is done by the agent and the result of the action is passed on to the master.

The *long arm* view is that the agent is an extension of the arm of the master, and the master is doing the action α by means of his arm extension — the agent.

So the agent "counts as" the master.

We model the difference between these two views through the properties of the token. The token is given from the master to the delegated agent and in the token there is a list of actions to be done by the agent.

The *power of attorney* view postulates a token for each agent. The *long arm* view postulates a token for each delegated action/job.

The token per agent view envisages the token as listing all the actions to be done. These include actions that the master has authority to do, as well as actions which he (the master) was originally recruited by a previous master to do (to whom he acts as an agent).

Figure 1 shows what this token looks like. Note also that this token allows for the master to cancel the appointment of the agent as an agent for the action (in modern terminology, the master revokes the delegation to the agent).

In the case of the *long arm* view, the tokens look like Figure 2

We now describe what happens when agent John Smith wants to execute an action. We check the following:

1. The *power of attorney* view checks whether action α shows in John Smith token (see Figure 1). Is he the master for this action? Was he appointed agent for this action by a master who has authority? Was he appointed by an agent who was himself appointed by a master? etc. All the above is supposed to be recorded in the token.

---

[4]Named here for Moses ben-Maimon, called Maimonides or Ramban (Hebrew acronym for "Rabbi Moshe ben Maimon"). For the *power of attorney* view, Cf. Rabbi Isaac Herzog, *The Main Institutions of Jewish Law, Vol. II. The Law of Obligations*, (2nd ed.) London: Soncino, 1967, pp. 141–142

[5]Jacob ben Asher, also known as Ba'al ha-Turim as well as Rabbi Yaakov ben Raash (Rabbeinu Asher), was likely born in Cologne, Germany, c. 1269 and likely died in Toledo, Spain, c. 1343. In point of fact, the *long arm/extended reach* and *power of attorney* concepts were suggested later on and used to explain the Tur. Cf. Ketzot Hachoshen (Aryeh Leib Heller-Kahane, 1745–1812), Ch. 188, ii; 244, iii.; Lekach Tov (Yosef Engel, 1858–1920), Ch. 1. In the Tur, the limits of delegation are mentioned in Even haEzer, Ch. 141 section 43, regarding the laws of divorce contracts (Gitin) and the ability of a receiving agent (Shaliach Kabala) to delegate his task.

Note by the way the English expression "The long arm of the law".

Owner of token:	John Smith Social Security number (SSN):

Action	Master (who has authority over the action)	Verify nomination of owner of this token (i.e. John Smith)
1. Sell house (property ♯)	Terry Jordan owner of the house	+from Terry
2. α	**a**	+from **a**

Figure 1:

action α. Issued by agent **a** such that $\mathbf{a}\mathbb{R}\alpha$.

Figure 2:

2. The *long arm* view would simply check if our John Smith has the token as in Figure 2.

Example 2.1 *To see the difference between the two views, let us assume that the master* **a** *appointed* **b** *as an agent for him to do action* α*, and then lost his mind.*

The long arm *view will say the action cannot be performed because the source of the long arm, the master, is mentally incapacitated, making his* long arm/extended reach *useless, as he is without a sound mind. If we look at the token 2, the* **a** *in* $\mathbf{a}\mathbb{R}\alpha$ *is no longer sane.*

The power of attorney *view, the owner of the token (the agent* **b***) is capable and sane, his token indicates he has the authority to take action, so he can do it!*

Let us take a very simple example from practice. The manager of a company delegates to a secretary to delete certain sensitive files from the server, just before a shareholders' meeting is about to take place. The secretary goes to the meeting and intended to do the action afterwards. During the stormy meeting, the manager resigned and discussions were ongoing about appointing a new manager. The long arm *view would say the secretary cannot delete the files because she is the long arm of the manager who is no longer in power, he resigned. The* power of attorney *view says that the secretary has a power of attorney, he/she should do the action and delete the files.*

Example 2.2 (Cancellation and reinstatement)

1. *Both views allow for cancellation (the modern term is revocation). The master cancels either the token of Figure 1 or of Figure 2, depending on the view.*

2. *Both views agree that if the master becomes sane again (the manager of Example 2.1 gets reinstated) the action can take place without the need for doing again the formal appointment of delegation (i.e. the secretary need not ask the reinstated manager to reconfirm his instructions to him/her).*

Example 2.3 (The delegated agent becomes insane) *Suppose the agent goes crazy, and then becomes sane again (goes through a mental breakdown for a while). Can he/she continue being an agent and execute the action?*

According to the long arm *view he can. He got the token, he is now sane, so he can do it. Similarly according to the*power of attorney *view. He got the token.*

There is a difference however in the view about pre-condition A_α of α.

The long arm *view says A_α must check the sanity (capability) of both the master who controls the long arm and the agent, who is the arm. Both have to be functional.*

The power of attorney *view needs the functionality check in A_α of the agent only. The agent carries the token, he is supposed to execute the action!*

We now examine how, according to each view, an agent can nominate a subsgent for himself.

The *long arm* view treats this very simply. The agent has a token as in Figure 2. So he just passes this token on to his subagent. All very simple. The subagent is now the long arm of the master. The agent is no longer in the picture. We may have a long chain of such nominations. So a by-product of this view is that the master can cancel the nomination of his long arm agent at the end of the chain, no matter how long the chain is.

The *power of attorney* view would have to say that the subagent is delegated from the agent and not from the master. Thus the token must record this information. It must record the chain of delegations from agent to agent. A by-product of this view is that the master cannot cancel the nomination of the subagent. The subagent was nominated by the agent not by the master! The master can cancel the nomination of the agent but if the agent has already nominated a subagent then the nomination of the subagent stands! Figure 3 shows what the token looks like.

3 Technical definitions of the logical model

3.1 Preliminary discussion

The framework in which we are working involves agents and actions, with a relation $\mathbb{R}$ between agents $\mathbf{a}$ and actions α, saying whether agent $\mathbf{a}$ can execute action α ($a\mathbb{R}\alpha$). α has preconditions A_α and postconditions B_α.

To this model we add the delegation component, in which agent $\mathbf{a}$ can delegate to agent $\mathbf{b}$ the execution of action α. We wrote this as $\mathbb{D}(\mathbf{a}, \mathbf{b}, \alpha)$.

Thus any model of delegation needs to be based on a model for agents and actions. Since our primary interest is in modelling delegation we can take a simple basic model of agents and actions, without any fine refinements

Owner of token: John Smith. SSN:

Action	Master **a**	who nominated John	confirm nomination from Levy not retracted	Who nominated Levy	Confirm nomination from Terry not retracted
sell house: address	Terry Jordan	+Levy =**c**	+confirm	+Terry =**b**	+confirm
α	**a**	**c**	+	**b**	(negative, **a** retracted the nomination

Figure 3:

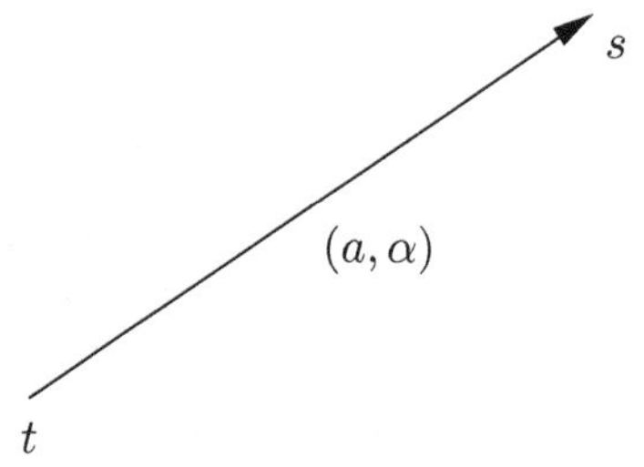

Figure 4:

(coming from a sophisticated multi-agent theories), provided that this agent-action model is rich enough to allow us to express all the delegation features we need to model.

Definition 3.1 *Let* $\mathbf{A}$ *be a finite set of agents and* $\mathcal{A}$ *a finite set of actions. By a basic multi-agent system we mean a tuple of the form* $\mathfrak{M} = (S, \mathbf{R})$*, where* S *is a non-empty set of states and* $\mathbf{R} \subseteq (S \times S) \times \mathbf{A} \times \mathcal{A}$.

When $(t, s, \mathbf{a}, \alpha) \in \mathbf{R}$*, we draw it graphically as in Figure 4. The figure means that at state* t *agent* $\mathbf{a}$ *can execute action* α *which moves the system to state* s.

It may be that agent $\mathbf{b}$ *can also execute* α *at state* t *but not agent* $\mathbf{c}$*. So we write Figure 5.*

where $\mathbf{E} \subseteq \mathbf{A}$ *is the set of agents which can execute* α *at state* t.

Thus

$$\mathbf{E} = \{\mathbf{x} | (t, s, \mathbf{x}, \alpha) \in \mathbf{R}\}.$$

We need to require that the execution of α *is deterministic, i.e.*

- $(t, s, \mathbf{x}, \alpha) \in \mathbf{R}$ *and* $(t, s', \mathbf{y}, \alpha) \in \mathbf{R}$ *impies* $s = s'$.

We believe that this simple model is good enough for our purposes.

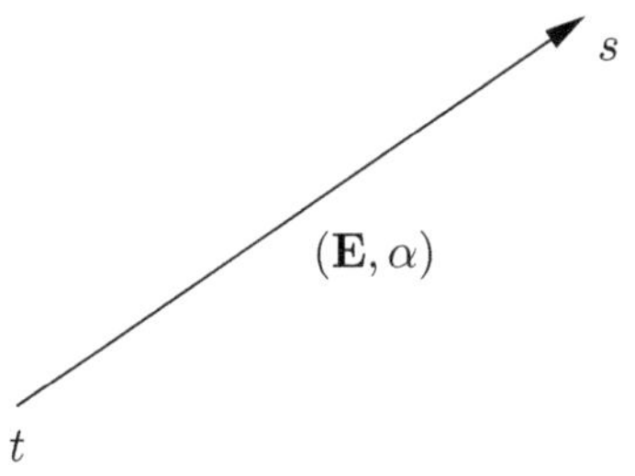

Figure 5:

Remark 3.2 *Note that we ignored the representation of the preconditions A_α and postconditions B_α of actions α. This we can do because we use a set of states. If A_α does not hold at state t then the action cannot be taken. If it is taken then B_α holds at state s.*

Thus to complete the model, we take $(S, \mathbf{R})$ and associate with each $t \in S$, a model $\mathbf{m}_t$ of the language $\mathbb{L}$ of the preconditions and postconditions, so that we can write $t \vDash A_\alpha$ or $s \nvDash B_\alpha$, etc.

Thus our final models have the form

$$\mathfrak{M} = (S, \mathbf{R}, \mathbf{m}_t), t \in S.$$

The above does not deal with delegation yet. We now examine our options for modelling delegation.

It is convenient to list the views and types of delegation we encountered in Section 2.

Type 1. **a** delegates to **b** action α in any context (state), e.g. "sell my house".

Type 2. **a** delegates to **b** action α only in certain contexts, e.g. "sell my house when the Euro is over 1.30 to the dollar".

Type 3. Preconditions and postconditions of actions involve delegation considerations, even though the action itself is not a delegation action.

For example, when **a** delegates to **b** action α then when **b** wants to execute α, part of the precondition of α is that agent **a** is sane and alive.

View 1. Agent **b** is the long arm of agent **a**.

In this case if we are at state t, we move to state s after the execution of the action (either by **a** or by **b**).

View 2. Agent **a** gives Talmudic power of attorney to agent **b** for example, to buy a house for him from agent **c** or to collect a debt for him from agent **c**.

In this case the execution of the action may result in an intermediate state. In the case of buying a house there is no intermediate state, but in the case of collecting a debt, where agent **c** also owes money to agent **b**, there is an intermediate state. We view the sequence of actions to be that the money first goes in the hands of agent **b**, who then passes it to agent **a**. So if we start at state t we move to t' and then to s, unlike the long arm delegation, where we move from t to s directly.

Option 1: The fibred (combined) option

This option puts a delegation program or logic next to a model $\mathfrak{M}$ for agents and actions. The program is used to update the relation $\mathbf{R}$ in $\mathfrak{M}$.

Let Δ be a database of all the delegation tokens in the system. The model becomes

$$\mathfrak{M} = (S, \mathbf{R}^{\Delta}, \mathbf{m}_t), t \in S.$$

When an agent delegates an action to another agent, the delegation database Δ is updated to Δ' and $\mathfrak{M}$ changes to

$$\mathfrak{M}' = (S, \mathbf{R}^{\Delta'}, \mathbf{m}_t), t \in S.$$

So the update system of Δ communicates with $\mathbf{R}$ of $\mathfrak{M}$.

Thus logically modelling such a system requires the logical modelling of communication between a program and a logic.

Since the updating system is independent of $\mathfrak{M}$, many researchers use Δ only as models of delegation and do not mention $\mathfrak{M}$ at all. This may not be possible if the systems interact. For example, part of the precondition of action α may be that it is not performed through delegation. The prime minister of a country or a King, for example, cannot freely delegate some actions associated with his position. A wife having difficulties giving a child to her husband cannot, nowadays, delegate the job to her maid, as was the custom in Biblical times.

Another example is when the delegations comes as a result of an action α in the real world is the following. If I run over the parents of a small child then by law the court becomes delegates for his interests. So here the delegation is a postcondition of my actions.

In such cases, where there is interaction between the delegation system and the preconditions and postconditions of ordinary actions, the next integrated model is a better option.

Option 2: The integrated model

This model views the delegation details (certificates, tokens, etc.) as part of the state $t \in S$, and the act of delegation is viewed as just another action modifying the state. So in this integrated model, $\mathbf{m}_t$ talks not only about facts, but includes the details of each delegation certificate/token ever issued. The precondition of actions must include that the action is executed by an agent who has the valid delegation token for the action.

A variety of models can be constructed under this option, but they all have the drawback that the delegation part gets a bit lost as a separate system. We could save the uniqueness of the delegation part by separating delegation

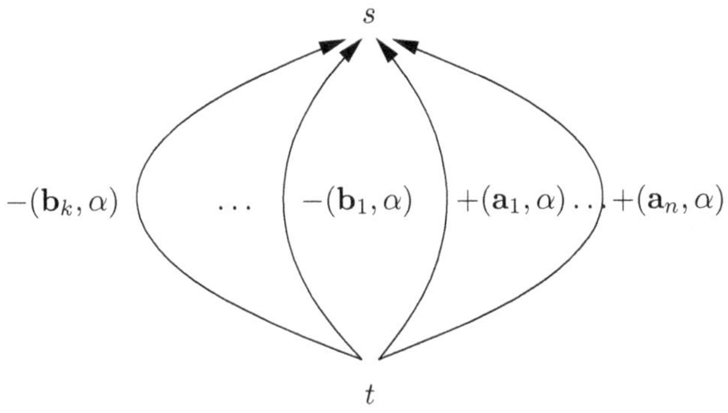

Figure 6:

actions from ordinary actions and add temporal like connectives to the model which can chain correctly the delegation actions, etc., etc. If we do that well, we will be back to Option 1, hidden inside Option 2 under the guise of additional connectives.

Option 3: Reactivity model for the *long arm* view of the Tur

We now intuitively explain the components of this model. It is an integrated model which uses reactivity to separate delegation actions from ordinary actions in a natural way. For reactive Kripke models see [9].

It is best suited when there is intereaction between delegation and post and preconditions of actions or where there are delegations which are valid only in certain contexts (states).

If delegations involve just agents and actions then Option 1 may be best.

First we decide that we keep the agent action model as it is, with the states describing pure facts, with no mention of delegation. So the relation $\mathbf{R}$ can be represented as in Figure 5. So there is no mention of delegation in this figure. We are going to add delegation into it. We need to write Figure 5 more explicitly. Consider Figure 6.

This Figure contains some information as Figure 5. We just wrote the information explicitly. We have $\mathbf{E} = \{\mathbf{a}_1, \ldots, \mathbf{a}_n\}$ and $\mathbf{A} - \mathbf{E} = \{\mathbf{b}_1, \ldots, \mathbf{b}_k\}$.

The action α can be executed by $\mathbf{a}_1, \ldots, \mathbf{a}_n$ and so we have the arrows $t \to s$ annotated by $+(\mathbf{a}_i, \alpha), i = 1, \ldots, n$. The action α cannot be taken by $\mathbf{b}_1, \ldots, \mathbf{b}_k$ and so we have the arrows $t \to s$ annotated by $-(\mathbf{b}_j, \alpha)$.

It would be easier to replace the relation $\mathbf{R}$ by its characteristic function $\mathbf{F}_{\mathbf{R}}$. We have

$$\mathbf{F}_{\mathbf{R}}(t, s, \mathbf{a}, \alpha) = 1 \text{ iff } (t, s, \mathbf{a}, \alpha) \in \mathbf{R}.$$

From now on we regard $\mathbf{R}$ as such a function (by abuse of notation).

We begin discussing delegation for the *long arm* view of the Tur:

Now suppose we perform an action of delegation. Agent $\mathbf{a}_1$, who can perform action α, wants to delegate to agent $\mathbf{b}_1$, the execution of α at state t. Agent $\mathbf{b}_1$ cannot perform action α at state t before the delegation (i.e. we have

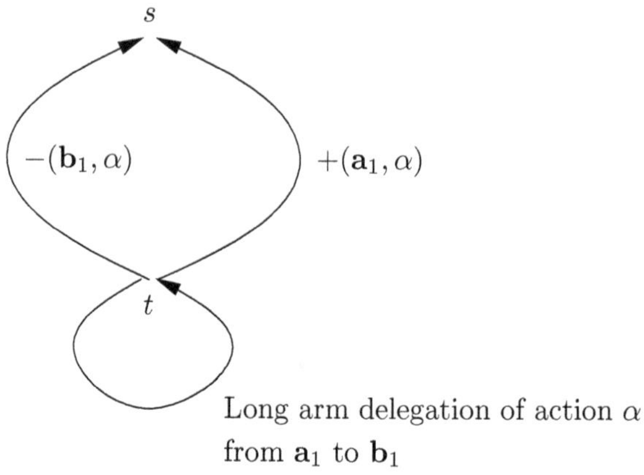

Figure 7:

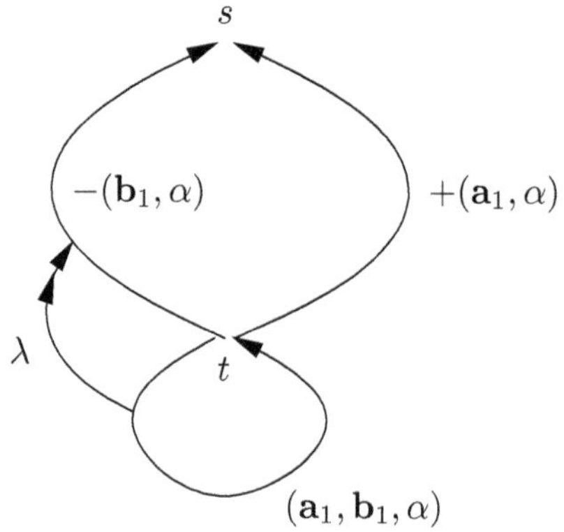

Figure 8:

$+(\mathbf{a}_1, \alpha)$ and $-(\mathbf{b}_1, \alpha)$ before the delegation) but after delegation $-(\mathbf{b}_1, \alpha)$ is updated and changed to $+(\mathbf{b}_1, \alpha)$.

How do we represent this using reactive arrows? When we perform the delegation action, we remain at state t, since in our model, the states represent facts about the world and do not contain any token/certificate delegation information.

Figure 7 represents this move for $\mathbf{a}_1$ and $\mathbf{b}_1$.

We represent Figure 7 by the reactive Figure 8.

The reactive double arrow is written as

$$(t \rightarrow_{(\mathbf{a}_1, \mathbf{b}_1, \alpha)} t) \twoheadrightarrow_{\lambda} (t \rightarrow_{(\pm(\mathbf{b}_1, \alpha)} s).$$

λ is a label indicating the nature of the delegation/revocation double arrow. As $\mathbf{a}_1$ moves from t to t along the arrow, he triggers the double arrow which sends a signal λ to $t \rightarrow_{\pm(\mathbf{b}_1, \alpha)} s$. Let us assume that $\lambda =$ switch. Then if the annoation of $t \rightarrow s$ is "+", it turns into "-" and if it is "-" it turns it into "+".

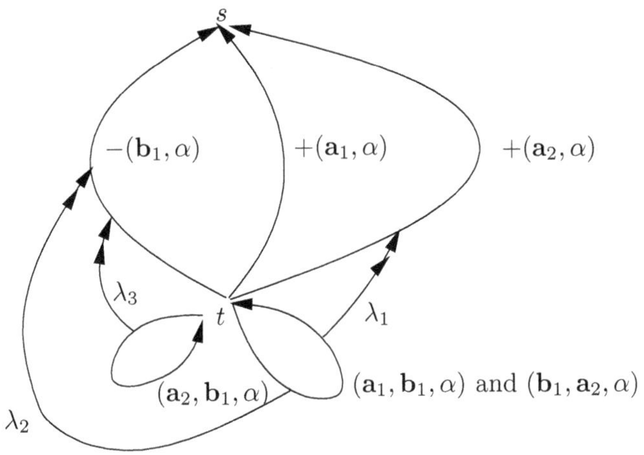

Figure 9:

thus the double arrow is a switch!

Let us look at Figure 9.

Again, let us assume that $\lambda_1 = \lambda_2 = \lambda_3 =$ switch. Suppose $\mathbf{a}_1$ goes along the path

$$t \rightarrow_{(\mathbf{a}_1,\mathbf{b}_1,\alpha)\ and\ (\mathbf{a}_1,\mathbf{a}_2,\alpha)} t \rightarrow_{(\mathbf{a}_1,\mathbf{b}_1,\alpha)\ and\ (\mathbf{a}_1,\mathbf{a}_2,\alpha)} t$$

and then $\mathbf{a}_2$ continues along the path $t \rightarrow_{(\mathbf{a}_2,\mathbf{b}_1,\alpha)} t$.

The total movement is

$$t \rightarrow_{(\mathbf{a}_1,\mathbf{b}_1,\alpha)\ and\ (\mathbf{a}_1,\mathbf{a}_2,\alpha)} t \rightarrow_{(\mathbf{a}_1,\mathbf{b}_1,\alpha)\ and\ (\mathbf{a}_1,\mathbf{a}_2,\alpha)} t \rightarrow_{(\mathbf{a}_2,\mathbf{b}_1,\alpha)} t$$

The first $t \rightarrow_{(\mathbf{a}_1,\mathbf{b}_1,\alpha)\ and\ (\mathbf{a}_1,\mathbf{a}_2,\alpha)} t$ switches $-(\mathbf{b}_1, \alpha)$ into $+(\mathbf{b}_1, \alpha)$. We consider that legitimate because we do have in the Figure $t \rightarrow_{+(\mathbf{a}_1,\alpha)} s$.

This same first movement also revokes the right of $\mathbf{a}_2$ to execute α. So it switches $+(\mathbf{a}_2, \alpha)$ into $-(\mathbf{a}_2, \alpha)$. Now $\mathbf{a}_2$ cannot delegate α because his ability to execute α was revoked by $\mathbf{a}_1$. Fortunately, $\mathbf{a}_1$ went again through $t \rightarrow_{(\mathbf{a}_1,\mathbf{b}_1,\alpha)\ and\ (\mathbf{a}_1,\mathbf{a}_2,\alpha)} t$ and switched back to $+(\mathbf{a}_2, \alpha)$ and $-(\mathbf{b}_1, \alpha)$. Now $\mathbf{a}_2$ can go through his arc $t \rightarrow_{(\mathbf{a}_2,\mathbf{b}_1,\alpha)} t$ and switch on $+(\mathbf{b}_1, \alpha)$.

In the general case, where $\lambda_1, \lambda_2, \lambda_3$ can be general labels, not necessarily "switches", we need to collect the labels and decide whether the target arc (which is hit by several labels) is supposed to be on ("+") or not ("-").

For example, assume that

$\lambda_1 =$ switch
$\lambda_2 =$ dominant delegation
$\lambda_3 =$ switch

So as we move along

$$t \rightarrow_{(\mathbf{a}_1,\mathbf{b}_1,\alpha)\ and\ (\mathbf{a}_1,\mathbf{a}_2,\alpha)} t$$

the arc $t \rightarrow_{+(\mathbf{a}_2,\alpha)} s$ is switched to $t \rightarrow_{-(\mathbf{a}_2,\alpha)} s$ and the arc $t \rightarrow_{-(\mathbf{b}_1,\alpha)} s$ is changed to dominant $t \rightarrow_{+(\mathbf{b}_1,\alpha)} s$.

As we continue along

$$t \to_{(\mathbf{a}_1,\mathbf{b}_1,\alpha)\ and\ (\mathbf{a}_1,\mathbf{a}_2,\alpha)} t$$

the arc $t \to_{-(\mathbf{a}_2,\alpha)} s$ changes back to become $t \to_{+(\mathbf{a}_2,\alpha)} s$ as it is hit by λ_1 but the arc $t \to_{+(\mathbf{b}_1,\alpha)} s$ does not change as it is hit again by λ_2 = dominant delegation.

Now we continue along the arc

$$t \to_{(\mathbf{a}_2,\mathbf{b}_1,\alpha)} t$$

and the arc $t \to_{+(\mathbf{a}_1,\alpha)} s$ is hit by λ_3 = switch. the $+(\mathbf{b}_1, \alpha)$ does not change because it was hit before by λ_2 = dominant delegation and it is now hit by just a switch, which is not dominant.

Now if λ_3 were

λ'_3 = dominant revocation

then we would need to decide whether the triple $\{\lambda_2, \lambda_2, \lambda'_3\}$ should end up with + or with -.

This means that in the general case, when we go along a path and trigger various double arrows with labels, we need to calculate using a flattening algorithm Λ, whether any given arc is "+" or "-". We collect all the albels λ_j which hit the arc along the path and let Λ "flatten" it to either "+" or "-".

We also note, see Figure 10, that we have the notation to delegate from state t to state r, where r can be anywhere in the system. However the Talmud does not allow for delegation for action which is not definite now but will be in the future. We can however put a condition into the precondition of an action but we have to delegate immediately. So I cannot say: when the Euro rate becomes over 1.4 to the Dollar you become my delegate to sell my house, but I can say: I delegate you now to sell my house on the condition that the Euro rate becomes over 1.4 to the Dollar.Thus according to the Talmud, Figure 10 cannot arise unless $r = t$.

What we learn from the above examples and discussion is the following:

1. We need to specify an annotated path π of delegation.

2. Final revocation or delegation is according to the last delegation (revocation) action in case of switch double arrows but requires a falttening function Λ if we use labels.

3. The double arrows, through their labels, give us who has power over whom to delegate or revoke.

4. We can constrain the movements along the arcs by the geometry of the arcs.

We are devoting special attention to switch labels because this is the simplest model. An agent **a** at node t who wants to delegate can go the appropriate arc $t \to t$ with the appropriate double arrow emanating from it. To revoke he just goes again through the arc. To cancel the revocation, he goes again, etc.

This is the simplest model.

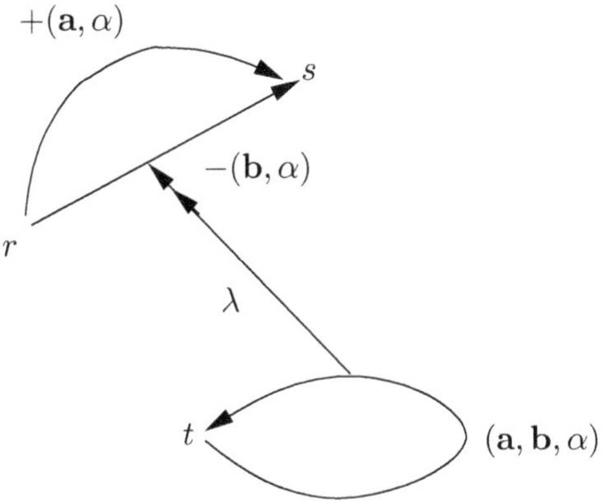

Figure 10:

Option 4: Reactivity model for the *power of attorney* view of Maimonides

Our starting point for modelling this view is Figure 7, which we modify for representing the case of power of attorney. We get Figure 11.

$\mathbf{a}_1$ can execute action α and move from state t to state s. $\mathbf{b}_1$ cannot do this. In Figure 11, the fact that $\mathbf{a}_1$ can go from t to s is represented by the continuous arrow

$$t \rightarrow_{(\mathbf{a}_1,\alpha)} s.$$

The fact that $\mathbf{b}_1$ cannot execute action α and go from t to s is represented by the broken arrow

$$t \not\rightarrow_{(\mathbf{b}_1,\alpha)} s$$

The big circle around t and the big circle around s are the locations (round tables for t and s respectively) where our agents are sitting ready to delegate and take action. In the *long arm* view, if applied to Figure 11, agent $\mathbf{a}_1$ can delegate (long arm) to agent $\mathbf{b}_1$ the action α by sending a double arrow to the gap of agent $\mathbf{b}_1$ and closign the gap for him so $\mathbf{b}_1$ can move from t to s along his own arrow.

Figure 12 shows this long arm delegation and it should be compared with the slightly different Figure 8.

However, in the case of the *power of attorney* view, $\mathbf{a}_1$ delegates to $\mathbf{b}_1$ by allowing for a double arrow from $\mathbf{b}_1$ to $\mathbf{a}_1$ inside the round talbe circle at t. Figure 13 shows what we mean.

In Figure 13, agent $\mathbf{b}_1$ does have a way to move from t to s exeuting α. He moves from t to s executing α. He moves along the double arrow $\mathbf{b}_1 \twoheadrightarrow \mathbf{a}_1$ to $\mathbf{a}_1$ position and then moves to s along the $\mathbf{a}_1$ arc

$$t \rightarrow_{(\mathbf{a}_1,\alpha)} s.$$

Here we see how $\mathbf{a}_1$ truly sends $\mathbf{b}_1$ along his own arc!

We note that actually there was no need to draw the broken arc $t \not\rightarrow_{\mathbf{b}_1,\alpha)} s$ in Figure 11. Since $\mathbf{b}_1$ cannot go from t to s by executing α, it is quite sufficient

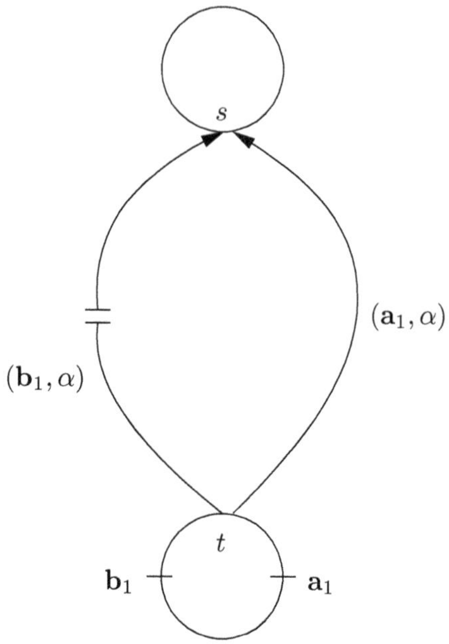

Figure 11:

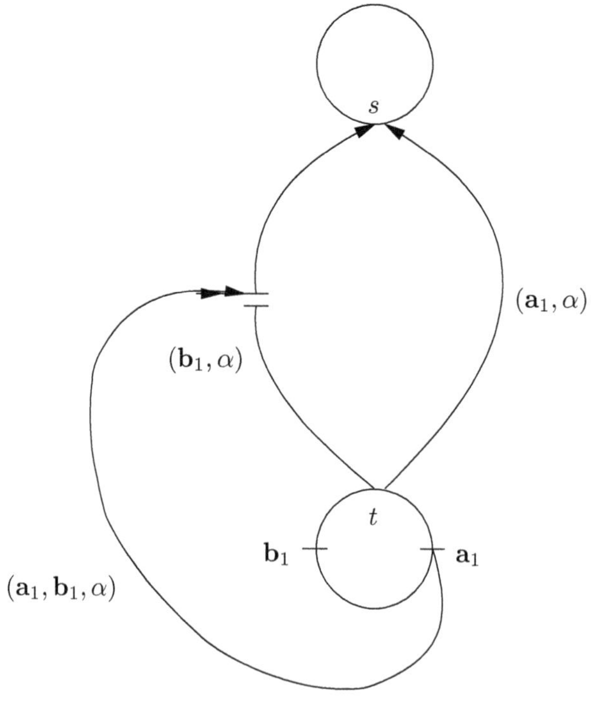

Figure 12: Long arm delegation of α from $\mathbf{a}_1$ to $\mathbf{b}_1$

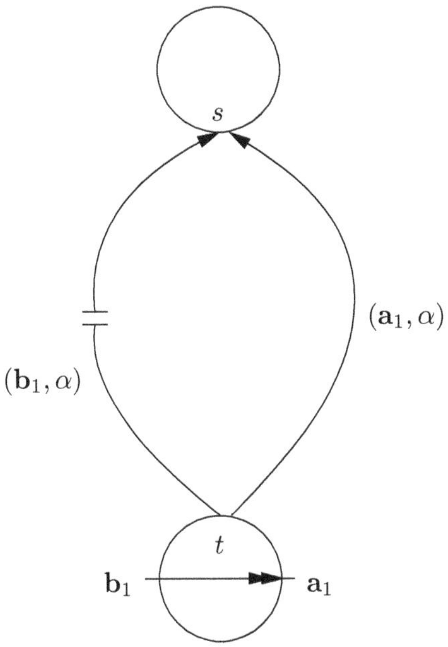

Figure 13: Power of attorney delegation of α from $\mathbf{a}_1$ to $\mathbf{b}_1$

not to draw an arc for $\mathbf{b}_1$ at all, and the absence of such an arc would indicate that $\mathbf{b}_1$ cannot get to s. However for the sake of comparison, of the *long arm* view with the *power of attorney* view (as shown in Figures 12 and 13) it is advantageous to draw the broken arc in Figure 11.

Note that the Talmudic options for delegation are either the long arm view in all cases, or the *power of attorney* view in all cases. We do not have the mixed option, as in Figure 14. In other words, the Talmud has many cases and debates about delegtion. Maimonides takes the view that they are all power of attorney cases and the Tur takes the view that they are all long arm cases.

In Figure 14, agent $\mathbf{a}_1$ gives a power of attorney delegation to $\mathbf{b}_1$ to execute α and at the same time gives a long arm delegation to $\mathbf{c}_1$ to execute α.

Example 3.3 *To show the difference between the* long arm *and* power of attorney *view, consider the following examples.*

1. *Ruby and Simon delegate to Levy to dig a hole in the road (to access some pipes). An accident happened. A child fell into the hole and died. Ruby panicked and fled the country.*

   According to the long arm *view of delegation, we consider it as if each of Ruby and Simon dug the hole himself. So each is 100% responsible for damages. According to the* power of attorney *view, Levy was their joint agent and so each is 50% responsible for damages.*

2. *Another example is Simon delegates Levy to go to Sarah and give her a ring of engatement on behalf of himself. Simon has no money to buy the*

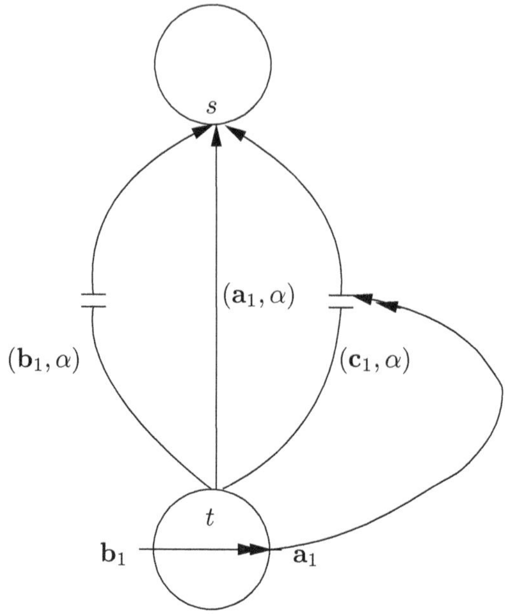

Figure 14:

ring, so Levy (a good friend) buys the ring from his own money and gives it to Sarah.

The Talmudic argumentation for this story goes as follows:

(a) *According to the* long arm *view, Levy is the long arm of Simon. So it is as if Simon himself gives the ring to Sarah, which he did not buy with his own money. The law says that the ring must be bought with the money of the person to whom Sarah is to be engaged (i.e. Simon). So the engagement action as performed is not valid. According to the* power of attorney *view, the engagement is valid. Levy has a power of attorney to do a job. Levy is not a long arm of Simon. He does the job with his own money. This is fine.*

(b) *The Talmud could have argued differently from the above.*

It could have said that according to the long arm *view Levy is now Simon and so Levy's money counts as Simon's money, so the engagement is valid. While the* power of attorney *view would say that as an empowered agent, Levy is not Simon, so Levy's money is not Simon's money and so the engagement is not valid.*

Our model supports the Talmudic acutal argument (a) and not the alternative argument (b) and thus properly models the Talmud.

In Figure 12, it is essentially $\mathbf{a}_1$ *which goes through the arc of* $\mathbf{b}_1$ *to execute* α. *His long arm* $\mathbf{b}_1$ *goes for him through the arc*

$$t \rightarrow_{(\mathbf{b}_1, \alpha)} s$$

which now has no gap.

In Figure 13, $\mathbf{b}_1$ *goes thorugh the arc*

$$t \to_{(\mathbf{a}_1,\alpha)} s$$

and so $\mathbf{b}_1$ *is indeed a power of attorney agent for* $\mathbf{a}_1$.

The difference between the cases is which arc is traversed by the agent $\mathbf{b}_1$. *Is it* $t \to_{(\mathbf{b}_1,\alpha)} s$, *(long arm case) or is it* $t \to_{(\mathbf{a}_1,\alpha)} s$ *(power of attorney case)?*

3.2 The reactive switch model for the *long arm* view of Tur

We now present formal definitions for the reactive case with switch double arrows.

Definition 3.4 (Reactive delegation action model for switch double arrows) *Let* $\mathbf{A}$ *be a finite set of agents and* $\mathcal{A}$ *a finite set of actions. Let* $\mathbb{L}$ *be a predicate language and assume that* $\{\mathbf{m}\}$ *are models for* $\mathbb{L}$. *We assume the actions* $\alpha \in \mathcal{A}$ *have preconditions* A_α *and postconditions* B_α *in the language* $\mathbb{L}$. *By a reactive model we mean a tuple* $\mathfrak{M} = (S, \mathbf{R}_a, \mathcal{R}, \mathbb{D}, a, \mathbf{m}_t), t \in S$ *where*

S *is a set of states*

$\mathbf{R}_a$ *is a function giving values in* $\{0,1\}$ *to tuples of the form* $(t, \mathbf{a}, \alpha)$ *and to tuples of the form* $(t, s, \mathbf{a}, \alpha), t, s \in S, \mathbf{a} \in \mathbf{A}, \alpha \in \mathcal{A}$,

$a \in S$ *is the initial state.*

$\mathbb{D} \subseteq \mathbf{A} \times \mathcal{A}$ *says which agent is a master of which action. Such actions the agent can delegate. We can code* $\mathbb{D}$ *as part of* $\mathbf{R}$ *by having*

$$\mathbb{D} = \{(\mathbf{a}, \alpha) | \mathbf{R}_a(\mathbf{a}, \alpha) = 1\}.$$

$\mathcal{R}$ *is a set of double arrows of the form*

$$(t, \mathbf{a}, \mathbf{b}, \alpha) \twoheadrightarrow (u, r, \mathbf{b}, \alpha)$$

or the form

$$(t, \mathbf{a}, \mathbf{b}, \alpha) \twoheadrightarrow (u, \mathbf{b}, \mathbf{c}, \alpha)$$

where $t, u, r \in S, \alpha \in \mathcal{A}, \mathbf{a}, \mathbf{b} \in \mathbf{A}$.

$\mathbf{m}_t$ *are models of* $\mathbb{L}$.

We assume that if $(t, s, \mathbf{a}, \alpha) \in$ *domain* $\mathbf{R}_a$ *and* $(t, s', \mathbf{b}, \alpha) \in$ *domain* $\mathbf{R}_a$ *then* $s = s'$.

Note the following:

1. *If* $\mathbf{R}_a(t, \mathbf{a}, \mathbf{b}, \alpha) = 0$ *then at state* t, *agent* $\mathbf{a}$ *cannot delegate* α *as he cannot pass through the arc* $t \to_{(\mathbf{a},\mathbf{b},\alpha)} t$.

2. *Whenever* $(t, \mathbf{a}, \mathbf{b}, \alpha) \twoheadrightarrow (u, r, \mathbf{b}, \alpha)$ *(or resp.,* $(t, \mathbf{a}, \mathbf{b}, \alpha) \twoheadrightarrow (u, \mathbf{b}, \mathbf{c}, \alpha)$*) is in* $\mathcal{R}$ *then agent* $\mathbf{a}$ *by going through the arc* $t \rightarrow_{(\mathbf{a},\mathbf{b},\alpha)} t$ *(if he is allowed to delegate and other conditions hold) can delegate or revoke the ability of agent* $\mathbf{b}$ *to execute action* α *at state* u *(ending at state* v *if allowed by other factors), (respectively delegate or revoke the ability of agent* $\mathbf{b}$ *to delegate or revoke action* α *at state* u *to agent* $\mathbf{c}$*).*

Definition 3.5 (Legitimate path in a model for switch double arrows) *Let* $\mathfrak{M} = (S, \mathbf{R}_a, \mathcal{R}, \mathbb{D}, a, \mathbf{m}_t), t \in S$ *be a model. We define the notion of legitimate annotated path of the form*

$$\pi = (a \rightarrow_{e_1} x_1 \rightarrow_{e_2} x_2 \rightarrow \ldots \rightarrow x_{n-1} \rightarrow_{e_n} x_n)$$

where $x_i \in S$ *and* e_i *are annotation labels of the form*

$$e_i = (\mathbf{a}_i, \mathbf{b}_i, \alpha).$$

As part of the definition of legitimate path we associate by induction a function $\mathbf{R}_{\pi_i}$ *with the initial path* $a \rightarrow_{e_1} \rightarrow x_1 \rightarrow \ldots \rightarrow_{e_i} x_i$.

Step 0 $\quad \pi = (a)$ *and* $\mathbf{R}_{(a)} = \mathbf{R}_a$.

Step $i+1$ *Assume we have* $\mathbf{R}_{\pi_i}$.
We define $\mathbf{R}_{\pi_{i+1}}$, *where* $\pi_{i+1} = \pi_1 \cup \{x_{i+1} \rightarrow_{e_{i+1}} x_{i+1})$.

Subcase 1 Delegation. In this case $x_i = x_{i+1}$ *and* $\mathbf{R}_{\pi_i}(x_i, \mathbf{a}_i, \mathbf{b}_i, \alpha) = 1$ *and*

$$\mathbf{R}_{\pi_{i+1}}(u, v, \mathbf{b}, \alpha) = \begin{cases} 1 - \mathbf{R}_{\pi_i}(u, v, \mathbf{b}_i, \alpha) \\ \text{if } (t, \mathbf{a}, \mathbf{b}_i, \alpha) \twoheadrightarrow (u, v, \mathbf{b}_i, \alpha) \\ \text{is in } \mathcal{R} \\ \text{and } \mathbf{R}_{\pi_i}(u, v, \mathbf{b}_i, \alpha) \text{ otherwise} \end{cases}$$

Similarly

$$\mathbf{R}_{\pi_{i+1}}(u, \mathbf{b}, \alpha) = \begin{cases} 1 - \mathbf{R}_{\pi_i}(u, \mathbf{b}_i, \mathbf{c}_i, \alpha) \text{ if} \\ (t, \mathbf{a}, \mathbf{b}_i, \alpha) \twoheadrightarrow (u, \mathbf{b}_i, \mathbf{c}_i, \alpha) \text{ is in } \mathcal{R} \\ \text{and } \mathbf{R}_{\pi_i}(u, \mathbf{b}_i, \mathbf{c}_i, \alpha) \text{ otherwise.} \end{cases}$$

Subcase 2 Action. In this case $x_i \neq x_{i+1}$ *and* $\mathbf{R}_{\pi_i}(x_i, x_{i+1}, \mathbf{a}_i, \alpha) = 1$ *and* $\mathbf{m}_{x_i} \vDash A_\alpha$. *Let* $\mathbf{R}_{\pi_{i+1}} = \mathbf{R}_{\pi_i}$.

Note that if the action α *does not change the state* x_i*, then we still go to* $x_{i+1} \neq x_i$*, but we will have* $\mathbf{m}_{x_i} = \mathbf{m}_{x_{i+1}}$.

Remark 3.6

1. *Now that we have models, we can use modal operators and define satisfaction for them. The only modal operator of interest is the one having to do with delegation.*

2. *Note that in this model* $\mathbf{a}$ *can delegate to* $\mathbf{b}$ *to execute action* α *from state* u. *This is not general delegation but a very specific one.*

Definition 3.7 (Delegation modalities for switch double arrow) *Let us add to the language two modalities $\Diamond$ and $\Diamond_\alpha$, defined as follows in the model $\mathfrak{M}$. $\Diamond$ corresponds to arbitrary legitimate paths. $\Diamond_\alpha$ corresponds to α delegation paths.*

1. *Let $\pi = a \to_{e_1} x_1 \to \ldots \to_{e_n} x_n$ be an arbitrary legitimate path. Let π' be an extension of π, namely*

$$\pi' = a \to_{e_1} x_1 \to \ldots \to_{e_n} x_n \to_{e_{n+1}} y_1 \to \ldots \to_{e_{n+m}} y_m$$

   We say

   - $\pi \models \Diamond A$ *iff for some extension* $\pi', \pi' \models A$
   - $\pi \models A$ *without modalities, iff* $\mathbf{m}_{x_n} \models A$.

2. *A sequence π is said to be α delegation path if for some t we have $x_i = t$ for all i and $e_i = (t, \mathbf{a}_i, \mathbf{b}_i\alpha)$. We can now define*

   - $\pi \models \Diamond_\alpha A$ *iff for some extension π' of π such that $x_n \to_{e_{n+1}} y_1 \to \ldots \to_{e_{n+m}} y_m$ is an α delegation path, we have $\pi' \models A$.*

3. *We can similarly define single modalities for each single connection of the form $t \twoheadrightarrow_{(\mathbf{a},\alpha)} s$. The modality is $\Diamond_{(\mathbf{a},\alpha)}$. Similarly we can define $\Diamond_{(\mathbf{a},\mathbf{b},\alpha)}$.*

4 Comparison with modern literature

Let us start with the 2001 survey paper [11] and the 2011 logical implementation paper [1] based on it.

Paper [11] addresses an ownership-based framework for access control. Delegation here takes the form of granting access and administrative rights to other agents thus forming chains of granted accesses. The paper is a comprehensive study of the problem of revoking such rights, and of the impact different revocation schemes may have on the delegation chains. Three main revocation characteristics are identified:

a. the extent of the revocation to other grantees (propagation).

b. the effect on other grants to the same grantee (dominance).

c. the permanence of the negation of rights (resilience).

A classification is devised using these three dimensions. The different schemes thus obtained are described, and compared to other models from the literature of the time (up to 2001).

We begin by comparing this scheme with Delegation in the Talmud. The Talmud deals with a person delegating an action to another, to do the action on his behalf. The situation where a delegate can get instructions from two different people to do the same action as a delegate for each of them cannot arise. For example when delegating the selling of a house, only the owner of the house can delegate. If the ownership is shared, one can delegate selling only his share. We cannot have a situation where two different people delegate the same action to a third party. You may ask, how does the Talmud view the delegation of access control? The Talmud does not consider this as a recognised delegation of Halakhic action.[6] According to the Talmud, one cannot delegate an action which does not affect an actual change in some legally recognised state of affairs[7] Selling property, buying, divorcing, getting engaged, are candidates for delegation in the Talmud; breaking a window, jumping over a fence — are not. So revocation becomes rather simple here. In the *long arm/extended reach* view of Talmudic delegation, the original master can revoke the last link in the delegation chain and reinstate him at will. The other members of the chain are not part of the *long arm/extended reach* at any stage. In the *power of attorney* view each element in the chain can revoke only the next one. So if the master delegates to an agent and the agent delegates to a subagent, theoretically the master can revoke the delegation to the agent alone, and may be too late if the subagent was already delegated by the agent.

There is one exception: although normally delegation does not work when sending an agent to perform an illegal act,[8] there are rare exceptions[9] In cases of great duress (a coerced agent),[10] the act of murder can be considered as delegated — a person can be considered as an assassin-agent with consequent

[6]There are references to access permission, but normally as a peripheral sign of a substantive action — such as giving entrance permission or a key as sign of a finalized sale. Access to information is generally restricted in a ruling named after Rabbeinu Gershom (end of the 10th century), appearing in the Responsa of Meir of Rothenburg (1215 - 1293), IV, Ch. 1000 section 22. The general result is that "...the Halachah insists upon the responsibility of each individual not to put himself into a position where he can pry into his neighbor's personal domain, and this responsibility can be enforced by the courts." (Lamm, Norman, "The Fourth Amendment and it's equivalent in the Halachah", Judaism: a quarterly journal, Volume 16, Number 3, Summer 1967, pp. 300–312, p. 303). In modern information-access scenarios (of passcodes and user access), often the question of access to information databases is deliberated along the lines of the authorities given to someone renting a house (Maimonides Rent Laws, 5,5; Responsa Maimonides , 166) — the possibility of subletting, exceeding the capacity, etc.

[7]Sometimes this is called "words cannot be delegated" (Milei lo Mimseran leShaliach). Cf. Tractate Kiddushin 29a, 42a and the commentators.

[8]The reason often quoted is stated in Tractate Bava Metzia as "Who do you listen to — the master or the student?" (*Divrei Harav V'Divrei Hatalmid divrei Me shomin*). This could mean either: a. that the delegation process did not take off, since the agent could not take the word of the sender over that of the Halakhic prohibition (Joshua ben Alexander HaCohen Falk (1555–1614), Sefer Me'irat Enayim, Choshen Mishpat 182(2), 348(20); Tosafot on Tractate Bava Kama 79a, "Natnu"), or b. that the entire concept of delegation in Halakha is an artificial construct, and thus is simply not defined for actions that are illegal (in the words of A. Kircshenbaum: 'The institute of Shlichut is the creation of the law; as an instrument to break the law — it was not created and does not exist', Dinei Israel Vol. 4, 1973, pp. 55–56).

[9]Three cases are listed in Tractate Kiddushin, 43: the sale of stolen livestock, theft from Hekdesh (consecrated property), and the misuse of property given to the sender for safekeeping.

[10]This is extremely rare. Normally there is harsh moral blame on the person hiring an assassin, but not enforceable in a human court (Maimonides, Laws of Murder and Saving Lives, 2(2-4)). The coerced murder delegation status is considered by some as bona fide delegation (R. Mordechai de Boton in his Responsa, p. 127). For example, the case of David and the death of Uriah in battle (David Kimhi (1160–1235), RaDaK on Shmuel II, 12:9). This understanding is hotly debated, and the issue is thoroughly adumbrated by R. Ovadia Hedaya (1889–1969, prominent Israeli Posek of the previous generation), in his Responsa Yaskil Avdi, Yore De'ah Vol. I, section 6(2).

legal blame on the sender. Theoretically, in the case of murdering somebody, you can have an assassin-agent being delegated to murder by several people. In this case revocation policy is simple. If one of the people revokes the other delegations still stand. Note that according to the *long arm/extended reach* view all masters who delegated to the assassin are each individually murdering the victim (because the assassin is their extension) while with the *power of attorney* view, only the agent-assassin is doing the murdering. The second paper, [1], gives a logical model to the first paper, [11]. The implementation is according to Option 1, where the delegation chains only are modelled as an update system. Recently in paper [4] Barker *et al.* offer a reactive model for access control, which is another way of modelling [11] and more.

Other algorithmic papers dealing with chains of delegations and revocation systems are [5, 3, 7, 13, 8, 12, 2, 1].

5 Conclusion and discussion

In this paper we gave a preliminary study of delegation in the Talmud and compared it with modern delegation theory. In the Talmud the emphasis is more theoretical; the Talmud is concerned more with the nature of delegation and circumstances for its cancellation, death or madness of the people involved and there is not so much emphasis on revocation. Talmudic delegation is more personal, private persons delegate for the purpose of some legal action, divorce, buying and selling, and so revocation is a simple person to person act. Modern delegation is mainly for access control or the endowment of privileges usually involving large institutions and systems and so revocation protocols and the handling of delegation chains is more central. The emphasis is less conceptual and more algorithmic.

Acknowledgements

We are grateful to Xavier Parent and to Leon van der Torre from the University of Luxembourg, for penetrating comments and for visiting our Talmudic Project at Bar Ilan University. We also thank the participants of the Tel Aviv University computer science seminar for comments and suggestions on the paper.

References

[1] G. Aucher, S. Barker, G. Boella, V. Genovese and L. van der Torre. Dynamics in Delegation and Revocation Schemes: A Logical Approach. In *Conference on Data and Applications Security and Privacy (DBSec'11)*, Richmond, Virginia USA. July 11-13, 2011

[2] O. Bandmann, M. Dam, and B. S. Firozabadi. Constrained Delegation. In *IEEE Symbposum on Security and Privacy*, pp. 131–140, 2002.

[3] E. Barka and R. Sandhu. Framework for Role-Based Delegation Models,. In *Proceedings of the 16th Annual Computer Security Applications Conference*, May 2000, pp. 168-176.

[4] S. Barker, G. Boella, D. Gabbay and V. Genovese. Reactive Kripke Models and Answer Set Programming Applications to Delegation and Revocation Schemes. To appear in *Journal of Logic and Computation.*

[5] E. Bertino, S. Jajodia, and P. Samarati. Non-timestamped Authorization Model for Data Management Systems. In *3rd ACM Conference on Computer and Communications Security*, March 1996, pp. 169-178.

[6] Final Proposed Draft Amendment on Certificate Extensions(v6). Generated from Collaborative ITU and ISO/IEC meeting on the Directory, April 1999. Orlando, Florida, USA.

[7] B. S. Firozabadi, M. Sergot, and O. Bandmann. Using Authority Certificates to Create Management Structures. In *Proceedings of Security Protocols, 9th International Workshop*, Cambridge, UK, pages 134–145. Springer Verlag, 2001.

[8] B. S. Firozabadi and M. Sergot. Revocation Schemes for Delegated Authorities. In *Proceedings of Policy 2002: IEEE 3rd International Workshop on Policies for Distributed Systems and Networks.* IEEE, June 2002.

[9] D. Gabbay. Reactive Kripke Semantics and Arc Accessibility. In *Pillars of Computer Science: Essays Dedicated to Boris (Boaz) Trakhtenbrot on the Occasion of His 85th Birthday*, Arnon Avron, Nachum Dershowitz, and Alexander Rabinovich, editors, Lecture Notes in Computer Science, vol. 4800, Springer-Verlag, Berlin, 2008 pp 292-341.

[10] D. Grossi and A. J. I. Jones Constitutive Norms and Counts-as Conditionals, Handbook of Deontic Logic chapter to appear.

[11] Å. Hagström, S. Jajodia, F. Parisi.Persicce, and D. Wijesekera. Revocation — a Classification. In *Proceeding of the 14th Computer Security Foundation Workshop*. IEEE press, 2001.

[12] A. Herzberg, Y. Mass, J. Mihaeli, D. Naor, and Y. Ravid. Access control meets public key infrastructure, or: Assigning roles to strangers. In *IEEE Symposium on Security and Privacy*, pages 2–14, 2000.

[13] T. Jaeger, A. Edwards, and Xiaolan Zhang. Managing access control policies using access control spaces. In *Proceedings of the seventh ACM symposium on Access control models and technologies*, pages 3–12. ACM Press, 2002.

[14] A. J. I. Jones and M. Sergot. A formal characterization of institutionalised power. *Journal of the IGPL*, 3:427–443, 1996.

[15] E. Rissanen, B. S. Firozabadi, and M. Sergot. Towards a mechanism for discretionary overriding of access control, position paper. Presented at Security Protocols, *12th International Workshop*, Cambridge, UK, 2004.

[16] E. Rissanen, B. S. Firozabadi and M. Sergot. Discretionary Overriding of Access Control in the Privilege Calculus. *IFIP International Federation for Information Processing*, 2005, Volume 173, 219-232, 2005. DOI: 10.1007/0-387-24098-5_16

[17] J. Searle. *Speech Acts. An Essay in the Philosophy of Language.* Cambridge University Press, Cambridge, 1969.

[18] J. Searle. *The Construction of Social Reality.* Free Press, 1995.

www.ingramcontent.com/pod-product-compliance
Lightning Source LLC
Chambersburg PA
CBHW070449100426
42812CB00004B/1246

* 9 7 8 1 8 4 8 9 0 0 7 8 3 *

מחקרים בלוגיקה תלמודית

כרך ז

לוגיקה של שליחות בתלמוד

פר זה אנחנו עוסקים בשאלת השליחות בתלמוד ובהלכה. הספר מציג את התפיסות לכתיות בנושא זה, ודרכן מדגים את ההבדלים בין תפיסת מוסד השליחות במשפט הכללי ין ההלכה. המודלים התלמודיים עבור היחסים השונים בין השליח למשלח הם לוגיים הותיים יותר, ולכן ניתן לגזור מהם מסקנות קונקרטיות לגבי שרשרת של שליחים, ביטול יחויות, סוגי השליחות השונים, מצבים בהם היחס בין השליח למשלח משתנה ועוד.

כרך א
מידות הדרש ההגיוניות:
היסקים לא דדוקטיביים בתלמוד
מיכאל אברהם, דב גבאי ואורי שילד

כרך ב
מידות הדרש הטקסטואליות
כללי ופרטי: הגדרה אינטואיטיבית של קבוצות בתלמוד
מיכאל אברהם, דב גבאי, גבריאל חזות, יוסף מרובקה ואורי שילד

כרך ג
לוגיקה דאונטית לאור התלמוד
מיכאל אברהם, דב גבאי ואורי שילד

כרך ד
לוגיקה של זמן בתלמוד
מיכאל אברהם, ישראל בלפר, דב גבאי ואורי שילד

כרך ה
הכרעת קונפליקטים ולולאות נורמטיביות בתלמוד
מיכאל אברהם, דב גבאי ואורי שילד

כרך ו
לוגיקה תלמודית
אנדרו שומן

כרך ז
לוגיקה של שליחות בתלמוד
מיכאל אברהם, ישראל בלפר, דב גבאי ואורי שילד

מחקרים בלוגיקה תלמודית
עורכי הסדרה:
מיכאל אברהם, דב גבאי ואורי שילד
dov.gabbay@kcl.ac.uk

לוגיקה של שליחות בתלמוד

מיכאל אברהם

ישראל בלפר

דב גבאי

ואורי שילד*

אוניברסיטה בר אילן

*והמכללה האקדמית אשקלון

ISBN 978-2-84890-078-3

College Publications
Scientific Director: Dov Gabbay
Managing Director: Jane Spurr
Department of Computer Science
King's College London, Strand, London WC2R 2LS, UK

http://www.collegepublications.co.uk

Printed by Lightning Source, Milton Keynes, UK

1

הקדמה כללית

ספר זה הוא השישי בסדרה 'מחקרים בלוגיקה תלמודית', שמבוססת על מחקרים שנעשו בקבוצת הלוגיקה התלמודית באוניברסיטת בר-אילן. מחקרים אלו משלבים כלים לוגיים ותלמודיים קלאסיים בכדי לרדת לשורש התובנות הלוגיות שמצויות בתלמוד.

כפי שכבר כתבנו גם בספרים הקודמים, המטרה של הסדרה כולה היא כפולה: 1. יבוא – כלומר שימוש בכלים לוגיים מודרניים, והבאתם לשדה התלמודי, בכדי לנתח סוגיות תלמודיות והלכתיות עמומות ולהבהיר אותן. 2. יצוא – העברת תובנות מהעיון הלוגי בתלמוד, והוצאתן אל ההקשרים הלוגיים הרחבים יותר, תוך ניסיון להעשיר באמצעותם את הלוגיקה הכללית, וגם לפתור בעיות שונות שקיימות בה.

הכרך הזה בעיקרו הוא יצוא, והיבוא בו הוא קטן יחסית. ללומד המעורה בניתוחים המקובלים של דין השליחות, הספר יסייע לסדר את משנתו. אך מתברר שלאנשי לוגיקה שעוסקים בשליחות והרשאות יש במודלים הללו משום חידוש לא מבוטל.

הספר אינו מתיימר לכסות את כל נושא השליחות בהלכה, שכן נושא זה הוא רחב ביותר ונדרשת עבורו סדרת ספרים שלימה. מטרתנו כאן היא רק להגדיר את המכניזם של שליחות, ואת הלוגיקה שלו, כדי שניתן יהיה לעשות השוואות מול מכניזמים אחרים וכן לסייע בבירור שאלות יסוד בתוך סוגיות השליחות השונות. סוגיות שעוסקות בפרטי הלכות שליחות שלא נוגעים לעצם המכניזמים לא יידונו בספר.

מבנה הספר הוא כדלהלן. החלק הראשון עוסק בשליחות וזכייה. בפרק הראשון אנחנו מציגים את נושא השליחות, ואת מקורותיו. בפרק השני אנחנו דנים בשליחות לדבר עבירה ו'מעשה קוף', וזאת כדי לחדד ולהבהיר את היקף דין השליחות ומהותו. בפרק השלישי אנחנו מתחילים להיכנס ללוגיקה של

השליחות, מתוך הדיון הרווח באחרונים האם שליח הוא ידו הארוכה של המשלח או שהוא מיופה כוח. אלו שני מודלים לוגיים שונים, שישמשו אותנו לאורך הספר כולו. בפרק הרביעי והחמישי נעסוק בכמה השלכות של המודלים הללו. בפרק השישי והשביעי נרחיב את המודל לשרשרת של כמה שלוחים בזה אחר זה. בפרק השמיני נעסוק בדין 'זכין' וביוד תופס לבעל חוב, שמבהירים את משמעותו של המינוי ואת גדרי שליחות בכלל. לאחר מכן נעסוק בטווח של דיני שליחות: דין זכין ותופס לבעל חוב (בפרק התשיעי), וגבולותיו - ביטול השליחות (בפרק העשירי), שליח שקלקל (בפרק האחד עשר), ושליחות כשהמשלח מנוע מצד הדין מביצוע הפעולה.

נציין כי בכרך הבא נעסוק במודלים אחרים לייצוג בהלכה, שאינם שליחות או זכייה. מדובר על הרחבות שונות של מושגי השליחות (דין ערב ודין עבד כנעני) והרכבות שלהם זה על גבי זה (דין שניהם ועוד).

תוכן העניינים

פרק ראשון

מקורות ראשוניים והגדרת דין שליחות

מבוא

בפרק זה נעסוק בהגדרת המושג שליחות, במקורותיו ובהופעותיו השונות בתלמוד. מטרתנו כאן היא לתת סקירה על המושג לפני שניכנס לניתוח הלוגי שלו.

מהי שליחות?

שליחות היא מוסד הלכתי שבו ראובן ממנה את שמעון לפעול בשמו. כאשר שמעון מבצע את הפעולה בשליחותו של ראובן – הדבר נחשב כאילו ראובן עצמו עשה אותה, עם כל ההשלכות ההלכתיות הכרוכות בכך. לדוגמה, ראובן רוצה לקדש את לאה לאישה. באופן עקרוני רק הוא עצמו יכול לעשות זאת. אם שמעון – על דעת עצמו – יקדש את לאה עבור ראובן, הקידושין לא יתפסו, שכן ראובן לא עשה את פעולת קידושין בעצמו. לא יעלה על הדעת שמישהו אחר יוכל לבצע פעולות כאלה עבורי בלי רשות שלי או מינויו לשליח. הסיבה לכך היא שמדובר כאן בפעולות שמחייבות את המשלח במשהו. בפעולות שהן זכות צרופה עבור המשלח הדבר אפשרי על פי ההלכה, וזהו דין "זכין לאדם שלא בפניו", בו נעסוק בהמשך (בעיקר בפרק התשיעי).
כעת נחשוב על מצב בו לאה נמצאת בארץ אחרת. ראובן מוצא אדם בשם שמעון שבדיוק נוסע לאותו מקום. הוא מבקש ממנו לסור לביתה של לאה, ולקדש אותה להיות לו (לראובן) לאישה כשלוחו. דין שליחות מאפשר לו לעשות זאת, ומשעה ששמעון קידש את לאה עבור ראובן היא נעשית אשתו של ראובן, כאילו ראובן עצמו קידש אותה. זאת על אף שכאמור שמעון בעצמו לא יכול היה לעשות זאת בלי הסמכה מראובן. על כך אומרים חכמים: "שלוחו של אדם כמותו" (ראה קידושין מא ע"ב, ועוד להלן).

במובן זה, מושג השליחות הוא בעצם חידוש גדול.[1] בפעולות בהן נדרש שיפעל אותן אדם א ומן הדין לא מועילה פעולתו של אדם ב, בכל זאת דין שליחות מחדש שאדם ב כן יכול לפעול עבור אדם א, אם א מינה אותו. על אף שעצם הדרישה ההלכתית היא שהפעולה תיעשה דווקא על ידי אדם א ולא ב, היא מתמלאת גם על ידי אדם ב. מה שמחולל את ה'נס' הזה הוא מינויו לשליח. בהמשך דברינו נבחן את משמעותו של המינוי ואת המצב שהוא יוצר.

מקור דין שליחות: מהלך סוגיית קידושין

הגמרא בתחילת פרק שני של קידושין (מא ע"א – מב ע"א) דנה במקור דין שליחות בקידושין ובתורה בכלל. במהלך הסוגיא מובאים לכך כמה מקורות שונים:

> ***שליחות מנלן? דתניא (דברים כד) ושלח - מלמד שהוא עושה שליח, ושלחה - מלמד שהיא עושה שליח, ושלח ושלחה - מלמד שהשליח עושה שליח.***

עד כאן למדו שליחות בגירושין. כעת הגמרא עוברת לדון מניין שיש שליחות בקידושין:

> ***אשכחן בגירושין, בקידושין מנלן? וכ"ת דיליף מגירושין, מה לגירושין שכן ישנן בעל כרחה! אמר קרא (דברים כד) ויצאה והיתה, מקיש הויה ליציאה, מה יציאה משוי שליח, אף הויה נמי משוי שליח.***

---

1 מוסד השליחות פותח במסגרת ההלכה לפני מערכות משפט מקבילות (אפילו מערכות מורכבות כמו המשפט הרומי). ראה אשר גולאק, יסודי המשפט העברי, ברלין תרפ"ב, עמ' 42-43. ראה גם: Rabbi Isaac Herzog, The Main Institutions of Jewish Law. II. The Law of Obligations (2nd ed.; London: Soncino, 1967). Pp. 141-142

אי אפשר ללמוד מגירושין, כי הם נעשים בעל כרחה. רואים מכאן שכאשר השליטה במעשה מצויה בידי אדם כלשהו זהו מצב שנוח יותר למינוי שליחות על ידו. אנו נראה זאת גם בהמשך.

אם כן, אנחנו עדיין מחפשים מקור לשליחות בקידושין. כעת מובא מקור נוסף מהפרשת תרומה:

ואלא הא דתנן: האומר לשלוחו צא תרום - תורם כדעת בעל הבית, ואם אינו יודע דעת בעל הבית - תורם בבינונית אחד מחמשים, פיחת עשרה או הוסיף עשרה - תרומתו תרומה, מנלן? וכי תימא דיליף מגירושין, מה לגירושין שכן ישנן חול! אמר קרא (במדבר יח): אתם, גם אתם, לרבות את השליח. ונכתוב רחמנא בתרומה, וניתו הנך ונגמרו מיניה! משום דאיכא למפרך: שכן ישנה במחשבה.

הפסוק לגבי תרומה כותב "כן תרימו גם אתם", וחז"ל לומדים שהמילה "גם" באה לרבות הפרשת תרומה על ידי שליח. הגמרא רוצה ללמוד מכאן גם לקידושין.

בתוך דברי הגמרא ישנה צריכותא בין תרומה לגירושין. רואים מכאן שההנחה של הגמרא היא שמושג השליחות הוא אוניברסאלי, ולכן די לנו במקור אחד, ומקור נוסף דורש הצדקה. מאידך, בכל הקשר שבו לא ניתן ללמוד מהמקור שמובא – נדרש מקור נוסף.

כעת הגמרא מביאה מקור נוסף לשליחות בשחיטת קדשים (קרבן פסח):

דא"ר יהושע בן קרחה: מנין ששלוחו של אדם כמותו? שנאמר (שמות יב): ושחטו אותו כל קהל עדת ישראל בין הערבים, וכי כל הקהל כולן שוחטין? והלא אינו שוחט אלא אחד! אלא מכאן, ששלוחו של אדם כמותו.

זהו מקור שלישי לדין שליחות (בנוסף לגירושין ותרומה). לאחר דיון על הצורך בכל המקורות הללו (מדוע לא די לנו באחד או שניים מהם), הגמרא מביאה עוד מקור:

הניחא לרבי יהושע בן קרחה, אלא לרבי יונתן דמפיק ליה להאי קרא לדרשא אחרינא, מנא לן? דתניא, רבי יונתן אומר: מנין שכל ישראל כולן יוצאים בפסח אחד? שנא׳ (שמות יב): ושחטו אותו כל קהל עדת ישראל בין הערבים, וכי כל הקהל כולם שוחטים? והלא אינו שוחט אלא אחד! אלא מכאן, שכל ישראל יוצאים בפסח אחד; שליח בקדשים מנא ליה? מיניה. ודילמא שאני התם, דאית ליה שותפות בגוייהו! אלא מהכא (שמות יב): ויקחו להם איש שה לבית אבות שה לבית. ודילמא התם נמי דאית ליה שותפות בגוייהו! א״כ, תרי קראי למה לי? אם אינו ענין להיכא דשייך, תניהו ענין להיכא דלא שייך. האי מיבעי ליה לכדרבי יצחק, דא״ר יצחק: איש זוכה, ולא הקטן זוכה! ההוא (שמות יב) מאיש לפי אכלו נפקא. ואכתי מיבעי ליה, דשוחטין את הפסח על היחיד! סבר לה כמ״ד: אין שוחטין את הפסח על היחיד.

בשורה התחתונה יש כאן עוד מקור מהפסוק ״שה לבית אבות״.

בסוף הסוגיא הגמרא מביאה עוד מקור:

ואלא הא דאמר רב גידל אמר רב: מנין ששלוחו של אדם כמותו? שנאמר (במדבר לד): ונשיא אחד נשיא אחד ממטה, תיפוק ליה שליחות מהכא! ותיסברא דהא שליחות הוא? והא קטנים לאו בני שליחות נינהו! אלא, כי הא דרבא בר רב הונא, דאמר רבא בר רב הונא אמר רב גידל אמר רב: מנין שזכין לאדם שלא בפניו? שנאמר: ונשיא אחד נשיא אחד. ותיסברא זכות היא? הא חובה נמי איכא, דאיכא דניחא ליה בהר ולא ניחא ליה בבקעה, ואיכא דניחא ליה בבקעה ולא ניחא ליה בהר! ואלא כדרבא בר רב הונא, דאמר רבא בר רב הונא אמר רב גידל א״ר: מנין ליתומים שבאו לחלוק בנכסי אביהן, שבית דין מעמידין להם אפוטרופוס לחוב ולזכות? לחוב אמאי? אלא לחוב ע״מ לזכות? ת״ל: ונשיא אחד נשיא אחד ממטה תקחו.

הראשונים נחלקים האם למסקנת הסוגיא יש כאן מקור, או שהמקור הזה עוסק בדין ״זכין לאדם שלא בפניו״ ולא בדין שליחות.[2] אנו ניגע בדין 'זכין' ובקשר שלו למושגי שליחות בהמשך הספר.

דיון ראשוני

מכל הדיון בסוגיא עולה שדין שליחות אינו תוצאה של סברא אלא של מקור מפורש. יתר על כן, כל הקשר הלכתי שאינו דומה למקור – לא יהיה בו דין שליחות, אלא אם מובא לו מקור מיוחד.

לכאורה משמעות הדבר היא שדין השליחות הוא חידוש של התורה, ולא סברא מובנת מאליה של עולם המשפט ההלכתי.[3] ואכן, כבר ראינו שהחידוש בשליחות הוא שפעולות שנדרשת בהן עשייה על ידי האדם עצמו, התורה מסתפקת בעשייה על ידי שליח בשמו. לעניין זה ודאי נדרש חידוש של התורה. בפרק הבא נראה זאת דרך המגבלות על דין שליחות, כלומר ההקשרים שבהם הוא לא נאמר. אנו נבחן שם את המושגים מעשה קוף, שליחות לדבר עבירה ושליחות לדבר שבגופו (מידי דממילא). בפרק זה נעסוק בכמה הגדרות יסודיות של דין השליחות בהלכה.

2 יש הסוברים גם בהמשך הדיון ב'זכין', שמדובר בדין עצמאי המנותק משליחות – ראה להלם בפרק התשיעי סעיף א. להרחבה ראה אנציקלופדיה תלמודית, כרך יב, ערך ״זכין לאדם שלא בפניו״, טור קלה-קצח.

3 ראה אהרן קירשנבאום, גיליונות פרשת השבוע של משרד המשפטים, פרשת בא, תשס״ג, גיליון מס' 106: ״השליחות אינה מוסד משפטי המובן מאליו, ואלמלא מצאנו מקרא היכול להתפרש כמקור נורמטיבי לקיומו של מוסד השליחות, לא היה המשפט העברי מכיר באפשרות שיעשה אדם פעולה משפטית על ידי שליח. וכן גם במשפט הישראלי, בלא דבר חקיקה מפורש, היינו ״חוק השליחות, התשכ״ה-1965״, לא היינו רשאים לזקוף את תוצאות מעשי איש על חברו, ואף לא היה יסוד לפטור את השליח מתוצאות מעשיו. עובדה היא שהמשפט הרומי הקלסי, שהוא שיטה משפטית מפוארת, מסודרת ומפותחת, לא אימץ את תורת השליחות. שיטת המשפט הרומית הצריכה חוזה מיוחד בין ה״שליח״ ל״שולחו״, כדי לאלץ את השליח להעביר לשולח את הזכויות שביקש הלה לזכות עבורו. השליחות אינה ״טבעית״, אלא יצירה משפטית.״

סוגי שליחות

ככלל, התלמוד וההלכה אינם מבחינים בין סוגים שונים של שליחות. אמנם בהקשר של דיני גירושין וקידושין אנו מוצאים שלושה סוגים מיוחדים, ויש לימוד מיוחד שנותן מקור לכל אחד מהם. הסוגים מפורטים ברמב״ם פ״ו מהל׳ גירושין:

- שליח קבלה – זהו שליח של האישה. משעה שהשליח מקבל את הגט מהבעל האישה מגורשת. הוא הדין גם לקידושין.
- שליח הולכה – זהו שליח של הבעל. הגירושין חלים מעת שמגיע הגט לידי האישה. הוא הדין גם לקידושין.
- שליח הבאה – זהו שליח של האישה להביא את הגט אליה. אבל היא מתגרשת רק מעת שמגיע הגט לידה. יש מחלוקת במפרשים כיצד להבין את המנגנון הזה.

מי שייך בשליחות

רק בני דעת יכולים להיות שליחים ומשלחים. חרש שוטה וקטן אינם בדין שליחות, כי אין להם דעת. לכן הם לא יכולים להיות שלוחים וגם לא למנות אחרים שיהיו שליחים עבורם.

מי שלא בתורת הדבר אינו יכול להיות שליח לגביו. לדוגמה, אם גוי לא יכול להפריש תרומה הוא לא יכול להיות שליח להפריש תרומה עבורי. הוא הדין לגבי שליחות לגירושין, עבד לא יכול להיות שליח כי הוא עצמו אינו בתורת גירושין. וכך אנו מוצאים בגיטין כג ע״ב:

> ***אמר ר׳ חייא בר אבא א״ר יוחנן: אין העבד נעשה שליח לקבל גט אשה מיד בעלה, לפי שאינו בתורת גיטין וקידושין.***

אם כן, ישנו כאן מיעוט נוסף של מי שאינו יכול להיות שליח: מי שלא שייך בתורת הדבר שלשמו הוא נשלח.

הגמרא בגיטין כג ע״ב רוצה ללמוד שעבד וגוי אינם יכולים להיות שליחים להפרשת תרומה. המקור הוא הפסוק בתרומה שהובא למעלה:

והא עובד כוכבים והא כותי דאיתנהו בתורת תרומה דנפשייהו, דתנן: העובד כוכבים והכותי שתרמו משלהם - תרומתם תרומה, ותנן: עובד כוכבים שתרם של ישראל אפי׳ ברשות - אין תרומתו תרומה.

רואים שגוי וכותי ששייכים בהפרשת תרומה בכל זאת לא יכולים להיות שליחים להפרשת תרומה. מדוע לא? הגמרא מסבירה:

מאי טעמא? לאו משום דכתיב (במדבר י״ח): אתם, גם אתם, מה אתם ישראל, אף שלוחכם ישראל!

כלומר יש כאן היקש בין השליח למשלח, ששניהם צריכים להיות יהודים. אבל הגמרא מייד דוחה:

אמרי דבי ר׳ ינאי: לא, מה אתם בני ברית, אף שלוחכם בני ברית.

הכוונה שעבד יכול להיות שליח, רק גוי לא. אם כן, למסקנה גוי אינו יכול להפריש תרומה על אף שהוא עצמו שייך בהפרשת תרומה, כי יש היקש של המשלח לשליח, וכמו שהמשלח צריך להיות יהודי אף השליח צריך להיות יהודי. אבל לגבי עבד ההו״א נדחית, והוא כן יכול להיות שליח לאותם דברים שהוא שייך בהם, כי הוא בן ברית (נימול).

נעיר כי בסוגיית ב״מ י ע״ב אנו מוצאים חריג בדין שליחות, והוא חצרו של אדם שיכולה לפעול עבורו כאילו היתה שליח, כלומר לקנות עבורו חפצים בקניין חצר. זאת על אף שהחצר אינה בת ברית, והיא גם לא בתורת קניינים (כלומר היא לא יכולה לקנות לעצמה). המפרשים שם מסבירים שלא מדובר בדין שליחות הרגיל אלא בחידוש מיוחד, שבנוי על העובדה שבין החצר לבעליה יש זיקה מיוחדת שמקילה עלינו לראות אותה כשלוחה של הבעלים על אף החסרונות הנ״ל. דבר דומה מוצאים בעבד של אדם, שלגבי בעליו הוא יכול להיות שליח גם בדברים שאחרים לא יכולים, בגלל הזיקה הכללית שיש ביניהם עוד לפני המינוי לשליחות.

מינוי שליח

השליח הופך להיות שלוחי על ידי פעולת מינוי. מינוי רגיל של שליח אינו דורש מעשה קניין אלא נעשה באמירה, ויכול להיעשות אפילו שלא בפניו. וכך כותב ב**שו"ע** חו"מ סי' קפב ה"א:

ואין העושה שליח צריך קנין ולא עדים, אלא באמירה בעלמא בינו לבין חבירו, ואין צריך עדים אלא לגלות הדבר אם כפר אחד מהם.

הגה: ולכן האומר לחבירו: קח סחורה זו ואשתתף עמך, והלך וקנאה, לא יוכל לחזור בו, דהוי כשלוחו (תשובת הרשב"א סי' אלף ו').

ה**סמ"ע** שם בסק"ג כותב שגם בגירושין וקידושין שנדרשים עדים למינוי השליחות זה לא למינוי השליחות אלא למתן הכסף:

אלא באמירה בעלמא. ואף על גב דבקדושין ובגירושין אין מעשיו קיימין כשלא נתן כסף הקדושין או הגט בפני שנים, וכמבואר באה"ע סימן כ"ז [סעיף א'] ול"ה [סעיף ב']. התם לאו מטעם שליחות הוא, דהא איהו עצמו כי נתנן מידו בעי נמי שיתנם בפני שנים [סימן כ"ז שם ושם סימן קל"ג סעיף א'], ומטעם דקיי"ל [גיטין ב' ע"ב] דאין דבר שבערוה פחות משנים:

כלומר מינוי השליחות אינו זקוק לעדים, וגם לא למעשה קניין כלשהו. אמנם ראה רמב"ם פ"א מהל' גירושין ה"א וה"ד (שם מוצאים ששליח קבלה כן דורש עדים).

לגבי מינוי ברמיזה, נחלקו הראשונים ואחרונים. ראה על כך בתוס' רא"ש גיטין עא ע"ב וב**שדי חמד** מערכת ש כלל מב, וכן ב**איילת השחר** גיטין יג ע"ב.

הגמרא בקידושין מב ע"א מגדירה דין נוסף שקשור גם הוא לשליחות:

דאמר רבא בר רב הונא אמר רב גידל אמר רב: מנין שזכין לאדם שלא בפניו? שנאמר: ונשיא אחד נשיא אחד.

מן העובדה שהנשיאים זכו בנחלות עבור הקטנים בני השבט שלהם, אנו לומדים שהנשיא פעל כשלוחו של הקטן. אמנם קטן אינו יכול למנות שליח, אבל דין זכין פועל גם כלפי קטן.

הראשונים והאחרונים נחלקים האם דין 'זכין' הוא ענף של דין שליחות, או שמדובר בדין אחר. בכל אופן, מדובר כאן בשליחות כזו שלא דורשת מינוי, ולכן היא מועילה גם עבור קטן.

עולה מכאן שקטן אינו יכול לעשות שליח בגלל שפעות המינוי לא יכולה לחול, ולא בגלל עצם הבעיה שיהיה מישהו שהוא נציגו של הקטן. לכן בדין 'זכין' יכול אדם לפעול עבור קטן, כי לא נדרש שם מינוי.

אחרים טוענים שבאמת לקטן כלל לא יכול להיות שליח, ומה שהנשיאים פעלו עבור הקטנים זה מדין 'זכין', שאינו חלק מפרשת שליחות אלא דין אחר. לפי התפיסה הזו, הבעייה של שליחות לקטן אינה רק בעייה של מינוי, אלא כלל לא יכול להיות שליח של קטן (גם בלי בעיית המינוי). ראה על כך רעק"א בכתובות יא ע"א, **וקה"י** קידושין על הסוגיא שם וב"מ סי' טו ובכורות סי' ל.

ביטול שליחות

אחרי שאדם ממנה שליח הוא יכול גם לבטל אותו, כלומר להפסיק את השליחות. כאשר מדובר באדם שמינה שליח לגירושין זה יוצר בעיות, שכן אם הוא יבטל את השליח והשליח לא יידע על כך, הוא יגרש את האישה בשם משלחו, והיא תלך ותינשא בתמימות לאדם אחר, בעוד שבפועל היא נשואה לבעל הראשון. לכן אם אדם ביטל את שליח הגירושין שלא בפניו חז"ל עשו הפקעת קידושין למפרע.

ב**קובץ ביאורים** לראי"ו (**קו"ש** ח"ב), גיטין סי' מד, דן לגבי האפשרות לבטל את הביטול של השליחות. כלומר אם אדם מינה שליח, ולאחר מכן ביטל את המינוי. כעת הוא רוצה לבטל את הביטול, כלומר להחזיר אותו להיות שליח בלי מינוי מחודש. השאלה האם זה אפשרי, או שדרוש מינוי מחדש.

הוא דן שם בתשובת הרא"ש לגבי ביטול של ביטול תנאי, ומגיע למסקנה שאי אפשר לבטל ביטול של שליח, ודרוש מינוי מחודש. אנו נשוב לנקודה זו בפרק העשירי בהמשך הספר.

13

פרק שני

שליח לדבר עבירה ומצווה ומעשה קוף

מבוא

בפרק הקודם ראינו שדין שליחות הוא חידוש מיוחד של התורה, לפיו אדם יכול למלא את מקומו של אדם אחר, ולעשות פעולות בשמו. כבר הזכרנו שבפרק זה נבחן את העניין דרך סוגיות שעוסקות בשליחות לדבר עבירה, ובמושגים כמו מעשה קוף, דין שבגופו ומידי דממילא.

מעשה קוף

לאחר שראינו שדין שליחות הוא מחודש, עלינו לראות היכן הוא חודש (שהרי, כפי שראינו, במקומות בהם אין לנו מקור – שם לא תהיה שליחות). ישנן כמה מגבלות על ההקשרים שלגביהם מוגדרת שליחות, ואחת מהן אינה מוגדרת במפורש בגמרא וגם לא בראשונים, אבל האחרונים כן עומדים עליה.

האם אדם יכול לשלוח שליח לעמוד על רגל אחת? מקובל לחשוב שבהלכה הדבר אינו אפשרי, שכן פעולה של עמידה על רגל אחת אינה מעשה בעל משמעות הלכתית. בלשון האחרונים נאמר שזהו "מעשה קוף"[4], כלומר מעשה שגם קוף יכול לעשות אותו (ובעצם: מעשה שיכול להיעשות מאליו) ולכן

4 כיון שניתן לאמן קופים לבצע פעולות רבות (רש"י , עירובין לא ע"ב), יש צורך בהבהרת מעמד הפעולות האלה הלכתית. למשל, נטילת ידיים שמבצעה הוא קוף (משנה ידים א,ה). פעולות הלכתיות המבוצעות לא כראוי, מתוארות כמעשה קוף, דהיינו לקויות באופן שאינו ניתן לזיהוי דרך מעקב אחר תנועות הגוף (מנחות ז ע"א; ק ע"א; יומא כט ע"ב). החסרון בדעת הופך פעולה – גם של אדם – למעשה קוף, כך שהאחרונים לעיתים מתייחסים באופן זה לפעולות שאינן בגדר שליחות למרות שחיצונית נראות כך. ראה דברי החתם סופר יו"ד סי' רמח על ברית מילה בידי אנשים לא מאמינים (וכן פרי מגדים על שליח להדלקת נרות חנוכה לאחר הדלקת נרות שבת). עם זאת, פעולת קוף (ממש) ניתנת להרכבה עם פעולה אנושית להשגת מטרה הלכתית (כגון יצירת עירוב בשילוב העברה בידי קוף וקבלה לידי אדם – עירובין לא ע"א).

עשייתו היא חסרת רלוונטיות הלכתית. כאשר קוף עושה מעשה כלשהו, זה נחשב כמעשה שנעשה מאליו, ולכן אם דרושה פעולה של אדם הרי זה כמה שכלל לא נעשה.

יש מהאחרונים שרצו ללמוד זאת מהמקורות שהובאו בסוגיית קידושין, כמו הפרשת תרומה, קידושין, גירושין וכדו׳. כל אלו הם הקשרים הלכתיים שבהם יש לפעולה הזו משמעות הלכתית, ולכן רק בהם חודש דין שליחות. לדוגמה, אם קוף לוקח את התרומה ונותן אותה לכהן, אין כאן הפרשת תרומה. כדי שההפרשה תועיל היא צריכה להיעשות על ידי אדם, ולא מאליה. התורה מצפה שהאדם יפריש תרומה, ולא די לה בכך שהתרומה תופרש מאליה.

יתר על כן, רק בהקשרים כאלו דרושה שליחות, שהרי השליחות יוצרת מצב שפעולה של ראובן שפועל בשם שמעון נחשבת כאילו נעשתה על ידי שמעון עצמו. הדבר הזה הוא בעל משמעות רק בפעולות כאלה שאכן נדרש בהן ששמעון עצמו יפעל אותן. בפעולות שהן ׳מעשה קוף׳ כלל לא נדרשת שליחות, שכן אין דרישה שהאדם יפעל אותן בעצמו, ממילא דין שליחות גם לא חודש לגביהן.

המונח ׳מעשה קוף׳ שאוב מכמה סוגיות בגמרא, שחלקן אינן עוסקות ישירות בדין שליחות. ביומא כט ע״ב אנו מוצאים שלחם הפנים שסודר על ידי קוף אינו נחשב לחם הפנים. דרוש כאן מעשה של אדם, ולא מעשה קוף. וכן בב״ק קא ע״א דנים בצמר שניתן לאומן ובא קוף וצבע אותו (כלומר הוא נצבע מאליו). ראה גם זבחים יד ע״א ומנחות ז ע״א וקי׳ ע״ב. כל אלו אינם עוסקים בהקשרים של שליחות. אבל מצינו בתלמוד שני הקשרים שבהם עולה מעשה קוף ביחס לשליחות.

הראשון הוא בסוגיית עירובין לא ע״ב. במשנה שם מצאנו:

משנה. השולח עירובו ביד חרש שוטה וקטן, או ביד מי שאינו מודה בעירוב - אינו עירוב. ואם אמר לאחר לקבלו ממנו - הרי זה עירוב.

נקדים ונאמר שחרש שוטה וקטן (=חשו״ק) אינם בני שליחות (ראה על כך להלן). אם שלחתי שוטה או קטן לעשות משהו בשליחותי הוא אינו נחשב כשלוחי, והמעשה לא נחשב כאילו נעשה על ידי.

עוד נקדים שהדין הוא שאדם לא יכול לצאת חוץ למקומו בשבת יותר מאלפיים אמה. אם אדם רוצה להרחיב את התחום שלו, עליו להניח עירוב תחומין בבין השמשות של ערב שבת, במרחק כלשהו מהעיר, ואז הדבר מאפשר לו ללכת אלפיים אמה מאותו מקום. הדין הוא שהאדם עצמו חייב להניח את העירוב כדי שהדבר יתיר לו לצאת. אם הוא שולח שליח- זה גם בסדר. אבל מה אם הוא שולח זאת בידי מישהו שאינו יכול להיות שליח, כמו חשו״ק? המשנה אומרת שעקרונית אין כאן עירוב, אלא אם היה שם אדם אחר שמשמש כשלוחו של בעל העירוב ומקבל את העירוב מידי השוטה או הקטן.

ובגמרא שם, לא ע״ב, אנו מוצאים:

> ***דתניא: נתנו לפיל והוליכו, לקוף והוליכו - אין זה עירוב. ואם אמר לאחר לקבלו הימנו - הרי זה עירוב.***

כאן עברנו לדון בקוף שמנסה לשמש כשליח. כשהקוף לוקח את העירוב ומניח אותו במקום כלשהו, הדבר לא מתיר לאדם להסתמך על העירוב הזה, כי זה לא נחשב כעירוב שהונח על ידו. אמנם אם יש אדם שמקבל זאת ממנו הרי זה עירוב.

מחד, אנו רואים שאפשר להניח עירוב על ידי שליח. מאידך, השליח הזה חייב להיות אדם בר דעת שכשר להיות שליח. חשו״ק, כמו גם קוף ופיל, אינם כשרים לכך. מה קורה כאשר מחכה שם אדם אחר ומקבל מהם? הרי גם במקרה זה ההולכה אליו עדיין נעשתה על ידי השוטה או הקוף. המשנה קובעת שכאן בכל זאת אין בעייה, שכן אין עניין שההולכה תיעשה על ידי האדם עצמו. הנחת העירוב היא הפעולה בעלת המשמעות ההלכתית, ולכן היא דורשת שליחות. הולכת העירוב למקום היא פעולה טכנית בלבד, ולכן היא יכולה להיעשות מאליה (או על ידי מישהו שאינו כשר להיות שליח).

במינות שלנו נאמר שהנחת העירוב אינה מעשה קוף, שכן היא דורשת פעולה של האדם עצמו, ולכן הוגדרה לגביה שליחות. ממילא, קוף או כל יצור אחר שאינו בר שליחות, לא יכול לעשות זאת עבורי. כשזה נעשה מאליו זה לא מועיל. לעומת זאת, הולכת העירוב היא כן מעשה קוף, ולכן אין שום מניעה שהיא תיעשה מאליה.

אלו הן שתי הפנים של ההבחנה בין פעולה הלכתית לבין מעשה קוף: בפעולה הלכתית (שאינה מעשה קוף) נדרשת פעולה של האדם עצמו, ולכן היא לא יכולה להיעשות על ידי קוף. מאידך, בפעולה שהיא מעשה קוף, יכול גם קוף לעשות זאת עבורי, שכן אין דרישה שהוא יהיה שליח שלי.

זוהי ההבחנה הפשוטה. אלא שהאחרונים מוסיפים שבאותם הקשרים שהם מעשה קוף, כלומר אלו שבהם לא נדרשת שליחות, גם לא חודש בהם דין שליחות. ומכאן שגם אם יעשה אותם אדם שהוא בר שליחות, הוא לא ייחשב כשליח שלי. אדם שמוליך את העירוב שלי למקומו אינו שליח שלי, שכן רק פעולת הנחת העירוב יכולה להיות פעולה של שליח.

המקור השני עוסק גם הוא בשליחות של חשו״ק, ומתוך כך קוף ופיל. במסכת מעילה כא ע״א, אנחנו מוצאים במשנה:

> ***מתני׳. אמר לו. הבא לי מן החלון או מן הדלוסקמא! והביא לו, אף על פי שאמר בעה״ב לא היה בלבי אלא מזה והביא מזה - בעה״ב מעל. אבל אם אמר לו הבא לי מן החלון והביא לו מן הדלוסקמא, או מן הדלוסקמא והביא לו מן החלון - השליח מעל. שלח ביד חרש שוטה וקטן, אם עשו שליחותו - בעה״ב מעל, לא עשו שליחותו - חנווני מעל.***

מדובר במקרה בו אדם שולח חשו״ק ונותן להם מעות של הקדש לקנות לו בחנות. אם הם עושים את מה שנשלחו לעשות, אז בעה״ב ששלח אותם נחשב כמועל בכספי ההקדש. אבל אם הם לא עושים את שליחותו, אז החנווני שמקבל מהם את הכספים כשהוא מוציא אותם הלאה הוא המועל. כאן נראה שחשו״ק כן נחשבים כשליחים.

ובגמרא שם מובאת הברייתא שראינו בעירובין:

שילח ביד חרש שוטה וקטן אם עשו [וכו']. והא לאו בני שליחותא נינהו! א"ר אלעזר: עשאום כמעטן של זיתים; דתנן: הזיתים מאימתי מקבלין טומאה - משיזיעו, זיעת המעטן ולא זיעת הקופה. רבי יוחנן אמר: כאותה ששנינו נתנו ע"ג הקוף והוליכו, או ע"ג הפיל והוליכו (ואמר לאחר לקבלו ממנו) ***- הרי זה עירוב, אלמא - קא עבדא שליחותיה, ה"נ - איתעביד שליחותיה.***

הגמרא מסבירה שאם הם מוליכים את המעות לחנווני, הם עושים מעשה קוף. בעה"ב ששלח אותם הוא שעושה את מעשה המעילה, כמו במצב שהיה שולח קוף לתת את המעות לחנווני. מסירת המעות לחנווני היא מעשה קוף, ולכן גם חשו"ק או קוף יכולים לעשות זאת.

ראינו עד כאן את המושג מעשה קוף. מדובר במעשים חסרי משמעות הלכתית, שלא נחוצה עבורם שליחות, וכנראה בגלל זה ההלכה גם לא מגדירה עבורם מצב של שליחות. שליחות נחוצה רק במעשים בעלי משמעות הלכתית, ולכן רק שם היא חודשה.

אין שליח לדבר עבירה

הגמרא בהמשך הסוגיא בקידושין עוסקת בדין שליחות לדבר עבירה. ראובן שולח את שמעון כשליח לרצוח את לוי, ושמעון מבצע זאת. מי מתחייב בעונש על הרציחה, ראובן או שמעון? לכאורה "שלוחו של אדם כמותו", ויש לחייב את המשלח. אולם הדין הוא שאין שליח לדבר עבירה, ולכן אין לחייב את ראובן בעונש על העבירה שביצע שמעון.

מקור[5] הדברים בקידושין שם, דף מב ע"ב:

---

5 ראו פרץ סגל, "לבירור המקור המשפטי של הכלל 'אין שליח לדבר עבירה'", שנתון המשפט העברי ט-י (תשמ"ב-תשמ"ג), עמ' 73.

והא דתנן: השולח את הבעירה ביד חרש שוטה וקטן - פטור מדיני אדם וחייב בדיני שמים, שילח ביד פיקח - פיקח חייב; ואמאי? נימא: שלוחו של אדם כמותו!

הגמרא מתקשה מדוע כשאני שולח שליח להבעיר את רכוש חברי השליח חייב ולא המשלח, הרי שלוחו של אדם כמותו.

על כך עונה הגמרא:

שאני התם, דאין שליח לדבר עבירה, דאמרינן: דברי הרב ודברי תלמיד - דברי מי שומעים?!

הגמרא כאן קובעת שאין שליח לדבר עבירה, ואף מנמקת זאת: "דברי הרב ודברי התלמיד דברי מי שומעים?!".

ההסבר המקובל לכך הוא (ראה חידושי רעק"א ב"מ י ע"ב) ששמעון השליח עשה כאן עבירה. הוא מנסה לפטור את עצמו מעונש בטענה שהוא נשלח לעשות את העבירה על ידי ראובן (כמו הנאצים במשפטי נירנברג, שטענו שנשלחו על ידי החוק והשלטון הגרמני[6]). ההלכה לא מקבלת זאת, שכן בצד הציווי של ראובן יש ציווי של הקב"ה שלא לעשות זאת, ודברי הרב (=הקב"ה) עדיפים על דברי התלמיד (=ראובן). אם כן, לשמעון אין תירוץ.

לפי ההסבר הזה יש כאן טענה שמיועדת לפטור את המבצע מעונש, והסברא של "דברי הרב" שוללת זאת ומחילה עליו את העונש.

מהסוגיא עולה בפשטות שלא רק ששמעון חייב בעונש, ראובן המשלח עצמו נפטר מעונש. ניתן להציע לכך את ההסבר שהמשלח לא נענש אם האחריות היא של השליח. ברגע שהחלטנו שהאחריות נופלת על השליח, אין מקום להעניש את המשלח.

אחרים (ראה **חת"ס** כתובות לג ע"ב ד"ה 'וכי חוטא וזה מתחייב', ושם לד ע"א ד"ה 'השוחט') הסבירו שהשליח עושה זאת מבחירתו ולכן הוא חייב בעונש. אין מצב בו אדם אחד חוטא והשני נענש. ישנה כאן טענה עקרונית

---

6 ראו נחום רקובר, סדנאות במשפט העברי, ציות לפקודה בלתי חוקית, ספרית המשפט העברי, תשס"ה-2004.

שפעולה של עבירה שנעשית על ידי בעל בחירה אינה יכולה להתייחס לאדם אחר אלא לו עצמו.

אולם יש מהאחרונים (ראה **סמ"ע** סי' קפב סק"ב) שהציעו כאן הסבר אחר, שבכוחו להסביר טוב יותר מדוע ראובן נפטר מהעונש. ה**סמ"ע** שם (ראה גם בסי' שמח סק"ב) כותב:

חוץ מלדבר עבירה. דדברי הרב ודברי התלמיד דברי מי שומעין [קדושין מ"ב ע"ב], ויכול המשלח לומר סברתי שלא ישמע לי לעשותו, לכך אין המשלח חייב. אבל אם אין השליח בר חיובא, לא שייך האי טעמא:

כלומר הוא מסביר שזוהי טענה של המשלח שחשב שהלה לא ישמע לו. כלומר מינוי השליחות לא היה רציני. לשיטה זו שמעון כלל אינו שליח של ראובן, וממילא ברור שהוא גם היחיד שחייב בעונש (ולא ראובן).

מקורו של ה**סמ"ע** בראשונים (ראה תוד"ה 'נתנו', ב"ק עט ע"א ותוס' רא"ש שם. **שטמ"ק** ב"מ י ע"ב בשם תוס' שאנץ, ועוד). אמנם רוב הראשונים והאחרונים למדו כפירוש הראשון.

מסתבר שהטענה הזו מצטרפת להסבר הקודם. ההסבר הקודם מראה מדוע שמעון חייב בעונש ואינו יכול להיפטר, והטענה הזו מצטרפת להסביר מדוע ראובן המשלח נפטר מהעונש (כנראה ישנה כאן הנחה שבלי ההסבר הזה היינו מענישים את שניהם).

ה**פנ"י** בקידושין מב ע"ב, ד"ה 'גמרא' וד"ה 'תוספות', שולל את שני ההסברים הללו, והוא מסביר שהתורה כלל לא חידשה את דין שליחות לגבי מעשי עבירה. דין שליחות נלמד מתרומה, קידושין וגירושין, וכל אלו אינן עבירות. לכן אין ללמוד משם את האפשרות לעשות שליח לדבר עבירה. דבריו יובאו ביתר פירוט כאן בהמשך הפרק.

לשיטתו, סביר שכל הסברות הקודמות הן החילוק שמחמתו אי אפשר ללמוד את דין שליחות מהמקורות הללו, אבל בסופו של דבר אין שליחות לדבר עבירה בגלל שאין אפשרות ללמוד את דין השליחות מהמקורות של דין

שליחות. כפי שראינו למעלה, דין שליחות הוא חידוש שזוקק מקור, ואם אי אפשר ללמוד אותו לגבי עבירות אז אין שליח לביצוע עבירות. יש שתלו את ההסבר הזה בהמשך הגמרא, שלמדה את הדין שאין שליח לדבר עבירה מפסוקים ולא מסברא.

לאחר מכן הגמרא בקידושין שם מביאה שלושה הקשרים שבהם יש שליחות לדבר עבירה: מעילה, שליחות יד וטביחה ומכירה של חפץ גנוב.

בהמשך הגמרא מקשה:

והא דתני: האומר לשלוחו צא הרוג את הנפש - הוא חייב, ושולחיו פטור; שמאי הזקן אומר משום חגי הנביא: שולחיו חייב, שנא': (שמואל ב' יב) אותו הרגת בחרב בני עמון;

כאן מובאת דעתו של שמאי הזקן שמחייב גם אדם ששלח שליח לרצוח, כלומר לדעתו יש שליח לדבר עבירה.

בכל אופן, רבא מסייג גם את דעתו של שמאי הזקן, ואומר:

...אמר רבא, את"ל סבר שמאי: שני כתובים הבאים כאחד מלמדין, והוא ההוא לא דריש, מודה באומר לשלוחו צא בעול את הערוה ואכול את החלב - שהוא חייב, ושולחיו פטור, שלא מצינו בכל התורה כולה זה נהנה וזה מתחייב.

כלומר במקום בו השליח נהנה בגופו, ודאי שהוא זה שחייב ולא המשלח.

מה לגבי השליחות עצמה?

עד כאן עסקנו בשאלה מי חייב בעונש על העבירה שבוצעה, השליח או המשלח. המסקנה היא שהשליח הוא שחייב בעונש. אולם מה לגבי השליחות עצמה? האם השליח בכלל נחשב כשלוחו של המשלח במצב כזה?

ההשלכה היא כאשר אדם נשלח לעשות פעולה שיש בה עבירה, כמו מכירת קרקע בארץ ישראל לגוי (שאסורה ב'לא תחנם'). מכיון שמדובר בשליחות לדבר עבירה, העבירה היא של השליח ולא של המשלח. אבל עדיין נותרת

השאלה האם המכירה תקפה או לא. אם השליח כלל אינו שלוחו של המשלח, המכירה לא חלה. אם הוא כן שלוחו ורק יש פטור של המשלח מעונש, אזי המכירה כן חלה.[7]

לכאורה אין כאן שאלה כלל ועיקר ביחס לעצם השליחות. כלומר העובדה ששמעון פעל כשלוחו של ראובן היא פשוטה, והמעשה עצמו נחשב כמה שנעשה על ידי ראובן. השאלה בה עוסקת הסוגיא היא רק האם יש להעניש את שמעון שעשה זאת בפועל או את ראובן, ועל כך אומרים ששמעון הוא שנענש.

אך נראה כי דינה של השליחות עצמה תלוי בהסברים השונים שראינו למעלה. לפי ההסבר של רעק״א, שהאחריות מוטלת על השליח, השליחות בהחלט יכולה עדיין להיות תקפה. לפי הסמ״ע המשלח טוען שלא חשב שהשליח ישמע לו. לשיטה זו נראה שהשליח כלל אינו שלוחו של המשלח. ולפי **הפנ״י** גם נראה שבסיטואציה כזאת כלל לא חודש דין שליחות.

ובאמת מצאנו שנחלקו בזה שני תירוצי התוס׳ בב״מ י ע״ב. הגמרא שם דנה בשליח לדבר עבירה, ומביאה מקרה שבו כהן שולח ישראל לקדש לו אישה גרושה. מעבר לשאלת העבירה (מי חייב בעונש), ישנה כאן שאלה האם האישה בכלל מקודשת.

ובתוד״ה ׳דאמר׳, שם, כתבו :

דאמר לישראל קדש לי אשה גרושה - וא״ת ואפי׳ אמר לכהן נמי וי״ל דכהן מקרי בר חיובא הואיל ואם מקדשה לעצמו חייב אבל ישראל אף על גב דעובר משום לפני עור לא תתן מכשול כשמקדשה לכהן כיון דאי מקדשה לעצמו לא מיחייב לא מקרי בר חיובא.

---

7 יש כאן מקום לדון האם בכלל יש מקום לחייב בעונש את השליח, כאשר הקרקע הנמכרת היא של המשלח. לכאורה העבירה היא על בעל הקרקע שכן הוא המוכר, ולא על מבצע פעולת המכירה. שאלות אלו עלו בהקשר של ׳היתר המכירה׳ בשביעית, ואין כאן המקום.

וא"ת מאי נ"מ בין למ"ד אי בעי עביד ובין למ"ד שליח בר חיובא לא לקי על הקדושין לרבא דאמר בעשרה יוחסין (קדושין דף עח.) קידש אינו לוקה בעל לוקה וי"ל דכי בעל אח"כ לוקה אף על הקדושין כדמוכח בריש תמורה (דף ה. ושם) א"נ י"ל דאף לרבא נפקא מינה דאי יש שליחות חלין הקדושין ואי אין שליחות אין חלין הקדושין.

תוס' כותב שאם אין שליח לדבר עבירה אז האישה כלל אינה מקודשת לכהן ששלח את השליח. רואים מדבריו שלפחות בתירוץ הזה הוא סובר שכשאומרים שאין שליח לדבר עבירה הכוונה היא שהשליח כלל אינו שליח, ולא רק שהעונש חל על השליח. הדברים נדונו בהרחבה בשו"ת **נוב"י** מהדו"ק אבהע"ז סי' עה, ואכ"מ.

השלכות נוספות של הסברות מדוע אין שליח לדבר עבירה

אחת ההשלכות של הסברות השונות נוגעת למי ששלח שליח לעשות עבירה, שהיא עבירה רק עבור המשלח ולא השליח. לדוגמא, כהן שולח ישראל לעשות עבירת טומאה שהיא רק בכהנים (שולח אותו לטמא כהן). לחילופין, כהן שולח ישראל לקדש לו גרושה. או איש שולח אישה להקיף לו קטן (אישה אינה מצווה באיסור הקפת הראש). אם אין שליחות לדבר עבירה מכוח הסברא של "דברי הרב", במקרה כזה הרי הסברא לא קיימת, שכן השליח לא עובר עבירה ("הרב" לא דיבר אליו). אבל אם יש פטור מפסוק, כלומר שלעניין עבירות לא חודש דין השליחות, ייתכן שזה קיים גם כאן.

הגמרא בב"מ י ע"ב מדברת על שליח שאינו בר חיובא (עבד או קטן), או אפילו שליח דומם (חצר של אדם נדונה כשלוחתו). ראה שם ובמפרשים, שדנו האם יש או אין שליח במצבים כאלה. ראה גם ברמ"א חו"מ סי' קפב ה"א ובנושאי הכלים שם.

השלכה נוספת היא במצב הפוך, כאשר רק השליח מחוייב בעבירה ולא המשלח. לדוגמה, אישה שולחת איש להקיף קטן, או ישראל שולח כהן לטמא

כהן. כאן הסברא ודאי קיימת, שהרי "הרב" אומר לשליח לא לעשות זאת, אבל המיעוט מפסוק אולי לא קיים כאן שכן המשלח לא עובר עבירה.

כיצד תיתכן שליחות לדבר עבירה מבחינת גדרי שליחות?

מהסוגיות השונות עולה שעקרונית אין מניעה שיהיה שליח לדבר עבירה, אלא שיש סיבות שונות שבגללן בכל זאת אין שליחות לעבירות. אבל מדברינו למעלה עולה שהשליחות לרצוח היא בעייתית גם מצד עצמה: הרי מדובר כאן ב'מעשה קוף' בעלמא! הפעולה הזו אינה מחילה חלות הלכתית-משפטית כלשהי, אלא זוהי פעולה פיסית. במה היא שונה משליחות להעביר את העירוב למקומו (שם מקבל אותו אדם אחר). ראינו שפעולה כזו יכולה להיעשות על ידי קוף או על ידי חשו"ק. אז כיצד ניתן לדבר על שליחות ביחס לפעולה כמו רצח, לטמא אדם, או הקפת הראש של מישהו?

אמנם כאן לא מדובר במעשה קוף במובן הקודם, שהרי ודאי נדרשת כאן פעולה של האדם עצמו כדי לחייב אותו בעונש. לא ניתן לחייב את ראובן בעונש על רציחה אם הוא לא רצח בעצמו. רצח שמתבצע מאליו אינו מחייב אף אחד בעונש. ובכל זאת, ישנה כאן בעייה בגדרי שליחות, ונראה אותה כעת בדברי **קצוה"ח** ותורי"ד.

דבר שבגופו[8]

התורי"ד קידושין מב ע"ב, מקשה:

> ***שאני התם דאין שליח לדבר עבירה יש מקשים א"כ לכל דבר מצוה יועיל השליח ויאמר אדם לחבירו שב בסוכה בעבורי הנח תפילין בעבורי.***

---

8 דברי תורי"ד וקצוה"ח נפוצים בעולם הישיבות, אולם דומה כי בדרך כלל לא מבינים אותם נכון. לכן טרחנו כאן להסביר את הטענות לדייק בהן ולחדד אותן היטב.

התורי״ד מקשה מדוע לא מועילה שליחות לבצע מצוות עבור האדם, כמו הנחת תפילין או ישיבה בסוכה וכדו׳.

לכאורה לא ברור מדוע הוא מקשה זאת דווקא על הדין בגמרא שאין שליח לדבר עבירה. מדוע הוא לא מעלה את הקושיא הזו בתחילת סוגיית שליחות?

נראה שכוונתו לומר שמדין שליח לדבר עבירה רואים שעקרונית שייכת שליחות גם על מעשים שהאדם נדרש לעשות בגופו ממש, ולכן היא שייכת גם על רציחה. ומכאן הוא שואל מדוע שליחות לא תועיל גם במצוות. נפרט זאת מעט יותר.

היה מקום לומר ששליחות מוגדרת רק במקום בו המעשה מחולל תוצאה משפטית כלשהי.[9] לדוגמה, שליחות לקנות מחוללת את בעלותו של המשלח. שליחות לקדש או לגרש מחוללת חלות של קידושין או גירושין. שליחות להפריש תרומה מחילה שם תרומה על החלק המופרש. לעומת זאת, עמידה על רגל אחת אין לה משמעות הלכתית. היא לא מחוללת מאומה, ולכן הגדרנו אותה כמעשה קוף. העברת העירוב למקום כדי שאחר יניח אותו, גם היא מעשה קוף, שכן אין לה תוצאה הלכתית כלשהי. רק להנחת העירוב יש תוצאה הלכתית.

אם כן, פעולת רציחה גם היא חסרת משמעות משפטית, שכן התוצאה היא עובדה (הנרצח מת) ולא חלות משפטית כלשהי. אז מדוע התפיסה הבסיסית היא שיש שליחות לרציחה, לולא הסברות או המקורות ששוללות זאת? על כורחנו שלא זוהי ההגדרה של מעשה קוף. מסוגיית שליח לדבר עבירה עולה שגם פעולה שיש לה משמעות הלכתית ולא משפטית, אינה נחשבת כמעשה

9 במשפט העברי ניתן לנסח זאת במונחים של גבולות הפעולה המשפטית, כפי שמנוסח בתחילת חוק השליחות, התשכ״ה ״שליחות היא יפוי כוחו של שלוח לעשות בשמו או במקומו של שולח פעולה משפטית כלפי צד שלישי״, ראה קירשנבאום, שליחות (גלינות פרשת השבוע של משרד המשפטים #106), כש׳פעולה משפטית׳ איננה מוגדרת מחוץ לגבולות החוק; א׳ ברק, חוק השליחות, תשכ״ה-1965 (מהדורה שנייה תשנ״ו), כרך א, עמ׳ 384.

קוף. לדוגמה, פעולת רציחה[10] אמנם לא מחוללת תוצאה משפטית (חלות) כלשהי, אבל בהחלט יש לה תוצאה הלכתית: היא מהווה עבירת רצח, ומכוחה הרוצח מתחייב גם בעונש. הוא עבר על לאו והתחייב בעונש, וזו תוצאה של הפעולה. נראה שזוהי הסיבה לכך שהמרא מבינה שבאופן עקרוני שייכת בפעולה כזו שליחות.

נראה שזוהי הסיבה לכך שהתוריי"ד מקשה בדיוק כאן מדוע ביצוע מצווה על ידי שליח אינו מועיל. כמו פעולת עבירה שהיא לכאורה מעשה קוף, רלוונטית לדין שליחות בגלל התוצאות ההלכתיות שיש לה, גם פעולה של מצווה, שגם היא לכאורה מעשה קוף (כמו הנחת תפילין), שהרי אין לה תוצאות משפטיות כלשהן (חלות), אבל יש לה משמעות הלכתית. ראובן שולח את שמעון לשבת במקומו בסוכה. אמנם נכון שזהו לכאורה מעשה קוף, שהרי אין לישיבה הזו שום תוצאה משפטית (לא נוצרה שום חלות). אבל יש לה תוצאה הלכתית, שהרי התקיימה כאן מצוות עשה של ישיבה בסוכה. אם כן, מקשה התוריי"ד, במה זה שונה מרציחה? לכאורה גם כאן היתה צריכה להועיל שליחות. אמנם לגבי עבירות ישנם מקורות הלכתיים שמכריחים שאין שליחות לעבירות, ולכן בשורה התחתונה על אף שהשליחות היתה יכולה להיות רלוונטית גם לעבירות אין שליח לדבר עבירה. אבל לגבי מצוות אם אכן השליחות רלוונטית לגביהן, זה מה שהיה צריך להיות גם להלכה: שניתן לקיים מצווה על ידי שליח. במצוות, בניגוד לעבירות, אין מניעה הלכתית לכך שתהיה שליחות.

יש מקום לתלות זאת בהבנות השונות שראינו למעלה לגבי אין שליח לדבר עבירה. אם נתפוס **כפנ"י**, שעל מעשים כמו רציחה לא התחדשה שליחות, יש מקום להבין שהעיקרון הוא שמעשים בעלי משמעות הלכתית אך חסרי משמעות משפטית – לא חודשה לגביהם פרשת שליחות. זה גופא מה שלמדנו

---

10 רציחה המתבצעת על ידי קוף היא תרחיש הנמצא בבסיסו של הסיפור הבלשי המודרני הראשון, פרי עטו של אדגר אלן פו, "הרציחות ברחוב מורג". (הרציחות ברחוב מורג וסיפורים אחרים , אדגר אלן פו, תרגום: שירלי אגוזי, הוצאת עם עובד, 2007), בו קוף אורנגאוטן מבצע רציחות – אך לא כפעולה מתוכננת מראש אלא כשיבוש של פעולה אליה אולף (גילוח).

מהפסוקים שמלמדים שאין שליח לדבר עבירה. אם כן, אפשר לומר שגם לגבי מצוות לא תועיל שליחות, מאותה סיבה עצמה. בסופו של דבר יש שליחות רק לפעולות שמחוללות חלויות, ולא למעשי קוף. פעולות שיש להן השלכות הלכתיות אינן רלוונטיות לדין שליחות. אין צורך לציין שמה ששליחות מועילה לקידושין זה לא בגלל המצווה שבזה, אלא מפני שהקידושין מחוללים חלות משפטית, ולכן שייכת בהם שליחות.

אם כן, לפי הבנה זו נראה שקושיית תוריי"ד מתיישבת מאליה. לעומת זאת, אם אין שליחות לדבר עבירה בגלל הסברא של "דברי הרב ודברי התלמיד", יהא אשר יהא ההסבר שלה (ראה למעלה), הסברא הזו כלל אינה שייכת לגבי דברי מצווה. אם כן, לפי ההבנות הללו נראה שקושיית התוריי"ד בעינה עומדת. לכן נראה שהוא באמת מניח את ההבנות הללו ומכוחן הוא מקשה מדוע אין שליחות לקיום מצוות, בדיוק כמו שהיה צריך להיות הדין לגבי שליחות לעבירות.

עד כאן הסברנו את קושייתו של התוריי"ד, ואת העובדה שהוא מעלה אותה דווקא בהקשר של שליחות לדבר עבירה. בהמשך דבריו שם הוא מתרץ את הקושיא וכותב כך:

> ***ולאו מילתא היא שהמצוה שחייבו המקום לעשות בגופו האיך יפטר הוא על ידי שלוחו והוא לא יעשה כלום בודאי בגירושין ובקדושין מהני כי הוא המגרש ולא השליח שמה כתב בגט אנא פלוני פטרית פלונית וכן נמי האשה למי היא מקודשת כי אם לו והיא אשתו וכן בתרומה הוא נותן התרומה מפירותיו וכן בפסח הוא אוכלו ועל שמו ישחט ויזרק הדם אבל בסוכה הכי נמי יכול לומר לשליחו עשה לי סוכה והוא יושב בה אבל אם ישב בה חבירו לא קיים הוא כלום וכן לולב וציצית וכל המצות:***

רבים נוטים לפרש את התירוץ הזה כחזרה לתפיסה הקודמת. מעשה מצווה הוא מעשה קוף, וככזה לא שייכת לגביו שליחות. אולם כפי שראינו למעלה, לא זו היתה הנחת התוריי"ד בקושייתו, וגם כאן לא נראה שהוא חוזר בו

מתפיסתו את עניין שליחות לדבר עבירה. להיפך, המיקום של הקושיא בדין שליחות לדבר עבירה מוכיח שהוא היה מודע לניואנס הזה היטב, ובכל זאת הקשה, כפי שהסברנו זאת למעלה.

ואכן מעיון בפשט לשונו כאן נראה שכוונתו היא אחרת לגמרי. הוא טוען כאן שבישיבה בסוכה ובהנחת תפילין אין שום זיקה בין המשלח לבין הפעולה, ולכן לא יכולה להיות כאן שליחות. בשליח לקידושין, גם אם השליח עושה פעולת קידושין, המקדש הוא המשלח. היא נעשית אישתו של המשלח, ולכן בכל אופן קיים קשר בינו לבין הפעולה שנעשית על ידי השליח. לכן במקרה כזה יש דין שליחות.

פעולת הקידושין קשורה למשלח משתי סיבות: 1. היא נעשית עבור המשלח ומכוחו, שהרי רק הוא יכול לקדש לעצמו אישה. 2. התוצאה המשפטית של הפעולה היא שהמשלח מקודש לאישה. אם השליחות לא קיימת אין כאן כלל פעולת קידושין, שהרי מדובר בלקדש את האישה למשלח ולא לשליח. לכן במהותה הפעולה הזו קשורה למשלח, עוד לפני שנחליט האם רלוונטי כאן דין שליחות או לא. לעומת זאת, בישיבה בסוכה אין למשלח שום זיקה למצווה. המצווה היא פעולת ישיבה בסוכה, וכאן מי שישב בסוכה הוא רק השליח. אם לא נניח את קיומו של דין שליחות, אין שום נוכחות למשלח בעשיית הפעולה הזאת, ולכן כאן לא שייכת שליחות. דין השליחות יכול להתקיים אם המשלח קשור לפעולה גם בלי דין שליחות. אבל אם דין שליחות הוא שיוצר את הקשר בין הפעולה למשלח, אזי במקרה כזה אין דין שליחות.

ניתן לראות בתירוץ הזה הגדרה למעשה קוף, והסבר מדוע במעשה קוף אין דין שליחות. התוריי"ד מתכוין לומר שאם הפעולה היא מעשה קוף, כלומר אין לה שום תוצאה משפטית, אזי אין שום זיקה בינה לבין המשלח, ולכן במקרה כזה לא שייכת שליחות. אם לפעולה ישנה תוצאה משפטית שמתייחסת למשלח, או אז שייכת כאן שליחות שכן ישנה זיקה בין המשלח לפעולה עוד לפני שתחול כאן השליחות.

אם כן, כאשר ראובן שולח את שמעון לקדש לו את לאה, שמעון עושה עבורו את הפעולה הבאה: לקדש את לאה עבור ראובן. הוא לא מקדש את לאה, והתוצאה עוברת לזכותו של ראובן. הגדרת הפעולה עצמה כוללת את ראובן. האינדיקציה לכך היא שאם נחליט שאין כאן דין שליחות לא יהיו כאן קידושין כלל. לכן בפעולת קידושין שייכת שליחות. אבל במצב בו ראובן שולח את שמעון לשבת עבורו בסוכה, הרי פעולת הישיבה בסוכה אין בהגדרתה מצד עצמה מאומה שקשור לראובן. אין לה שום תוצאה משפטית, ולכן אין שום זיקה למשלח. רק השליחות רוצה ליצור את הזיקה בין הפעולה למשלח. במצב כזה אין שליחות.

ההנחה של התוריי״ד היא שתוצאה הלכתית אינה נחשבת זיקה למשלח, שהרי ניתן היה לומר שהישיבה בסוכה נחשבת כמצווה של המשלח וזה יוצר את הזיקה שלו למעשה. אבל זה אכן לא אפשרי גם במובן ההגיוני. השאלה האם התוצאה נחשבת כישיבה של המשלח עצמו בסוכה היא השלכה של העובדה שיש כאן שליחות. לכן אי אפשר לבסס עליה גופא את הטענה שיש במצב כזה דין שליחות. הישיבה בסוכה כשלעצמה אינה מיוחסת למשלח, אלא היא פעולה סתמית של ישיבת אדם בסוכה. כעין מעשה קוף. רק השליחות יכולה ליצור את הזיקה למשלח, אבל הזיקה נחוצה כדי שתהיה כאן שליחות. לכן זהו מעגל שלא יכול לחולל מצב של שליחות.

לעומת זאת, בקידושין הפעולה עצמה יוצרת חלות אישות למשלח, זו פעולה של יצירת קשר זוגי למשלח. שם הפעולה אינו: לקדש את לאה. אלא: לקדש את לאה עבור ראובן. זו הפעולה שעושה השליח, ולכן יש לראובן זיקה לעצם הפעולה, גם בלי דין שליחות. ומכיון שיש לו זיקה לפעולה יש כאן דין שליחות. כאן אין מעגל, כמו במקרה של ישיבה בסוכה.

בניסוח אחר נאמר זאת כך: ישנן פעולות משפטיות, שעצם הגדרת הפעולה מכילה גם שם של נמען הפעולה או הפועל שלה. פעולת קידושין אינה סתמית. כל פעולת קידושין כוללת בתוכה את שמו של המקדש. גם פעולת גירושין היא כזו. פעולת קנייה היא קנייה עבור מישהו, מעצם הגדרתה. הוא הדין להפרשת

תרומה, שהרי התרומה מופרשת מפירות של המשלח, ולכן שמו מתנוסס על הפעולה גם בלי דין שליחות. אותו דבר לגבי שחיטה וזריקת הדם של קרבן פסח, שהרי זה נעשה לשם בעל הקרבן. לכן הפעולות הללו עצמן מכילות את המשלח כחלק מהגדרתן. ממילא יש מקום להגדיר כאן שליחות שתאפשר להחיל את החלויות הללו.

אבל ישיבה בסוכה היא פעולה פיסית סתמית, והיא אינה כוללת מעצם הגדרתה שם של סוכן כלשהו שעושה את הפעולה, או שהיא נעשית עבורו. זוהי פעולה פיסית, ולזה אנחנו מתייחסים כמעשה קוף (ולא מעשה משפטי). למעשה כאן אנחנו רוצים שדין שליחות הוא עצמו יוסיף את הזיהוי של הפעולה עם אדם כלשהו, אבל דין שליחות אינו עושה זאת. דין שליחות יכול רק לממש פעולה עבור אדם שהקשר שלו אליה קיים גם בלי דין שליחות. אם יש פעולה שקשורה לאדם מסויים, דין שליחות מאפשר להחיל את הפעולה על אף שהוא לא עושה אותה. אבל דין שליחות עצמו לא יוצר את עצם הקשר בין הפעולה לאדם.

אלא שכעת עלינו לחזור ולשאול מה לגבי עבירה? מדוע שם ישנו דין שליחות, הרי גם שם מדובר במעשה קוף בהגדרה זו? לפי שמאי הזקן להלכה יש שליח לדבר עבירה (כמו רציחה), ואף לחולקים עליו ראינו שדין שליחות היה רלוונטי לולא החידוש שאין שליח לדבר עבירה. אם כן, הסברו של תורי"ד מחזיר אותנו לשאלה מה בין מצווה לעבירה, הרי גם בעבירות אין זיקה בין המעשה למשלח אלא מכוחו של דין שליחות. גם שם מדובר בפעולה שאין לה השלכות משפטיות, ולכן אם ישנה זיקה למשלח היא נוצרת רק מכוחו של דין שליחות. רציחה היא פעולה פיסית סתמית, והיא אינה כוללת שם של מישהו רוצח כחלק מהגדרתה, בדיוק כמו ישיבה בסוכה.

ובאמת כך מקשה עליו בעל **קצוה"ח** בסי' קפב סק"א:

וקשיא לי דהא בשליחות לדבר עבירה אי לאו דגלי קרא דאין שליח לדבר עבירה הוי ליה בדין שליחות ואף על גב דאין המשלח עושה

כלום, ולשמאי הזקן ס"ל דעושה שליח להרוג דשליח של אדם כמותו כדאיתא ריש פ"ב דקידושין (מג, א), ואין המשלח עושה כלום.

אמנם כשמדייקים בלשונו רואים שלא זו בדיוק כוונת קושייתו. הוא מבין בתוריי"ד שכאשר הציווי מטיל חובת עשייה על האדם לא שייכת שליחות. לכן הוא מקשה במה זה שונה מעבירה כמו רציחה? אבל כפי שראינו לא זו כוונת התוריי"ד. התוריי"ד אינו מתבסס על כך שמדובר בחובת עשייה, אלא שמדובר בעשייה כזו שאין כל זיקה בינה לבין העושה לולא דין שליחות עצמו. בכל אופן, קושייתו עדיין קשה גם לפי הסבר זה, כפי שראינו למעלה.

נראה שאפשר להסביר שהתוריי"ד לפחות במסקנתו הבין **כפנ"י**, שהתורה לא חידשה את דין שליחות על עבירות. כפי שהסברנו, הסיבה לזה היא בדיוק סברתו של תוריי"ד שבפעולות שאין להן השלכות הלכתיות אין כל זיקה בינן למשלח מעצם הגדרתן, ולכן שם אין דין שליחות. אבל לא נראה שהתוריי"ד התכוין לזה, שהרי מניסוח התשובה שלו לא רואים שהוא חוזר בו מתפיסתו את הכלל אין שליח לדבר עבירה.

יש מקום לחלק שבעבירות יש חיוב עונש על מי שעשה אותן, ולכן יש מקום בהגדרת פעולת עבירה שכולל את שמו של העבריין. אבל בה במידה יש שכר מצווה למי שישב בסוכה, ואם נאמץ את ההסבר הזה אז גם פעולת מצווה כוללת את שמו של עושה המצווה. היה אולי מקום לחלק בדוחק בין עונש שניתן בבי"ד לבין מצווה ששכרה ניתן בשמים, אבל יש לא מעט עבירות שעונשן ניתן רק בשמים. לכן ההבחנה בין מצווה לעבירה, שכפי שראינו אותה גופא מחפש התוריי"ד, עדיין לא נמצאה לנו. הקושי מאלץ אותנו להגיע למסקנה שכוונת התוריי"ד היא לומר שבעבירה שמו של העבריין הוא חלק מהגדרת הפעולה, גם אם העונש הוא בידי שמים. יש עליו חלות עבריין. אבל במצווה אין תוצאה כזו, ולכן פעולת המצווה לא מכילה את שמו של עושה המצווה כחלק מהגדרתה.

אולם ה**קצוה"ח** שם חולק על התורי"ד מכוח הקושיא הזו. הוא כנראה גם לא מקבל את תפיסתו של ה**פנ"י**, ולכן הקושי מדוע אין שליח למצוות עדיין דורש פתרון מבחינתו. לכן הוא כותב לחלק אחרת בין מצוות לעבירות:

והנראה לענ"ד בזה כיון דשליח של אדם כמותו לא אמרינן אלא במידי דעשיה דאז הו"ל מעשה שלוחו כמותו, אבל במידי דליכא עשיה לא אמרינן שליח של אדם כמותו, וכמ"ש הרא"ש בפירושו לנדרים דף ע"ב (ע"ב ד"ה והא) בהא דעושה שליח להפר נדרי אשתו דפריך בגמרא והא לא שמיע ליה וכתב שם ז"ל, שמיעת האפוטרופוס אינה כשמיעת הבעל ואף על פי שעשאו שליח להפר, דבמידי דממילא לא שייך מינוי שליחות עכ"ל, ומש"ה בפסח וקידושין וגירושין הו"ל מעשה שליח כמותו וכאילו הוא בעצמו שחט הפסח, וכן בקידושין וגירושין כאילו הבעל עצמו נתן הקידושין או הגירושין, וכן למ"ד יש שליח לדבר עבירה דהוא במידי דמעשה ושייך מינוי שליחות.

אבל בתפילין כשהשליח מניח התפילין הנחה זו שהיא עשיה חשוב כאילו המשלח עשה הנחה זו, אבל אכתי לא הניח התפילין על ראשו אלא על ראש שלוחו דאין גוף השליח כגוף המשלח כיון דבמידי דממילא לא שייך מינוי שליחות. ומש"ה בציצית ותפילין וסוכה נהי דהו"ל עשיית השליח כעשיית המשלח, כיון דגוף שלוחו לא הוי כגופו לא עשה המעשה בגופו אלא בגוף שלוחו, אבל בפסח וקידושין וגירושין, שחיטת הפסח ומעשה קידושין וגירושין דהו"ל כאילו עשה הוא, הרי נגמר המעשה, ודו"ק ותשכח דהכי הוא ברירא דהך מלתא:

הוא מסביר שאמנם השליח יכול לפעול עבור המשלח, אבל אין זהות בין גופו לגופו של המשלח. כאשר השליח מניח תפילין על ראשו, אולי פעולת ההנחה נחשבת כפעולה של המשלח, אבל התפילין יושבות על ראשו של השליח, ולכן עדיין המצווה לא באמת התקיימה על ידי המשלח.

לעומת זאת, בקידושין וגירושין ותרומה, המצווה אינה קשורה לגופו של המשלח אלא רק התוצאה מתייחסת אליו. במצב זה יש חידוש של דין שליחות, שכן די לנו בכך שהפעולה נעשתה על ידי השליח עבורו, וזה נחשב כאילו הוא עשה אותה. בניגוד למצווה, כאן אין צורך שהוא יעשה זאת בגופו. המקור שהוא מביא מהרא״ש בנדרים עוסק בשליח של הבעל להפר את נדרי אשתו. השליח אמנם שומע את הנדר, ומדין שליחות זה כאילו שהבעל עשה את פעולת השמיעה, אבל הבעל לא שמע בפועל. הפעולה לא נעשתה בגופו שלו, ולכן לא שייכת שם שליחות. הפרת נדרים דורשת לא רק ביצוע פעולת שמיעה, אלא שתהיה שמיעה בגופו של הבעל. בדיוק כמו שהנחת תפילין אינה רק פעולת הנחה אלא שהתפילין תהיינה מונחות על גופו של האדם.

באופן תיאורטי, לשיטתו ישנה שליחות של אדם לעשות עבירה בגופו של המשלח. אם אדם ישלח שליח לעשות קרחה בראשו שלו (=של המשלח), או להקיף את פאת ראשו, כאן תהיה שליחות לדבר עבירה, שכן הפעולה עוברת למשלח מכוח דין שליחות, והעבירה נעשתה על גופו, כפי שדורשת הגדרת העבירה.[11]

כך בעל **קצוה״ח** מחלק בין מצווה לעבירה. עבירות בדרך כלל נעשות על משהו (עצם, או אדם) אחר. במצב כזה, יש דין שליחות, שכן אם הפעולה מתייחסת למשלח זוהי עבירה שלו לכל דבר ועניין. לכן נדרש הכלל אין שליח לדבר עבירה כדי לשלול את השליחות למקרים אלו. אבל במצוות שבגופו, הרי אלו מצוות שנעשות על גופו של עושה המצווה, ולכן אם השליח עושה אותן על גופו שלו, גם אם נחיל כאן את דין שליחות לא תיעשה כאן מצווה על ידי המשלח, שהרי סוף סוף גופו לא עשה את המצווה. בסוף הסעיף הבא נראה דוגמה שמחדדת את העיקרון הזה.

---

11 אמנם במקרים אלו כנראה אין צורך להגיע לדין שליחות כי בכלל לא צריך לעשות פעולה של קריחה אלא די לנו בכך שהקרחה נמצאת על ראשו של האדם. לכן שם זהו ממש מעשה קוף, וברור שגם בלי שליחות העבירה נעברת. אבל תיאורטית אם היה צורך במעשה קריחה, הקריחה על ידי השליח תועיל, כי היא נעשית על גופו של המשלח.

שליחות לדבר עבירה לחומרא מדרבנן

עד כאן ראינו שאין שליחות לדבר עבירה. אולם בסוגיית ב"מ עא ע"ב אנו מוצאים את הברייתא הבאה, שממנה עולה שיש שליחות לדבר עבירה:

תנו רבנן: מלוה ישראל מעותיו של נכרי מדעת הנכרי, אבל לא מדעת ישראל. כיצד? ישראל שלוה מעות מן הנכרי ברבית, וביקש להחזירם לו. מצאו ישראל אחר ואמר לו: תנם לי, ואני אעלה לך כדרך שאתה מעלה לו - אסור. ואם העמידו אצל נכרי - מותר.

במקרה זה מדובר במצב בו ראובן לווה מגיון 100 ₪ בריבית, והתחייב להחזיר לו תמורתם 110 ₪ לאחר חודש. משחלף חודש הוא הולך להחזיר לגיון את הכסף (110 ₪). בא שמעון ופגש את ראובן בדרכו להשבת ההלוואה, ואמר לו תן לי 100 ₪ בשמו של גיון כאילו אני קיבלתי את ההלוואה ממנו, ואני אחזיר לך 110 ₪ כמו שאתה חייב להחזיר לו. זוהי למעשה ריבית עקיפה משמעון לראובן.

עניין כזה הוא אסור. מדוע? מסביר על כך רש"י שם:

אסור - דהוא ניהו דקא מוזיף ליה ברבית.

כלומר זה נחשב ששמעון לווה מראובן בריבית, וריבית מישראל ישראל אסורה.

אמנם אם ראובן אומר לו תחזיר את 110 השקלים לגיון זה מותר, כי במקרה כזה גיון הוא המלווה של שמעון. ומסביר על כך רש"י:

ואם העמידו אצל נכרי - אף על פי שישראל נותנו לחבירו במצות הנכרי.

מותר - דשלוחו הוא.

לא ברור מי שליח של מי. יש מקום לומר שראובן הוא שלוחו של גיון להלוות לשמעון את הכסף, ולכן המלווה הוא גיון. אלא שאז יוצא שיש שליחות של יהודי לגוי, ולהלכה אין שליחות לנכרי. לחילופין, היה אפשר לומר ששמעון

הוא שלוחו של ראובן לפרוע לג'ון את הריבית, ולכן זה מותר. מהסיפא של הברייתא רואים שהפירוש הראשון הוא הנכון.

בסיפא של אותה ברייתא מובא מקרה אחר:

וכן נכרי שלוה מעות מישראל ברבית, וביקש להחזירם לו, מצאו ישראל אחר ואמר לו: תנם לי, ואני אעלה לך כדרך שאתה מעלה לו - מותר. ואם העמידו אצל ישראל - אסור.

ג'ון לווה 100 ש"ח מראובן בריבית (ריבית של גוי מיהודי מותרת גם היא), והתחייב להחזיר לו 110 ש"ח אחרי חודש. משביקש להשיב את הכסף והריבית, פוגש אותו שמעון ואומר לו תן לי 100 ש"ח ואני אחזיר 110 ש"ח לראובן במקומך. כאן זה מותר, כי זה נחשב הלוואה של שמעון מג'ון, בדיוק כמו במקרה הקודם. אבל אם העמידו אצל ראובן, כלומר אמר לו להחזיר את 110 הש"ח לראובן הדבר אסור. כי במקרה כזה ראובן הוא המלווה של שמעון, וריבית של יהודי מיהודי אסורה.

רש"י שם מסביר:

ואם העמידו אצל ישראל אסור - ואף על פי שקיבלם זה מיד נכרי, משום דנכרי שליח ישראל, ושלוחו של אדם כמותו.

כלומר המקרה של העמידו אצל הישראל אסור כי זהו מצב בו ג'ון הוא שלוחו של ראובן להלוות לשמעון את הכסף, ולכן יש כאן הלוואה מיהודי ליהודי.

מה שיוצא מכאן הוא שיש שליחות לנכרי לחומרא, כלומר אם ישראל עושה עבירה על ידי נכרי זו נחשבת כעבירה שלו עצמו.

הדבר הזה תמוה משתי פנים:

1. הרי אין שליח לדבר עבירה. אמנם זה לא נורא קשה, כי במקרה זה מדובר שהפעולה אינה עבירה עבור השליח, ובמצב כזה ייתכן שיש שליח לדבר עבירה (כי אין את הסברא של "דברי הרב ודברי התלמיד", על שני פירושיה, שהרי השליח לא מצווה שלא לעשות זאת).

2. אין שליחות לגוי, כפי שמצאנו בקידושין מא ע״ב ובמקבילות שלומדים מתרומה:

״כן תרימו גם אתם״ - מה אתם בני ברית אף שלוחכם בני ברית.

אמנם בהמשך הגמרא שם מתעורר דיון האם באמת אין שליחות לנכרי, אך למסקנה מדאורייתא אין לו שליחות בין לקולא ובין לחומרא.

רש״י שם מבין שיש תקנה דרבנן לפיה יש שליחות לנכרי לחומרא (כלומר לדבר עבירה). כלומר רבנן תקנו שאם יהודי עושה עבירה באמצעות נכרי, הוא לא יכול להתגונן בטענה שאין שליח לדבר עבירה, או שאין שליחות לנכרי, העבירה נזקפת לחובתו.[12]

ואכן כך אנחנו מוצאים בדבריו שם:

בשלמא סיפא - דקתני: אם העמידו אצל ישראל אסור, דמשמע שנכרי זה חשוב שלוחו של ישראל - חומרא דרבנן הוא למיסר, דהא דקיימא לן דשלוחו של אדם כמותו - בשולח ישראל ושליח ישראל נאמר, דמתרומה גמרינן, בפרק שני דקדושין (מא, ב): אתם גם אתם - לרבות שלוחכם, מה אתם בני ברית - אף שלוחכם בני ברית.

אבל רוב הראשונים שם חולקים על רש״י, ולומדים שאין כאן דין שליחות כלל.

המסקנה היא שלשיטת רש״י יש שליחות לנכרי לחומרא. וכך אכן אנחנו מוצאים בדברי רש״י עצמו לגבי איסור אמירה לנכרי באיסורי שבת.

---

12 זוהי דוגמה נוספת לסיטואציה שבה שני עקרונות או פעולות שכל אחד הוא מותר, אם הן נעשות ביחד הן הופכות לאיסור (כמו אכילת בשר ואכילת חלב). הדוגמה המפורסמת היא להסתפר אצל גוי (מחשש לכך שיהרוג אותנו) ולהסתפר מול מראה (שזה כעין מעשי אישה). אבל להסתפר אצל גוי מול מראה מותר (כי הוא יכול לראות במראה אם הגוי בא להרוג אותו). ואצלנו, אין שליחות לנכרי וגם אין שליחות לדבר עבירה. אבל נכרי לדבר עבירה כן יכול להיות שליח.

המשנה שבת קנג ע"א דנה במי שמצא את עצמו מחוץ לעיר כשנכנסה שבת, ויש עליו חפצים שהוא חושש לאבדם:

משנה. מי שהחשיך בדרך - נותן כיסו לנכרי, ואם אין עמו נכרי - מניחו על החמור. הגיע לחצר החיצונה - נוטל את הכלים הניטלין בשבת, ושאינן ניטלין בשבת - מתיר החבלים, והשקין נופלין מאיליהם.

הפתרון הוא לתת את הכסף לנכרי. אלא שזה בעייתי, כי אמירה לנכרי לעשות עבורי איסור שבת היא אסורה. וכך אכן מקשה הגמרא שם:

גמרא. מאי טעמא שרו ליה רבנן למיתב כיסיה לנכרי? - קים להו לרבנן דאין אדם מעמיד עצמו על ממונו, אי לא שרית ליה - אתי לאיתויי ארבע אמות ברשות הרבים.

התירו לו מחשש שמחמת החשש לממונו הוא יעבור איסור תורה של העברה ד אמות ברה"ר. העדיפו להתיר לו איסור קל של אמירה לנכרי.

וברש"י שם מסביר:

מאי טעמא שרי ליה למיתב לנכרי - והרי הוא שלוחו לישאנו בשבת.

האמירה לנכרי אינה אלא מינוי שלו לשליח. כאשר אדם אומר לנכרי לעשות עבירה, הוא בעצם ממנה אותו לשליח שלו לעשות בשמו את העבירה. האיסור שבזה אינו האמירה, כפי שמבינים בדרך כלל, אלא מעשה העבירה עצמו, שכן הוא נזקף לחובתו של היהודי, שכן שלוחו של אדם כמותו.

וכבר הסבירו האחרונים שאין הכוונה כאן לדין שליחות הרגיל, שהרי אין שליח לדבר עבירה, ואין שליחות לנכרי. הכוונה כאן היא למה שכתב רש"י בב"מ שיש תקנה דרבנן שיש שליחות לנכרי לחומרא (כלומר רק לדבר עבירה).[13]

---

13 כבר העירו כמה אחרונים על סתירות בדברי רש"י, שכן במקומות אחרים הוא מסביר את איסור אמירה לנכרי מדין "ודבר דבר", כלומר שהאמירה לנכרי לעשות איסור היא דיבור על פעולות שאסורות לביצוע בשבת,

והנה כמה מהאחרונים (**בית מאיר** אבהע״ז סי׳ ה, ושו״ת **חת״ס** או״ח סי׳ פד וחו״מ סי׳ קפה. וראה גם **ישועות יעקב** או״ח סי׳ רסג סק״ו, וחידושי הגרנ״ט על שבועות סי׳ רב, עמ׳ 477) העירו על דברי רש״י אלו, שהם תמוהים מאד. גם אם נקבל את הטענה שמדרבנן יש שליחות לנכרי לדבר עבירה לחומרא, באיסורי שבת אין זה רלוונטי, שהרי בשבת הצטווינו שגופנו ינוח. כיצד יכול אדם אחר לנוח עבורנו? ולאידך גיסא, כיצד יכולה עבודה של אדם אחר עבורנו להוות איסור מלאכת שבת שלנו, הרי סוף סוף גופנו נח באותה שבת? זוהי דוגמה מובהקת לפעולות שמוטלות על גופו של האדם, ולכן לא שייכת לגביהן שליחות. מאידך, ברש״י רואים שעקרונית גם כאן שייכת שליחות. אמנם נכון שזוהי רק תקנה דרבנן, וייתכן שהם תיקנו זאת לחומרא על אף שבגדרי שליחות הרגילים זה באמת לא היה שייך. יש שרצו ליישב ברש״י לפי דברי ה**ב״י** בסי׳ רמד סוסק״ג, שהביא מה**סמ״ג** בשם ה**מכילתא**:

כתב סמ״ג במצוות לא תעשה סימן ע״ה (כד ריש ע״ד) תניא במכילתא (בא פרשה ט) כל מלאכה לא יעשה בהם לא תעשה אתה ולא יעשה חבירך ולא יעשה הגוי מלאכתך משמע מכאן שאסור לישראל להניח לגוי לעשות מלאכתו בין ביום טוב בין בשבת דאורייתא אבל אם מסר לו הישראל [המלאכה] מערב שבת מותר ובלבד שיהיה בביתו של גוי כאשר ביארנו בהלכות שבת (יט ע״ג) אמנם י״ל שהיא אסמכתא בעלמא שאם היתה מן התורה לא היו

ודיבור כזה גם הוא אסור. לדוגמה, רש״י בעבודה זרה טו ע״א, ד״ה ׳כיון׳, כותב: ומה שאסור לישראל לומר לעובד כוכבים עשה לי כך זהו משום ממצוא חפצך ודבר דבר (ישעיהו נח) דבור אסור.

וכבר עמדו על כך כמה מהאחרונים שההסבר לסתירה הזו הוא פשוט. בסוגיית שבת רש״י עוסק באמירה לנכרי שנאמרת ביום חול. לפני שנכנסת שבת הוא נותן את ארנקו לנכרי ואומר לו להכניסו לעיר. במצב כזה אין שום איסור של ״ודבר דבר״ שהרי הדיבור נעשה ביום חול. לכן שם רש״י כותב שהאיסור הוא משום שליחות לנכרי לחומרא. בסוגיית ע״ז מדובר בדיבור שמדובר בשבת עצמה, ושם יש בנוסף גם איסור של ״ודבר דבר״. נציין כי במצב בו הדיבור הוא בשבת על פעולה שהנכרי יעשה עבור היהודי ביום חול, שם לא יהיה איסור מצד שליחות, שהרי פעולת הנכרי נעשית ביום חול, וגם אם היא תיחשב כפעולה של היהודי זוהי פעולה שנעשית ביום חול. במצב כזה יש רק איסור של ״ודבר דבר״ ולא של שליחות לדבר עבירה לחומרא.

חכמים מתירין לעשותה אף בביתו של גוי ואף (חסרה מעשה) [מסרה מע"ש] ולשון לא יעשה הכתוב בתורה מוכיח קצת שהיא דרשה גמורה ע"כ:

הוא מסביר שאיסור אמירה לנכרי בשבת נלמד מהפסוק "כל מלאכה לא יעשה בהם", ייעשה בלשון סביל, כלומר אסור לאדם לגרום לכך שהמלאכה תיעשה ולא רק שאסור לו לעשות אותה. בתפיסה כזו יש מקום לראות שליחות לנכרי, שהרי סוף סוף המלאכה נעשתה בגרימתו של היהודי. וגם אם נתפוס כדעת רוב הפוסקים שמדובר באיסור דרבנן, לא כדעת ה**סמ"ג**, עדיין גדר האיסור הוא גרימה לעשיית מלאכה. לכן שייכת כאן שליחות גם בגדרי שליחות הרגילים.

לפי זה, גם רש"י מסכים לדברי האחרונים הללו שבגדרי איסור מלאכה הרגיל לא שייך כלל להחיל את גדרי שליחות, שכן זהו דין על גופו. זה מצטרף למה שראינו למעלה, שפעולות שנעשות בגופו של האדם אינן יכולות להיעשות בגופו של שליח. כפי שהסברנו שם, גם אם נאמר שיש כאן דין שליחות, לכל היותר יעלה מכאן שהאדם נחשב כאילו הוא עשה את הפעולה, אבל היא לא נעשתה בגופו שלו, ולכן אין עליו עבירה.

שליחות לעבירה במעשה קוף

ראינו עד כאן שאין שליח לדבר עבירה. עוד ראינו שאין שליחות על מעשי קוף. כעת נראה שיש מצב בו קיימת שליחות לדבר עבירה במעשה קוף.

כבר הזכרנו למעלה שלכלל אין שליח לדבר עבירה יש כמה יוצאי דופן, כלומר הקשרים הלכתיים שבהם יש שליחות לדבר עבירה: טביחה ומכירה, מעילה ושליחות יד (ראה בסוגיית קידושין שם). כאן נתמקד באחד מהם: מעילה.

הגמרא בקידושין מב ע"ב מקשה על הדין שאין שליח לדבר עבירה ממעילה:

והדתניא: שליח שלא עשה שליחותו - שליח מעל, עשה שליחותו - בעל הבית מעל; כי עשה שליחותו דבעל הבית - בעל הבית מיהא

מעל, אמאי? נימא: אין שליח לדבר עבירה! שאני מעילה, דילפא חטא חטא מתרומה, מה תרומה משוי שליח, אף מעילה משוי שליח.

רואים שבמעילה יש שליחות לדבר עבירה, כלומר שאם מועלים על ידי שליח, המועל הוא המשלח.

לכאורה הדברים תמוהים ביותר, שהרי למעלה כשעסקנו במעשי קוף ראינו שבמעילה כלל לא צריך שליחות, זהו מעשה קוף בעלמא, ולכן ניתן לעשות אותו על ידי חשו״ק. וכך אכן מקשה **הפנ״י** בסוגיית קידושין שם:

גמרא והדתניא שליח שלא עשה שליחותו כו׳ ואמאי נימא אין שליח לדבר עבירה. וקשיא טובא הא בלא״ה על כרחך לענין מעילה לאו מטעם שליחות אתינן עלה דהא אפילו שלחו ביד חרש שוטה וקטן אמרינן התם [מעילה כ״א ע״א] דבעל הבית מעל אף על גב דלאו בני שליחות נינהו כדמקשה הש״ס במעילה ומשני עשוהו כמעטן של זיתים ואפילו שגרו ביד קוף מעל כיון דאתעביד שליחותיה וא״כ לא גרע פקח מחרש שוטה וקטן וקוף.

הפנ״י מסביר שבמעילה הפעולה היא מעשה קוף, והראיה שניתן לעשותה על ידי חשו״ק או קוף. אם כן, כיצד מוגדרת כאן שליחות? איך ייתכן שבפעולה כזאת ייחשב השליח כפועל עבור המשלח?

חשוב להבין שישנה כאן הנחה לא פשוטה. עקרונית היה מקום לומר שאמנם נכון שמדובר במעשה קוף, ולכן גם אם המעילה נעשית על ידי חשו״ק או קוף זו נחשבת כמעילה, אבל אם האדם ממנה שליח אז המעשה נעשה על ידי השליח. במקרה כזה תהיה השלכה לעובדה שהוא שלוחו של המשלח, שכן העבירה תיזקף לחובת המשלח ולא לחובת השליח. בקוף או חשו״ק ברור שזוקפים את העבירה לחובת המשלח, שכן אלו שפעלו לא היו בני דעת ולפיכך גם לא בני עבירות. אבל כשהוא שולח אדם בר דעת כשלוחו, היה מקום לומר שהמעילה נעשתה על ידי המשלח מדין שליחות. **הפנ״י** מניח כמובן מאליו שגם אם הוא מינה אותו לשליח ברור שזה לא מועיל כי מדובר במעשה קוף, ולכן העבירה צריכה להיזקף לחובתו של השליח עצמו.

מדוע באמת אין זה אפשרי שכשהשליח הוא בר דעת העבירה תיזקף לחובת המשלח? נראה שישנה כאן אותה הנחה עליה עמדנו למעלה, שבמעשה קוף כלל לא מוגדרת שליחות. כלומר לא רק שבמעשה קוף ניתן לבצע זאת עבורי גם בלי דין שליחות, שזה מה שמופיע בגמרא, אלא שבמעשה קוף גם אם יהיה מינוי שליחות לא תהיה לו משמעות. השליח לא עושה זאת עבור המשלח. הדוגמה שלנו כאן נותנת את ההשלכה של התפיסה הזו. לפי התפיסה של הגמרא כפשוטה, שבמעשה קוף הדבר ניתן לביצוע גם ללא שליחות (על ידי קוף או חשו"ק), אבל אם ימנה שליח הוא יהיה שלוחו, אזי כשימנה בר דעת העבירה תיזקף לחובת המשלח. אולם לפי ההנחה של האחרונים שבמצבים אלה כלל לא מוגדר המושג שליחות ולא חודש דין שליחות, אזי גם אם הוא יעשה את העבירה על ידי השליח העבירה תיזקף לחובת השליח ולא לחובת המשלח.

ובאמת מייד לאחר מכן ה**פנ"י** מרגיש באפשרות זו וכותב:

> ***וליכא למימר דודאי גרע דבפקח אין לחייב מטעמא דאתעביד שליחותיה דכיון דאין שליח לדבר עבירה סבור שלא ישמע לו משא"כ בחרש שוטה וקטן אלא דאי אפשר לומר כן דהא בעל הבית גופא שוגג הוא וא"כ בודאי סבר שישמע לו.***

הוא מעלה את האפשרות לחייב את המשלח כי כשיש שליח בר דעת אולי כן אפשר לזקוף את המעשה לחובת המשלח. אבל כאן יש לזכור שדין מעילה קיים רק במקום בו המועל הוא שוגג. אם כן, מדובר כאן שהמשלח היה שוגג, שאם לא כן לא שייך לחייב אותו במעילה. ובמצב כזה הרי אינו יכול לטעון שחשב שלא ישמע לו (כהצעת ה**סמ"ע** הנ"ל), שהרי הוא כלל לא ידע שמדובר במעילה. אמנם אולי אפשר היה להסביר כדעת רעק"א שהבאנו למעלה, שהבין אחרת את הסברא "דברי הרב ודברי התלמיד", אבל לשיטת ה**סמ"ע** והראשונים שאיתו (כמו תוס' בב"ק עט ועוד) הגמרא כאן טעונה ביאור.

ה**פנ"י** שם מעלה עוד קושיא, ומכוח שתי הקושיות הללו הוא מציע תפיסה אחרת בכלל אין שליח לדבר עבירה:

והנראה לענ״ד דהא דאמרינן דאין שליח לדבר עבירה משום דדברי הרב ודברי התלמיד כו׳ לאו מסברא אמרינן הכי ומטעמא דסבור שלא ישמע... וכן משמע בסוגיא דשמעתין ובפ״ק דב״מ (דף י׳ ע״ב) דאפילו היכא דלא שייך האי טעמא דסבור שלא ישמע נמי אין שליח לדבר עבירה וכ״כ בחידושי הריטב״א. והטעם נראה דכיון דלא ילפינן שליחות בכל התורה אלא מגירושין ותרומה וקדשים לית לן לרבויי אלא דומיא דהנך דלית בהו עבירה משא״כ היכא דאיכא צד עבירה לא הוי דומיא דהנך ולא אמרה תורה שלח לתקלה כיון דלקושטא דמילתא אין לשליח לשמוע דברי התלמיד אלא דברי הרב והו״ל האי מילתא דדברי הרב כמו פירכא על מה הצד דילפינן מתרומה וגירושין... כן נראה לי נכון ודוק היטב ולפי״ז נתיישבה קושיית התוספות:

הוא מסביר כאן את שיטתו שהבאנו למעלה, לפיה אין שליחות לדבר עבירה כי התורה כלל לא חידשה שליחות לעבירות, גם בלי סברת ״דברי הרב ודברי התלמיד״. ראה שם מייד בהמשך שכך הוא גם מיישב את קושיית התוס׳.

אבל כאמור לשיטת ה**סמ״ע** והראשונים והאחרונים שעמו, שכן תולים את דין שליחות לדבר עבירה בסברא של ״דברי הרב ודברי התלמיד״, הגמרא כאן בהחלט טעונה בירור.

יתר על כן, ה**פנ״י** עצמו לא הסביר מדוע הגמרא מדברת כאן על שליחות לדבר עבירה, הרי מדובר במעשה קוף ובמעשה כזה אין כלל שליחות.

ובחידושי הגרנ״ט לשבועות סי׳ רב הסביר זאת כך:

ונראה דכללא דאין שלד״ע הוא אפי׳ במקום שלא בעינן שליחות רק מעשה קוף בעלמא מ״מ אין שלד״ע דסו״ס כיון שהשליח בר דעת הדר כללא לדוכתיה דוכי זה חוטא וזה מתחייב אף דלא בעינן דיני שליחות.

הוא מסביר שבמעילה התחדש שיש שליחות לדבר עבירה גם במקום בו אין מדובר בשליחות ממש. כלומר באמת מדובר כאן במעשה קוף, ולא שייכת על

כך שליחות. אבל הכלל שאין שליח לדבר עבירה לא מדבר רק על שליחות, אלא על כל נציגות. אם אדם פועל מכוחי וכנציגי, הוא לא יכול לעשות בשמי עבירות. הסיבה לכך היא שלא מצאנו שאחד חוטא והשני מתחייב. זהו עיקרון רחב יותר מאשר סתם עיקרון שמסייג את דיני שליחות.[14]

במעילה התחדש שהעיקרון הזה לא קיים, ולכן כאן יש נציגות גם לדבר עבירה, זאת על אף שאין שייכת כאן שליחות. לכן גם אם אין כאן מושגים של שליחות, העבירה עוברת למשלח.

הוא מביא לכך דוגמה מה**מנ"ח** במצווה רפז:

---

14 כעין זה כבר כתבו האחרונים לגבי הכלל שמסייג את דיני תנאים: מתנה על מה שכתוב בתורה תנאו בטל. ברוב המקרים הכלל הזה הוא סייג על היכולת להתנות (על מושג התנאי ראה בספרנו הרביעי). אבל בכמה הקשרים הוא מופיע במובן רחב יותר, ולא רק ככלל שמסייג את דיני תנאים. זהו עיקרון כללי שקובע שאדם כלל לא יכול לפעול נגד רצון התורה, בתנאים או בכל הקשר אחר.

ניטול דוגמה מדיני שכחה. אדם שקוצר את השדה חייב להשאיר בשדה את מה שהוא שוכח (אסור לו לחזור ולקחת את זה, אלא חייב להשאיר זאת לעניים). זהו דין 'שכחה'. מה קורה אם אדם מתנה מראש שמה שהוא ישכח הוא לא מפקיר לעניים אלא חוזר לקחת אותו? המשנה בפאה סופ"ו קובעת:

אם אמר הרי אני קוצר על מנת מה שאני שוכח אני אטול – יש לו שכחה.

הוא לא יכול להתנות זאת. וכותב על כך הרע"ב שם:

דמתנה על מה שכתבו בתורה – ותנאו בטל.

ודבריו תמוהים מאד, כפי שהעיר בתוס' רעק"א שם. הרי אין כאן בכלל התנייה, שכן לא נעשה כאן מעשה משפטי שניתן להתנות עליו. זה סתם אדם שאומר שלא רוצה לקיים את מצוות התורה. מתנה על מה שכתוב בתורה הוא כאשר אדם מקדש אישה ומתנה זאת בכך שלא יהיה חייב לה את החיובים שהתורה מטילה עליו (שאר, כסות ועונה). הוא יכול לקדש ויכול שלא לקדש, ופעולת הקידושין נעשית על ידו, ולכן עולה האפשרות לעשות את הפעולה בתנאי. אם התנאי לא מתקיים הוא לא רוצה לעשות את הפעולה. אבל בקצירת הקמה שלו על מה הוא מתנה? אין כאן פעולה משפטית שהוא מתנה את קיומה בכך שיתבטל דין מדיני התורה. הוא סתם רוצה לפעול נגד התורה. ראה שם את דברי רעק"א שנותר בצ"ע.

רואים מכאן שהעיקרון של מתנה על מה שכתוב בתורה הוא רחב יותר מאשר מגבלה על דיני תנאי. זוהי טענה כללית שהתורה לא מאפשרת לנקוט בדרך הלכתית כלשהי כדי לעבור על רצונה.

אגב, ייתכן שזו אינה רק דוגמה בעלמא, אלא זה אותו עיקרון עצמו: התורה לא חידשה מנגנונים הלכתיים שיסייעו לעקוף את רצונה. תנאי או שליחות הם מנגנונים שהתורה חידשה כדי לסייע לנו לפעול כרצוננו, כל עוד זה לא נוגד את רצונה. במקום בו אנחנו משתמשים במנגנונים הללו כדי לעקוף את רצונה הם לא קיימים. לכן ניתן להבין שהעיקרון הזה הוא רחב יותר מאשר מנגנוני התנאי והשליחות. בכל מקרה בו העבירה לא נעשית פיסית על ידי ואני מנסה להשתמש במנגנון עוקף, גם אם זה אינו תנאי או שליחות, התורה לא מאפשרת זאת.

וכה״ג מצאתי במנח״ח מצוה רפ״ז בהא דאסור להטיל מום בקדשים דמרבינן מקרא דמום לא יהיה בו דאפי׳ גרמא אסור ומ״מ כתב דאם שלח בר דעת להטיל מום פטור כיון דאין שלד״ע וכן אם שלח עכו״ם כיון שבר דעת הוא פטור.

גם בדברי ה**מנ״ח** הללו מובא הכלל אין שליח לדבר עבירה במשמעותו הרחבה יותר, שהרי גם כאן מדובר בפעולה שאינה זוקקת שליחות (שהרי היא נאסרת גם בגרמא).

שליחות כוח ושליחות מעשה

רש״ש בכמה מקומות (ראה ׳קונטרס השליחות׳ סי׳ ח וסי׳ יב, וב**שערי ישר** ש״ז פ״ח)[15] מחלק בין שני סוגי שליחות: שליחות כוח ושליחות מעשה. שליחות כוח היא השליחות הרגילה, שם השליח פועל בשם המשלח, והתוצאה (החלות) מתייחסת למשלח. דוגמה לדבר היא שליחות לקדש או לגרש אישה, שם השליח פועל במקום המשלח והתוצאה מתייחסת למשלח (האישה מתקדש אליו או מתגרשת ממנו). אבל ישנן שליחויות שעניינן הוא לא בתוצאה אלא בעצם המעשה, שייחשב כאילו המעשה נעשה על ידי המשלח. לאלו הוא קורא ׳שליחות מעשה׳. בשליחויות מהסוג השני אין צורך למינוי ולא לייפוי כוח, ודי בכך שהדבר נעשה מכוחו להיחשב כאילו הוא עשה אותו.

כך מסביר רש״ש את מה שכותב **נתיה״מ** סי׳ קפב סק״ב, שמעשה של קטן או שוטה מועיל להיחשב כמעשה שלו אם זה נעשה מכוחו ובציוויו, אף שאין שליחות בשוטה וקטן.

גם ב**קצוה״ח** מחדש בשם מהרי״ט שבשליחות למעילה, שם התחדש שיש שליח לדבר עבירה, מועיל גם מעשה קוף. יסוד הדברים הוא בכך שמדובר בשליחות מעשה (שנחשב כאילו המשלח בעצמו מעל), ולא בשליחות כוח, ולכן

---

15 ראה גם להלן בפרק שנים-עשר בסוף ח״א, חילוק דומה של בעל קובץ הערות.

די לנו בכך שהמעשה נעשה מכוחו. לכן גם כשהעושה הוא עבריין ואין דיני שליחות, בכל זאת העבירה נזקפת לחובתו של המשלח.

במעשה מסוג כזה גם לא שייך ביטול של השליחות (ראה על ביטול בפרק עשירי), שכן אין כאן מינוי. השאלה היא עובדתית: האם המעשה נעשה מחמתו או לא. אמנם בחידושי רבי שמואל גיטין סי׳ יט סק״ו, כתב שגם בשליחות מעשה אם המשלח מביע את רצונו בפני העושה אי אפשר לעשות זאת עבורו. הוא מוכיח זאת מדעת ר״ל (ראה שם בפרק העשירי) שאמנם לא מסכים שאפשר לבטל שליחות, שכן לא אתי דיבור ומבטל דיבור, אבל הרשב״א כותב שגם הוא מסכים שהשליח שמשלחו ביטל אותו לא יכול לפעול בשמו (ההשלכה רק שלא צריך מינוי מחודש, אם המשלח מתחרט על הביטול). אמנם שם נראה שיש החולקים על הרשב״א, ולדעתם השליח יכול לפעול גם מבלי רצון המשלח כל עוד השליחות בתוקף, אבל זה רק בשליחות כוח. בשליחות מעשה ברור שלא ניתן לפעול עבורו נגד רצונו.

פרק שלישי

שני המודלים הבסיסיים: יד ארוכה וייפוי כוח

מבוא

בפרק זה נסקור שתי גישות בסיסיות שנפוצות מאד באחרונים להבנת עניין השליחות. האחת רואה את השליח כידו הארוכה של המשלח, כאילו המשלח עצמו פועל באמצעותו. השנייה רואה את השליח כסוכן עצמאי שפועל עבור המשלח.

זו נקודת המוצא הטבעית להבנה לוגית של מושג השליחות, שכן המודל הלוגי אמור לתאר בעיקר את היחס בין השליח למשלח, לשקף את הגוונים השונים בהבנתו, ולתת את ההשלכות שיש לכל אחד מהם.

שתי תפיסות בסיסיות בגדרי שליחות

ראינו למעלה שחידוש התורה הוא שגם במקום בו נדרשת פעולה של האדם עצמו, כאשר שלוחו פועל זה נחשב כאילו היתה כאן פעולה שלו עצמו. רבים מן האחרונים (ראה באריכות **קה"י** קידושין ועוד הרבה) דנים כיצד להבין את מושג השליחות, כלומר את היחס שקובעת התורה בין השליח למשלח.

בעניין זה עולות בעיקר שתי תפיסות: א. ידא אריכתא – השליח הוא ידו הארוכה של המשלח, אבל המשלח הוא מי שנחשב כעושה את הפעולה ההלכתית. החידוש בדין שליחות הוא שאדם יכול להוות יד ארוכה של אדם אחר. ב. ייפוי כוח – השליח הוא שעושה את הפעולה כסוכן עצמאי, והיא, או תוצאותיה, חוזרת ומתייחסת למשלח. החידוש בדין שליחות הוא שפעולות של אדם אחד יכולות להתייחס לאדם אחר.

אנחנו נראה שישנה עמימות מסויימת בתיאור הנפוץ הזה. אחד התפקידים החשובים של מודל לוגי הוא להבהיר ולפזר אותה.

הדיון באחרונים בנושא זה מתחיל בדרך כלל במחלוקת ה**טור** והרמב״ם לגבי אפשרותו של השליח לפעול במצב בו המשלח איבד את כשירותו המשפטית. על כן גם אנחנו נתחיל משם.

מחלוקת ה'טור' והרמב״ם

בסוגיית גיטין ע ע״ב אנו מוצאים מחלוקת אמוראים לגבי אדם שאחזו קורדייקוס (רוח שטות, שגעון זמני):

אמר כתבו גט לאשתי ואחזו קורדייקוס, וחזר ואמר אל תכתבו - אין דבריו האחרונים כלום. אר״ש בן לקיש: כותבין ונותנין גט לאלתר, ור' יוחנן אמר: אין כותבין אלא לכשישתפה. מ״ט דר״ל? דקתני: אין בדבריו האחרונים כלום. ור' יוחנן? אמר לך: אין בדבריו האחרונים כלום, דלכי מתציל לא צריך למיהדר אימלוכי ביה, ולעולם אין כותבין אלא לכשישתפה. במאי קמיפלגי? ר״ל מדמי ליה לישן, ור' יוחנן מדמי ליה לשוטה.

אדם שפוי ורגיל שיגר שליח לכתוב גט לגרש את אשתו, ולאחר מכן השתטה. כעת השליח נמצא במצב בו המשלח אינו כשיר לגירושין, והשאלה היא האם ניתן בכל זאת לכתוב את הגט, ומתי? מחד, כְּעת המשלח אינו כשיר, שכן אדם לא שפוי לא יכול לעשות פעולת גירושין. מאידך, הציווי לשליח לכתוב ולגרש ניתן בעודו כשיר, ולכן יש אפשרות שהשליח יכול לבצע גם כעת את פעולת הגירושין.

ר״ל סובר שכותבים ונותנים מייד, וריו״ח סובר שאין אפשרות לכתוב כעת את הגט, ולכן כותבים אותו רק אחרי שהמשלח משתפה. בגמרא מבואר שגם ר״ל שחולק על ריו״ח זה רק מפני שלדעתו קורדייקוס דומה לישן ולא לשוטה, אך גם לדעתו כל עוד המשלח הוא שוטה ממש ברור שלא ניתן לכתוב את הגט. בגמרא בהמשך מבואר שקורדיקוס הוא מקרה מיוחד מפני שיש לנו תרופה למחלתו (״סמיה בידן״).

כללי התלמוד הם שבמחלוקות בין ר״ל לריו״ח הלכה היא כריו״ח, ולכן הפוסקים מכריעים שלא ניתן לכתוב את הגט עד שישתפה. אמנם ישנה מחלוקת בין הראשונים בהבנת דעת ריו״ח.

הטור אבהע״ז סי׳ קכא פוסק:

היה בריא בשעה שצוה לכותבו ואח״כ אחזו החולי אין כותבין אותו בעודו בחליו ואם כתבו ונתנוהו בחליו אינו כלום לא שנא מת מתוך החולי לא שנא נתרפא אבל לכשיתרפא כותבין אפי׳ אם בחליו מיחה מלכותבו אין באותו מיחוי כלום ונותנין אותו לכשיתרפא וא״צ לימלך בו פעם שנית.

כלומר אם הגט ניתן לה בעוד בעלה שוטה – הוא אינו כלום. שליח אינו יכול לפעול כאשר המשלח שלו אינו כשיר משפטית.

אבל הרמב״ם בהל׳ גירושין פ״ב הט״ו פוסק:

אמר כשהוא בריא כתבו גט ותנו לאשתי ואחר כך נבעת ממתינין עד שיבריא וכותבין ונותנין לה, ואין צריך לחזור ולהמלך בו אחר שהבריא, ואם כתבו ונתנו קודם שיבריא הרי זה פסול.

כלומר אם כתבו ונתנו לה בעודו שוטה, הגט פסול. יש לדעת שבלשון הרמב״ם בהלכות גירושין המונח ׳פסול׳ אינו גט בטל לגמרי, אלא גט שהוא פסול מדרבנן (ראה דבריו שם בהל׳ גירושין, פ״ב ה״ז).

משמעות הדבר היא שלפי הרמב״ם אמנם הלכה כריו״ח, אולם ריו״ח אינו סובר שהגט בטל לגמרי, אלא רק פסול מדרבנן. כלומר מדאורייתא שליח יכול לפעול עבור המשלח גם כאשר המשלח אינו כשיר משפטית, כל עוד הוא מונה לפני שהמשלח איבד את כשירותו.

נחזור ונציין שגם ר״ל שמתיר לכתוב מייד – זה רק בגלל שלדעתו קורדייקוס אינו שיטיון גמור. אבל בשוטה ממש הוא לא חולק על ריו״ח. כלומר אין דעה שהשליח יכול לכתוב ולתת גט בפועל. מחלוקת **הטור** והרמב״ם היא רק בשאלה האם חוסר האפשרות לתת את הגט הוא מדאורייתא או רק מדרבנן.

המחלוקת בהבנת הרמב״ם

ראינו שהרמב״ם מסביר שחוסר היכולת לתת גט כשהשתטה המשלח הוא רק מדרבנן, כלומר הגט פסול ולא בטל. אמנם פשט הסוגיא הוא שמדובר בגט בטל. גם ההבנה הפשוטה של דין השליחות היא שאם המשלח אינו כשיר לא ניתן לתת את הגט כלל ועיקר.

לכן יש ממפרשי הרמב״ם שלא היו מוכנים לפרש את דבריו כפשוטם. לדוגמה, ה**כס״מ** על אתר מציע הצדקה לשיטת הרמב״ם:

אמר כשהוא בריא וכו׳ ואם כתבו ונתנו קודם שיבריא ה״ז פסול. יש לתמוה דבגמרא (דף ע׳:) משמע דבטל הוי דאמרינן דר״י מדמי ליה לשוטה וכל עניני שוטה לית בהו מששא, ואפשר דכיון דר״ל אמר כותבין ונותנין משום דמדמי ליה לישן לית לן לפלוגי בינייהו כולי האי דלר״י אם כתבו אינו כלום ולר״ל כותבין לכתחלה (מסתיין דנימא דלר״י אם כתבו ונתנו אינו כלום).

הוא טוען שדעת ר״ל היא שניתן לתת את הגט לכתחילה, ולכן לא סביר שריו״ח חולק עליו עד הקצה וסובר שהגט בטל מדאורייתא. מכאן למד הרמב״ם שגם לדעת ריו״ח הגט פסול מדרבנן.

לאחר מכן ה**כס״מ** מקשה על הרמב״ם:

ואכתי קשה דבגמ׳ אמרינן דטעמא דר״ל באחזו קורדיקוס משום דסמיה בידן כלומר שרפואתו בידינו כדאיתא בגמרא ומשום הכי מדמה ליה לישן ולא לשוטה משמע דהיכא דלאו סמיה בידן כגון שאר אחוזי רוח רעה זולת קורדיקוס מודה ר״ל דלשוטה מדמינן ליה וכיון שכן אפילו לר״ל אם כתבו ונתנו קודם שיבריא אינו כלום וא״כ ה״ל לרבינו לפרש דבסמיה בידן הוא אבל היכא דלאו סמיה בידן בטל נמי הוי ועוד דלא הזכיר רבינו קורדיקוס אלא מי שהיה רוח רעה מבעתת אותו ורוב המבועתים מרוח רעה לאו סמייהו בידן וצ״ע:

הוא טוען שממשמעות הגמרא עולה שבמקום שאין לנו רפואה למחלתו גם הרמב״ם יסכים שהגט בטל מדאורייתא. כל הדיון בסוגיא הוא רק כשסמיה בידן.

לכל אורך הדרך הוא מניח שדברי הרמב״ם לא נאמרו על שוטה גמור, שכן במצב כזה ברור לרמב״ם שלכו״ע לא ניתן לתת את הגט. הוא כמובן מניח מודל שליחות שאם המשלח אינו כשיר השליח אינו יכול לפעול. להלן נראה שזה אינו מודל הכרחי לשליחות.

אבל גם בסוגיא דבריו אינם מוכרחים כלל ועיקר, שכן הגמרא מדברת על מצב של סמיה בידן רק לפי ר״ל, שסובר שלכתחילה נותנים את הגט. הגמרא קובעת שאם אין סמיה בידן אז לכל הדעות הגט פסול, אבל כוונתה לומר שבשוטה גמור הוא פסול מדרבנן, ולא שהוא בטל. מחלוקת ר״ל וריו״ח היא רק בשאלה האם מחלה שיש לה רפואה דומה לשיטיון גמור או לא. אם כן, הרמב״ם סובר שגם בשיטיון גמור של המשלח ניתן לתת את הגט מדאורייתא, והוא פסול רק מדרבנן.

די ברור שגם הדיוק של ה**כס״מ** בסוגיא נובע מההנחה שלא ייתכן בדיני שליחות שהמשלח אינו כשיר והשליח יוכל לפעול מדאורייתא. לכן הוא דוחק להעמיד את דברי הרמב״ם רק בסיטואציות של שיטיון לא גמור. אך רוב מפרשי הרמב״ם נקטו בו כפשוטו, שגם בשיטיון גמור ניתן מדאורייתא לתת את הגט. לדוגמה, בעל **קצוה״ח** (סי׳ קפח סק״ב) מסתפק להלכה בשאלה של השתטה המשלח:

> ***שאינם בני דעת. וראוי לספק היכא דהיה פקח בשעה שעשאו שליח וקודם שגמר השליח שליחותו נשתטה המשלח, מי אזלינן בתר מעיקרא ובשעה שעשאו שליח פקח היה ועומד במקום המשלח, או אזלינן בתר בסוף והרי בשעת גמר השליחות נשתטה המשלח ובטלה שליחות.***

לאחר מכן הוא מביא שנחלקו בזה ה**טור** והרמב״ם:

אמנם מצאנו שנחלקו בזה קמאי, דלדעת הרמב"ם פ"ב (מגירושין הט"ו) אם היה בריא בשעת מינוי שליחות ואח"כ אחזו חולי שטות דאם נתנו השליח הו"ל גט מן התורה ואינו פסול אלא מדרבנן שלא יאמרו שוטה בר גירושין, ולדעת הטור באה"ע סימן קכ"א כה"ג הגט פסול מן התורה.

כאן הוא מבין את הרמב"ם כפשוטו, שהפסול הוא רק מדרבנן. יתר על כן, הוא מסביר גם את טעם הפסול: שמא יאמרו ששוטה הוא בר גירושין.

אנו נראה עוד ממפרשי הרמב"ם שהולכים בדרך זו בהמשך דברינו (**גט פשוט**, ונכדו ר' יעקב כולי, המגיה של ה**משנה למלך** ועוד), ולכן מכאן והלאה נניח שלזה אכן היתה כוונתו.

כעת ה**קצוה"ח** מביא את דעת ה**פר"ח** שיישם זאת גם על שוטה:

ועיין פר"ח הלכות גיטין (סימן קכ"א סעיף ב') שהעלה כדעת הרמב"ם, וכתב דאפילו גוסס דאינו בר גירושין אם עשאו שליח קודם ואח"כ נעשה גוסס נמי מהני שליחותיה וע"ש.

לבסוף הוא מסיק מכך מסקנה הלכתית:

ולדעת הרמב"ם דמן התורה הוי גט ואינו פסול אלא מדרבנן שלא יאמרו שוטה בר גירושין, א"כ הכא גבי ממון כה"ג לא גמרינן, אבל לדעת הטור דהוי מן התורה ביטול השליחות כל שנשתטה בשעת גמר השליחות, א"כ בממון נמי ליכא שליחות.

כלומר בשליחות לענייני ממון לא קיימת הגזירה הזו, ולכן שם גם כאשר השתטה המשלח השליח הוא כשר לגמרי ויכול לפעול באופן רגיל. אם כן, ההשלכה העיקרית של מחלוקת ה**טור** והרמב"ם היא לגבי שליחות בדיני ממונות.

לכן מכאן והלאה נניח שלפי הרמב"ם אם השתטה המשלח השליח יכול לפעול כרגיל, ונתעלם מהפסול שלו מדרבנן בגירושין, שהוא רק דין פרטי שהוא כמובן פחות חשוב לדיון שלנו. כעת נתחיל לבנות את המודל הלוגי שלנו לשליחות דרך ביאור המחלוקת בין ה**טור** לרמב"ם.

הגדרת המחלוקת על פי ה'או"ש'

האו"ש, הל' גירושין פ"ב הט"ו, מבין גם הוא את דברי הרמב"ם באופן הזה, ומתוך כך הוא מסביר את מחלוקת ה**טור** והרמב"ם כך:

לכאורה תלוי בזה, אם נאמר דרק הפעולה של השליח הוי כאילו פעל המשלח, אז שפיר צריך המשלח [להיות] בר קנין ובר דעת באותה שעה שעושה השליח, אז נעשה כאילו פעל המשלח, אבל אם נאמר שהמשלח הוא עושה השליח כגופו, וידו של השליח חשוב כידו של המשלח. תו איכא למימר, דכיון דכבר נעשה השליח, לא איכפת לן במשלח אם בר דעת ובר קנין הוא.

הוא מסביר שהמחלוקת היא בשאלת היחס בין המשלח לשליח: ה**טור** סובר שהשליח פועל בשם המשלח, וכאילו המשלח עושה את הפעולה. לכן כשהשתטה המשלח אי אפשר לעשות את הפעולה, כי העושה אינו בר דעת. אבל דעת הרמב"ם היא שהשליח עושה את הפעולה, ולכן גם אם המשלח אינו בר דעת כרגע – הפעולה יכולה להיעשות (מדאורייתא). זהו הרציונל של הרמב"ם בהבנת מושגי השליחות, וזה כנראה מה שה**כס"מ** לא היה מוכן לקבל אפריורי. הוא תפס את השליח כידו הארוכה של המשלח, ולכן ברור היה לו כשהמשלח אינו כשיר השליח לא יכול לפעול מדאורייתא.

מודל של כרטיסי פעולה

כאמור, ה**טור** רואה את השליח כידו הארוכה של המשלח, והמשלח הוא שעושה את הפעולה. הרמב"ם רואה את השליח כמיופה כוח שפועל בשם המשלח. עושה הפעולה הוא השליח, והתוצאה עוברת אל המשלח.

נתאר את ההבדל בין שתי השיטות דרך כרטיס (token)[16] משימות, שבו רשומות משימות שבסמכותו של נושא הכרטיס לבצע. באמצעות הייצוג של כרטיס, ניתן לחשוף את המאפיינים של שליחות לפי השיטות השונות. פעמים רבות הסוגיות הסבוכות של דיני שליחות מוסברות באמצעות החלוקה של ידא אריכתא וייפוי כוח, אך שיטות אלה עצמן מאבדות מבהירותן. הייצוג הגרפי לעיל והייצוג באמצעות כרטיסים מאפשר לראות את מנגנון הפעולה של השליחות ואת נקודות המחלוקת העקרוניות. במונחי הייצוג בכרטיסיות, ההבדל בין ה**טור** לרמב״ם הוא כדלהלן:

- לפי ה**טור** יש כרטיס נפרד לכל משימה, וכל אדם מצויד בהרבה כרטיסים שמתארים את כל הפעולות שבסמכותו לבצע.
- לפי הרמב״ם יש כרטיס לכל אדם, והכרטיס מכיל את כל הפעולות שבסמכותו לבצע.

כל אימת שמתבצעת פעולה, מי שמבצע את הפעולה הוא בעל הכרטיס. לכן לפי ה**טור** מבצע הפעולה הוא המשלח (שהרי הוא בעל הכרטיס ושמו רשום בו למעלה), ולפי הרמב״ם מבצע הפעולה הוא השליח (שהרי הוא בעל הכרטיס, ושמו רשום בו למעלה). עבור הטור המוקד הוא המשימה, וההרשאה לביצוע משימה עבור אדם אחר הופכת את המבצע לאותו אדם (הזהות היא המשנית). לעומת זאת הרמב״ם מתחיל מזהות אישית מבוססת היטב, וההרשאות לביצוע העולות השונות נכנסות למסגרת של זהות כזו, בהתערבות

---

16 המינוח בו אנו משתמשים בפרק האחרון - Delegation, Count as, and Security in Talmudic Logic - הינו tokens. זהו שילוב של אמצעי זיהוי, כתב הרשאה ופירוט היסטורי של אלה עבור בעל הכרטיס. בטרמינולוגיה של החקר הלוגי של הרשאות משתמשים במינוח certificates. ראה לדוגמא E. Rissanen, B. S. Firozabadi, and M. Sergot. Towards a mechanism for discretionary overriding of access control, position paper. Presented at Security Protocols, 12th International Workshop, Cambridge, UK, 2004. את התחשיב הלוגי של שליחות המתאפשר באמצעות המודל של הכרטיסים נפתח להלן בחלק האנגלי.

של המשלח – אבל רק עד כדי חתימת הרשאה בכרטיס של המשולח, לא במחיקת זהותו.

מודל הכרטיסים של ה'טור'

לפי **הטור** מינוי של שליח הוא העברת הכרטיס מבעל הסמכות (המשלח), שהוא גם בעל הכרטיס, אל השליח. כעת, כאשר הכרטיס נמצא אצל השליח, הסמכות לבצע את הפעולה נמצאת גם היא אצלו. כאשר הפעולה מתבצעת, זה נעשה על ידי אותו כרטיס משימה שבעליו הוא המשלח, ושמו של המשלח רשום עליו ומספק את הסמכות למחזיק הכרטיס הנוכחי. לכן מבצע הפעולה במודל הזה הוא המשלח (בעל הכרטיס), למרות שהכרטיס לא נמצא בידו כרגע.

כל כרטיס שכזה בנוי באופן הבא :

בעל הכרטיס : יעקב בן יצחק
משימה : לגרש את לאה בת לבן מיעקב בן יצחק

כאשר השליח מבצע את הפעולה, אנחנו מסתכלים בכרטיס, ומבצע הפעולה הוא מי שרשום כבעל הכרטיס. אין צורך לציין מיהו השליח, שכן עצם ההחזקה בכרטיס מציינת את היותו שליח (לכל פעולה יש רק כרטיס אחד). כאשר יוסף בן שמעון השליח בא לבצע משימה, אנחנו בודקים האם כרטיס המשימה מצוי בידו. אם כן, יש לו סמכות לבצע את הפעולה.

מודל הכרטיסים של הרמב"ם

לפי הרמב"ם, כאמור, יש כרטיס אחד לכל אדם, ובו רשימת כל הפעולות שבסמכותו לבצע. חלקן פעולות שהוא בעל הסמכות לגביהן, וחלקן פעולות שהוא מונה כשליח עבורן על ידי בעל הסמכות המקורי. מכיון שכל כרטיס כזה מכיל הרבה פעולות ואינו עובר מאדם לאדם, ברור שבמודל של הרמב"ם הכרטיס של כל אדם משתנה (בפרטיו) עם מינויו לשליח. עם המינוי הוא מקבל סמכות לבצע עוד פעולה/ות, והכרטיס שלו מתעדכן בהתאם. המינוי במודל הזה הוא יצירת ומילוי רובריקות של מינוי שליחות ואישור פעולה בכרטיס הפעולות של השליח.

כל כרטיס כזה בנוי בצורה הבאה:

שם בעל הכרטיס: יוסף בן שמעון. פרטים מזהים: ...		
משימה	בעל הכוח	האם יש מינוי שליחות?
א. לגרש את לאה מיעקב	יעקב	+ יעקב
ב. לקדש את רחל ללוי	לוי	+ לוי
ג. לקדש את שרה ליוסף בן שמעון	יוסף בן שמעון	
ד. לקנות את שדה פלונית עבור רחל	רחל	+ רחל

בתמונה הזו מבצע הפעולה הוא השליח ולא המשלח, שכן הוא בעל הכרטיס, ושמו רשום עליו. אמנם יכולתו לעשות זאת מותנה בקבלת ייפוי כוח מבעל הסמכות המקורי.

כאשר יוסף בן שמעון השליח בא לבצע את הפעולה, אנחנו בודקים בכרטיס האישי שלו, האם המשימה הזו מאושרת עבורו. אם המאשר הוא לוי, עלינו

לבדוק בכרטיסו של לוי האם היתה לו עצמו הסמכות המקורית לבצע את הפעולה, אחרת המינוי שהוא נתן ליוסף בן שמעון אינו תקף. להלן נדון במצבים בהם סמכות זו של לוי מעורערת, וההשלכה של כך על תוקף ההרשאה.

השלכה ראשונה: המשלח השתגע

כעת נוכל לראות שמצב אי כשירות של המשלח נראה אחרת בשני המודלים הללו.

לפי **הטור**, כאשר המשלח מאבד את כשירותו אי אפשר לבצע את המשימה, כי במודל שלו בעל הכרטיס הוא מבצע הפעולה, והוא אינו כשיר משפטית. זאת על אף שנושא הכרטיס הנוכחי הוא כן כשיר. אם כן, עלינו להוסיף למודל של **הטור** שבשעה שהשליח בא לבצע את הפעולה יש לבדוק את הכשירות של בעל הכרטיס (המשלח).

לעומת זאת, לפי הרמב״ם כאשר בעל הכרטיס (=השליח) בא לבצע את הפעולה, אנחנו בודקים האם הוא עצמו כשיר משפטית, בנוסף לבדיקה האם יש לו מינוי של בעל הסמכות. אין צורך לבדוק את הכשירות של בעל הסמכות המקורי, כי לא הוא שמבצע את הפעולה.

זהו הבדל שני בין **הטור** לרמב״ם בתנאים המקדמיים לביצוע הפעולה: לפי **הטור** יש לבדוק בנוסף לרישוי גם את הכשירות של בעל הכרטיס. לפי הרמב״ם – לא.

ביטול השליחות

ראינו שכל שליח יכול גם להיות מבוטל. כיצד נעשה הביטול בשני המודלים הללו? לפי **הטור** ביטול השליחות הוא נטילת הכרטיס בחזרה מהשליח אל המשלח. לפי הרמב״ם ביטול השליחות הוא מחיקת האישור לביצוע הפעולה בכרטיסו של השליח.

בפועל, ייתכן מצב בו המשלח ביטל את השליחות בלי ידיעת השליח. במצב כזה לפעמים נוצרת בעיה. לדוגמה, אדם שולח שליח לגרש את אשתו, ולאחר מכן מבטל את השליח שלא בפניו. השליח לא יודע מהביטול, והולך ומגרש את האישה. הוא והיא משוכנעים שהיא מגורשת, וכעת היא הולכת ונישאת לאדם אחר. אך למען האמת היא אינה מגורשת, שכן השליח כבר לא היה שליח בעת הגירושין. במצב כזה חכמים מתערבים ומפקיעים את הקידושין למפרע, כדי למנוע את הבעיות.

שני ניסוחים הפוכים של החקירה היסודית

אמנם הניסוח של **האו"ש** מעורר קושי מסויים. היינו מצפים שהמודל לפיו השליח הוא כידו הארוכה של המשלח, מייצג את התפיסה שהמשלח הוא הפועל (באמצעות השליח). כלומר זו אמורה להיות תפיסתו של **הטור** שסובר שהשליח לא יכול לפעול כשהמשלח אינו כשיר. אבל **האו"ש** משתמש במונח שידו של השליח חשובה כידו של המשלח דווקא כדי לתאר את תפיסתו של הרמב"ם.

ואכן המונח 'ידא אריכתא' סובל מכפל משמעויות:

1. ניתן להבין זאת כזהות של השליח עם המשלח. השליח הוא ידו הארוכה של המשלח, ולכן כשהשליח עושה פעולה זוהי בעצם פעולה של המשלח. כאילו המשלח אוחז מוט ארוך ופועל באמצעותו. השליח הוא סביל, והוא מהווה כעין מוט שמאריך את ידו של המשלח.
2. אך ניתן גם להבין זאת הפוך: זהות של המשלח עם השליח. כלומר המשלח מרוקן את עצמו לתוך השליח, וכעת ידו של השליח נחשבת כידו של המשלח, וכשהוא פועל זה כאילו שהמשלח פעל.

מהו ההבדל בין שני הניסוחים? לפי ניסוח 1, כשהמשלח אינו כשיר הפעולה לא יכולה להיות כשרה, שהרי הפעולה אמורה להיעשות על ידו. אך לפי ניסוח 2, גם אם המשלח אינו כשיר, הרי כעת השליח הוא מי שנחשב כמגרש

(המשלח התרוקן לתוכו), והרי הוא עצמו כן כשיר, ולכן הוא יכול לפעול בשם המשלח גם אם הלה אינו כשיר. תפיסת ידא אריכתא כזו בעצם דומה מאד לתפיסת ייפוי כוח.

בה במידה, גם המונח ׳ייפוי כוח׳ סובל שתי משמעויות:

1. הפועל הוא השליח, אלא שהתוצאות עוברות למשלח. לכן אפשר לפעול גם כשהמשלח אינו כשיר.
2. כשהשליח פועל זה נחשב כפעולה של המשלח, ולכן אי אפשר לפעול כשהמשלח אינו כשיר.

אם נסכם את שתי התמונות, ניתן להציג את המחלוקת בשתי צורות:

- לפי הניסוחים 1 יוצא שתפיסת ייפוי כוח מאפשרת לפעול כשהמשלח אינו כשיר (רמב״ם), ותפיסת ידא אריכתא לא (**טור**).
- לפי הניסוחים 2 יוצא שתפיסת ייפוי כוח לא מאפשרת לפעול כשהמשלח אינו כשיר (**טור**), ותפיסת ידא אריכתא כן (רמב״ם).

מהניסוח של **האו״ש** נראה שדווקא תפיסת ידא אריכתא מוליכה לכך שניתן לפעול גם כשהמשלח אינו כשיר. ותפיסת ייפוי כוח מוליכה לכך שלא ניתן לפעול כשהמשלח אינו כשיר, כי המשלח הוא שעושה את הפעולה. כלומר הוא בוחר בניסוחים 2. כנראה שידא אריכתא מבחינתו היא זהות של המשלח עם השליח, ולא להיפך.

כדי שהמינוח יהיה ברור וחד משמעי, נאמץ מכאן והלאה את הניסוח 1, שהוא אינטואיטיבי יותר.

צעד ראשון לקראת מודל

הניסוחים הללו מאפשרים לנו להציג את שתי התפיסות הללו זו מול זו. כנקודת מוצא עלינו להציג את המצב הראשוני באופן ויזואלי. יעקב הוא בעלה של לאה, ודוד הוא אדם זר. במצב כזה יעקב יכול לגרש את לאה, אך דוד לא.

המצב s הוא מצב בו לאה היא אשתו של יעקב. המצב t הוא מצב בו הם גרושים. פעולת הגירושין מעבירה אותנו ממצב s למצב t. רק יעקב יכול להעביר אותנו בין המצבים הללו, ודוד לא.
אנו מייצגים את המסגרת הזו באופן הבא:

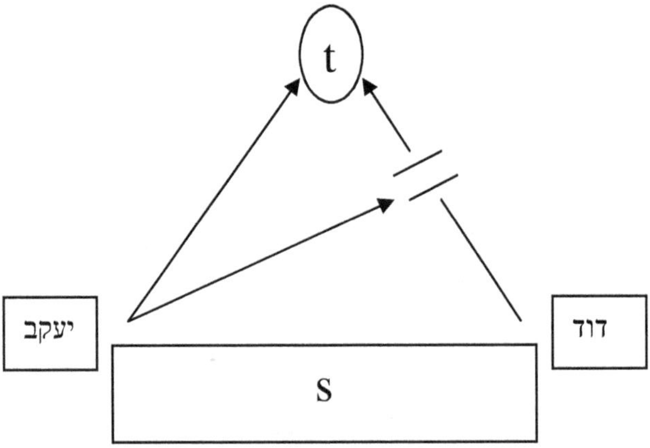

ציור 1: מסגרת הדיון: לדוד אין מסלול פתוח מ-s ל-t. ליעקב יש מסלול כזה, ולכן הוא ממנה את דוד. המינוי הוא החץ האלכסוני שמייצג את פתיחת המסלול של דוד. כל הקווים כאן הם רציפים ורגילים, כי הם מייצגים מצב שנוצר והוא רקע לפעולת השליח (שתסומן בהמשך בקו מקווקוו).

כעת עומדות בפנינו שתי אפשרויות:

- ידא אריכתא: יעקב פועל באמצעות דוד.
- ייפוי כוח: דוד פועל כמיופה כוחו של יעקב.

באופן ציורי, המודל של ייפוי כוח הוא ברור יותר. דוד פועל כשלוחו של יעקב לגרש את לאה. מכיון שהוא עצמו אינו יכול לחולל את הגירושין, הדרך שלו מ-s אל t היא חסומה (ראה בציור), הוא זקוק למינוי של יעקב שפותח בפניו את המסלול. כל מי שיש לו מסלול פתוח יכול לפתוח מסלולים אחרים (למנות

שליחים). כעת דוד פועל במסלול שלו ישירות מ-s אל t. המינוי שנותן יעקב לדוד לפעול כשלוחו, בעצם מאפשר לדוד לעבור דרך המסלול שלו. לכן בתמונה זו, דוד הוא הפועל, אלא שהוא עושה זאת בשמו של יעקב, ובסמכותו.
הציור הבא מייצג את השליחות במודל ייפוי כוח:

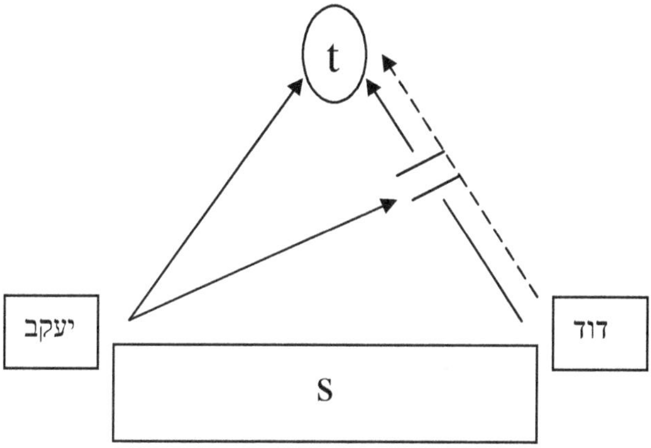

ציור 2: מודל ייפוי כוח

אנו רואים שבציור הזה דוד הוא הפועל. הוא אמנם נזקק ליעקב שיפתח בפניו את המסלול שלו, כי המסלול שלו היה מנותק. לכן אנחנו מתייחסים לתמונה הזו כמייצגת פעולה של דוד כמיופה כוח של יעקב. הוא מגיע מטעמו אל t.
מה באשר לידא אריכתא? באופן אינטואיטיבי היינו מצפים שהמודל של ידא אריכתא יפעל כך שיעקב יילך דרך המסלול של דוד, ולכן יעקב הוא הנחשב כפועל. אלא שבמצב הרגיל זה לא אפשרי, שכן המסלול של דוד אינו מאפשר להגיע מהמצב s למצב t. כדי לפעול במסלול של דוד, יעקב חייב להשתמש בסמכותו ולחבר את הנתק שקיים במסלול של דוד. גם במודל הזה, המינוי שנותן יעקב לדוד לפעול כשלוחו פירושו לתקן את הדרך של דוד עצמו. את זה יכול לעשות רק יעקב מפני שיש לו גישה למצב t. פירוש הדבר הוא שיעקב יכול

לפעול דרך המסלול של דוד, או בעצם דוד יכול להעביר אותנו בשמו מהמצב s למצב t. כאן פעולתו של דוד נחשבת כפעולה של יעקב, ודוד הוא ידו הארוכה. הציור הבא מייצג את השליחות במודל ידא אריכתא:

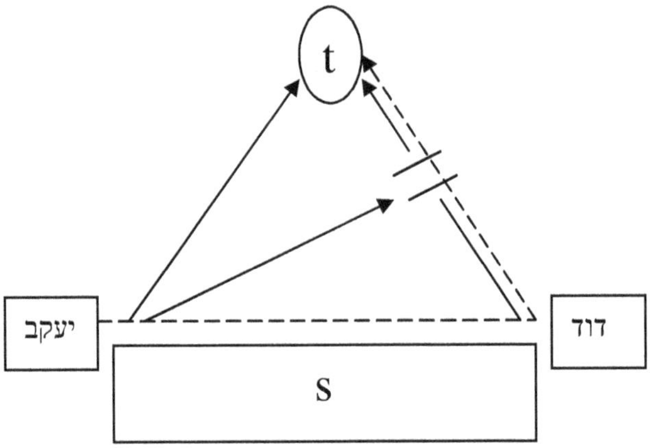

ציור 3: מודל ידא אריכתא. יעקב ממנה את דוד באמצעות החץ שפותח את המסלול של דוד. החץ הזה הוא קו רציף, כי הוא מתאר את המצב לפני פעולת הגירושין עצמה. זה קורה חד פעמית ופותח את המסלול של דוד. כעת יעקב יכול לפעול דרך המסלול של דוד. החץ המקווקוו מבטא את פעולת הגירושין שנעשית על ידי יעקב דרך המסלול של דוד (דוד הוא ידו הארוכה).

אנחנו רואים שיעקב מצליח לפעול דרך המסלול של דוד, מפני שהוא כמי שיש לו מסלול משלו פתח אותו. מבחינת יעקב הנתק הזה הוא קֶצֶר, ולכן יעקב מצליח לעבור דרכו.

ניתן לראות בשני הציורים הללו ייצוג של שתי הפרשנויות למונח 'ידא אריכתא'. בשניהם הפועל פיסית הוא דוד. ההבדל בין שני הציורים הוא מי מבצע את הפעולה ההלכתית. בציור 2 דוד הוא שמגיע למצב t, כלומר דוד הוא הפועל. לכן זהו מודל של ייפוי כוח, או המשמעות השנייה של ידא אריכתא (זו של **האו"ש**): יעקב מרוקן את ידו אל תוך ידו של דוד. לעומת

זאת, בציור 3 יעקב הוא הפועל, והוא מגיע למצב t דרך המסלול של דוד, כלומר יעקב פועל דרכו. זוהי התמונה של ידא אריכתא בניסוח 1, כלומר דוד מתרוקן לתוך יעקב והופך להיות ידו הארוכה.

תרגום לשפה של הכרטיסים

ניתן לתרגם זאת לשפה של הכרטיסים. ראינו שבמודל של ידא אריכתא, יש כרטיס לכל משימה, והמינוי הוא העברת הכרטיס מהמשלח לשליח. בתמונה הנוכחית פירוש הדבר הוא מעבר של יעקב דרך המסלול של דוד. זוהי המשמעות הויזואלית של העובדה שהכרטיס שלו עובר לידיו של דוד. הקו המקווקוו האופקי, שעובר מיעקב לדוד מסמן את העברת הכרטיס של יעקב לידיו של דוד. כעת מדוד והלאה הוא שלוקח את הכרטיס ומבצע את המשימה.

לעומת זאת, במודל של ייפוי כוח יש כרטיס לכל אדם, כרטיס שמייצג את טווח הפעולות ההלכתיות הפתוח בפניו. עד שלא יחתום אדם אחר (המשלח) בתוך הכרטיס, פעולותיו של בעל הכרטיס תהיינה מוגבלות למשימות בעלות השלכה עליו בלבד. מינוי הוא חתימה של יעקב על הכרטיס של דוד, שנותנת לו סמכות לבצע את המשימה. בתמונה הנוכחית פירוש הדבר הוא שדוד עובר דרך המסלול שפתח יעקב. אין קו מקווקוו שעובר מיעקב לדוד שכן יעקב אינו מעביר לו כרטיס, אלא רק פותח בפניו את המסלול המנותק שלו. משמעו הדבר היא שדוד הוא הפועל, אבל הוא עושה זאת באישורו של יעקב. החץ האלכסוני הוא החתימה של יעקב על הכרטיס של דוד.

המשך הדיון במחלוקת ה'טור' והרמב"ם

המגיה ב**מל"מ** שם (ר' יעקב כולי) הביא מבעל **גט פשוט** אבהע"ז סי' קכא שהתייחס לתמיהותיו הנ"ל של ה**כס"מ**, ודחה אותן. לאור דברינו למעלה, כבר

מכאן ברור שה**ג״פ** מניח אפריורי מודל שונה לשליחות. אם ה**כס״מ** מניח מודל של ידא אריכתא, הוא כמובן מניח שגם מודל של ייפוי כוח הוא אפשרי. בדבריו שם הוא מוכיח מהגמרא שאכן מדובר בגט פסול מדרבנן, ולא גט בטל:

ואם כתבו ונתנו קודם שיבריא ה״ז פסול. (א״ה על מה שתמה מרן בכ״מ דבגמ׳ משמע דבטל נמי הוי תירץ מרן זקני בספר גט פשוט סימן קכ״א ס״ק י׳ דע״כ לא פסול אלא מדרבנן דאל״כ פסק שליחות הבעל וכיון שכן לכשישתפה אמאי א״צ לאימלוכי ביה יע״ש באורך...)

ה**ג״פ** מסביר שיש ראיה לרמב״ם מכך שהגמרא קובעת שכאשר המשלח (הבעל) חוזר ומשתפה אין צורך להימלך בו שוב, כלומר לא נדרש מינוי מחודש של השליח, אלא השליח כותב ונותן לה את הגט מכוח המינוי הקודם. הוא בעצם טוען שאם אכן במצב בו השתטה המשתלח הגט היה בטל לגמרי, אזי בהכרח היה נדרש מינוי שליחות חדש לשליח אחרי שהמשלח חוזר ומשתפה. מכאן הוא מוכיח שבהכרח השליחות בעינה עומדת גם במצב שהמשלח משתטה, ורק מדרבנן אי אפשר לגרש.

עקרונית ניתן היה להסביר שאמנם השליחות לא בטלה לגמרי, אבל מדאורייתא לא ניתן לגרש בגט הזה כשהמשלח אינו כשיר. ולכן לאחר שהוא חוזר ומשתפה לא נדרש מינוי מחודש. הסבר זה מציע שכדי שהשליח יוכל לפעול נדרשים שני תנאים: 1. המינוי יהיה בתוקף. 2. המשלח יהיה כשיר (אחרת אין לו סמכות לעשות את מה שהמשלח עצמו לא יכול לעשות).[17] ראה על כך עוד בפרק העשירי.

מהי משמעותה של התמונה הזו? די ברור שזו בדיוק התפיסה של ידא אריכתא. השליח הוא ידו הארוכה של המשלח, ולכן כשנעשית פעולת

17 בלשון הגמרא (ב״ק קי ע״א): ״ ואי דלא מצי עביד עבודה, שליח היכי משוי?״. אמנם שם הכוונה היא שמה שהמשלח לא יכול לעשות בעצמו הוא לא יכול למנות שליח (=למשוי שליח) שיעשה זאת עבורו. כאן אנחנו מציעים שאם אם המינוי יכול להיות תקף, הביצוע בפועל אינו אפשרי.

הגירושין מי שפועל הוא המשלח (באמצעות השליח, כידו הארוכה). לכן כשמשתטה המשלח השליח נותר אמנם שלוחו, אבל הוא לא יכול לפעול. לאחר שהמשלח חוזר ומשתפה – לא נדרש מינוי מחודש, שכן השליח הוא עדיין שלוחו. זהו בדיוק המצב של אדם שהוא שליח מדאורייתא ובכל זאת לא יכול לגרש, שהג״פ מניח שהוא בלתי אפשרי.

ברור שראייתו של **הג״פ** מהגמרא נגד ה**טור** נסמכת על תפיסת ייפוי כוח. ואילו ה**טור** רואה את השליח כידא אריכתא של המשלח, ולכן גם אם השליח הוא ידו של הבעל, כשהבעל שוטה הוא אמנם שלוחו אבל עדיין הוא אינו יכול לגרש. לכן ראיה זו של **הג״פ** מהגמרא אינה מפריכה את עמדתו של ה**טור**, אלא לכל היותר מציגה כיצד הרמב״ם לומד את הסוגיא.

ראינו שה**ג״פ** מניח שלא ייתכן מצב שהשליחות בעינה עומדת ובכל זאת אי אפשר לבצע אותה. במילים אחרות הוא מניח שאם השליחות בתוקף – אזי כל הכוח התרוקן אל השליח, והמשלח כבר אינו בתמונה. ובלשוננו, הוא מניח מודל של ייפוי כוח, ולא ידא אריכתא. לעומתו, ה**כס״מ** הניח אפריורי את המודל של ידא אריכתא. מכאן נוכל להבין שגם **הג״פ**, בדיוק כמו שראינו ב**כס״מ**, מניח אפריורי מודל כלשהו של שליחות. זה לא יוצא לו מהגמרא, אלא זוהי תמונה שאיתה הוא מגיע לפרש את הגמרא. **הג״פ** מניח אפריורי מודל של ייפוי כוח, וה**כס״מ** מניח אפריורי מודל של ידא אריכתא.

הסבר באמצעות המודל הלוגי

הג״פ מניח שמינוי השליח הוא חתימה ואישור על הכרטיס של השליח. לכן השתטות של המשלח לא עושה לכרטיס הזה מאומה, כי הפועל הוא השליח והוא המחזיק בכרטיס. לכן הוא מסיק שלאחר שהמשלח חוזר ומשתפה אין צורך למנות את השליח מחדש.

אבל ה**טור** מניח שמינוי שליח הוא העברה של כרטיס משימה אל השליח. כאשר המשלח משתטה, הכרטיס שלו מאבד את תוקפו, כי הוא תמיד שייך

לבעליו (ולא למחזיק בו). לכן הג"פ מניח שלפי **הטור** השליחות בטלה וצריך מינוי מחדש.

אבל לפי התמונה שהצענו, הכרטיס נמצא בידי השליח, אלא שכשהמשלח משתטה לא ניתן לבצע את הפעולה. לא בגלל שהכרטיס אינו בידי השליח, אלא בגלל שבעל הכרטיס אינו כשיר. לאחר שהוא חוזר ומשתפה, אין צורך למנות את השליח כי הכרטיס נמצא בידיו (מינוי הוא העברת כרטיס לידיו). כל מה שקורה הוא שכעת חוזרת האפשרות לפעול עם הכרטיס. כשהשליח יגיע לבצע את הגירושין, אנחנו בודקים את כשירותו של המשלח, ואם באותו רגע הוא כשיר הפעולה תקפה. רואים שגם לפי **הטור** לא נדרש מינוי מחודש.

לפי **הטור** ההשתטות לא פוגעת ביחס השליחות (כלומר בזיקה בין השליח למשלח), אלא ביכולת של המגרש לגרש. לכן כשהוא חוזר ומשתפה אין מניעה לגרש בו גם לפי **הטור**, ולא דרוש מינוי מחודש.

פירוש הדבר הוא שהבעייה של משלח שוטה אינה נעוצה בכרטיס אלא בתנאים המוקדמים אותם עלינו לבדוק לפני ביצוע המשימה. אם המשימה היא לבצע α, המודל שלנו צריך לכלול גם תנאים מוקדמים, שיסומנו: $A\alpha$. אחד התנאים הללו הוא בדיקת כשירותו של בעל הכרטיס. אם כן, המודל שלנו עונה באופן טבעי על קושיית **הג"פ**.

המשך הדיון על דברי ה'ג"פ'

הבאנו למעלה את הנחתו של בעל **ג"פ** לפיה אין אפשרות שהשליחות עדיין בעינה ובכל זאת השליח אינו יכול לגרש. ר' יעקב כולי, המגיה של **המל"מ**, בסוף דבריו שם, מקשה על ההנחה הזו מהמשנה סוף המביא גט (גיטין כג ע"א), שכותבת כך:

> ***מתני'. הכל כשרין להביא את הגט, חוץ מחרש, שוטה, וקטן, וסומא, ועובד כוכבים. קיבל הקטן והגדיל, חרש ונתפקח, סומא ונתפתח, שוטה ונשתפה, עובד כוכבים ונתגייר - פסול; אבל פקח***

ונתחרש וחזר ונתפקח, פתוח ונסתמא וחזר ונתפתח, שפוי ונשתטה וחזר ונשתפה - כשר. זה הכלל: כל שתחילתו וסופו בדעת - כשר.

רואים במשנה שאם השליח קיבל את הגט שפוי, לאחר מכן השתטה (שאז הגט נפסל), ולבסוף חזר ונשתפה – הוא יכול לחזור ולגרש.

הרמב"ם עצמו פסק את ההלכה הזאת, בהל' גירושין פ"ו ה"ח:

היה השליח קטן כשנתן לו הגט וגדול כשהביאו, חרש ונתפקח, שוטה ונשתפה, נכרי ונתגייר, עבד ונשתחרר, הרי זה בטל, אבל אם נתן לו הגט והוא פקח ונתחרש וחזר ונתפקח, היה שפוי כשנתן לו הגט ונשתטה וחזר ונשתפה, כשהביא הגט ליד האשה הרי זה גט כשר מפני שתחלתו וסופו בדעת.

גם מפשט לשון הרמב"ם כאן רואים שלאחר שהשליח חוזר ומשתפה הוא יכול לגרש.

ממשנה זו מקשה המגיה על בעל **ג"פ**:

וצריך לעיין מה בין זה להביא דתנן בס"פ המביא תניין כל שתחלתו וסופו בדעת כשר והתם נמי כשנשתטה השליח נתבטל שליחותו ופסק כחו של בעל ואם נתנו לה בעודו שוטה אינו גט כלל ואפ"ה לכשישתפה נותנו לה ואין צריך שיחזור הבעל לחדש השליחות כמבואר וצ"ע:

הוא טוען שבמשנה רואים שני דברים: 1. בשלב הביניים השליחות בטלה, שהרי הוא לא יכול לגרש. 2. לאחר שהשליח חוזר ומשתפה אין צורך במינוי נוסף.

מכאן הוא מוכיח (נגד הנחת הג"פ) שגם אם השליחות מתבטלת ייתכן שלאחר מכן לא יהיה צורך במינוי נוסף. ומכאן שהוכחתו של בעל **ג"פ** לטובת הרמב"ם אינה נכונה.

עוד לפני שנגיע ליישוב הקושי הזה, שתי הנחותיו של ר' יעקב כולי טעונות הבהרה:

1. מניין הוא לומד שבשלב הביניים לא ניתן לגרש? עקרונית היה מקום לומר ששליח שגירש בשלב הביניים (כשהוא שוטה) הגט פסול ולא בטל, בדיוק כפי שהרמב״ם נוקט לגבי מצב בו השתטה המשלח.
מסתבר שהוא לומד זאת מסברא. גם אם כשהמשלח משתטה תיתכן דעה שהשליח יכול לפעול בשמו (כפי שסובר הרמב״ם), שהרי השליח שפוי וכשיר, הרי שבמקרה שלנו, כאשר השליח עצמו שוטה, ברור שמדאורייתא הוא לא יכול לפעול גירושין.
היה מקום לערער על ההנחה הזו, דווקא לפי המודל של ידא אריכתא. המודל הזה בעצם אומר שהמשלח הוא הפועל, והשליח הוא ידו הארוכה. אלא שערעור זה אינו רלוונטי משתי סיבות: א. מסברא נראה שגם ה**טור** יודה כאן שאין אפשרות לגרש, שכן השליח אינו בן דעת. אמנם בדוחק היה מקום לומר שמכיון שבעת המינוי הוא היה בן דעת, הוא יכול כעת לבצע את הפעולה בשם המשלח. אך גם אם היינו מוכנים לקבל את ההצעה הזו היא בכל מקרה לא תעזור, בגלל הסיבה הבאה. ב. הרי **הג״פ** בא להגן על הרמב״ם, והרמב״ם דוגל במודל של ייפוי כוח, ולכן זה לא רלוונטי.

2. ניתן לתהות מניין הוא מסיק שלא דרוש מינוי מחודש? אולי המשנה אומרת שהוא יכול לגרש, אבל רק אחרי שיקבל מינוי מחדש. אך זה בלתי סביר בעליל, שכן אם היה כאן צורך במינוי נוסף אין בדין זה שום חידוש. העובדה שאדם שפוי ובוגר שמקבל מינוי יכול להיות שליח לגירושין היא טריביאלית. על כורחנו מדובר כאן שהוא מגרש ללא מינוי חוזר.

אם כן, שתי ההנחות אכן נכונות, לפחות לשיטת הרמב״ם שעליו בא **הג״פ** להגן, ולכן קושיית ר׳ יעקב כולי בעינה עומדת: רואים מכאן שגם אם השליחות בטלה לא בהכרח נדרש מינוי מחודש כדי שהשליח יוכל לגרש. אם כן, גם במקרה שהמשלח הוא שהשתטה, וגם אם נאמץ את עמדת ה**טור** שהשליחות בטלה, אין לכך סתירה מן הדין שלא דרוש מינוי מחודש.

מה יענה בעל **ג״פ** לקושיא זו? בעל **מרכבת המשנה** על הרמב״ם שם תירץ את הקושיא כך:

אמר כשהוא וכו׳. עיין כ״מ ור׳ יעקב כולי מגיה המל״מ הניח בצ״ע. ונ״ל דשאני נשתטה השליח דכח השליחות לא נתבטל בשעה שנשתטה אלא דהשליח לא חזי משו״ה כשנשתפה הו״ל תחלתו וסופו בכשרות משא״כ בנשתטה המשלח דנמצא בשעת שטותו נתבטל כח השליחות דקיי״ל כל מלתא דאיהו לא מצי למעביד השתא לא מצי משוי שליח ושפיר אף על גב שנשתפה צריך מינוי שליחות מחדש. ובזה נתקיים תי׳ הגט פשוט בטוב טעם דשפיר מוכח דהוי רק מד״ס דאי ס״ד דבר תורה פסק שליחות הבעל ר״ל מינוי השליחות והבן זה:

הוא מסביר שלפי **הג״פ** כשמשתטה השליח כוח השליחות בעינו עומד, ולכן לא דרוש מינוי נוסף. אבל נשתטה המשלח השליחות פסקה לגמרי, לכן נדרש מינוי מחדש. וראה גם **באו״ש** פ״ו ה״ח בתחילת דבריו שם.

במילים אחרות, הוא בעצם טוען שכשהשתטה השליח השליחות בעינה עומדת ולכן לא צריך מינוי מחודש. הסיבה לכך היא שמה שהשליח לא יכול לגרש זה מפני שהוא אינו כשיר, לכן אין סיבה להניח שמה שאינו יכול לגרש זה בגלל שהשליחות בטלה. אבל אם השתטה המשלח הרי השליח כשיר. אז למה הוא לא יכול לגרש? כנראה בגלל שבמצב כזה השליחות עצמה בטלה.

אבל יש לזכור שגם כשהשתטה השליח, והשליחות בעינה עומדת, ברור מהגמרא שאי אפשר לגרש במצב כזה. מדוע אי אפשר, אם השליחות בעינה עומדת? לכאורה יש כאן תפיסה של ידא אריכתא, כפי שהסברנו למעלה לפי **הטור**, שאם השתטה המשלח השליחות אמנם בעינה עומדת אבל אי אפשר לגרש.

אבל זה לא יכול להיות, שהרי אם **מרכה״מ** דוגל במודל של ידא אריכתא, אז מדוע שלא נאמר שגם בהשתטה המשלח השליחות בעינה עומדת, ובכל זאת לא צריך מינוי מחודש? הרי **הג״פ** מניח אפריורי שאם אי אפשר לגרש אז אין

שליחות, ולכן צריך מינוי מחדש. אבל אם הנחה זו נכונה אפריורי, אז יש ליישם אותה גם על השתטה השליח.

ראינו שהג"פ מניח אפריורי שתי הנחות: 1. אם אי אפשר לגרש אז בהכרח שהשליחות בטלה. 2. אם השליחות בטלה אז בהכרח דרוש מינוי מחודש. הסברנו למעלה שבעצם הוא מניח במובלע את המודל של ייפוי כוח. לפי המודל של ידא אריכתא, ייתכן מצב שהשליחות לא בטלה ובכל זאת אי אפשר לגרש, כלומר הנחה 1 לא נכונה. הנחה 2 נכונה כנראה לפי שני המודלים.

אך לפי זה יוצא שגם אם משתטה השליח ולא ניתן לגרש – בהכרח שהשליחות בטלה. לא סביר שמודל השליחות נקבע לפי מה שקרה לשליח או למשלח (שאם השתטה השליח זה ידא אריכתא ואם השתטה המשלח זה ייפוי כוח). אז מה מקום לחלק בין השתטה השליח והמשלח?

נראה מדברי **המרכה"מ** שהוא כלל לא יוצא ממודל לוגי כלשהו לשליחות, אלא מהבנה תוכנית של מושגי השליחות. לפי זה, עלינו לבנות כאן מודל לוגי אחר שיתאים לתפיסותיו דה-פקטו.

סיכום השיטות במונחי המושל שלנו: כרטיסים וגרפים

הנתונים הם שבהשתטה השליח אי אפשר לגרש ולא צריך מינוי מחדש. כשהשתטה המשלח, מחלוקת הרמב"ם וה**טור** האם אפשר לגרש, ולכאורה ברור שכשהוא חוזר ומשתפה לא צריך מינוי מחדש (אך ה**מרכה"מ** בדעת ה**טור** מערער על כך).

הראשונים נחלקו בשאלה האם כשהשתטה המשלח אי אפשר לגרש (ה**טור**), או שזה רק דין דרבנן ומדאורייתא אפשר (הרמב"ם). הסברנו שהויכוח הוא בשאלה האם רואים את השליחות כייפוי כוח (הרמב"ם) או כידא אריכתא (ה**טור**). לכאורה בשני המקרים השליחות בעינה עומדת, לכן לפי הרמב"ם אפשר לגרש ול**טור** בכל זאת אי אפשר לגרש כי יש תנאי מקדים שמבצע

הפעולה (בעל הכרטיס) יהיה כשיר. הסברנו שהמחלוקת היא בשאלה האם יש כרטיס לכל אדם (רמב״ם) או לכל משימה (**טור**).

עוד ראינו שישנה מחלוקת בין האחרונים בשאלה האם העובדה שהשליח לא יכול לגרש אומרת בהכרת שהוא לא שליח (ולכן צריך מינוי מחודש), או לא. **הג״פ** ו**מרכה״מ** טוענים נגד ה**טור**, שאין מצב שבו אדם הוא שליח ובכל זאת הוא לא יכול לפעול (אם הוא לא יכול לפעול הוא אינו שליח). אם כן, ל**טור** שהשליח לא יכול לגרש ברור שהוא כלל אינו שליח, ולכן הם מקשים עליו מדוע לא צריך מינוי מחודש? לפי הרמב״ם שהוא שליח ברור מדוע לא נדרש מינוי מחודש.

הם מניחים שהשליחות בטלה, כי לדעתם שליחות היא ייפוי כוח. בשפת הכרטיסים פירוש הדבר הוא שהאישור של המשלח לביצוע הפעולה נמחק מהכרטיס של השליח, ולכן כשהמשלח חוזר ומשתפה יש לחזור ולאשר (מינוי מחודש). אבל לפי מה שהסברנו הטור סובר שיש כרטיס לכל משימה, והכרטיס נמצא עדיין אצל השליח, ולכן לא נדרש מינוי מחודש. מה שהשליח על אף היותו שליח לא יכול לגרש, זה בגלל תנאים מקדימים שדורשים כשירות של המשלח ($A\alpha$).

ר׳ יעקב כולי טוען נגדם שבהשתטה השליח רואים שאין אפשרות לגרש ובכל זאת הוא שליח, שהרי לא צריך מינוי מחודש. בעצם הוא מציע מודל של ידא אריכתא, לפיו השליח הוא עדיין שליח ובכל זאת אינו יכול לגרש (בגלל התנאים המקדימים, וכנ״ל). הוא מניח שהשתטה השליח והמשלח הם מצבים דומים, ובשני המקרים המודל הוא ידא אריכתא, כלומר יש כרטיס משימה בידי השליח, אלא שהוא אינו יכול לגרש בגלל תנאים מקדימים (מבחינתו, התנאים המקדימים $A\alpha$ כוללים כשירות של השליח ושל המשלח).

מרכה״מ מגונן על הסבר **הג״פ** ברמב״ם, ומציע לחלק בין השתטה השליח והשתטה המשלח. בהשתטה השליח השליחות קיימת ואינו יכול לגרש (בשפה

שלנו – ידא אריכתא), ובהשתטה המשלח ברור שהוא יכול לגרש מדאורייתא, כי אם הוא לא יכול היה לגרש אז ברור שהשליחות כלל לא קיימת.

למה לשיטתו בהשתטה המשלח לא ייתכן מצב שהשליחות קיימת ולא ניתן לגרש (אותו ידא אריכתא)? האם הוא מניח ידא אריכתא או ייפוי כוח? די ברור שמודל השליחות הוא אחד, והוא אינו תלוי בשאלה האם השתטה השליח או המשלח. לכן עלינו למצוא מודל אחד, ובמסגרתו להסביר הבדל בין השתטה השליח והמשלח.

נראה שהמודל המתבקש הוא ידא אריכתא, ולכן אי אפשר לגרש. במונחי הכרטיסים, מדובר בכרטיס משימה שמצוי בידי השליח. זהו המודל של ה**טור** שאותו ה**ג״פ** תוקף. כעת הוא טוען שבהשתטה המשלח אם השליח לא יכול היה לגרש היה צורך במינוי מחודש. אבל בהשתטה השליח ברור שאי אפשר לגרש ובכל זאת לא צריך מינוי מחודש.

נראה שכוונתו לומר שהמודל של ה**טור** הוא ידא אריכתא, וכרטיס המשימה נמצא בידי השליח. אלא שאם משתטה המשלח הכרטיס מאבד את תוקפו שהרי בעל הכרטיס הוא המשלח. לכן כשהוא חוזר ומשתפה יש צורך בכתיבת כרטיס חדש והעברתו לשליח, שזהו מינוי מחודש. אבל כשמשתטה השליח לא קורה כלום לכרטיס, שהרי בעליו הוא המשלח והמשלח הוא כשיר. מה שהשליח לא יכול לגרש זה בגלל אי כשירות של השליח. כעת אם השליח חוזר ומשתפה אין צורך במינוי מחודש (כתיבת כרטיס חדש והעברתו לידי השליח), כי הכרטיס עדיין בתוקף והוא מצוי בידו.

מזה שלא נדרש מינוי מחודש בהשתטה המשלח – מוכיח הג״פ כדעת הרמב״ם. ובאמת לפי ה**טור** היינו צריכים למנות את השליח מחדש, ואולי באמת זה הדין לשיטתו.

אם כן, יש לנו כאן מודל שלישי, והוא אלטרנטיבה בדעת ה**טור**: זהו מודל של ידא אריכתא, כלומר כרטיס של משימה שנמצא בידי השליח. אלא שבעת שהמשלח משתטה הכרטיס בטל ודורש מינוי מחודש, וכשמשתטה השליח אין צורך בכך. בלשוננו, חוסר האפשרות לגרש בהשתטה המשלח הוא בגלל

שהכרטיס לא קיים (או לא בתוקף), ולא בגלל αA, כפי שכתבנו קודם לכן. רק בהשתטה השליח חוסר היכולת לגרש אינו נעוץ בשליחות עצמה, אלא בתנאים המקדימים αA. לפי מודל זה בדעת **הטור**, התנאים αA לא כוללים את בדיקת הכשירות של המשלח אלא את בדיקת הכשירות של השליח. אי כשירות של המשלח תבטל את השליחות עצמה (כלומר את הכרטיס).

כעת ברור מהו היתרון של מודל הכרטיסים. הוא מאפשר לנו להסביר היטב את המו״מ סביב ידא אריכתא, ולהציג את האינטואיציות השונות של הפוסקים, וכך להבחין שיש כאן שלושה מודלים שונים. אנו נציג אתם כעת לסיכום החלק הראשון של הדיון שלנו.

א. שיטה ראשונה בדעת הרמב״ם

לפי מה שראינו בדעת הרמב״ם עד עתה (להלן נראה אפשרויות נוספות), יש כרטיס לכל אדם. השתטות המשלח לא עושה כלום בדאורייתא (כי הוא לא בעל הכרטיס הרלוונטי), והשתטות השליח שייכת לתנאים αA (אף שהוא בעל הכרטיס, השתטותו אינה מבטלת את תוקף האישור והחתימה בכרטיס). לכן לפי הרמב״ם בשני המקרים השליחות עומדת כל הזמן בעינה, ולא דרוש מינוי מחודש בעת ההשתפות.

כאמור, המודל של הרמב״ם כולל כרטיס לכל אדם, כשהחתימה בתוכו מביעה אישור והסמכה של בעל הסמכות המקורי לייצוג על ידי השליח. לפני ביצוע המשימה יש לבדוק האם השליח כשיר.

התיאור הגרפי של המודל הזה הוא ציור 2 מלמעלה:

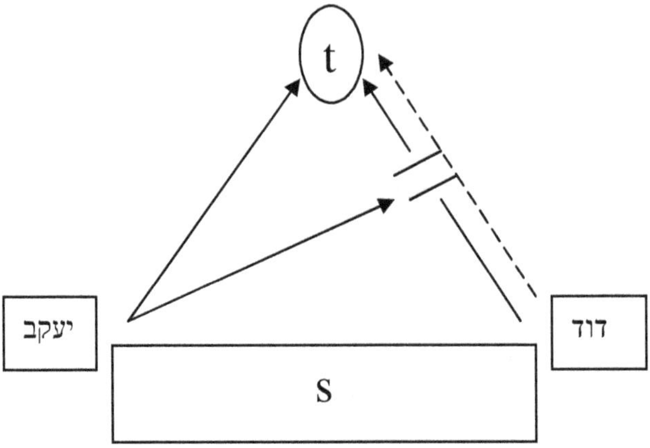

ציור 2

ההנחה היא שגם אם יעקב משתטה המסלול עדיין פתוח בפני דוד, כי מעת שיעקב פתח את המסלול של דוד הוא מסתלק מהתמונה. לכן קו המינוי האלכסוני הוא קו רגיל ולא מקווקוו, שכן הוא מייצג פעולה חד פעמית. אם דוד אינו כשיר, גם זה לא משנה לעצם השליחות, כי הדרך פתוחה בפניו, והיא לא נסגרת עקב השתטותו. אמנם הוא לא יכול לגרש בעודו בלתי כשיר, כי התנאי A_{α} הוא שהפועל יהיה כשיר בעת הפעולה. אבל זה לא תנאי לעצם היותו שליח (לפתיחת המסלול) אלא תנאי לאפשרות ביצוע הפעולה.

מכאן ברור שלאחר שהשליח חוזר ומשתפה מתקיים התנאי הזה, והמסלול היה כל העת פתוח בפניו, ולכן הוא יכול לגרש (ללכת במסלול של יעקב) כעת ללא מינוי מחודש.

לפי הרמב״ם הכשירות של הפועל (לפי הרמב״ם זה רק השליח, ולא המשלח) אינה באה לידי ביטוי בציור, או במודל הכרטיסים, אלא בתנאי חיצוני שמטילה ההלכה על ביצוע הפעולה.

ב. שיטה ראשונה בדעת ה'טור'

לפי ה**או"ש** בדעת ה**טור** יש כרטיס לכל משימה. השתטות השליח והמשלח שייכות לתנאים $A\alpha$, וכשאחד מהם קורה השליחות לא בטלה (לא משנה מי השתטה), ולכן גם לשיטה זו בשני המקרים הללו ניתן לחזור ולגרש בלי מינוי מחודש. אמנם לפי הטור בשני המקרים כאשר השליח או המשלח משתטה, לא ניתן לגרש, אבל זו לא בעייה בהגדרתו כשליח אלא בתנאים המקדימים $A\alpha$. לפי שיטה זו התנאים הללו כוללים בדיקת שפיות של השליח (הפועל) והמשלח (בעל הכרטיס).

ההצגה הגרפית של המודל הזה היא כבציור 3 מלמעלה:

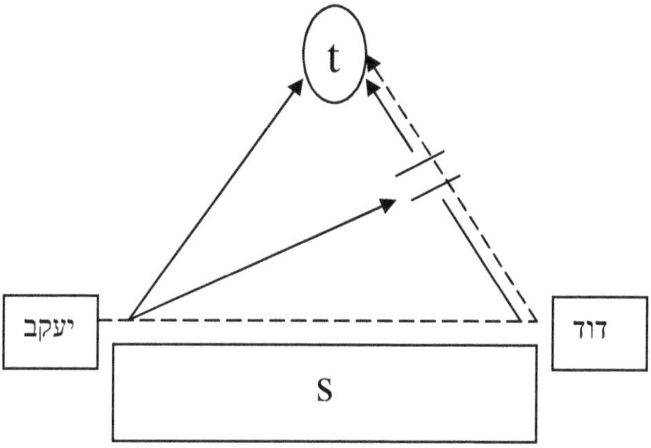

ציור 3

לשיטה זו שום דבר לא משתנה בציור אם יעקב או דוד משתטים. הסיבה לכך היא שהקו של המינוי (החץ האלכסוני מיעקב אל הנתק במסלולו של דוד), הוא קו רציף. זהו המינוי, והוא התרחש פעם אחת. אחר כך הוא לא רלוונטי. הקו המקווקו מבטא את הפעולה ההלכתית של השליחות עצמה. בעת שזה מתרחש המסלול כבר פתוח, ואין צורך ביעקב כדי לעשות זאת.

ג. שיטה שנייה בדעת ה'טור'

לפי ה**מרכה"מ** (וכנראה גם הג"פ) בדעת ה**טור** נראה שעדיין יש כרטיס לכל משימה (שהרי זהו הסבר לשיטת ה**טור**). רק השתטות השליח נבחנת במונחי $A\alpha$ (היא לא מבטלת את הכרטיס כי הוא לא בעל הכרטיס), ולכן אין צורך במינוי מחודש. אבל השתטות המשלח מבטלת את הכרטיס עצמו (כי הוא בעל הכרטיס), ולכן כאן דרוש מינוי מחודש.

שוב התמונה הגרפית היא כבציור 3 (שמובא שוב כאן למעלה), אלא שהפעם כשהמשלח משתטה זה משנה את הציור עצמו. כדי להבין זאת במונחי ההצגה הגרפית, עלינו להבחין שוב במשמעותו של הציור הזה. הקו המקווקו אינו מייצג כאן מעבר של יעקב דרך המסלול של דוד, שהרי המסלול של דוד מ-s ל-t הוא מנותק. מה שיעקב עושה בעת המינוי הוא סגירת הנתק ופתיחת המסלול בפני דוד. כעת מי שעובר בו הוא דוד ולא יעקב, שהרי הוא עושה פיסית את הפעולה.

לכן לפי השיטה הזו יש לתקן מעט את הציור:

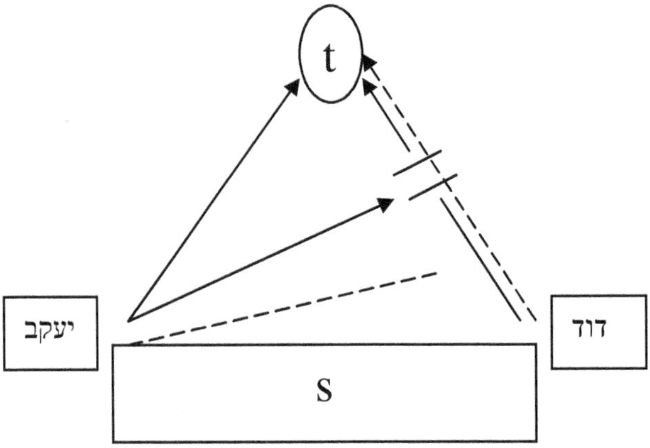

ציור 3-4: המעבר מציור 3 לציור 4 נעשה על ידי הרמת הקו המקווקו שעובר מיעקב לדוד, וצירופו לקו המינוי האלכסוני.

מה שמתקבל כעת הוא הציור הבא, שמייצג את שיטת **מרכה"מ בטור**:

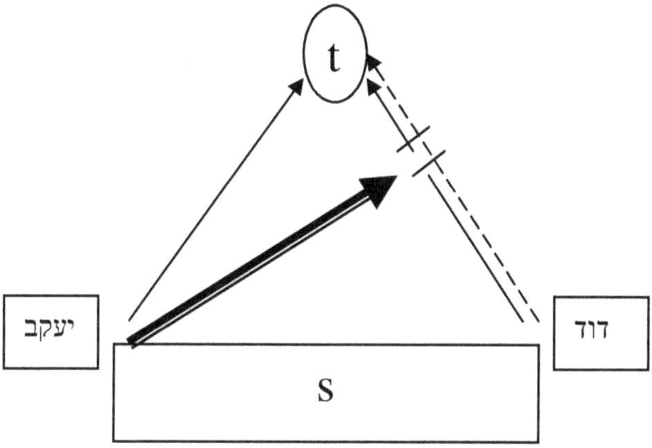

ציור 4: התוצאה של התהליך שמתואר בציור 3-4. יש כאן שינוי מציור 3 בשתי נקודות: א. החץ של המינוי הוא כפול (הסכום של הקו הרציף והמקווקו), וזה מסמן מצב מתמיד (הקו הרגיל בציור 3 ייצג פעולת מינוי חד פעמית, אבל כעת הוא גם מקווקו, כלומר הוא נוטל חלק בביצוע פעולת השליחות). כאן המינוי הוא פעולה מתמידה, וכשהממנה אינו קיים בעת ביצוע השליחות – אזי השליחות בטלה. ב. כאן הקו המקווקו שמייצג את פעולת הגירושין עצמה, יוצא מדוד, ולא מיעקב, שכן במודל הזה דוד הוא הפועל (לא בכדי, זה בדיוק כמו בציור 2 של הרמב"ם). לכן בעצם מתקבל מודל של ייפוי כוח, והממנה צריך להיות קיים כל הזמן (ולא רק בעת המינוי).

כעת עלינו לדון מי נחשב כאן הפועל מבחינה הלכתית? עד עתה הנחנו שלפי **הטור** הפועל הוא יעקב, שהרי זו ידא אריכתא. הציור הזה מסייע לנו לראות שזה כנראה לא התיאור הנכון של שיטת **הטור**, לפחות לפי ההבנה הזאת. מהתמונה הזו עולה שהפועל הוא דוד, אלא שהמינוי שנותן לו יעקב מותנה כל העת בכשירותו של יעקב, כי הוא צריך כל הזמן להחזיק לו את המסלול פתוח (לקצר את הנתק במסלול של דוד).

המסקנה כאן היא שלפי הסבר **מרכה"מ** וה**ג"פ** יוצא ש**הטור** גם הוא סובר ייפוי כוח ולא ידא אריכתא, כלומר שניהם מסכימים שהפועל הוא דוד ולא

יעקב. הויכוח שלו עם הרמב״ם אינו כפי שתופסים אותו בדרך כלל, אלא זהו ויכוח בתוך סיעת ייפוי כוח. לכל הדעות כשירותו של המשלח אינה תנאי חיצוני לביצוע הפעולה. והמחלוקת היא בשאלה האם השתטות המשלח מנתקת את קשר השליחות או לא. כלומר הויכוח הוא איך לצייר את המודל של ייפוי כוח.

אלא שאם נחזור כעת למודל הכרטיסים, נראה שעדיין לא נכון שעלינו לשנות גם אותו. גם לשיטה זו ה**טור** סובר שיש כרטיס לכל משימה, ולא כרטיס לכל אדם כשיטת הרמב״ם. אלא שלדעתו השתטות של המשלח מפיגה את תוקפו של הכרטיס, ולכן כשהמשלח משתפה דרוש מינוי מחודש (כתיבה והעברה של כרטיס חדש).

אם כן, זהו מודל משולב: במונחי התיאור הגרפי, הוא דומה לציור 3 (של ייפוי כוח), אבל במונחי מודל הכרטיסים, השליחות לשיטה זו פועלת כמו המודל של ידא אריכתא. זה כנראה פשר הקושי שתיארנו בהבנת תירוצו של **מרכה״מ**, שכן החפיפה בין שני המודלים (המודל הגרפי ומודל הכרטיסים) נשברת כאן. בנקודה זו מתברר מדוע חשוב היה לשמר את שני התיאורים הללו גם יחד, שכן הם מאפשרים לנו להציג את שיטת הביניים הזו ולהבין גם את הלוגיקה שלה.

להן נראה חילוק מקביל בדיוק בדעת הרמב״ם, אך נקדים לזה את דיונו של בעל **קצוה״ח**.

מת המשלח: חידושו של בעל 'קצוה״ח'

הזכרנו כבר שב**קצוה״ח**, סי׳ קפח סק״ב מתאר את מחלוקת ה**טור** והרמב״ם באותה צורה כמו שראינו ב**או״ש**. מייד לאחר דבריו שצוטטו למעלה, הוא לוקח את הדברים צעד אחד הלאה, ומסתפק בדעת הרמב״ם:

אמנם אכתי צריך להתבונן לפי דעת הרמב״ם דלא מיבטל שליחותיה אפילו נשתטה בשעת גמר השליחות ומשום דכבר עמד השליח

במקום המשלח בשעה שעשאו, א"כ הא דתנן פ"ק דגיטין (יג, א) האומר תנו גט זה לאשתי שטר שחרור זה לעבדי ומת לא יתנו לאחר מיתה, ואמאי נימא כבר עמד השליח במקום המשלח, דהא גוסס או נשתטה נמי אין במעשיהם כלום ואמרינן כבר נעשה כמותו.

טענתו היא שלפי הרמב"ם גם אם המשלח מת השליח עדיין יכול לעשות את השליחות, שהרי לפי המודל של ייפוי כוח התרוקנה רשותו של המשלח אליו. אבל מסוגיית גיטין יג מוכח לא כך, ומכאן הוא מקשה על הרמב"ם.

הקצוה"ח מניח שלפי הרמב"ם העברת כרטיס המשימה לשליח היא סופית, וכעת רק השליח בתמונה. ובאמת ראינו שלפי הרמב"ם בעת ביצוע המשימה אין תנאי חיצוני שבודק האם המשלח כשיר או לא, אלא רק האם השליח כשיר או לא. כלומר אם יש בידו כרטיס – הוא מבצע הפעולה הבלעדי. המסקנה המתבקשת היא שאפילו אם מת המשלח השליח יוכל לבצע את הפעולה. כמו שלא בודקים כשירות לא בודקים גם חיות. אבל מסוגיית גיטין, כפי שמראה **הקצוה"ח** בצדק, עולה מסקנה שונה.

כעת הוא מסביר זאת כך:

ונראה לי בזה דנהי דשלוחו כמותו אפילו אחר מותו, כיון דאיהו גופיה אילו בעי לשחרר את עבדו אחר שמכרו אותו לאחרים אפילו כבר עשה שליח לשחרר עבדו וקודם שנתן השליח שחרורו חזר ומכרו לאחר תו לא מצי שליח לשחררו כיון דאיהו גופיה אין לו רשות בו וכאחר הוא, וכן באשה כיון דמיתת הבעל מתיר ותו לא אגידא ביה כלל, ומש"ה לא אמרינן ביה שלוחו כמותו כיון דאיהו גופיה אחר שמת לית ליה רשות כלל לא בעבד ולא באשה וכמ"ש, אבל בנשתטה או בגוסס כיון דאכתי זה עבדו וזו אשתו אלא שמחוסר דעת ויד לגרש, ולכן השליח שכבר נעשה במקומו והשליח בר דעת ושלוחו כמותו.

הוא מסביר שבאמת לפי הרמב"ם יש שליחות גם לאחר מיתת המשלח. כל מה שאי אפשר לשחרר או לגרש הוא מפני שהאישה או העבד כבר אינם עבד

ואישה של המשלח שלו. במצב הנוכחי כבר אין את מי לשחרר או לגרש. כלומר מה שהגמרא בגיטין יג קובעת שאין לשחרר או לגרש לאחר מיתה זו לא בעייה בדיני שליחות, שכן השליחות עדיין קיימת. הבעייה היא שאין את מי לגרש כי הנישואין כבר פורקו עם מיתת הבעל (שהוא המשלח).

הוא מוכיח זאת מדברי רש״י בסוגיא שם, וטוען מכאן שגם רש״י הולך בשיטת הרמב״ם:

> ***וכן נראה מדברי רש״י פ״ק דגיטין שם דף י״ג במשנה שם לא יתנו לאחר מיתה וז״ל, דגיטא לא הוי עד דמטי לידיה וכי מטא לידיה הא מית משחרר ופקעה ליה רשותיה עכ״ל. וכ״כ רש״י פ״ק דגיטין דף ט׳ (ע״ב) ז״ל, לא יתנו לאחר מיתה וכו׳ וכיון דמית קודם תו לא הוי שחרור דנפקא ליה רשותיה מיניה וחייל עליו רשות יורשין עכ״ל. והיינו כמ״ש כיון דכבר יצא העבד מרשותיה ונכנס לרשות יורשין, וכה״ג בעושה שליח לשחרר ומכרו לאחר דתו לא מהני שלוחו לשחרר כיון דכבר יצא מרשותו, והיינו נמי טעמא דאשה דכבר יצאה מרשותו במיתת הבעל וכמ״ש, ומדכתב רש״י טעמא משום דפקע רשותיה ונכנס לרשות יורשין, ותיפוק ליה דלאחר מיתה ליכא משלח, משמע דס״ל לרש״י נמי כשיטת הרמב״ם בנשתטה קודם נתינה הוי שליחות ומתניתין דלא יתנו לאחר מיתה משמע דאפילו מן התורה פסול.***

רש״י באמת מנמק את ההלכה שלא נותנים אחרי מיתה בכך שאין את מי לגרש או לשחרר, ומשמע שהשליחות בעינה עומדת, וכשיטת הרמב״ם.

המסקנה העולה מכאן היא שלפי **קצוה״ח** ברמב״ם יש להוסיף בדיקות מקדמיות נוספות שקשורות לפעולות עצמן, ולא לשליחות. לפי הרמב״ם יש לבדוק האם המגרש חי, אבל זה לא נוגע לשליחות. הדבר דומה לבדיקה שהמשלח הוא בכלל בעלה של האישה. זהו תנאי לאפשרות לבצע גירושין. אך כאמור לפי הרמב״ם גם הבדיקה האם השליח כשיר אינה תנאי לשליחות

אלא תנאי לביצוע הגירושין, כלומר זה לא מופיע בהצגה הגרפית אלא בתנאים A_α שאותם יש לבדוק כשהשליח מגיע לבצע את הפעולה.

הבנת החולקים על 'קצוה"ח' בשיטת הרמב"ם ורש"י

לא כל האחרונים מסכימים למסקנתו מרחיקת הלכת של **קצוה"ח**. רוב האחרונים (ראה שיעורי רבי שמואל גיטין אות קנב, קנו ועוד, **וקה"י** סי' כ שם סק"ג) מעירים שגם אם מפריכים את הטענה של ה**קצוה"ח** שיש שליחות לאחר מיתה, עדיין לא נסתרה שיטת הרמב"ם. שכן בניגוד להנחת ה**קצוה"ח** ניתן לחלק בין מת המשלח לבין השתטה. הרמב"ם אומר שאם המשלח השתטה השליחות בעינה עומדת, אבל בכל זאת ייתכן שאם מת המשלח השליחות פוקעת גם לשיטתו (כי אין משלח). ב**קה"י** שם מסביר יותר מזה: כל מה שיש לשליח בעלות על המעשה (ייפוי כוח) הוא מפני שהוא שלוחו של המשלח. אבל כשמת המשלח הוא כבר לא יכול להיות שלוחו, ממילא בעלותו על המעשה פקעה.

כמה אחרונים (ראה **אבהא"ז** הל' עבדים פ"ו ה"א, ובגליון רש"א גיטין כח ע"א) טענו שמרש"י עצמו מוכח לא כך, שכן רש"י עצמו סובר בגיטין כח ע"ב שכשמת המשלח בטלה השליחות. שם במשנה אנחנו מוצאים:

> ***מתני'. המביא גט, והניחו זקן או חולה - נותן לה בחזקת שהוא קיים. בת ישראל הנשואה לכהן, והלך בעלה למדינת הים - אוכלת בתרומה בחזקת שהוא קיים. השולח חטאתו ממדינת הים - מקריבין אותה בחזקת שהוא קיים.***

וברש"י שם כתב:

> ***נותנו לה בחזקת שהוא קיים - ולא חיישינן שמא מת ובטל שליחותו ומדאורייתא נפקא לן בהכל שוחטין (חולין דף י:) העמד דבר על חזקתו.***

רואים בפירוש שגם רש״י מסכים שכשמת המשלח השליחות פוקעת, וזה לכאורה כ**טור**. אם כן, מדוע הוא כותב שהבעייה היא שאין מגרש ולא שהשליחות פקעה? אולי כדי לומר שכאן אין צורך להיזקק לגדרי שליחות, אלא בכל מקרה לא ניתן לגרש כי הבעל כבר מת ואין כבר אישה לגרש. כלומר רש״י רק רוצה לומר שבמקרה דנן גם לשיטת הרמב״ם (שהוא עצמו אולי לא מסכים לה), לא ניתן לתת את הגט לאחר מיתה.

אולם גם אם אין מרש״י ראיה לדברי **קצוה״ח**, עדיין הדברים טעונים ביאור בשיטת הרמב״ם. אם אכן אנו רואים את השליח כמיופה כוח, וכך ודאי ראה אותו הרמב״ם, אז מדוע שלא יוכל לפעול אחרי מיתת המשלח? מסברא נראה בבירור שה**קצוה״ח** צודק. לשון אחר: מהו המודל שמציעים האחרונים הללו בדעת הרמב״ם?

נראה שלשיטתם אמנם השליח הוא מיופה כוח של המשלח, ובכל זאת כשמת המשלח שוב אין שליחות. מדוע לא? לאור דברינו עד כה, ניתן להעלות כאן שתי אפשרויות:

א. גם אם המשלח מת השליח הוא עדיין שליח, אבל יש עוד תנאי מקדמי שעלינו לבדוק לפני שנותנים לשליח לפעול: האם המשלח קיים. כלומר גם לשיטת הרמב״ם, שהבדיקה היחידה הנכללת ב-A_α היא כשירותו של השליח, וכשירות המשלח אינה רלוונטית. אבל קיומו של המשלח כן רלוונטי, ויש לכלול גם אותו בבדיקות A_α.

ב. גם לפי המודל של ייפוי כוח, אם המשלח מת השליח לא יכול להיות שלוחו. כאשר אין משלח לא ייתכן שהשליחות עדיין תהיה מוגדרת. את מי השליח מייצג במצב כזה? הרי אין לו משלח, אז כיצד הוא יכול להיות שליח? לפי הצעה זו, קיומו של המשלח אינו תנאי A_α, אלא צריך להופיע בהצגה הגרפית.

ד. שיטה שנייה בדעת הרמב"ם

לפי האפשרות הראשונה שהצגנו למעלה, הייצוג הגרפי של המצב לפי הרמב"ם הוא בציור 2, אלא שכאשר מת המשלח לא ניתן לבצע את הפעולה שמעבירה אותנו ממצב s למצב t, מפני שכעת המצב t (לאה גרושה מיעקב) כבר אינו קיים. השליחות בעינה עומדת, רק המצבים השתנו.

בייצוג הגרפי אנחנו מקבלים:

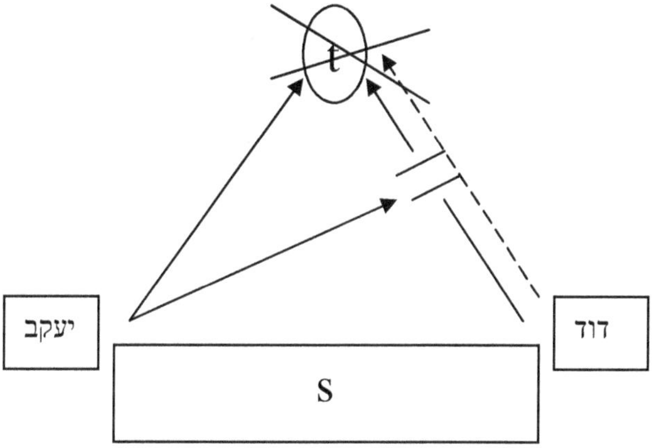

ציור 5

לחילופין, אנחנו נותרים ללא מצב t כלל (ולכן גם ללא המסלולים שמובילים אליו):

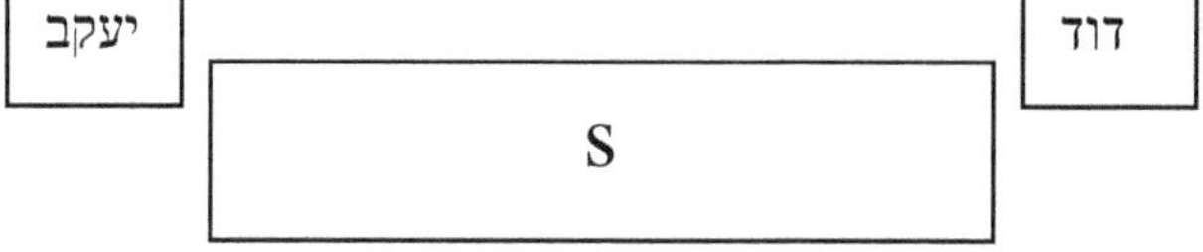

ציור 6

אולם מסתבר שהאפשרות השנייה היא הנכונה, שכן האחרונים שהבאנו למעלה מתבטאים שכאשר מת המשלח לא יכולה להיות שליחות. בפשטות, הכוונה היא שבלי משלח אין שליח. אם כן, אנחנו מקבלים כאן מודל שני בשיטת הרמב״ם, שבמניין הכולל הוא המודל הרביעי.

במודל הכרטיסים, מותו של המשלח מבטל את חתימתו על הכרטיס של השליח. כלומר החתימה נמחקת כשהחותם מת. אבל זה מלאכותי מאד במודל שלנו. עקרונית כיוון זה דווקא דומה יותר להצעה א למעלה, שלא מתקיים התנאי לביצוע הפעולה (כי המשלח מת). כלומר זה לא משפיע על השליחות אלא על התנאי לביצוע הפעולה. אלא שכאמור זה כבר לוקח אותנו קרוב ל**טור**, שבאמת רואה את כשירותו של המשלח כחלק מהתנאי A_{α}.

הצעה ב (שכאמור נראית סבירה יותר בלשון המפרשים הללו), באה לידי ביטוי דווקא בייצוג הגרפי. אנו ניזקק כאן שוב לוריאציה על שיטת ה**טור** שמוצגת למעלה בציור 4, לפיה כשמת המשלח (ולפי ה**טור** גם כשהוא אינו כשיר) המסלול של דוד שב ונסגר.

כך זה נראה בציור:

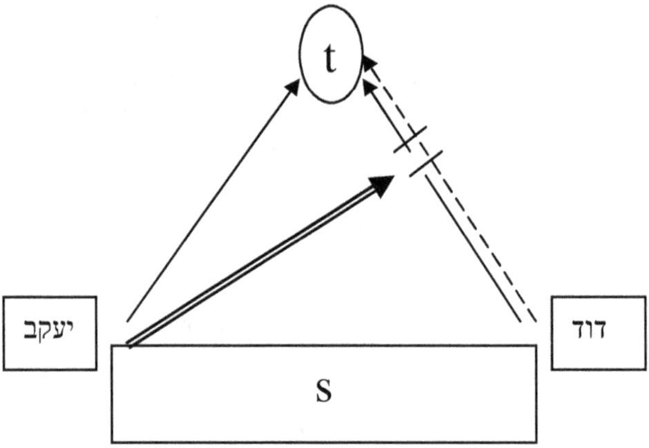

ציור 7: בציור 4 לפי **הטור** הקו הכפול ביטא מינוי שבו הממנה ממשיך להיות מעורב בעת ביצוע הפעולה. זהו סכום של קו רציף עם קו מקווקוו. אמנם לפי **הטור** גם כשהממנה אינו כשיר השליחות בטלה, ולכן אפשר לראות זאת כאילו הוא נוטל חלק בביצוע השליחות עצמה. אך לפי הרמב״ם זה קורה רק אם הוא מת. לכן המינוי אינו מבטא נטילת חלק של הממנה בביצוע הפעולה, אלא רק בקיום יחס השליחות. לכן בציור זה הקו שמייצג את המינוי אינו שילוב של קו רציף ומקווקוו, אלא סתם קו כפול.

כאשר יעקב לא קיים, המינוי אינו יכול לפעול, ולכן אין לדוד מסלול לעבור דרכו, ממילא השליחות בטלה. הציור הוא הבא:

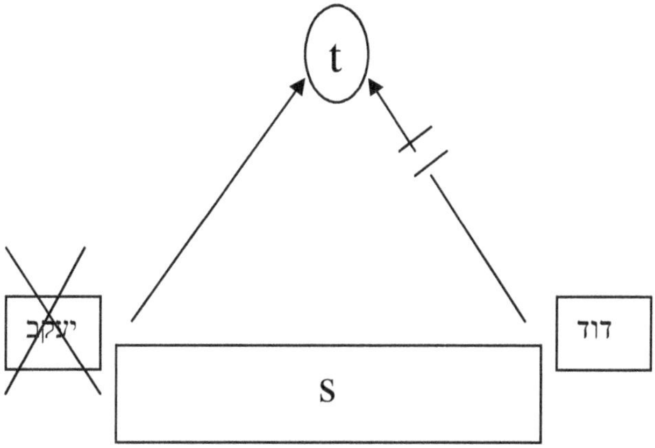

ציור 7א: כאן אין קו מינוי, ולכן אין גם קו מקווקוו שעובר מדוד למצב t. דוד לא יכול לבצע את השליחות. המינוי של השליחות עצמה בטל, כלומר המסלול של דוד אינו פתוח. אם יעקב אינו כשיר (אחזו קורדייקוס) המינוי שנעשה עדיין בתוקף לפי הרמב״ם, כי יעקב קיים.

המודל הרביעי הזה, שוב מדגים לנו הבחנה בין התמונה שנותנת גישת הכרטיסים לבין התמונה שמתקבלת מהייצוג הגרפי. בדיוק כמו שראינו במודל ג, שהציע כיוון שני בדעת **הטור**. מודל א בדעת הרמב״ם וב׳ בדעת **הטור** הניחו זהות בין התמונה של הכרטיסים לבין התמונה של הייצוג הגרפי. מודל ג שהוא השני בדעת **הטור** ומודל ד שהוא השני בדעת הרמב״ם, מבוססים על הבחנה בין תמונת הכרטיסים לבין הייצוג הגרפי. נציין כי בשני

המקרים האחרונים הייצוג הגרפי הוא שמבטא את התפיסה ההלכתית בצורה הנאמנה יותר.

נספח: הסברים אחרים למחלוקת ה'טור' והרמב"ם

מה קורה ללא שליחות?

אם יש מצב שבו הבעל נותן גט לאישה ואומר לה שתהיה מגורשת אחרי ל יום, או כשיגיע אירוע כלשהו (או בתנאי), וכעת הבעל משתטה. יש מקום לומר שזה קל יותר ממצב של השתטות אחרי מינוי שליח ולכן זה יועיל גם לשיטת ה**טור**. לשיטת הרמב"ם זה ודאי טוב, כי זה הבעל עצמו. מאידך, יש גם מקום לומר שזה בעייתי יותר, כי בשליח השליח עושה את הפעולה עבור הבעל, אבל כאן אין מישהו אחר שיעשה זאת, שכן הבעל אינו בר דעת בעת הגירושין.

בשאלה זו הסתפק רעק"א ב**שו"ע** אבהע"ז סי' קכא סק"ג. בתוד"ה 'לא יתנו', גיטין יג ע"ב, עולה צד שעם שליח זה טוב יותר מאשר השהייה בלי שליח.

והנה, ב**או"ש** פ"ב הט"ו מהל' גירושין, הביא מהירושלמי:

> ***והנה שיטת הירושלמי (גיטין פ"ז ה"א) דקורדייקוס דמי לשוטה, ועל הך פלוגתא דר"י ור"ל בקורדייקוס מייתי לנשתטה אם נדחית חטאתו עיין שם. הרי דסבר דגם בשוטה גמור לא איכפת לן בעת כתיבה ונתינה, אבל ע"כ לא מטעם הפר"ח, דכיון דכבר נעשה שליח, דהא מדמה גם נתן לה גיטה ואמר לא יהא גיטה אלא למחר ונעשה קורדייקוס דג"כ חל הגירושין, ושם לא שייך סברת הפר"ח, דאין כאן שליח, ועיין מש"כ בהלכות שבת פכ"ג, ובהלכות זכיה פ"ב בדברי הירושלמי, ומש"כ בפרק כ"ג מהלכות מלוה ולוה בזה, ע"ש דברים נכונים בס"ד, ודוק:***

הירושלמי לא מחלק בין המצבים. ה**או"ש** מסביר שהירושלמי אמנם מכשיר את הגט כשהשתטה המשלח, אבל לא מטעמם של הרמב"ם וה**ג"פ**, אלא מן הטעם שהנתינה היתה בהכשר. הוא רואה זאת כמעשה מתמשך, בלי קשר

לדיני שליחות. ולפי זה, גם הרמב״ם אולי פסק כירושלמי, ולא מטעמו של **הג״פ** והאחרונים (כלומר לא מטעם תפיסת השליחות כייפוי כוח).[18]

העיקרון הבסיסי כאן הוא שעל פי ההלכה יש מצבים שבהן אדם חסר דעת יכול לפעול על ידי תרומת דעת מאדם אחר. דוגמה לדבר היא דין גדול עומד על גביו, שמועיל כאשר קטן שוחט, או מכין חפצי מצווה (שלא לשמה).

בדומה לזה אנו מוצאים בסוגיית חולין לא ע״ב שם רואים שכוונה של אשה אחת מועילה לטבילה של חברתה שאינה מתכוונת.

הסבר שלישי בשיטת הרמב״ם

הקה״י גיטין סי׳ כ סק״ב מציע הסברים אחרים בדעת הרמב״ם (וראה גם בשיעורי רבי שמואל גיטין סי׳ קנב-קנו), ובמחלוקתו עם **הטור**. ייתכן שהרמב״ם גם הוא רואה את השליח כידו הארוכה של המשלח, ובכל זאת אם השתטה המשלח הוא יכול לפעול בשמו, שכן החיסרון בשוטה הוא חסרון דעת, וכשיש שליח בר דעת – אזי דעתו של השליח מספיקה עבור המשלח. לכן אין להסיק מדין נשתטה המשלח שלפי הרמב״ם השליחות עדיין קיימת לדין מת המשלח.

אפשרות אחרת היא להסביר כירושלמי שהובא לעיל, שמשווה מצב עם שליח למצב של גירושין מושהים ללא שליח. **קה״י** שם סק״ב מביא ש**האחיעזר** אבהע״ז סי׳ כח הסביר שגירושין מושהים לא צריכים דעת, ולכן זה מועיל גם אם השתטה המשלח. זה מצטרף לדרך השנייה (שהשליח תורם את דעתו למשלח, והמשלח הוא המגרש באמצעות ידא אריכתא). בהמשך דבריו **הקה״י** בסק״ג-ד ממשיך להראות שכל הטיעונים (משליח עושה שליח וכו׳) לטובת ייפוי כוח אינם סותרים את ההצעה שלו.

---

18 בשיטת הירושלמי ראה שיעורי רבי שמואל גיטין סי׳ קנד. ראה שם בכמה סימנים את כל הדיון לגבי גירושין מתמשכים.

סיכום האפשרויות בשיטת הרמב"ם

ראינו שלושה כיוונים בשיטת הרמב"ם:

1. **קצוה"ח**: ייפוי כוח, כולל מת המשלח.
2. **קה"י**: ייפוי כוח, אבל במת המשלח לא מועיל (כי הייפוי קיים כל עוד הוא שלוחו של המשלח).
3. **או"ש וקה"י** ור' שמואל: ידא אריכתא, אבל מועיל גם בנשתטה המשלח כי השליח תורם את דעתו ולכן המשלח מצליח לעשות את הפעולה. במת המשלח זה כמובן לא יועיל.

משמעותה של השליחות לאור שני המודלים הללו

בכמה מקומות בהלכה רואים שגם לאחר שחודש דין שליחות, אין פירוש הדבר שביצוע על ידי השליח נחשב ממש כמעשה של המשלח. לפחות חלק מן ההקשרים הללו כבר פגשנו עד כאן.

ראינו שלגבי מצוות שבגופו יש דעות שלא שייכת שליחות. שליח שיניח תפילין עבורי לא ייחשב כהנחת תפילין שלי. דוגמאות נוספות רואים בסוגיית ב"מ צו ע"א, שם דנים האם שלוחו של אדם כמותו לעניין שאלה בבעלים והפרת נדרים:

> ***שליח, פלוגתא דרבי יונתן ורבי יאשיה; דתניא: האומר לאפוטרופוס: כל נדרים שתהא אשתי נודרת מכאן עד שאבא ממקום פלוני - הפר לה, והפיר לה, יכול יהו מופרין - תלמוד לומר (במדבר ל'): אישה יקימנו ואישה יפרנו, דברי רבי יאשיה. רבי יונתן אומר: מצינו בכל מקום ששלוחו של אדם כמותו. אמר ליה רב עיליש לרבא: האומר לעבדו צא והשאל עם פרתי, מהו? תיבעי למאן דאמר שלוחו של אדם כמותו, תיבעי למאן דאמר שלוחו של אדם אינו כמותו. תיבעי למאן דאמר שלוחו של אדם כמותו - הני מילי שליח דבר מצוה הוא, אבל עבד דלאו בר מצוה - לא, או דלמא: אפילו למאן***

דאמר אין שלוחו של אדם כמותו - הני מילי שליח, אבל עבד - יד עבד כיד רבו דמיא? - אמר ליה: מסתברא, יד עבד כיד רבו דמיא.

רואים כאן בגמרא שיש לפחות צד שגם אם יש שליחות בתורה בשני ההקשרים הללו לא תהיה שליחות. בשני יוצאי הדופן הללו נדרשת פעולה של האדם עצמו. הדבר דומה לשליחות לדבר עבירה, או שליחות בדבר שבגופו, או שליחות בחליצה וכדומה.[19]

עוד נראה בפרק השישי בהמשך את דברי הרמב״ן וסיעתו, שקובעים שציווי לסופר לכתוב גט לא יכול להיעשות על ידי שליח אלא אך ורק על ידי הבעל עצמו. גם כאן פעולת השליח אינה נ חשבת כפעולה של האדם עצמו.

אמנם בכל ההקשרים הללו כלל לא מוגדר יחס של שליחות. לגבי מצוות שבגופו, או כתיבת גט או עבירה, כלל לא מוגדרת שליחות. אין שום הכרח ללמוד משם שגם כאשר קיים יחס שליחות, בכל זאת ביצוע על ידי שליח שונה מביצוע ישיר של המשלח.

את העיקרון הזה רואים בתחילת הפרק השני של מסכת קידושין, שם מובאת המשנה:

האיש מקדש בו ובשלוחו. האשה מתקדשת בה ובשלוחה. האיש מקדש את בתו כשהיא נערה, בו ובשלוחו.

ובגמרא שם מקשים:

השתא בשלוחו מקדש, בו מיבעיא?

---

19 הבדל בין פעולות הלכתיות המצריכות מעורבות של האדם עצמו לבין אלה שהוא יכול למנות עבורן שליח, ניתן להסבר במונחים שהרוגאצ׳ובער עושה בהם שימוש - פועל פעולה ונפעל: ראה שו״ת צ״פ, דווינסק ח״א סי׳ קנג:

הגדר כך, דכל דבר שיש בה שתי מציאות לא עצם אחד רק נחלק אפשר בשליח, אבל דבר דהיא מציאות אחת לא נחלק אי אפשר בזה שליח, ומאוד האריך בזה רבינו במורה ח״א. והנה גירושין זה שני מציאות, הגט והגירושין וגם מה שנתגרשה, וכן בקדושין בשטר הקדושין ומה שהוא מקדשה ומה שהיא מתקדשת, ובכסף ג״כ כן דהכסף נעשה כסף קדושין ואח״כ היא מתקדשת וכו׳. אבל גבי חליצה הדבר והמציאות [דהמעשה] לא נתחלק, דהחליצה שהיא הפועל והפעולה והנפעל, ולכך לא שייך בזה שליחות וכו׳.

מדוע המשנה מלמדת שהאישה מתקדשת גם על ידי הבעל וגם על ידי שלוחו. אם על ידי שליח היא מתקדשת אז פשיטא שהיא מתקדשת גם על ידו.

הגמרא עונה:

אמר רב יוסף: מצוה בו יותר מבשלוחו; כי הא דרב ספרא מחריך רישא, רבא מלח שיבוטא.

רב יוסף מזכיר שגדולי האמוראים הכינו את ההכנות לשבת בעצמם, ולא סמכו על משרתים, או שלוחים. משתי הדוגמאות הללו לומדת הגמרא שכאשר אדם עושה מצווה על ידי שליח, זה פחות טוב מאשר לעשות בעצמו. זהו הבדל בין שני מצבים גם במקום בו יש יחס של שליחות. כאשר מיניתי שליח לבצע פעולה כלשהי, וזו פעולה שמוגדרת לגביה שליחות, עדיין עדיף לבצע את הפעולה בעצמי ולא באמצעות שליח.

בפשטות זה מתאים לשיטה של ייפוי כוח, שהרי להבנת ידא אריכתא זה נחשב שהמשלח עצמו עושה זאת, וקשה לראות מדוע שתהיה עדיפות לאופן אחד על אחר.

אך כמובן יש מקום לומר שאמנם ההלכה מכירה במנגנון השליחות מבחינה משפטית כאילו המשלח עצמו ביצע את המעשה, אבל אין כאן בהכרח זהות ממשית. במובן של הערכת איכותו של המעשה או המצווה, שם עדיף בעיני התורה ביצוע ישיר של המחוייב בדבר.

ניתן להביא ראיה לדבר מהסוגיא הזו עצמה. ראינו בפרק השני שאין להגדיר שליחות על פעולות שהן 'מעשה קוף'. רק פעולות שמחילות חלות הלכתית-משפטית כלשהי מוגדרת לגביהן שליחות. ומה בדבר הכנת תבשילים לשבת? הרי ברור שזה אינו מעשה בעל משמעות הלכתית-משפטית, אלא לכל היותר עניין להכין הכנות לשבת. זו אפילו לא ממש מצווה, ולכן קשה להניח שהמבשלת שלי נחשבת כשלוחתי. אני מכין לשבת באמצעותה. היא כעין ידי הארוכה, אבל לא במובן של שליח אלא במובן יומיומי.

אז כיצד ניתן ללמוד מהדוגמאות הללו שבאמת מצווה בו יותר מבשלוחו? אולי ההבדל בין ביצוע ישיר לבין ביצוע על ידי מישהו אחר נאמר רק על

מצבים שבהם המבצע אינו שליח. אבל במצבים בהם הוא שליח, הרי זה ממש כביצוע של המשלח. זהו גופא חידושו של דין שליחות.

מהגמרא כאן רואים בבירור שהכלל שעדיף ביצוע ישיר אינו קשור לדיני שליחות. הוא נאמר בכל מצב, בין אם יש ובין אם אין יחס של שליחות בין המחוייב לבין המבצע. זוהי דרישה לגבי ביצוע המצווה עצמה, שעדיף בעיני התורה ביצוע של האדם עצמו גם אם יש לו דרך עקיפה לצאת ידי חובה. לכן גם אם אנחנו רואים את השליח כידו הארוכה של המשלח, עדיין ביצוע המצווה אינו נעשה על ידי המשלח ישירות אלא בעקיפין. לכן עדיף בעיני התורה שזה יתבצע ישירות ולא על ידי השליח.

בכל אופן, ברור שמכאן ניתן ללמוד שגם במקום בו המבצע מוגדר כשלוחו של המחוייב, יש הבדל בין ביצוע ישיר לבין ביצוע על ידי השליח. שליחות אינה זהות, אפילו לשיטת ידא אריכתא.

הערה: מי שאינו בתורת הדבר

ראינו בפרק הראשון שמי שאינו בתורת הדבר לא יכול להוות שליח לדבר. לדוגמה, גוי או עבד לא יכולים להיות שליחים לקידושין, כי הם עצמם לא יכולים לקדש.

לכאורה הדבר מתיישב היטב עם התפיסה שהשליח הוא מיופה כוח של המשלח, ולכן הוא עושה את הפעולה בעצמו, והתוצאה עוברת למשלח שלו. כאשר הוא לא יכול לעשות זאת עבור עצמו – ממילא אין לו מה להעביר למשלח שלו.

ברור שאין הכוונה שבכל שליחות הפעולה מתבצעת עבור השליח, וממנו היא עוברת למשלח (בפרק השמיני נראה תפיסה כזו ביחס לתופס לבעל חוב). ראיה לדבר היא שאם אכן השליח היה עושה זאת עבור עצמו אז בקידושין האישה נעשית קודם כל אשתו של השליח, ואז הוא מעביר אותה למשלח, מה שכמובל לא אפשרי ללא גט. גם בשליח לגירושין ברור שהשליח לא יכול לגרש את האישה של חברו.

לכן סביר יותר שזהו מנגנון תיאורטי שהוא כאילו עושה את הפעולה אבל התוצאה נוצרת מיידית אצל המשלח. לכן השליח חייב להיות בעל יכולת עקרונית לבצע פעולה מסוג כזה, אבל אין פירוש הדבר שהוא עושה אותה בפועל לעצמו. אדם שיכול לקדש או לגרש אישה, יכול להיות שליח לקדש או לגרש את אשת חברו.

ומה קורה לפי המודל של ידא אריכתא? שם מבצע הפעולה הוא המשלח, ולא ברור מדוע ההלכה דורשת שהוא יהיה בתורת הדבר? מסתבר שזהו דין התורה שחידשה את מוסד השליחות. התורה קבעה שלא ניתן להאריך את ידו של המשלח על ידי אדם אחר, אלא אם האדם ההוא שייך בתורת הדבר שלשמו הוא נשלח.

פרק רביעי

עדיו בחתומיו זכין לו

מבוא

ראינו למעלה ש**הקצוה"ח** נוקט שלפי הרמב"ם השליח יכול לפעול גם אם המשלח מת. זהו מודל ייפוי כוח הקיצוני. הוא מביא כמה ראיות לשיטתו, ובראיה מסוגיית שרשרת השלוחים עסקנו בפרק הקודם. בפרק זה נעסוק בסוגיית עדיו בחתומיו זכין לו, ש**הקצוה"ח** רואה בה סתירה לעמדתו.

מהלך הסוגיא

המשנה בב"מ יב ע"ב עוסקת במציאת שטרות. ובגמרא שם מובא העיקרון של אביי:

אביי אמר: עדיו בחתומיו זכין לו, ואפילו שטרי דלאו הקנאה...

אביי טוען שהחתימה של העדים על השטר הופכת אותו לתקף, ומשעה שנחתם הוא מחייב את הלווה ואת הנכסים המשועבדים למלווה.

וברש"י שם מסביר:

אביי אמר - הא דתנן כותבין שטר ללוה בלא מלוה - אפילו בשטר דלאו הקנאה נמי, ואי נמי אתי למיטרף מהאידנא; והוא לא לוה עד תשרי - לא שלא כדין הוא, דעדיו בחתומיו זכין לו, מיום שחתמוהו זכין לו השעבוד ואפילו לא הלוה המעות עד תשרי, ולהכי מוקי ליה אביי בהאי טעמא משום דקשיא ליה, כיון דאמרת כו', אבל השתא דתנן כותבין - חיישינן דלמא כתב ללות ולא לוה, ולקמיה פריך אמאי לא יחזיר - הרי זכו ליה עדיו בחתומיו, ושפיר טריף.

רש״י מסביר שהשטר מחייב מרגע החתימה, ולכן הלווה יכול לכתוב את השטר בלי נוכחות המלווה, כי לא צריך לוודא שאכן נעשתה הלוואה. השטר מחייב גם אם ההלוואה נעשתה מאוחר יותר, מעצם חתימת העדים. רש״י גם כותב שהאפשרות לגבות ממשועבדים באמצעות השטר היא כבר מרגע החתימה.

לאחר מכן הגמרא מוסיפה:

אלא הא דתנן: מצא גיטי נשים ושחרורי עבדים, דייתיקי, מתנה ושוברים - הרי זה לא יחזיר, שמא כתובים היו ונמלך עליהם שלא ליתנם. וכי נמלך עליהם מאי הוי? והא אמרת עדיו בחתומיו זכין לו! - הני מילי היכא דקא מטו לידיה, אבל היכא דלא מטו לידיה - לא אמרינן.

מסקנת הגמרא היא שהכלל הזה חל רק מרגע שהשטר הגיע לידיו של המלווה, ואז הוא חל למפרע מרגע החתימה.

כזכור, הגמרא בגיטין ט קובעת שאם הרב מסר את גט השחרור של העבד לידי שליח ולאחר מכן המשלח מת, אזי העבד אינו משוחרר. ה**קצוה״ח** בסי׳ רמא שם הסביר זאת לשיטתו בכך שאמנם השליחות בעינה עומדת, אבל העבד אינו משוחרר משום שאין את מי לשחרר

כעת ה**קצוה״ח** שם מיישם את דין עדיו בחתומיו זכין לו לגבי שטר שחרור, ומקשה מסוגיא זו על שיטתו שלו:

ואכתי יש מקום עיון לפי זה דשליחות לא בטל אפילו אחר מות המשלח אלא משום דפקע רשותיה וכמ״ש דנכנס לרשות יורשין, א״כ למ״ד עדיו בחתומיו זכין לו ואם נתן לאחר בין חתימה לנתינה ומטא לבסוף ליד הראשון עדיו בחתומיו זכין לו למפרע וכמבואר פ״ק דמציעא דף י״ג (ע״א), וא״כ גבי עבד דזכות הוא לו נימא עדיו בחתומיו זכין לו למפרע כיון דמטא לידיה לבסוף כיון דשלוחו כמותו והרי הוא כאילו הרב מוסרו עכשיו לידו, ואי משום דכבר פקעה

רשותו ונכנס לרשות יורשין, והא אפילו מכרו לאחר נמי עדיו בחתומיו זכין לו למפרע כל דמטא לידיה בסוף.

טענתו היא שלשיטתו שלו השליחות בעינה עומדת גם לאחר מותר המשלח. אם כן, כאשר השליח מוסר את השטר לידי העבד, לא ברור מדוע הגמרא קובעת שהעבד אינו משוחרר, הרי הכלל הוא שעדיו בחתומיו זכין לו, כלומר השטר זוכה מרגע החתימה ולא מרגע שהוא מגיע לידי הנמען. אם כן, ברגע שהשטר הגיע לידי העבד הוא משוחרר למפרע מרגע חתימת השטר. והרי בשעת החתימה המשלח היה חי, והיה את מי לגרש. על כורחנו עולה מסוגיא זו שמעת שהמשלח מת השליחות עצמה בטלה, בניגוד לעמדתו של **קצוה"ח** עצמו.

הוא מיישב זאת כך:

מיהו לפי מ"ש בטור סימן (מ"ה) [ס"ה] (סעיף ט"ו) דלא אמרינן בשטר שחרור עדיו בחתומיו זכין לו ניחא, ועיין ש"ך סימן (ת"ה) [מ"ה] שם ס"ק ל"ג.

ה**טור** סובר שהכלל עדיו בחתומיו זכין לו לא נאמר לגבי שטרי שחרור, אם כן הקושיא לא רלוונטית.

אבל **קצוה"ח** שם ממשיך ומקשה:

אלא דגם בשטר מתנה משמע דלא יתנו לאחר מיתה ע"ש פ"ק דגיטין דף ט' (ע"ב) דפריך ותו ליכא והא איכא האומר תנו גט זה לאשתי כו' לא יתנו לאחר מיתה, ומשני כי קתני מלתא דליתיה בשטרות מלתא דאיתא בשטרות לא קתני, דשלחו רבנן משמיה דר' אבהו כו' שכיב מרע שאמר כתבו ותנו מנה לפלוני ומת אין כותבין ונותנין לאחר מיתה כו' ואין שטר לאחר מיתה, וכתב רש"י ז"ל, ואין שטר מקנה לאחר מיתה דהא פקעה ליה רשותא דנותן ע"ש, וגבי שטר מתנה נימא עדיו בחתומיו זכין לו דמהני ליה אפילו פקעה רשותא דנותן בין חתימה לנתינה.

אם כן, לגבי שטר מתנה קיימת אותה בעייה, ולגבי שטר מתנה ודאי אומרים שעדיו בחתומיו זכין לו, אם כן הקושיא בעינה עומדת, גם אם לא בשטר שחרור אז בשטר מתנה.

על כן ה**קצוה"ח** נאלץ להגיע למסקנה שיש מחלוקת בין שתי הסוגיות:

ואפשר דסוגיא אזלא למ"ד דלא אמרינן עדיו בחתומיו זכין לו והוא פלוגתא פ"ק דמציעא דף י"ג בין אביי לרב אסי ע"ש:

כלומר סוגיית גיטין הולכת לפי שיטת ר' אסי (שמופיעה בסוגיית ב"מ יג) שעדיו בחתומיו לא זכין לו.

יישוב הקושיא משטר מתנה – לוגיקה של זמן

בספרנו הרביעי עסקנו בלוגיקה של זמן. שם ראינו[20] שישנם מכניזמים הלכתיים של 'מכאן ולהבא למפרע'[21], כלומר סיבתיות הפוכה. לדוגמה, ר"ש שקאפ מסביר כך את מושג התנאי.[22] אם יעקב מגרש את לאה בתנאי שהיא לא תשתה יין עשר שנים, אזי אי שתיית היין היא הפועלת את הגירושין, אבל הם חלים למפרע. רש"ש טוען שלא מדובר כאן בחשיפת מידע גרידא, כלומר שהיא היתה מגורשת מהרגע הראשון וקיום התנאי רק חשף את המידע הזה. טענתו היא שאי שתיית היין מחוללת את הגירושין, אלא שחלותם היא למפרע. ההשלכה היא הקביעה של כמה ראשונים שהבעל יכול לבטל את הגט או את התנאי בתוך עשר השנים. אם היתה כאן רק חשיפת מידע, ביטול כזה לא היה אפשרי. אם היא שותה את היין זה מברר למפרע שהיא לא היתה

20 לוגיקה של זמן לאור התלמוד, סדרת לוגיקה תלמודית, כרך ד, College Publications, פרק רביעי, עמ' 78-74.

21 מיכניזם הלכתי המובא באחרונים, ראה לדוגמא, שיעורי רבי שמואל (רוזובסקי) מכות סי' תכ, הרב מ"א עמיאל, המידות לחקר ההלכה מידה כב. כמו כן בנוגע לדיני מיאון בחידושי ר' חיים הלוי, הלכות אישות ב-ט; מלוא הרועים מסכת יבמות יב; בדיני ביעור חמץ - שאגת אריה סי' פא ד"ה ועוד.

22 ראה חדושי ר' שמעון שקאפ, לכתובות סי' א', בחידושיו לגיטין סי' ו' (='קונטרס התנאים'), וספר שערי יושר שער ז פי"ח.

מגורשת, ולכן ביטול התנאי לא יעשה מאומה, שכן המעשה כבר נעשה והוא חלוט לגמרי.

במובן הזה יש כאן דמיון לעדיו בחתומיו זכין לו. גם שם משעה שהשטר מגיע לידי הנמען שלו החלות פועלת, אבל חלותה היא למפרע מרגע החתימה. האם זוהי חשיפת מידע או יחס סיבתי? קצוה"ח סובר שזוהי חשיפת מידע, לכן לטענתו אם הבעלים של העבד מת, זה לא אמור להפריע לשחרור, שכןם הוא חל למפרע. אולם אם נאמץ את ההסתכלות של רש"ש, שהחלות נגרמת מהגעת השטר לידי הנמען, ורק החלות חלה למפרע, אזי יש מקום לומר שמיתת המשחרר בינתיים מבטלת את האפשרות לגרש, כי ברגע בו מתחולל השחרור (שהוא רגע הגעת השטר לידי העבד) כבר אין יחס של עבדות. ולפחות לא עבדות של המשלח המקורי אלא של יורשיו, ולגביהם הוא לא יכול לשחרר את העבד.

ראיה לדברינו

נתבונן שוב על המקרה של גירושין בתנאי שלא תשתה יין במשך עשר שנים. הבעל מת שנה אחרי הגירושין, ולולא הגירושין היא היתה הופכת לאלמנה. כעת היא שותה יין, ועוברת על התנאי. האם זה מבטל את הגירושין למפרע, וכעת היא אלמנה, או שהיא נותרת גרושה?

מסתבר שלפי הנחתו של **קצוה"ח**, שהתנאי רק חושף מידע, הגירושין יתבטלו למפרע אחרי מיתת הבעל. אבל לשיטתנו ייתכן שהגירושין לא יתבטלו, שכן אחרי מיתת המגרש כבר אי אפשר לבטל את הגירושין.

ואכן שיטת רבנן סבוראי שהובאה ב**מ"מ** פ"ח מהל' גירושין היא שאי אפשר לבטל את התנאי אחרי מיתת המגרש. יתר על כן, בשו"ת רעק"א מהדו"ק סי' קכו-קכז דן בשאלה האם ניתן להחיל את הגירושין אחרי מיתת המגרש:

איש אחד עוד בימי נעוריו, עזב את אשתו ואת ביתו, וזה שנתים נודע כי אוה משכן לו במדינת האללאנד (הולנד)***, והתאמצו הב"ד בכל***

כוחם והרעישו במכתבים להשתדל ממנו גט פטורים לאשתו, אך אבותיו ואחיו מגודל השנאה אשר שנאו להאשה המתגרשת מחמת הקנאה אשר בעו"ה מרקד בינינו, כי מסחר אחד לה ולהם, הרבו גם הם בדבריהם להטותו לגרש על תנאי שבעוד שנה תעקור משכנה מעירנו לעיר מולדתה לבית אבותיה, ומחשש עיגון הוסכם על גט בתנאי, והנה כמו ארבעה חדשים אחרי הגירושין שבק הבעל המגרש חיים לכל חי, והאשה רוצית לקיים תנאה שלא להצטרך חליצה, ויש מי שעורר לחוש לסברת בה"ג שכת' בשם רבנן קדמאי, הביאה הה"מ (פ"ח מגירושין) בהתנה ע"מ שלא תשתי יין כל ימי חיי פלוני ונשאת לאחר, ומת בעלה הראשון בחיי פלוני ועברה ושתתה בחייו דלא נתבטל הגט, ומסתברא כמו דאין מעשיו שלאחר מות המגרש מבטל הגט כן אין מעשיו מועילים לקיים הגט, ודעתי נוטית שאין לחוש לסברא זו, חדא שהרי הר"ן פרק המגרש וכן הה"מ דחו אותה בראי' מכרעת, ותו דבש"ע לא הביא דעה זו כלל, עכ"ל הצריך לענין.

במקרה בו הוא מגרש את האישה בתנאי שתעקור למקום אחר, ובתוך הזמן הבעל מת. כאן השאלה היא הפוכה: האם מעבר שלה למקום אחר אחרי מיתת המגרש יכול לחולל גירושין, או לא? הוא טוען שמעשה שאחרי המיתה יכול לחולל גירושין, וזה נראה כסברת **הקצוה"ח** שקיום התנאי הוא רק חשיפת מידע. אבל לפי דרכנו נראה שאי אפשר לעשות זאת, כי ברגע שהיא עוברת למקום אחר היא כבר אלמנה, וכעת היא אינה יכולה לבצע פעולה שתחיל גירושין, כי כבר אין נישואין ולכן אין את מי לגרש.

וראה שם שהוא מביא שיטות שמצדדות בשיטה זו, וכן הסביר אותה הרש"ש ב'קונטרס התנאים' שלו, שנדפס בסוף חידושיו לגיטין. אם כן, יש מקום לתפיסה אותה הצענו, ולא הכרחי לדחות את עמדת **קצוה"ח** לגבי שליחות גם אם מקבלים את העיקרון של עדיו בחתומיו זכין לו.

מה יסבירו בעלי שיטת ייפוי כוח המתונה?
השיטות שחולקות על **קצוה"ח**, סוברות ייפוי כוח מתון, כלומר שהשליחות בטלה עם מיתת המשלח. כיצד הם יסבירו את הסוגיא בגיטין ט? אם אכן נקבל את ההנחה שאחרי מיתת המשחרר לא ניתן לבצע שחרור, אז אין צורך להגיע להסבר שלנו במנגנון התנאי (מכאן ולהבא למפרע). גם אם נבין את התנאי כחושף מידע על מצב קיים (ולא כמחולל מצב חדש), עדיין לא ניתן למסור את גט השחרור אחרי מיתת המשחרר, שכן לדעתם ברגע זה השליח כבר אינו שליח.

הערה על הניסוח השני של ידא אריכתא
גישת ידא אריכתא מזהה את השליח עם המשלח. למעלה ראינו שניתן לנסח את הגישה הזו בשתי צורות הפוכות:

א. הניסוח המקובל: השליח הוא ידו הארוכה של המשלח. פעולותיו של המשלח הן שמחוללות את התוצאות, ולכן הן מתייחסות ישירות למשלח. לפי התמונה הזו המשלח הוא הפועל (דרך השליח).

ב. ניסוח אלטרנטיבי: המשלח מרוקן את עצמו אל השליח, וכעת מבצע הפעולה הוא השליח. לפי גישה זו, השליח הוא המגרש האמיתי, אלא שהמשלח נמצא בתוך השליח. השליח מגלם אותו. כעת התוצאות מתייחסות לשליח ולא למשלח, אלא שכעת השליח הוא המשלח עצמו, ולכן אין צורך להעביר את התוצאות למשלח.

למעלה הערנו שהניסוח האלטרנטיבי נראה שקול לניסוח של ייפוי כוח, שהרי הפועל הוא השליח. מה שבדרך כלל נקרא במפרשים 'ידא אריכתא', הוא הניסוח הראשון. אבל כעת נוכל לראות שבכל זאת יכול להיווצר הבדל בין ייפוי כוח לבין הניסוח האלטרנטיבי של ידא אריכתא: בייפוי כוח תוצאות הפעולה של השליח עוברות אל המשלח. בידא אריכתא בניסוח הזה הן כלל לא צריכות לעבור למישהו. השליח הוא הוא המשלח.

לדוגמה, כששליח מגרש את אשתו של המשלח, לפי המודל של ייפוי כוח הפעולה נעשית על ידי השליח, אבל התוצאות מתייחסות למשלח. בסופו של דבר אשתו של המשלח התגרשה ממנו ולא מהשליח. אבל בניסוח האלטרנטיבי של ידא אריכתא אמנם הפועל הוא השליח, אבל אין צורך להעביר את התוצאות על משלח, שכן השליח מגלם אותו עצמו. כביכול הוא כעת בעלה של האישה, לפחות לגבי פעולת הגירושין. רגעית המשלח לובש את דמותו של השליח, כעת השליח שבתוכו מגולם המשלח מגרש את האישה, ועתה היא מגורשת מבעלה המקורי (המשלח).

לפי הצעה זו היה מקום לערער על כל הדיון לגבי מיתת המשלח. ייתכן שאם המשלח מת השליחות בעינה עומדת, כי השליח עדיין חי והרי כעת לאחר המינוי הוא הוא המגרש (לא רק עושה פעולת הגירושין, אלא הוא הבעל לעניין הגירושין).

אמנם ראינו למעלה שהגמרא קובעת שלא ניתן למסור את הגט אחרי מיתת המגרש (או המשחרר). זה אמור להיות מוסכם לפי כל המודלים, שכן זהו דין ברור בגמרא עצמה. מכאן עולה שגם מי שסובר כ**קצוה"ח** שגם אחרי מיתת המשלח השליחות בעינה עומדת, עדיין לא ניתן לגרש. וההסבר שנתן **קצוה"ח** לזה (ואף דייק זאת מלשון רש"י) הוא שאין את מי לגרש/לשחרר. לאחר שהבעל מת אין נישואין, וממילא לא שייך לגרש.

ראינו שהסבר זה רלוונטי רק אם נבין שמדובר בייפוי כוח. במודל ידא אריכתא השליחות עצמה בטלה, ולכן אי אפשר לגרש. כעת נשאל כיצד ניתן להסביר זאת לפי הניסוח האלטרנטיבי של ידא אריכתא? לפי הניסוח הזה לכאורה המגרש/משחרר עדיין קיים, שהרי הוא מגולם בשליח. גם אחרי שהבעל מת, הוא חי בתוך השליח. אם כן, השליחות בעינה עומדת, אבל גם התא המשפחתי בעינו עומד (לעניין הגירושין). אז מהי המניעה למסור את הגט ולגרש אחרי מותו של הבעל?

אבל כאמור הגמרא אומרת שלא ניתן לגרש/לשחרר במצב כזה. מכאן מוכח שהאופציה התיאורטית הזו כנראה לא קיימת. או מפני שאין אפשרות

להתרוקן לגמרי לתוך השליח, כלומר הניסוח הזה לא אפשרי. או מפני שההתרוקנות הזו נעשית רק ביחס לשליחות, כלומר המגרש הוא באמת השליח עצמו. אבל השליח לא הופך להיות הבעל של האישה או הבעלים של העבד. לעניין זה השליח אינו נציג שלו. אפשרות שלישית היא לראות את ההתרוקנות כאפשרית רק כל עוד המשלח חי. כל עוד הוא חי הוא יכול להיות מגולם בשליח. אבל כשהוא מת, אין אפשרות לגלם אותו.

אם אכן הניסוח האלטרנטיבי הזה בכל זאת אפשרי, כלומר הוא לא סותר את מסקנת הגמרא בגיטין שאין אפשרות לפעול אחרי מיתה. האם יכולה בכל זאת להיוותר השלכה הלכתית של המודל הזה, או שמא בזה הוא הפך מזוהה לגמרי עם ייפוי כוח?

במישור התיאורטי ודאי שאין כאן זהות. לפי גישת ייפוי כוח הקיצונית, אם המשלח מת השליחות בעינה עומדת (ומה שאי אפשר לגרש זה מפני שהתא המשפחתי לא קיים). לפי ידא אריכתא הרגיל השליחות עצמה בטלה עם מות המשלח. לפי ידא אריכתא בניסוח האלטרנטיבי ראינו שבעצם שניהם בטלים: גם השליחות (ההתרוקנות) וגם התא המשפחתי. אולי זה שקול לגישת ייפוי כוח המתונה (שגם היא רואה את השליחות כבטלה עם מות המשלח).

באופן עקרוני ייתכן שההבדל בין שתי הגישות הללו הוא בזה גופא: בגישת ייפוי כוח ראינו שניתן להבין בניסוח קיצוני שגם אם המשלח מת השליחות בעינה עומדת. אבל בגישת ידא אריכתא בניסוח השני, המשלח נמצא בתוך השליח, ורק מכוח זה השליח פועל. אם כן, כשהמשלח מת הוא כבר לא נמצא שם, ובכלל אין מקום להעלות את האפשרות שהשליחות תתקיים כשהמשלח מת. במובן הזה, הניסוח השני של ידא אריכתא דומה לניסוח הראשון. בשני המקרים המשלח פועל דרך השליח. ההבדל הוא האם אנחנו מזהים את הגופים (הם כביכול פועלים יחד), או שידו של השליח היא כידו של המשלח, והמשלח פועל לבדו.

האם יש הבדל בין גישת ייפוי כוח המתונה לבין הניסוח האלטרנטיבי של ידא אריכתא? בשני המקרים כשהמשלח מת השליחות בטלה. נראה שההבדל הוא

דווקא כשהמשלח חי. לפי ייפוי כוח הפועל הוא השליח, ולפי ידא אריכתא האלטרנטיבי הפועל הוא המשלח והשליח ביחד (המשלח מגולם בשליח). לדוגמה, ייתכן הבדל כשהשתטה המשלח (אם כי זה לא ברור, כי גם אם המשלח מתרוקן לשליח, הם פועלים יחד. לכן כשהשתטה המשלח אולי אפשר לפעול באמצעות השליח). להלן נראה השלכות הלכתיות נוספות של התמונה התיאורטית הזו.

ייצוג גרפי של ההבדל בין ייפוי כוח לבין ידא אריכתא ההפוך

ראינו שהייצוג הגרפי של ייפוי כוח הוא התמונה הבאה:

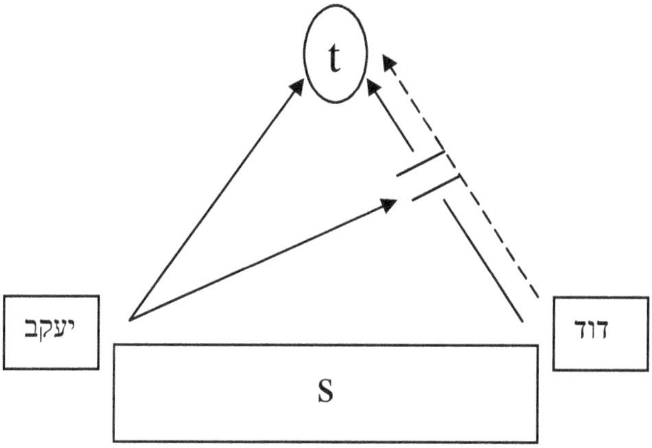

ציור 2

לעומת זאת, המודל של ידא אריכתא ההפוך הוא הבא:

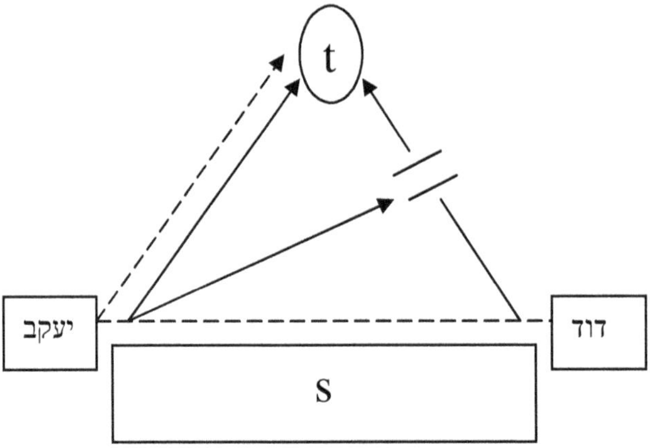

ציור 8: מודל ידא אריכתא ההפוך. הפועל הוא השליח (דוד), אבל בתוכו טמון המשלח (יעקב). כפי שראינו, לפי המודל הזה אם יעקב מת ודאי שדוד לא יכול לפעול. זה יכול להיות נכון גם אם יעקב משתטה.

המינוי של דוד לשליח דרוש כדי שהוא יוכל לפעול, כי בלי שיש לו עצמו מסלול מחובר למטרה t הוא אינו יכול לפעול כדי להשיג את המטרה הזו, גם אם הוא עושה זאת דרך יעקב.

פרק חמישי

השלכות נוספות לתפיסות השליחות

מבוא

בפרק זה נעבור בקצרה על כמה מההשלכות נוספות שמביאים האחרונים למחלוקת **הטור** והרמב״ם האם שליחות היא ייפוי כוח או ידא אריכתא.[23] אחת המטרות החשובות שלנו כאן היא להראות את העמימות במושג ידא אריכתא, שיכול להתפרש כזיהוי של המשלח עם השליח (התרוקנות, ראה סוף פרק רביעי) או של השליח עם המשלח (השליח הוא ידו הארוכה של המשלח).

א. שליח של שותפים

האו״ש שם מביא השלכה מסוגית תמורה י ע״א:

> ***וכן משמע הך דבפ״ק דתמורה (דף י, א), א״כ מצינו כו׳, ושותפין עושין תמורה, כגון דשוו שליח לאקדושי, ועיין רש״י (שם ד״ה א״כ) דהוי מקדש יחיד, ואם נאמר דהוי כמו דאקדשי אינהו ע״י פי השליח, אם עשו פעולת הקדשו ההקדש שלהן, והלא על שמם נקרא, והוי מקדישין רבים, וע״כ דמתייחס אל השליח טפי, והוא הבע״ד, וזה סעד נכון:***

תמורה היא העברת קדושה מבהמה אחת לחברתה. התורה קובעת שמי שמנסה לעשות תמורה עבר עבירה, והתוצאה היא שהבהמה המקורית והבהמה שהיא תמורתה, שתיהן קודש. עוד הקדמה נחוצה היא הכלל

---

23 ראה או״ש הל׳ גירושין פ״ב הט״ו וקה״י גיטין סי׳ כ, וכן אמרי בינה הל׳ תפיסת חוב סי׳ כט, ועוד הרבה.

בהלכות תמורה ששותפים לא עושים תמורה, כלומר אם שותפים המירו, רק הבהמה המקורית נותרת בקדושתה.

הגמרא בתמורה שם עוסקת בשאלה מה הדין כאשר שני שותפים ממנים שליח לעשות תמורה? רש״י בתמורה י ע״א כותב:

א״כ - דמקדיש עושה תמורה מצינו תמורה בצבור ושותפין והיכי דמי כגון דשוו צבור או שותפין שליח לאקדושי קרבן עלייהו דהשתא הוי מקדיש יחיד קרינא ביה קרבן יחיד אי בתר דידיה אזלינן ואנן תנן בשילהי מתניתין הציבור והשותפין אין עושין תמורה.

הוא מסביר שהגמרא קובעת שאם השליח ממיר זה כמעשה תמורה של יחיד. מוכח מכאן שהוא ראה את השליח כמבצע הפעולה, ולא את המשלחים שלו. ביסוד הטענה הזו עומד מודל של ייפוי כוח ולא ידא אריכתא. במודל של ידא אריכתא היינו רואים את המשלחים כפועלים, וזו עדיין היתה תמורה של שותפים.

נציין כי **הקה״י** שם סק״ד דוחה את ראיית **האו״ש** משליח של שותפים לעשות תמורה וטוען ששם כלל לא מדובר בשליחות.

בכל אופן, ישנה כאן הנחה שכאשר יש שני משלחים, המודל של ייפוי כוח יראה את הפעולה כמבוצעת על ידי אדם אחד, והמודל של ידא אריכתא יראה את הפעולה כמבוצעת על ידי שניים.[24]

בהקשר זה מעניין לבחון מה ייצא מהמודל של ידא אריכתא ההפוך (שהמשלח מתרוקן לתוך השליח). האם זו תיחשב כפעולה של שניים או של

---

24 דוגמא לכך הוא המצב של עורך הדין, שהרב שאר ישוב הכהן (במאמר ״מעמד עורכי הדין בהלכה״, תורה שבעל פה כב, תשמ״א, עמ׳ סד-פ) מדגיש את שליחותו הכפולה: ״שליח הצדדים בלבד, כי אם גם שלוח בית דין . . . [ש]עליהם לדעת, כי הם אחראים ראשית כל כלפי בית הדין, נוסף לאחריותם כלפי שמיא - ועליהם להקפיד לטעון רק אמת, לנצור לשונם מרע ושפתותם מדבר מרמה – אף על פי שנשכרו על ידי הצדדים״. אמנם דרישה זו היא לתום לב ולפעולות שתהיינה נכונות מצד עצמן, אך לפי החילוק של יד ארוכה או נציגות, ייתכנו הבדלים בדרך קבלת ההחלטות.

אחד? זוהי דוגמה נוספת להבחנה בין ייפוי כוח לידא אריכתא ההפוך (ראה למעלה בסוף הפרק הרביעי).

לפי הייצוג הגרפי אותו ציירנו למעלה, התמונה היא הבאה:

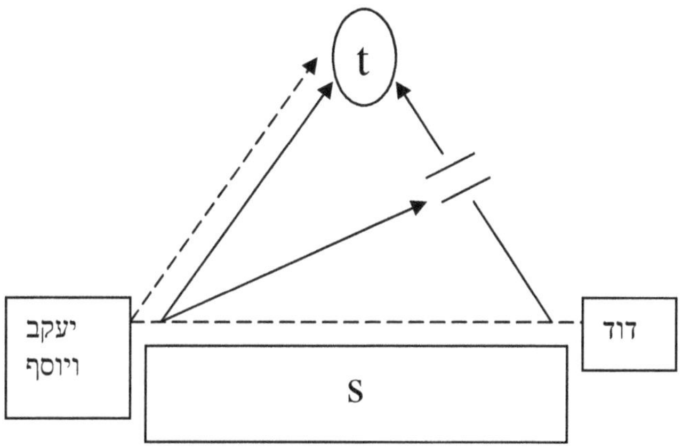

ציור 8

ברור שהפועל כאן הוא השליח, שכן ממנו יוצא הקו המרוסק. לכן כאן זו תיחשב כפעולה של יחיד. לעומת זאת, מודל ידא אריכתא הרגיל הוא כשהקו המרוסק הולך מהמשלחים דרך השליח למטרה, ואז הפועלים הם שני המשלחים.

לכן לעניין זה המודל של ידא אריכתא ההפוך הוא כמו ייפוי כוח. בשניהם יש כאן פועל יחיד.

בעניין שליח של שני משלחים, יש מקום להזכיר כאן את סוגיית קידושין ז ע"ב, שם הגמרא מסתפקת:

בעי רבא: שתי בנותיך לשני בני בפרוטה, מהו? בתר נותן ומקבל אזלינן והאיכא ממונא, או דילמא בתר דידהו אזלינן והא ליכא? תיקו.

אדם בא לחברו ונותן לו פרוטה, כדי לקש את שתי בנותיו של המקבל לשני בניו של הנותן. הגמרא מסבירה את הספק בשאלה האם הולכים אחרי נותן ומקבל (ואז יש כאן פרוטה) או אחרי המתקדשות ואז יש רק חצי פרוטה לכל אחת ואין כאן קידושין.

בתוד״ה ישתי׳, שם, כתבו:

> ***שתי בנותיך לשני בני - אומר ר״י דמיירי בבנות קטנות דקידושין דאב נינהו דאי בגדולות ואב מקבל קידושין בתורת שליחות פשיטא דבעי פרוטה לכל אחת דשליח לא עדיף ממשלחו דבתר נותן דקאמר לאו דוקא שהרי הנותן ע״כ בתורת שליחות בניו הוא בא ואי בתר נותן אזלינן הוי בעי שתי פרוטות כאילו הבנים בעצמם מקדשין אבל הבעיא היא אי בתר מקבל אזלינן לגמרי דשמא אין לחוש אלא שיקבל המקבל שוה פרוטה.***

תוס׳ מסבירים שמדובר בבנות קטנות, כי בגדולות הכסף הוא שלהן והאבא הוא רק שליח שלהן, ואז לכל הדעות אין קידושין (כי כל אחת קיבלה רק חצי פרוטה). הספק הוא רק בקטנות כי שם האבא מקבל את הפרוטה, והשאלה האם זה מועיל לשתיהן.

אבל תורי״ד שם כתב:

> ***בתר נותן ומקבל אזלינן. פירש היכא דקידש שתי נשים בפרוטה או אשה אחת בפחות משוה פרוטה אינה מקודשת. והתם משום דיהיב קדושין לדידהו ודידהו הוו אבל הכא דיהבינהו לאב ודאב הוו איכא למימר דהוו קידושי ואי נמי שני בני אדם נתנו פרוטה לאב בשתי בנותיו פשיטא דלא הוו קידושי כיון דכל חד לא יהיב אלא חצי פרוטה לא חשיבא ממון אבל הכא דנותן הוי חד ומקבל הוי חד איכא למימר דבתר נותן ומקבל אזלינן ולאו בתר קונין ונקנין:***

נראה שלדעתו גם בגדולות יש ספק, כי אם האבא הוא השליח והולכים בתר מקבל עדיין המקבל קיבל פרוטה.

האחרונים מסבירים שתוס' מבין שהשליח הוא ידא אריכתא, ולכן הבנות אם הן גדולות אזי הן אלו שמקבלות את הכסף. ואילו התורי"ד הבין שיש כאן ייפוי כוח, ובעל המעשה הוא האבא, ולכן די בפרוטה גם בבנות גדולות. האבא הוא המקבל, וזה עובר אליהן.

אך הדברים תמוהים, שהרי גם אם נבין שיש כאן ייפוי כוח, סוף סוף הכסף הולך אליהן ולא אליו. וקשה להסביר שבייפוי כוח השליח (האבא) הוא זוכה והן זוכות ממנו, ובידא אריכתא הן זוכות ישירות מהנותן. ראה על כך להלן בפרק השמיני (בדיון על תופס לבע"ח).

ייתכן שההסבר לספק הזה הוא שונה. הספק הזה מקביל למה שראינו למעלה, כשיש שליח אחד לשני שותפים, והשאלה היא האם הפעולה נחשבת כמתבצעת על ידי אדם אחד או שניים. גם כאן יש שליח אחד לשני בני אדם, האם זו פעולה של אדם אחד שמקבל כסף (גם אם הוא מיועד לשתי המשלחות (הבנות), או שזו פעולה שעושים שני המשלחים שאז כל אחת מהן קיבלה רק חצי פרוטה.[25]

ב. האם השליח הוא המבצע את פעולת הגירושין, או שהוא גם המגרש

האו"ש שם ממשיך להשלכה נוספת:

ובזה יש לומר דתלוי מה דפליג הפר"ח (א"ע) סי' ק"ך (סע"א) על הרמ"ה באם גירש השליח בנייר שלו מי מהני, דכתב, דכיון דהשליח במקומו, לא בעינן תו דליהוי הגט משל בעל, אלא כיון דהוי משל השליח סגי, ג"כ תלוי בזה, דאם נימא דרק הפעולה חשוב כאילו עשה המשלח (=ידא אריכתא, במינוח שלו), ודאי בעי שיהיה

25 אמנם בכרך הבא של סדרת לוגיקה תלמודית נראה שיש דין עבד כנעני, כלומר ישנה אפשרות שהאדם יפעל עבור חברו בלי מינוי שליח כלל. הוא ייתן כסף לאישה והיא תתקדש לחבר. ייתכן שזהו המצב גם כאן (ראה אב"מ סי' לא סק"כ).

נייר של בעל, דאז נעשה כגירש הבעל בנייר שלו. אבל כי הוי נייר של שליח, אטו מי עדיף מאילו הנייר של אחר שלא הקנה להבעל, והוי כאילו גירש בנייר של אחר. אבל אם גוף השליח הוא עכשיו לגירושין כמשלח (=ייפוי כוח, במינוח שלו) ***יש מקום לומר דסגי שיהא משל שליח.***

הדין הוא שנייר הגט צריך להיות של המגרש. מה קורה אם השליח מגרש בגט שכתוב על נייר שלו עצמו? לכאורה אם השליח הוא מיופה כוח – אזי הוא עצמו המגרש, ולכן הנייר הוא אכן של המגרש. לפי התפיסה של ייפוי כוח במקרה כזה הגט כשר. אבל לפי המודל של ידא אריכתא – אז המגרש הוא הבעל והנייר אינו של המגרש.

מה יקרה לפי המודל של ידא אריכתא ההפוך? נראה שמכיון שהפועל הוא השליח (הקו המרוסק יוצא ממנו), אזי הנייר יכול להיות שלו. אם כן, שוב ידא אריכתא ההפוך הוא כמו ייפוי כוח.

אלא שזה יהיה תלוי בשאלה האם הדרישה שהנייר יהיה של המגרש פירושה שהוא יהיה של מי שמבצע את פעולת הגירושין, או של הבעל (=המגרש ההלכתי). **האו"ש** כנראה מבין שהדרישה היא לגבי מי שמבצע את פעולת הגירושין.

לעומת זאת, אם נניח שהדרישה היא על המגרש, כאן יכול להיווצר הבדל. לפי גישת ייפוי כוח, ברור שהמגרש הוא הבעל ולא השליח. אבל לפי גישת ידא אריכתא ההפוכה, יש בהחלט מקום לראות את השליח גם כמגרש, ולא רק כמי שעושה את פעולת הגירושין. המגרש התרוקן לתוכו, וכעת השליח הוא הוא המגרש. במצב כזה הנייר לא יכול להיות של השליח, כמו בייפוי כוח, שכן המגרש הוא הבעל (כפי שעולה מציור 8 למעלה).

אמנם זה לא הכרחי, שכן על אף שהבעל נמצא בתוכו יש מקום לראות את השליח כמגרש עצמו. ובאמת ראינו למעלה בפרק השלישי שכשמת הבעל יש מקום לומר גם לפי מודל זה שהשליחות בטלה. אם כן, ייתכן שהבעל הוא שנחשב כמגרש גם במודל הזה. לכן נראה שההשלכה שהבאנו כאן, האם ידא

אריכתא ההפוך דומה לייפוי כוח מבחינת למי צריך להיות שייך הנייר, תלויה במחלוקת לגבי מות המשלח לפי גישה זו.

דוגמה דומה מאד מופיעה בסוגיית קידושין ז ע"א, לגבי דין עבד כנעני:

הילך מנה והתקדשי לפלוני - מקודשת מדין עבד כנעני, עבד כנעני לאו אף ע"ג דלא קא חסר ולא מידי קא קני נפשיה, האי גברא נמי, אף על גב דלא קא חסר ולא מידי קא קני לה להאי איתתא.

ראובן יכול לקדש אישה על ידי ששמעון נותן לה כסף משלו. בשליחות להולכה שמעון נותן לאישה כסף של ראובן ומקדש אותה בשמו. אבל כאן שמעון נותן לה את הכסף שלו עצמו, ובזה הוא מקדש אותה לראובן. דין זה נלמד מפדיון עבד כנעני על ידי אדם אחר.

רש"י כאן מסביר:

הילך מנה והתקדשי לפלוני - והוא שלוחו אלא שמקדשה משלו. מקודשת - ואף על גב דממונא לאו של משלח הוא...

רש"י מסביר שמדובר בשליח, והחידוש של דין עבד כנעני הוא שהשליח יכול לקדשה משלו.

הרשב"א כאן מסביר את שיטת רש"י:

הילך מנה והתקדשי לפלוני מקודשת מדין עבד כנעני. ופרש"י והוא שעשאו שליח אלא שהמעות שלו, לומר שאם לא עשאו שליח אינה מקודשת ואפילו נתרצה לבסוף משום דבשעת קדושין מיהא לא מיקניא דהא איהו לא שויא שליח ודלמא לא נתרצה מעיקרא בהכי.

הרשב"א כותב שלפי רש"י בלי מינוי שליחות כלל לא יועיל דין עבד כנעני. אם כן, בדברי רש"י יש שני חידושים: א. דין ע"כ לא פועל על ידי מי שאינו שליח. ב. דין שליחות בכסף של השני לא פועל בלי החידוש של דין ע"כ (כלומר מדין שליח רגיל).

לעומת זאת, הריטב"א כאן כותב:

הילך מנה והתקדשי לפלוני מקודשת מדין עבד כנעני. פי' הא מיירי בשאין הנותן שלוחו של מקדש אלא שנותן כסף משלו כדי

שתתקדש בו לזה והיינו דאתי עלה מדין עבד כנעני, וכיון שכן צריך שאותו פלוני יאמר לה הרי את מקודשת לי בכסף שנתן לך פלוני שתתקדש לי, ולא אמרינן הכא אלא דנתינת אחר בשבילו חשיב כנתינתו.

לפי הריטב״א שליח יכול לפעול מכסף שלו גם בלי החידוש של דין ע״כ, ולכן הוא מסיק שכאן לא מדובר בשליח. אם כן, הריטב״א חולק על רש״י בשני החידושים שלו: א. דין ע״כ פועל גם ללא מינוי שליחות. ב. כשיש מינוי שליחות לא נדרש דין ע״כ. ולענייננו, הם חולקים בשאלה האם שליחות רגילה מועילה גם בכסף של השליח או לא.

בספר **תפארת ירושלים** על המשניות (נדפס בסוף המשניות) גיטין אות לד, מביא את דברי ר׳ שלמה אייגר, שמסביר את המחלוקת הזו כך:

דנחלקו דרש״י ס״ל דנקטינן רק שהמעשה של השליח הוי כמעשה של המשלח ולזה גם אם עשאו שליח אעפי״כ צריך לדין עבד כנעני כיון שאין המעות של המשלח. והריטב״א ס״ל דנקטינן דגוף השליח נעשה לזה כגוף המשלח עצמו מש״ה מוקי לה דוקא בלא עשאו שליח שאם עשאו שליח ל״צ לדין עבד כנעני דכון שנעשה כגוף המשלח הוי כאילו המשלח עצמו קידשה ע״כ דבריו ודפח״ח. וע״ש בר״ן שנקט כפירש״י בזה.

הוא מסביר שלפי רש״י מעשה השליח הוא כמעשה המשלח, כלומר רש״י מבין את השליחות כידא אריכתא, ולכן השליחות אינה מועילה במעות של השליח ללא החידוש של דין ע״כ. אבל הריטב״א מבין ששליחות היא ייפוי כוח, ומבצע הפעולה הוא השליח, ולכן ברור שהשליח יכול לפעול גם במעות שלו. לא צריך את דין ע״כ כדי ללמד אותנו את זה.

נזכיר ש**הקצוה״ח** סי׳ רמא סק״א הבין בשיטת רש״י, שלדעתו אם מת המשלח השליחות בעינה עומדת (נגד הרי״ף), אם כן הוא נוקט שרש״י סובר כגישת ייפוי כוח. הדברים אינם בהכרח סותרים לנאמר כאן, שכן ייתכן שגם

לפי רש״י המסקנה שנלמדת מדין ע״כ היא זה גופא, ששליחות היא ייפוי כוח ולא ידא אריכתא. ההסבר של **תפא״י** הוא רק להו״א ברש״י.

בכל אופן, המהלך כאן מקביל לגמרי למה שראינו בשאלה של גט שכתוב על נייר של המשלח. גם כאן אפשר כמובן לדון האם הדרישה היא שהכסף יהיה של מבצע פעולת הקידושין או של המקדש, בדיוק כפי שראינו למעלה. ראה ב**קונטרסי שיעורים** – קידושין, לרב גוסטמן, שיעור ט, שהביא עוד כמה דיונים דומים לזה.

ה**או״ש** שם ממשיך ומדמה זאת למחלוקת לגבי הקנאת חמץ על ידי שליח:

> ***ויש לתלות בזה גם ספק האחרונים בהלכות חמץ אם הקנה השליח מטלטלין אגב קרקעות של עצמו מי קונה, דאם נימא דרק דהפעולה חשובה כאילו עשה המשלח א״כ צריך להיות הקנין דוקא אגב מקרקעי של המשלח, דאז המטלטלין והקרקעות באים כאחד, ודלא כמוש״כ המקור חיים (סימן תמ״ח סוסק״ט ד״ה ואם) בזה עיין שם:***

כשהשליח מקנה את החמץ לגוי בקניין אגב קרקע שלו עצמו, האם הגוי קונה או לא. אם השליח הוא שעושה את הפעולה אז אפשר גם בקרקע שלו. אבל אם המשלח הוא שעושה את ההקנאה זה צריך להיות בקרקע של המשלח.

וגם כאן, בדיוק כמו שראינו למעלה, נראה שיש לתלות זאת בשאלה האם הדרישה היא שהקרקע תהיה שייכת למבצע הפעולה או לבעל הנכס המוקנה. אם הדרישה היא על בעל הנכס המוקנה, אז זה ממש דומה לדיון שערכנו למעלה על נייר הגט.

בהקשר של קנייני אגב, יש מקום לתלות זאת בשאלה כיצד מבינים את מהותו של קניין אגב (ראה **בית לחם יהודה**, לרב דביר, ב״מ ח״א סי׳ שפד, שהביא מחלוקת ראשונים בעניין זה): אפשרות ראשונה היא שפעולת ההקנאה נעשית על הקרקע בלבד, אלא שהעברת הבעלות על הקרקע מעבירה גם את הבעלות על המטלטלין. אפשרות שנייה היא שהפעולה שנעשית על הקרקע נחשבת כאילו נעשתה גם על המטלטלין. לפי האפשרות הראשונה

נראה שהקרקע צריכה להיות שייכת לבעל הנכס המוקנה, שכן מתוך שהקרקע שלו עוברת לקונה גם הנכס המיטלטל עובר אליו. אולם לפי האפשרות השנייה נראה שהקרקע צריכה להיות שייכת למבצע הפעולה, שכן מתוך שהוא עושה פעולה על הקרקע הוא עושה גם על המטלטלין (אמנם הצד הזה אינו נראה הכרחי).

ג. שליח נעשה עד

מקור נוסף אותו מביא האו"ש כדי להבהיר את המחלוקת בגדרי שליחות הוא מסוגיית קידושין מג ע"א:

> ***ולכאורה הוא פלוגתת בעלי התלמוד בריש פרק האיש מקדש (קידושין) דף (מ"ב) [מ"ג ע"א], רב אמר שליח נעשה עד, אלומי קא מאלימנא למלתיה, דבי ר' שילא אמרי אין שליח נעשה עד, כיון דאמר מר שלוחו של אדם כמותו הוה ליה כגופו, ומייתי אח"כ פלוגתא דתנאי בהא, וקיי"ל שליח נעשה עד, הרי דבזה פליגי, דר"ש סובר דהשליח נעשה כגופו של המשלח, ורב סבר דרק שהפעולה של השליח מתיחסת אל המשלח, והוי כאילו נעשה מגוף המשלח, אבל אין השליח בעל דבר שיהא פסול לעדות, וז"ב.***

הגמרא שם מביאה מחלוקת אמוראים בשאלה האם שליח יכול להפוך לעד. דברי"ש סוברים שהוא נעשה עד, מפני שהוא כנראה תופסים את השליחות כייפוי כוח, ולכן השליח אינו המגרש. אבל רב סובר ששליח הוא ידא אריכתא, ולכן השליח לא יכול להיעשות עד כי הוא בעל הדבר.

אולם כאן הדברים טעונים יתר הבהרה. לכאורה הויכוח האם השליח הוא ידא אריכתא או ייפוי כוח נוגע רק לשאלה מיהו שמבצע את פעולת הגירושין. אבל כולם מסכימים שהמגרש הוא הבעל. אם כן, מדוע זה נוגע לשאלה האם שליח יכול להפוך לעד? הרי תוכן העדות שלו נוגע לבעל, שהוא המגרש, ולכן הוא עצמו ודאי אינו בע"ד (אלא לכל היותר מי שמבצע את פעולת הגירושין).

מדברי **האו"ש** עולה שלשיטתו תפיסת ידא אריכתא היא הפוכה: המשלח מתרוקן אל השליח, וכעת השליח נחשב גם כמגרש. ממילא הוא בע"ד ולכן הוא אינו יכול להפוך לעד.

והנה, **בקה"י** שם סוסק"ד דחה את דברי **האו"ש** לגבי המחלוקת אם שליח נעשה עד. הוא מסביר שגם אם השליח הוא הבע"ד על המעשה, עדיין הוא יכול להיות עד, מפני שהוא בע"ד שאינו נוגע בעדות, ובע"ד שאינו נוגע בעדות כשר להעיד. לא לגמרי ברור האם גם לשיטתנו זה מועיל, שכן לשיטתנו יש מקום להבין שהוא ממש נוגע בעדות, כי השליח הוא עצמו המשלח.

ראה שם **בקה"י** שבסוף דבריו הוא מעלה את האפשרות שלשיטת ידא אריכתא השליח כן ייפסל לעדות, כי הוא נחשב כמשלח עצמו, והמשלח הוא גם נוגע. ואולי כוונתו לדברינו כאן.

נעיר כי בהל' אישות פ"ג הט"ז הרמב"ם פוסק:

> ***השליח נעשה עד לפיכך אם עשה שנים שלוחין לקדש לו אשה והלכו וקידשו אותה הן הן שלוחיו והן הן עידי הקידושין ואינן צריכין לקדשה לו בפני שנים אחרים.***

הוא פוסק כדבי ר' שילא ששליח נעשה עד, וכך גם פוסק **הטור** אבהע"ז סי' לה (ומפורש בגמרא קידושין שם שזוהי ההלכה). אם כן, נראה די בבירור שלא ניתן לתלות את מחלוקת האמוראים לגבי שליח נעשה עד בהבנת שליחות, שהרי למסקנה יוצא מכאן ייפוי כוח, כדעת הרמב"ם. לפחות **הטור** שסובר ידא אריכתא יצטרך להסביר את המחלוקת אחרת.

ד. מדעת מי נכתב השטר

בסוגיית קידושין דף ט ע"ב מובא ששטר הקידושין חייב להיכתב מדעת האישה:

> ***איתמר: כתבו לשמה ושלא מדעתה - רבא ורבינא אמרי: מקודשת, רב פפא ורב שרביא אמרי: אינה מקודשת.***

והנה, הרמב״ם כותב בפ״ג מהל׳ אישות הי״ח:

ואם קידש בשטר אינו כותבו אלא מדעת האב או מדעת השליח, וכן בכל הדברים כולן של קידושין כדין האיש עם האשה כך דין שליח עם שליח או עם האב.

רואים שהרמב״ם פוסק שבשליח לקבלה השטר נכתב מדעת השליח ולא צריך את דעת האישה עצמה.

אך הרמב״ן בחידושיו לסוגיית קידושין שם חולק עליו:

ומסתברא דהיכא דשויתיה שליח לקבלה אין שטר הקדושין נכתב מדעתו כדקיימא לן גבי גט דאפילו באומר אמרו גט פסול או בטל הוי, והכא נמי מהתם גמרינן מה התם דעת מקנה בעינן ולא שלוחו אף כאן דעת מקנה ולא שלוחו ואפילו באומר אמרו. וראיתי לרב ר׳ משה ז״ל שכתב ואם קדש בשטר אינו כותבו אלא מדעת האב או מדעת השליח, ואינו נכון לדעתי.

הרמב״ן סובר שחייב להיכתב דווקא מדעת האישה, ודעת השליח אינה מספיקה.

האו״ש שם מסביר שהמחלוקת היא שהרמב״ם סובר ייפוי כוח (וזה אכן לשיטתו בנשתטה המשלח), ולכן השליח הוא המתקדש בשמה, ולכן די לנו בדעתו, ואילו הרמב״ן סובר שהשליח הוא ידה הארוכה של האישה, ולכן נדרשת דעתה שלה. נציין כי ה**טור** אבהע״ז סי׳ לב שותק בעניין זה, ולא ברור מה דעתו.

כמובן שגם כאן יש לדחות שהדרישה לכתוב את השטר מדעת המתקדשת היא דרישה לכתוב אותו מדעת האישה שעליה מתבצעת פעולת הקידושין ולא מדעת מי שעושה את פעולת הקידושין. לפי זה, גם אם תפיסת השליחות היא כייפוי כוח – עדיין לכל הדעות השטר ייכתב מדעת האישה. אמנם לרמב״ם שסובר שדי לנו בדעת השליח נראה שבאמת ישנה הנחה של ייפוי כוח.

מה יהיה הדין במודל של ידא אריכתא הפוך? כאן ייתכן שיהיה די בדעת השליח, שכן המשלח התרוקן לתוכו, וזה כדעת המשלח.

כעין זה נחלקו המפרשים לגבי שליח להפרת נדרים. יש שסוברים שדי שהשליח ישמע את הנדר, ויש סוברים שצריך שדווקא הבעל ישמע. גם כאן נראה לכאורה שהדבר תלוי האם השליח הוא יד ארוכה או מיופה כוח, וכנ״ל. אך גם כאן יש לדחות שהדרישה לשמיעת הנדר היא על הבעל ולא על מי שמבצע את פעולת ההפרה. אמנם להלכה נפסק שכלל אי אפשר להפר נדרים על ידי שליח (ראה **שו״ע** יו״ד סי׳ רלד ה״ד).

ה. משלח שלא ביטל את השליחות אלא רק לא רוצה בתוכנה

בקידושין נט ע״ב אנו מוצאים מחלוקת אמוראים:

> ***וכן היא שנתנה רשות לשלוחה לקדשה, והלכה היא וקדשה את עצמה, אם שלה קדמו - קידושיה קידושין, ואם של שלוחה קדמו - אין קידושיה קידושין.***
>
> ***לא קדשה את עצמה, וחזרה בה, מהו? רבי יוחנן אמר: חוזרת, ור״ל אמר: אינה חוזרת. ר׳ יוחנן אמר חוזרת, אתי דיבור ומבטל דיבור; ר״ל אמר אינה חוזרת, לא אתי דיבור ומבטל דיבור...***
>
> ***איתיביה רבי יוחנן לר״ל: השולח גט לאשתו, והגיע בשליח או ששלח אחריו שליח, ואמר לו גט שנתתי לך בטל הוא - הרי זה בטל, תיובתא דר״ל! תיובתא. והילכתא כוותיה דר״י ואפילו בקמייתא, ואף על גב דאיכא למימר: שאני נתינת מעות ליד אשה דכמעשה דמי, אפילו הכי אתי דיבור ומבטל דיבור.***

אישה שלחה שליח וביטלה אותו. לריו״ח הוא מבוטל (כי דיבור מבטל דיבור), ולר״ל אינו מבוטל והוא יכול לקדש אותה בעל כרחה. נראה שר״ל מציג כאן תפיסה של ייפוי כוח, לפיה השליח יכול לקבל קידושין עבור האישה בלי שהיא רוצה. אמנם להלכה נפסק כריו״ח שזה לא אפשרי.

הגמרא מקשה על ר״ל מהמשנה של שולח גט לאשתו והגיע בשליח. ומקשה ה**חת״ס** שהיה על הגמרא להקשות מהמשנה גיטין יא ע״ב, שממנה מוכח להדיא שניתן לבטל שליח, וזו משנה קודמת. וכך המשנה שם מביאה:

מתני׳. האומר תן גט זה לאשתי ושטר שחרור זה לעבדי, אם רצה לחזור בשניהן - יחזור, דברי ר״מ; וחכ״א: בגיטי נשים אבל לא בשחרורי עבדים, לפי שזכין לאדם שלא בפניו, ואין חבין לו אלא בפניו, שאם ירצה שלא לזון את עבדו - רשאי, ושלא לזון את אשתו - אינו רשאי; אמר להם: והרי הוא פוסל את עבדו מן התרומה כשם שהוא פוסל את אשתו! אמרו לו: מפני שהוא קניינו.

אם כן, מה שנחלקו בשחרורי עבדים זה מפני שהשחרור הוא זכות לעבד, ולכן השחרור כבר חל על ידי השליח מייד כשהגיע הגט לידו. אבל עקרונית ברור שלכל הדעות אפשר לבטל שליח כל עוד הוא לא ביצע את שליחותו.

בשיעורי רבי שמואל גיטין אות קלט, דן בדעת ריו״ח: האם כשהוא חוזר בו עליו לבטל את השליחות או שדי בכך שהוא חוזר בו מרצונו לגרש? הוא מציע ללמוד מר״ל לריו״ח, שמר״ל רואים שהכל בידי השליח. אם כן, גם לריו״ח סביר יותר שכדי לחזור בו עליו לבטל את השליחות, ואם לא – השליח יוכל לבצע זאת למרות אי רצונו של המשלח.

ר׳ שמואל שם מביא את דברי רעק״א בתחילת פ׳ השולח, שמסביר בדעת רש״י שהוא יכול לעכב את הגירושין לחודש או חודשיים (ראה על כך בהרחבה להלן בפרק העשירי), ומוכח מדבריו שניתן לחזור בו מהרצון לגרש גם אם השליחות בעינה עומדת. הוא מקשה עליו מהדיוק הנ״ל במחלוקת ריו״ח ור״ל.

ר׳ שמואל מציע שאולי גם ר״ל מסכים שהשליח לא יכול לגרש בלי הסכמת המשלח (כלומר אם הוא חזר בו מהרצון לגרש), ומה שהוא חלוק עם ריו״ח זה רק בשאלה האם כשהמשלח ישוב וירצה בכך לאחר מכן השליח יוכל שוב לגרש בשמו או לא. כלומר לר״ל השליחות עצמה לא בטלה, ולריו״ח השליחות עצמה בטלה.

ומכאן תתיישב הערת ה**חת"ס**, שכן מהמשנה בגיטין אי אפשר להוכיח נגד ר"ל שהשליחות בטלה, כי ייתכן שמדובר שהוא רק לא רוצה לגרש, ובזה גם ר"ל מודה שהשליח לא יכול לגרש. מהמשנה בהשולח מדובר על ביטול השליחות עצמה, ולכן רק משם יש ראיה נגד ר"ל. אך הוא דוחה זאת, כי זה בניגוד לפשט הסוגיא, ע"ש.

כעת עלינו לברר כיצד שתי השאלות הללו, ביטול השליחות ושינוי הרצון, מתייחסות למודלים השונים שהצגנו כאן? לגבי ביטול השליחות, לכאורה מובן מאליו שהמשלח יכול לבטל את השליחות. כפי שראינו, מהגמרא עולה בבירור שביטול השליחות הוא אפשרי, ולכן כולם צריכים להסכים לכך. הדבר נכון בין אם הביטול הוא לקיחת הכרטיס מהשליח (לפי ה**טור**), או ביטול החתימה בכרטיסו של השליח (כדעת הרמב"ם).

אמנם היה מקום לומר שלפי **קצוה"ח** הסובר שגם אם מת המשלח השליחות בעינה עומדת, אזי הכל התרוקן לרשות השליח, ולכן אי אפשר כבר גם לבטל את השליחות. אמנם כפי שראינו הגמרא עצמה אומרת לא כך. לכן המסקנה היא שאפילו לשיטת **קצוה"ח** מה שהתרוקן לשליח הוא הסמכות לבצע את המעשה, אבל ביחס לעצם השליחות עדיין המשלח במקומו עומד, וכמו שהוא יכול למנות שליח הוא יכול גם לבטל אותו. דיבור מבטל דיבור.

ומה לגבי שינוי הרצון? גם כאן יש מקום לתלות זאת במודלים השונים לגבי גדרי השליחות. ושוב, לפי **קצוה"ח** אין מקום להתחשב ברצונו של המשלח, שהרי הסמכות התרוקנה אל השליח. השאלה היא האם גם לדעת האחרונים האחרים ברמב"ם, שמדובר בייפוי כוח שאינו טוטלי, כלומר שאינו קיים כשמת המשלח (שיטת ייפוי כוח המתון), האם אפשרי לשנות את הרצון? לכאורה עדיין לא, שהרי לשיטה זו אפילו אבדן הדעת, וממילא גם הרצון, לא משנה את אפשרות השליח לגרש. אמנם אולי יש מקום לומר שדעת הפוכה (אי רצון לגרש) היא חזקה יותר, אך לא מסתבר לומר כן.

לפי השיטה של ידא אריכתא המהופך, שוב לא לגמרי ברורה המסקנה. המשלח התרוקן אל השליח, וכעת הוא פועל מתוכו. כעת המשלח לא רוצה

בשליחות, האם השליח נחשב כמוהו ודעת השליח היא הקובעת (כלומר זה דומה לייפוי כוח), או שמא ההיפך הוא הנכון: המשלח הוא שפועל דרך השליח, וכשהמשלח לא רוצה לגרש השליח לא יכול לעשות זאת, כי המשלח לא פועל בעניין זה דרכו.

הדברים כמובן תלויים בתנאים המקדמיים לביצוע השליחות לפי כל אחד מהמודלים שתיארנו. ראינו שבכל מודל יש מערכת תנאים A_α, שאותם יש לבדוק לפני שנותנים לשליח לבצע את השליחות. אם התנאים הללו כוללים את רצונו הנוכחי של המשלח (ולא רק בעת המינוי), אזי גם אם השליחות עדיין בתוקף לא ניתן לבצע אותה. אמנם נכון שאם המשלח יחזור וירצה השליח יוכל לבצע את השליחות גם בלי מינוי מחדש.

ראינו שישנה אפשרות שחוסר הרצון לגרש מבטל ממילא גם את עצם מינוי השליח, ובמקרה זה כמובן אין מקום לחומר שהשליח יגרש אם המשלח חוזר בו ובכל זאת רוצה לגרש את אשתו.

ו. ביטול הביטול

יש לצרף לכאן את הדיון לגבי ביטול הביטול בשליחות. בתשובת הרשב״א שהובאה בב״י אבהע״ז סוס״י קמא שכתב:

> ***כתב הרשב״א בתשובה (ח״ד סי׳ פד) על אחד ששלח גט לאשתו וביטל השליחות שלא בפניו ואח״כ נמלך לבטל הביטול ושיהיה שליח לגרש כמו שהיה. שאפשר לומר שאם הגיע הגט מיד שליח זה ליד האשה הרי זו מגורשת שכל מקום שצריך שליח לדעת המשלח אינו (יכול) [צריך] ליחד שליח אלא כל שאמר סתם כל מי שישמע קולי יכתוב ויתן כל מי שכתב ונתן הרי זו מגורשת (גיטין סו.) וכיון שכן זה שעשאו שליח לחבירו אף על פי שביטל שליחותו [של] זה אילו אמר כל הרוצה יטול ויתן לה ועמד אחד ונתנו לה הרי זה גט א״כ אף זה בשעת נתינתו כבר חזר בו המשלח ונתרצה שיתנו לה***

ואם נפשך לומר שאינו גט שצריך שישמעו מפיו הא לא אמרינן (שם עב.) אלא בכתיבת הגט וחתימתו וזה קרוב בעיני אלא שראוי להחמיר עכ"ל.

רואים שביטול הביטול לא באמת מועיל לדעתו, ומה שהגט כשר זה רק מפני שלא באמת צריך שהנותן יהיה שליח הבעל, ודי במינוי מכללא.

אמנם בסיום התשובה שם הוא כותב שראוי להחמיר, כלומר הוא לא משוכנע שהגט כשר כשהשליחות בטלה. וכן דייק ממנו ב**קובץ ביאורים** לרא"ו (**קו"ש** ח"ב) גיטין סי' מד. מכאן הוא מוכיח שביטול אינו למפרע אלא מכאן ולהבא, שכן אם זה היה למפרע היה ניתן לבטל את הביטול. אף שיש לחלק ביניהם שכן כשהוא מבטל את השליחות למפרע אז אין שליחות. ולכן אם כעת הוא חוזר בו ומבטל את הביטול, עדיין אי אפשר לקומם את השליחות שוב למפרע יש מאין. וכך מוכח מלשון הרשב"א בפנים, ואכ"מ.

בכל אופן, משמע מדברי ה**קו"ש** שאם היינו מבינים שביטול חל למפרע, ניתן היה לבטל את ביטול השליחות, ולהקים את השליחות שוב יש מאין.

אם אכן אפשר לבטל את הביטול, פירוש הדבר הוא שביטול שליחות אינו ביטול של השליחות אלא חוסר רצון לגרש, כרעק"א הנ"ל. במצב כזה נראה פשוט שאפשר לבטל את הביטול. מהרשב"א משמע שביטול פירושו ביטול השליחות ולא רק חוסר רצון לגרש. אבל לרעק"א בהחלט ייתכן מצב שבו ניתן לבטל את הביטול, אם הביטול לא ביטל את השליחות אלא את הרצון לגרש.

על דין ביטול וביטול הביטול, ראה פירוט נוסף להלן בפרק העשירי.

ז. הקדשה כשהממון בידי השליח

כדי להבין את פרטי הדיון יש להקדים ולומר שכדי שאדם יוכל להקדיש חפץ שלו צריכים להתקיים שני תנאים: שהחפץ יהיה שלו, ושהחפץ יהיה ברשותו

(כלומר בידיו ממש). ההשלכה ההלכתית של התנאים הללו באה לידי ביטוי במימרא שמובאת בשם ריו"ח בב"ק סט ע"א:

גופא, אמר רבי יוחנן: גזל ולא נתייאשו הבעלים - שניהם אינן יכולים להקדיש, זה לפי שאינו שלו, וזה לפי שאינו ברשותו.

כלומר אם ראובן גזל משמעון חפץ, ראובן לא יכול להקדיש את החפץ כי הוא לא שלו, ושמעון לא יכול להקדיש את החפץ כי אינו ברשותו.

והנה, הגמרא ב"ק קד ע"א דנה בשאלה כיצד גזלן, שואל, או לווה, יכולים להחזיר את הממון לידי הבעלים. האם הוא יכול לעשות זאת באמצעות שליח, ומי יכול להיות שליח כזה, והאם נדרשת הסכמת הבעלים או לא. בתוך הדיון מובאת מחלוקת בין ר' חסדא ורבה:

איתמר: שליח שעשאו בעדים - רב חסדא אמר: הוי שליח, רבה אמר: לא הוי שליח. רב חסדא אמר הוי שליח, להכי טרחי ואוקמיה בעדים דליקו ברשותיה; רבה אמר לא הוי שליח, ה"ק: איניש מהימנא הוא, אי סמכת סמוך, אי בעית לשדוריה בידיה שדר בידיה.

מדובר שהבעלים מינה את השליח לקבל עבורו את החפץ בעדים. השאלה היא האם במצב כזה הוא נחשב כשליחו או לא. מדוע שלא ייחשב כשליח? רש"י שם מסביר:

הוי שליח - ואם נאנסו בדרך פטור בעל הבית שנתנם לו.

כלומר ההשלכה היא שאם החפץ או הכסף נאנס בדרך, נעשתה השבה. הלווה או הגזלן נחשבים כמי שמילאו את חובתם.

בעל **גידולי שמואל** ב"ק קד ע"א, על הסוגיא הזו קובע:

איתמר שליח שעשאו בעדים רב חסדא אמר הוי שליח. ומה דפירש"י לפוטרו מאחריות אונסין, איכא עוד נ"מ דזכה השליח המעות בעד המשלח דמהני הקדש והקנאה של המשלח בעודו ברשות השליח דשלוחו כמותו והוי כברשותו דמשלח...

הוא מסביר שדברי רב חסדא נאמרו גם לעניין שמרגע שהכסף הגיע לידי השליח הבעלים (שהוא המשלח) יכול להקדיש אותו. זה כבר לא מצב של כסף שאינו ברשותו, כפי שהוא היה כשהכסף היה בידי הגזלן.

ולאחר מכן הוא מרחיב:

> ***ופשוט דבגזילה קיימת אף דכל זמן דמונח ברשות הגזלן ודעתו להחזיר אכתי נקרא אינו ברשותו דנגזל דא״י להקנות וכמלחמות ריש פ׳ דו״ה (י״ז ב), אבל בעשאו שליח בעדים לרב חסדא דאומדנא הוא דליקו ברשותו, שפיר הוי כברשות נגזל.***

לכאורה כאן הוא כותב שבידי השליח זהו מצב שונה, ולכאורה ישנה כאן תפיסה שיד השליח היא כיד המשלח. אולם מייד אחר כך הוא מוסיף:

> ***אף דעשאו שליח לעכו״ם וחשו״ק, דכיון דקיים השבת הגזילה בחזרה לשליח מיד הוי כברשות נגזל דמהני הקנאת נגזל לאחר אף קודם שבא ליד נגזל, וכן אינו רשאי גזלן לחזור וליקח מיד השליח העכו״ם כיון דגזילה קיימת כנכנס ברשות נגזל נחשב גם במונח ברשות השליח העכו״ם ואם הגזלן יחזור ויקח הוי כגזילה חדשה מיד נגזל עצמו.***
>
> ***אבל באין גזילה קיימת אלא שילם דמיהן אז אם השליח ראוי לקנין וזכה בעד המשלח מדין שלוחו כמותו הוי שפיר דין גזילה אם הגזלן יחזור ויקח מיד השליח, אבל בשליח דאינו ראוי לקנות בעד הנגזל נמצא דהדמים אכתי של גזלן הוא אף דמסר לשליח הנגזל רשאי גזלן ולוה ליקח חזרה מהשליח.***

כאן הוא מסביר שהדין שהגזלן ביצע את חובת ההשבה אינו בגלל שיד השליח היא כיד המשלח, אלא מפני שלא דרוש כלל שיהיה שליח. מה שדרוש הוא שהמשלח יביע רצון שהכסף יגיע לידי השליח וזה ייחשב כאילו הוא עצמו

קיבל זאת.[26] בעצם משמעות הדבר היא שמתן הכסף לשליח הוא הקנאה של הכסף לשליח, על דעת הנגזל (המשלח).

אמנם אם הגזלן מחזיר כסף ולא את החפץ עצמו (שכבר אינו בעולם), במצב כזה על השליח לקנות עבור המשלח, ואת זה לא יכול לעשות מי שאינו ראוי לשליחות (גוי או חשו״ק).

בשורה התחתונה, טענתו היא שהנגזל יכול להקדיש את החפץ ולהקנות אותו למי שירצה בעודו בידי השליח. כלומר יד השליח נחשבת כרשותו של המשלח ולא כרשות של אדם אחר. כאן יש מקום לתלות זאת בגדרי שליחות: אם נבין כדעת ה**טור** שהשליח הוא ידו הארוכה של המשלח, אזי רשותו היא כרשות המשלח. אבל אם הוא כמיופה כוח שלו (כשיטת הרמב״ם), אזי זוהי יד עצמאית, אלא שהתוצאה ההלכתית נחשבת עבור המשלח. לפי זה, ייתכן שלא נכון שניתן להקדיש את החפץ לפני שהוא חוזר פיסית לידי המשלח (הנגזל).

אמנם יש מקום להפוך את המסקנה שעולה מתפיסת ידא אריכתא, שכן השליח הוא כידו של המשלח רק לעניין מה שנשלח אליו, כלומר לעניין קבלה מיד גזלן ולפטור את הגזלן מאחריותו. אבל לעניין שהחפץ ייחשב ממש ברשות המשלח (ולא רק כשלו) הוא לא התמנה, וייתכן שדווקא תפיסת ידא אריכתא לא תאפשר למשלח להקדיש את החפץ. יתר על כן, לפי התפיסה שהוא עצמו מציג כאן, שגם גוי או חשו״ק יכול לקבל את החפץ עבור המשלח שכן לא נדרשת כלל שליחות, אזי זה כאילו שהמשלח אמר לגזלן להעביר את החפץ או הכסף לגורם שלישי (הגוי או החשו״ק). אך אין זה אומר שכשהחפץ נמצא בידי הגוי זה נחשב כאילו הוא בידי המשלח. הדבר נאמר רק לעניין זה שהגזלן יצא ידי חובה, ותו לא.

26 כמו בדין ערב, קידושין ז ע״א, שם רואים שניתן לקדש אישה בכסף שניתן למישהו אחר בציווייה, ולדעת כל הראשונים אין צורך המקבל הכסף יהיה שלוחה.

פרק שישי

שרשרת של שלוחים

מבוא

ראינו למעלה שכדי למנות שליח צריכה להיות לאדם יכולת לבצע בעצמו את הפעולה הזו. מה קורה אם מי שממנה את השליח הוא אמנם בעל יכולת לבצע את הפעולה, אולם הוא לא בעל הדבר עצמו? זוהי בדיוק סוגיית שליח עושה שליח, ובה נעסוק כעת. אנו נבחן את שאלת שרשרת השליחות מפרספקטיבה של המודלים השונים לשליחות, ולכן נקדים סקירה קצרה שלהם.

סקירת התפיסות לגבי מושג השליחות

בפרקים הקודמים עמדנו על שתי תפיסות הנפוצות באחרונים בהבנת מושג השליחות. מדובר בשני מודלים שונים ביחס לתיאור הזיקה בין השליח למשלח. הרמב״ם מבין את השליחות בצורה של ייפוי כוח, כלומר שמבצע הפעולה הוא השליח, ובעקבות חידוש התורה התוצאות מתייחסות למשלח. לעומת זאת, ה**טור** לפי רוב מפרשיו מבין את הפעולה כידא אריכתא, כלומר שמבצע הפעולה הוא המשלח, והוא עושה זאת באמצעות השליח כאילו היה ידו הארוכה.

אמנם ראינו אפשרות אחרת בדעת ה**טור**, לפיה גם הוא מסכים לשיטת ייפוי כוח ושמבצע הפעולה הוא השליח, אלא שלדעתו כשהמשלח אינו כשיר השליחות פוקעת. גם בדעת הרמב״ם ראינו שתי אפשרויות להבין את המושג ייפוי כוח: הקיצונית שבהן (**קצוה״ח**) רואה זאת כמינוי מוחלט, שנותר בתוקף אפילו כשהמשלח מת. הפחות קיצונית (רוב האחרונים) אינה מוכנה לקבל שליחות כשהמשלח מת. לדעתם, במצב כזה השליחות פוקעת.

ככלל, הצגנו ארבעה מודלים שונים של זיקה בין השליח למשלח, שניים לפי הרמב״ם ושניים לפי **הטור**. בפרק זה נראה השלכה נוספת שתבהיר ותחדד את המודלים השונים. אנחנו נעסוק במצב בו השליח ממנה שליח אחר במקומו, וניווכח שהמודלים הללו רואים את המצב הזה בצורות שונות, ונסיק כמה השלכות נוספות מההבדל בין המודלים השונים.

המקור לכך ששליח עושה שליח

הגמרא בקידושין מא ע״א מביאה מקור לדין שליחות בגירושין:

> ***שליחות מנלן? דתניא (דברים כד): ושלח - מלמד שהוא עושה שליח, ושלחה - מלמד שהיא עושה שליח, ושלח ושלחה - מלמד שהשליח עושה שליח.***

רואים מכאן שכמו שאדם יכול למנות שליח שיעמוד במקומו, השליח עצמו יכול גם הוא למנות שליח אחר שיעמוד במקומו. דין זה מעורר כמובן את שאלת מעמדו של השליח השני: האם הוא שלוחו של השליח הראשון או של הבעל? בפרק זה נבחן את השאלה הזו, ונראה את השלכותיה.

סוגיית שליח עושה שליח

במשנת גיטין כט ע״א אנו מוצאים:

> ***המביא גט בא״י וחלה - הרי זה משלחו ביד אחר, ואם אמר לו טול לי הימנה חפץ פלוני - לא ישלחנו ביד אחר, שאין רצונו שיהא פקדונו ביד אחר.***

אדם שחי בחו״ל שולח גט על ידי שליח לאשתו שיושבת בארץ ישראל. המשנה אומרת שאם השליח חלה הוא יכול להעביר את הגט לשליח אחר (למעט מקרה מיוחד בו המשלח מביע במפורש את רצונו שלא יעשה כן).

ובמשנה שם בע״ב אנו מוצאים:

מתני'. המביא גט ממדינת הים וחלה - עושה שליח בב"ד ומשלחו, ואומר לפניהם בפני נכתב ובפני נחתם; ואין שליח אחרון צריך שיאמר בפני נכתב ובפני נחתם, אלא אומר שליח ב"ד אני.

גם כאן רואים שהשליח יכול לעשות שליח.

ובגמרא שם מובא שהשרשרת הזו יכולה להימשך גם הלאה:

גמ'. אמרו ליה רבנן לאבימי בריה דר' אבהו, בעי מיניה מרבי אבהו: שליח דשליח משוי שליח או לא? אמר להו: הא לא תיבעי לכו, מדקתני אין השליח האחרון, מכלל דמשוי שליח, אלא כי תיבעי לכו - כי משוי שליח בב"ד או אפילו שלא בב"ד? אמרו ליה: הא לא מבעיא לן, מדקתני: אלא אומר שליח ב"ד אני. רב נחמן בר יצחק מתני הכי: אמרו ליה רבנן לאבימי בריה דר' אבהו, בעי מיניה מר' אבהו: שליח דשליח כי משוי שליח, בב"ד או שלא בב"ד? אמר להו: ותיבעי לכו אי משוי שליח בעלמא! אמרו ליה: הא לא קא מיבעיא לן, דתנן אין השליח האחרון, מכלל דשליח משוי שליח, אלא כי קא מיבעיא לן - בב"ד או שלא בבית דין? אמר להו: הא נמי לא תיבעי לכו, דקתני: אלא אומר שליח ב"ד אני.

אם כן, מוסכם שהשליח השני יכול להמשיך ולמנות שליח שלישי וכן הלאה. ישנה התדיינות האם המינוי צריך להיעשות בבי"ד או לא, אבל זה לא חשוב לענייננו כאן.

וכך נפסק בשו"ע אבהע"ז סי' קמא הל"ח-לט:

לח. השולח גט לאשתו, ואמר לו: הולך גט זה לאשתי או שא"ל: אתה הולך, לא ישלחנו ביד אחר, אא"כ חלה או נאנס, או שפירש לו שיוכל למנות שליח ושליח שליח עד כמה שלוחים. (פירש לו שלא ישלחנו ביד אחר, לא יוכל לעשות שליח, אפי' חלה או נאנס) (כן משמע בטור). ויש מי שחולק ואמר דבהולך סתם יכול לשלחו על ידי אחר, אף על פי שלא חלה. ובאתה הולך, לא ישלחנו ע"י אחר, אלא א"כ חלה או שפירש לו שיוכל למנות שליח.

לט. דין שליח שני כדין שליח ראשון, שאינו יכול למנות שליח אא"כ נאנס או שפירש לו.

והנה, בהמשך הגמרא שם מובאת מחלוקת אמוראים:

אמר רבה: שליח בא"י עושה כמה שלוחין. אמר רב אשי: אם מת ראשון - בטלו כולן. אמר מר בר רב אשי: הא דאבא דקטנותא היא, אילו מת בעל מידי מששא אית בהו? כולהו מכח מאן קאתו? מכח, דבעל קאתו, איתיה לבעל איתנהו לכולהו, ליתיה לבעל ליתנהו לכולהו.

ר' אשי סובר שאם מת השליח הראשון בטלו כולם. אבל מר בר ר' אשי (=מבר"א) דוחה זאת, ולטענתו כולם באים מכוח הבעל, וכל עוד הוא חי הם יכולים למסור את הגט.

רואים בדברי מבר"א שני דברים: 1. כל השליחים באים מכוחו של הבעל. 2. כשהבעל מת אין הם שלוחים.

להלכה פוסק הרמב"ם בפ"ז מגירושין ה"ד:

המביא גט ממקום למקום בארץ ישראל וחלה או נאנס משלחו ביד אחר, וכן השני אם חלה משלחו ביד אחר, ואפילו מאה, ואין צריך עדים לחזור ולעשות שליח בפניהם, והאחרון שהגיע הגט לידו נותנו לה בפני שנים ותתגרש בו אף על פי שמת השליח הראשון.

אם כן, הוא פוסק כדעת מבר"א, שהשליח השני יכול לגרש גם אם מת השליח הראשון, כנראה מפני שהוא בא מכוחו של הבעל ולא מכוחו של השליח הראשון.

וכן הוא ב**שו"ע** אבהע"ז סי' קמא המ"א-מב:

מא. שליח שעשה שני, ושני שלישי, אם מת הבעל נתבטלו כלם. אבל אם הבעל קיים, אף על פי שמת השליח הראשון, לא נתבטל שליחות השאר, מאחר שהבעל קיים.

מב. אם מת שליח שני, יכול שליח ראשון ליטלו מיורשיו של שני, ויוליכנו או ישלחנו ביד אחר.

שו״ע מוסיף שאם מת הבעל נתבטלו כולם. אמנם אפשר היה להבין כדעת **קצוה״ח** הנ״ל, שהשלוחים כולם נתבטלו מפני שאין את מי לגרש, כלומר לא השליחות התבטלה אלא הקידושין שאותם יש לפרק. השליחות קיימת אבל אין לשליח מה לעשות. אבל בפשטות נראה מלשון המחבר שהכוונה היא שהשליחות עצמה התבטלה (כדעת רוב האחרונים).

והנה, בעל **קצוה״ח** בהמשך דבריו שהובאו לעיל מסי׳ קפח סק״ב, מוכיח מסוגיא זו דווקא את מסקנתו שלו, לפיה לשיטת הרמב״ם יש שליחות גם לאחר מות המשלח:

> ***וכן נראה לענ״ד מוכח דאפילו אחר מיתת המשלח שליחות לא בטל ונכנס השליח החי במקומו, דהא קי״ל בשליח שחלה דעושה שליח אחר וכמבואר בפרק כל הגט (גיטין כט, א), ואף על גב דשליח שני מכח שליח הראשון בא ושליח דראשון הוא, מדכתב מוהר״ם פדאווה בסדר הגט (אות י׳) דאם שליח הראשון מבטל שליחות השני הרי השליחות בטל ע״ש, והובא בט״ז באה״ע סימן קמ״א (סקכ״ו), ועיין משנה למלך פ״ו מגירושין (הט״ז). וא״כ היכא דמת (משלח) [השליח] הראשון היכי נותן שליח השני (ע״ש באה״ע סימן קמ״א סעיף מ״א), אלא ודאי דשליחות לא בטל אפילו אחר מות הראשון, וטעמא דמתניתין הנזכרת דלא יתנו לאחר מיתה היינו משום דפקע רשותיה וכאחר דמי.***

הוא מתחיל בכך שכמה פוסקים כתבו שאם השליח הראשון מבטל את השליח השני השליח השני בטל. מכאן מוכח שהשליח השני הוא שלוחו של הראשון. ובכל זאת, אנו פוסקים להלכה שאם מת השליח הראשון השני יכול עדיין לגרש. מכאן מוכח שגם אם מת המשלח יכול השליח שלו לפעול בשמו.

הוא מסיים בכך שהדין שהבאנו, שאם מת המשלח אי אפשר לתת את הגט, אינו מפני שהתבטלה השליחות, אלא מפני שהתבטלו הקידושין.

הדוגמה שהוא מביא היא מצב שבו המשלח אינו הבעל, ואז אם הוא מת יכולה להיווצר רק בעייה של פקיעת השליחות, שהרי מצב הקידושין עצמו

אינו פוקע (כאן המשלח שמת אינו הבעל. הבעל עדיין חי). זוהי בדיוק הנפ״מ בין שתי התפיסות בדעת הרמב״ם, כאשר מיתת המשלח אינה מרוקנת מתוכן את המעשה שלשמו השליח נשלח.

הקושי שמעלה ׳קצוה״ח׳

יש לשים לב שדבריו של בעל **קצוה״ח** מהווים הוכחה בשני מישורים: ראשית, זוהי הוכחה נגד ה**טור**, כלומר נגד המודל של ידא אריכתא, שהרי במודל הזה ודאי אם מת המשלח אין מקום לשליחות. שנית, בתוך תפיסת הרמב״ם הוא מוכיח כשיטתו נגד רוב האחרונים, שהמודל של ייפוי כוח קיים גם במקום שהמשלח מת.

כאן עלינו לשאול את עצמנו, מה יענו לדבריו החולקים עליו? הן אלו שדוגלים במודל של ידא אריכתא, והן אלו שדוגלים במודל המתון יותר של ייפוי כוח. כיצד כל אלו יסבירו את הסוגיא בגיטין?

נציין כאן כי לפי האפשרות השנייה בהבנת דעת ה**טור** (זו של **מרכה״מ**), אזי גם ה**טור** סובר את המודל של ייפוי כוח, אלא שלדעתו כשהמשלח אינו כשיר בטל ייפוי הכוח. לפי זה, שיטת ה**טור** מצטרפת לשיטות החולקות על **קצוה״ח** בדעת הרמב״ם. כל אלו מוכנים לקבל מודל של ייפוי כוח שתלוי במצבו של המשלח. הויכוח הוא רק בשאלה האם השליחות פוקעת רק כשהמשלח מת (החולקים על **קצוה״ח** בדעת הרמב״ם), או גם כשהוא משתטה (ה**טור**).

פתרון ראשון: גישת ׳ידא אריכתא׳ לשיטתה

כמובן תמיד קיימת כאן האפשרות לומר שכל אלו חולקים על מהר״ם פאדווה, ולדעתם השליח הראשון אינו יכול לבטל את השליח השני. מכאן עולה שהשליח השני הוא שלוחו של הבעל ולא של השליח הראשון שמינה אותו.

בעצם הדבר לגמרי מתבקש, שהרי מי שסובר שהשליחות מתוארת על ידי ידא אריכתא, נראה בבירור שהשליח השני הוא שלוחו של הבעל ולא של השליח הראשון.

החידוש הגדול לפי שיטה זו הוא שהשליח הראשון בכלל יכול למנות את השליח השני להיות שלוחו של הבעל. אם השליח השני היה שלוחו של השליח הראשון אז ברור שהשליח הראשון הוא שממנה אותו. אבל אם השליחים כולם הם שלוחי הבעל, אז הבעל עצמו הוא שצריך היה למנות בעצמו את כל אחד מהם.

זוהי כנראה הסיבה לכך שהמינוי של שליח שני הוא אפשרי רק אם הראשון חלה. במקרה כזה אנחנו אומדים את דעתו של המשלח שהוא מוכן לזה ורוצה בזה. לולא השליח הראשון היה חולה, אין לו אפשרות למנות עוד שליח, שהרי השליח השני יהיה שלוחו של הבעל, והלה לא מינה אותו ולא אישר למנות אותו כשלוחו.

נבחן את הדברים במודל שלנו, במונחי הכרטיסים. כאשר שליח עושה שליח, יש שתי אפשרויות לראות זאת במודל שלנו:

- לפי ה**טור**, השליח הראשון קיבל את כרטיס המשימה מבעל הסמכות (המשלח), והוא מעביר אותו לשליח השני. זה מותנה בכך שיש לו רשות (כרטיס נוסף?) שמרשה לו להעביר את כרטיס המשימה לשליח אחר. ההנחה היא שאם הוא חולה יש לו רשות לכך, ובעצם כל העברת כרטיס מלווה בעוד כרטיס למנות עוד שליח, שניתן לו על תנאי אם הוא יחלה.

  מהתמונה הזו עולה בבירור שהשליח השני הוא שלוחו של בעל הסמכות ולא של השליח הראשון. השני מחזיק בידו את הכרטיס שהמשלח הוא בעליו, והשליח הראשון כלל אינו בתמונה. הוא העביר את הכרטיס והסתלק. כמובן ישנה כאן הנחה שמי שמצוי בידו כרטיס יכול גם להעביר אותו, אבל זהו בדיוק הכרטיס השני שניתן לו על תנאי, כפי שהוסבר למעלה.

אם כן, המודל של ידא אריכתא, בו משתמש ה**טור**, מוכיח מיניה וביה שהשליח השני הוא שלוחו של המשלח עצמו (ולא של השליח הראשון), ומכאן יוצא מאליו שמהר"ם פאדווה אינו צודק. התיאור שלנו לשיטת ה**טור** מסלק מאליה את קביעתו של מהר"ם פאדווה, וממילא גם את ראיית **קצוה"ח**.

- לפי הרמב"ם המינוי הוא חתימה של המשלח בתוך הכרטיס של השליח הראשון. כאשר הראשון ממנה שליח שני, הוא חותם בכרטיס של השליח השני, וזה כמובן מותנה בכך שבכרטיס שלו יש סמכות להעביר. כאשר השליח השני מגיע לאישה למסור את הגט, מה שמופיע אצלו בכרטיס הוא חתימתו של השליח הראשון שמינה אותו, ולכן ברור שהוא המשלח. כחלק מבדיקת התנאים המקדימים שסומנו למעלה ב- A_α, עלינו לבדוק שהחותם היה בעל סמכות, כלומר להסתכל בכרטיס שלו ולראות אם הבעל עצמו (המשלח הראשון) חתם שם.

  לפי התמונה הזו עולה בבירור שהשליח השני הוא שלוחו של השליח הראשון, ולא של הבעל. מכאן כמובן עולה שיטת מהר"ם פאדווה, שהרי אם הוא שלוחו של הראשון ברור שהראשון יכול לבטל את השליחות.

  ומכאן אכן מוכח שאם בכל זאת השליח השני יכול לגרש גם אם השליח הראשון מת – אז השליחות קיימת גם אם מת המשלח. זו ראיית ה**קצוה"ח**. אלא שהיא מבוססת מיניה וביה על המודל של ייפוי כוח, ומי שמאמץ את המודל של ידא אריכתא, כלל לא משחק במגרש הזה.

אם כן, מכאן קיבלנו השלכה נוספת של המחלוקת בין ה**טור** לרמב"ם: לפי ה**טור** אם השליח עושה שליח אחר, השליח השני הוא שלוחו של המשלח המקורי. לעומת זאתף לפי הרמב"ם במקרה כזה השליח השני הוא שלוחו של

השליח הראשון. זהו ניבוי שהמודל שלנו הצליח לנבא, וכך להסיר את קושיית בעל ה**קצוה"ח** על ה**טור**.

פתרון שני: גישת 'ייפוי כוח' המתונה

עד כאן פתרנו את הקושי על ה**טור**. ראינו שמודל ידא אריכתא ניצל מראיית ה**קצוה"ח** ללא כל בעייה. האם ישנה אפשרות למודל של ייפוי כוח המתון, זה של רוב האחרונים, לפיו אם מת המשלח השליחות בטלה (סיעת ייפוי כוח המתונה)?

הקושי הוא הבא: אותם אחרונים מסכימים שהשליח הוא מיופה כוח (ולא ידא אריכתא). מכאן לכאורה עולה שהם סוברים שהשליח השני הוא שלוחו של השליח הראשון, לפי דרכנו למעלה. אם כן, נראה שהם מקבלים את דברי מהר"ם פאדווה (שהראשון יכול לבטל את השני). ומכאן עולה הקושי כיצד הם יסבירו שבכל זאת כשהשליח הראשון מת ניתן לגרש?

ואמנם כמה אחרונים כבר העירו על דברי בעל **קצוה"ח** (ראה לדוגמה בשיעורי רבי שמואל (רוזובסקי) גיטין סי' קנח), ממהלך הגמרא עצמה. ראינו בגמרא שם את מחלוקת האמוראים (ר' אשי ומבר"א) בשאלה האם השליח השני יכול לתת אחרי מות השליח הראשון. שיטת ר' אשי היא שאם מת השליח הראשון בטלו כולם.

מהי המחלוקת? מסתבר שנקודת המחלוקת היא בנקודה שלנו עצמה: האם השליח השני הוא שלוחו של הראשון או של המשלח. ר' אשי סובר שאם השליח הראשון מת – השני אינו יכול לתת את הגט. מוכח שלדעתו השליח השני הוא שלוחו של הראשון, ולא של המשלח. אבל ההלכה נפסקה כמבר"א שסובר שהשליח השני כן יכול לתת אחרי מות השליח הראשון. זה כנראה בגלל שלדעת מבר"א השליח השני הוא שלוחו של המשלח המקורי. אם כן, לשיטת מבר"א ודאי אין להביא מכאן הוכחה שכשמת המשלח השליחות בעינה עומדת.

אלא שכעת עלינו להבין את מה שכתב מהר״ם פאדווה, שהשליח הראשון יכול לבטל את השליח השני. אם אכן השני הוא שלוחו של המשלח, כיצד הראשון יכול לבטל אותו?

מסתבר שמהר״ם פאדווה סובר שהיכולת של הראשון לבטל את השליחות של השני מבוססת על כך שהוא זה שמינה אותו. הנחתו היא שהממנה יכול גם לבטל את השליחות. אבל עדיין מבחינת מקור כוחו, השליח השני הוא שליח של המשלח ולא של השליח הראשון.

רואים כאן הבחנה מעניינת בין הממנה לבין המשלח. כאן עולה שגם לפי הרמב״ם השליח השני הוא בעצם שלוחו של הבעלים (לא כמו שיצא לנו למעלה), אבל הוא מונה על ידי השליח הראשון. לכן נראה שכל אחד משניהם יכול לבטל אותו, אבל לפעול הוא יכול בכל מקרה אם המשלח המקורי חי (לפי הרמב״ם הוא אפילו לא צריך להיות כשיר), ללא תלות במצבו של השליח הראשון שמינה אותו.

מבחינת המודל של הכרטיסים, לפי הרמב״ם המינוי נעשה על ידי חתימה של המשלח בכרטיסו של השליח. זה צריך לעבור שינוי מסויים. כעת המשלח הוא תמיד בעל הסמכות המקורית (ולאו דווקא החותם), והמבצע הוא בעל הכרטיס (השליח השני).

כפי שראינו למעלה, העמדה הזו מתייחדת בעיקר דרך התיאור הגרפי שלה, ולכן עלינו לעבור כעת לתאר את המחלוקות כאן באמצעות הייצוג הגרפי.

ייצוגים גרפיים של שני המודלים היסודיים

לכאורה על הייצוגים של שתי העמדות הראשונות אין צורך לחזור, שהרי יש כאן חזרה על התיאור הקודם. אמנם כאן יצאה לנו השלכה הלכתית שמבחינה ביניהם, לגבי מיהו המשלח של השליח השני. על כן בכל זאת ננסה לראות האם היא עולה גם מתוך הייצוגים הגרפיים של שני המודלים הללו.

הייצוג הגרפי של מודל ידא אריכתא של ה**טור** הוא כבציור 3 מלמעלה:

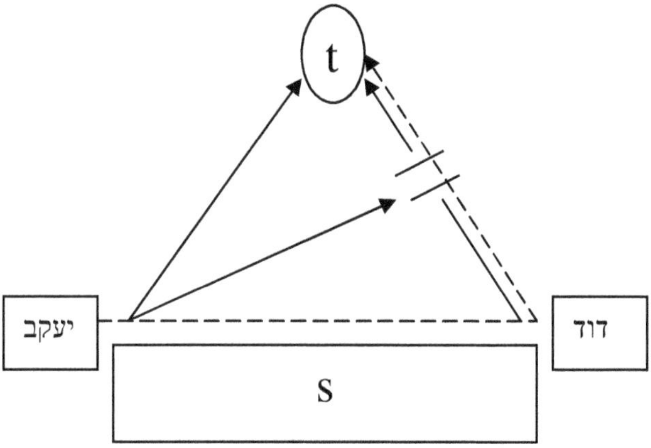

ציור 3

מה קורה כאשר שליח עושה שליח? יעקב מינה את דוד, ודוד ממנה את משה. התמונה המתקבלת היא הבאה:

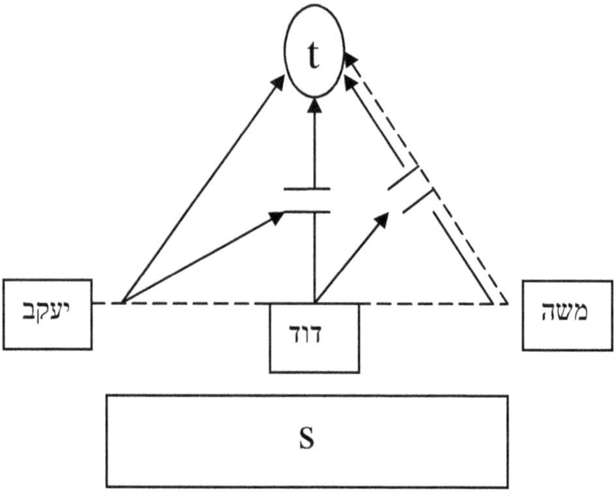

ציור 3א: ליעקב יש מסלול פתוח מ-s ל-t. מכיון שכך הוא יכול למנות את דוד, כלומר לסגור את המסלול של דוד עצמו, ואם הוא רוצה אז גם לעבור דרכו. כעת גם לדוד יש מסלול ישיר, ולכן הוא יכול לפתוח את המסלול של משה (הכלל הוא שכל מי שיש לו מסלול פתוח יכול לפתוח מסלול של מישהו אחר), כלומר למנות אותו. במצב כזה יכול יעקב לעבור גם דרך המסלול של משה.

המודל של ייפוי כוח לפי הרמב"ם הוא כבציור 2 למעלה:

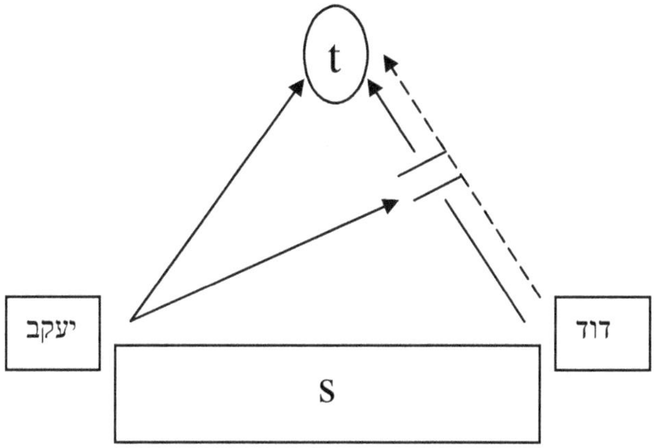

ציור 2

מה קורה כאשר שליח עושה שליח? כאמור, יעקב מינה את דוד, ודוד ממנה את משה. התמונה המתקבלת היא הבאה:

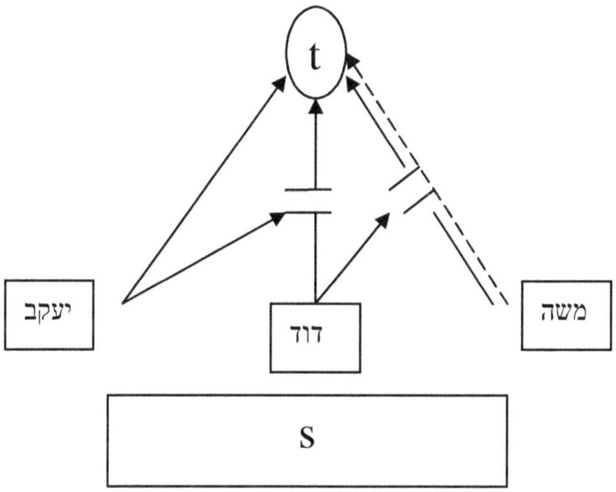

ציור 2א: כאן יעקב שיש לו מסלול פתוח ממנה את דוד, כלומר מחבר את המסלול שלו. כעת לדוד יש מסלול פתוח, והוא יכול למנות את משה. כעת למשה יש מסלול פתוח והוא מבצע את הפעולה. כצפוי, לפי הרמב״ם משה הוא מיופה כוח והוא מבצע הפעולה.

קל לראות שניתן לחלץ מכאן את המסקנה שכאשר שליח שעושה שליח, אזי לפי ה**טור** השני הוא שלוחו של הראשון, ולפי הרמב״ם הוא שלוחו של המשלח המקורי. בתמונה 3א רואים מייד שהשליח השני הוא שלוחו של המשלח. המשלח הוא הפועל כאן באמצעות (דרך המסלול של) השליח השני. זה מיוצג על ידי הקו המקווקו שעובר מהמשלח דרך השליח השני למצב t. לעומת זאת, בתמונה 2א רואים שהשליח השני הוא הפועל, והמשלח שלו הוא מי שפתח לו את המסלול, כלומר השליח הראשון. לכן גם ברור שאם השליח הראשון מת, ייווצר הבדל בין שני המודלים.

אם כן, הייצוג הגרפי שלנו נותן לנו את הממצאים עליהם הצבענו בסוגיית הגמרא למעלה. כעת עלינו לעבור לשני המודלים הנותרים, ולאחר מכן לראות כיצד באה לידי ביטוי ההבחנה בין הממנה למשלח, עליה עומדים האחרונים בדעת הרמב״ם.

שני המודלים המורכבים

המודל השלישי בו נעסוק הוא המודל המורכב בדעת ה**טור**, לפיו גם הוא סובר מודל של ייפוי כוח כבציור 4 מלמעלה:

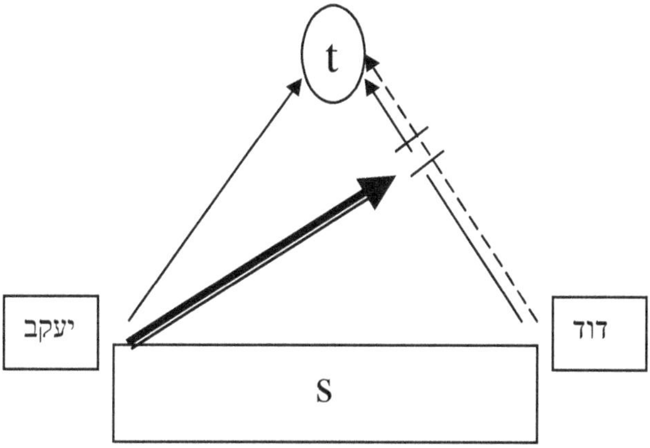

ציור 4

כאשר אנחנו רוצים לייצג את המצב שבו שליח עושה שליח, נקבל בדיוק כמו בציור 2א, אלא שקווי המינוי הם שונים:

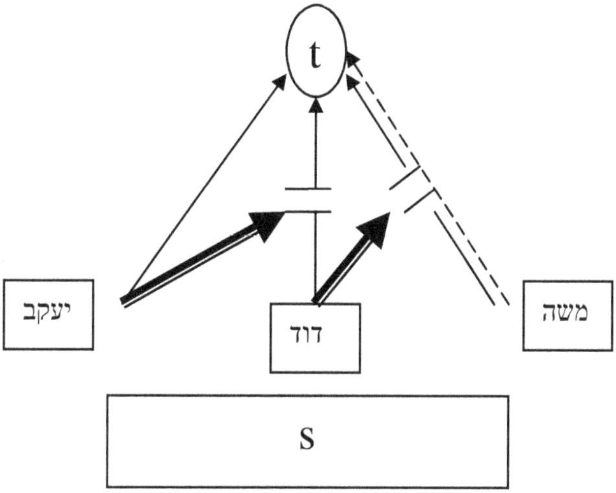

ציור 4א: שליח עושה שליח במודל המורכב של **הטור**. ניתן לראות שאם השליח הראשון מת או השתטה, השליח השני לא יכול לפעול. משמעותו של הקו הזה היא שהמשלח נוטל חלק פעיל בביצוע השליחות, ולכן הוא צריך להיות חי וכשיר.

המודל המורכב בשיטת הרמב״ם הוא כבציור 7:

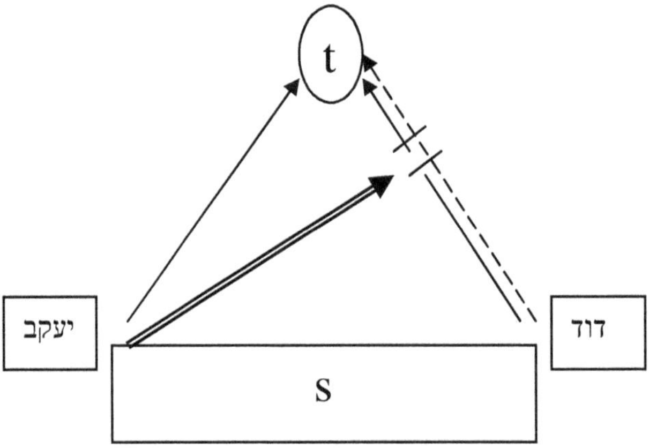

ציור 7

מה קורה כאשר נרצה לייצג שליח עושה שליח? התמונה היא בדיוק כמו בציורים 2א ו-4א, אלא שהקו הוא קו כפול רגיל:

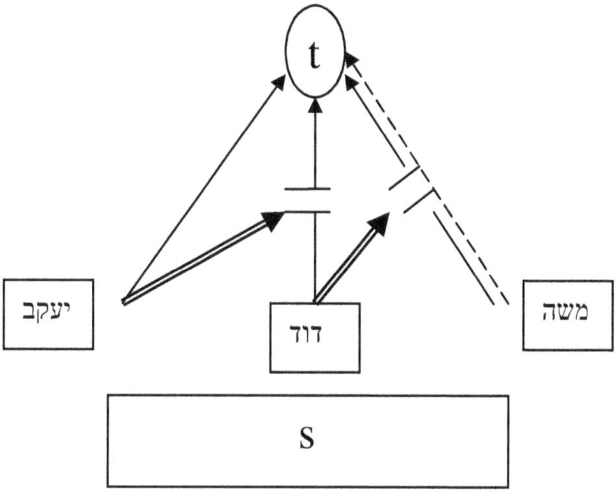

ציור 7א: שליח עושה שליח במודל המורכב של הרמב"ם. ניתן לראות שאם השליח הראשון מת, השליח השני לא יכול לפעול. אבל אם השליח הראשון חי אך שוטה השני כן יכול לפעול. משמעותו של הקו הזה היא שהמשלח אינו נוטל חלק פעיל בביצוע השליחות, אבל אם הוא מת השליחות בטלה.

מסקירת הציורים הללו כולם, רואים שבציורים 2א 4א -7א המשלח של השליח השני הוא השליח הראשון, ולכן הוא יכול לבטל אותו. בציור 3א הוא לא יכול לבטל אותו, ולכן המודל הזה בהכרח חולק על מהר"ם פאדווה.

ייצוג גרפי של המודל החמישי

ראינו למעלה שהאחרונים מציעים מודל מורכב נוסף בשיטת הרמב"ם (יפוי כוח המתון). הבעייה היתה שהמודל הרגיל עומד בסתירה לסוגיית גיטין, שהרי עולה ממנה שהשליח השני יכול לגרש גם אם השליח הראשון מת, ומאידך, השליח הראשון יכול לבטל את השני. בעל **קצוה"ח** רצה להוכיח מכאן את מודל ייפוי כוח הקיצוני שלו (שגם אם מת המשלח השליח יכול

לפעול), אבל האחרונים שדוגלים בשיטת ייפוי כוח המתון (שרק אם השתטה המשלח יכול השליח לפעול, אבל לא אם הוא מת). כדי להסביר לפי שיטה זו את סוגיית גיטין, הם הבחינו בין שני סוגי זיקה: השליח הראשון הוא הממנה של השני, אבל הבעל הוא המשלח שלו. כיצד מייצגים זאת בייצוג גרפי?

כאמור, המודל היסודי הוא זה של הרמב״ם, במודל ייפוי כוח המתון, כבציורים 7 ו-7א. אלא שעלינו להבחין בציור 7א בין הממנה למשלח. הציור שמתקבל הוא הבא:

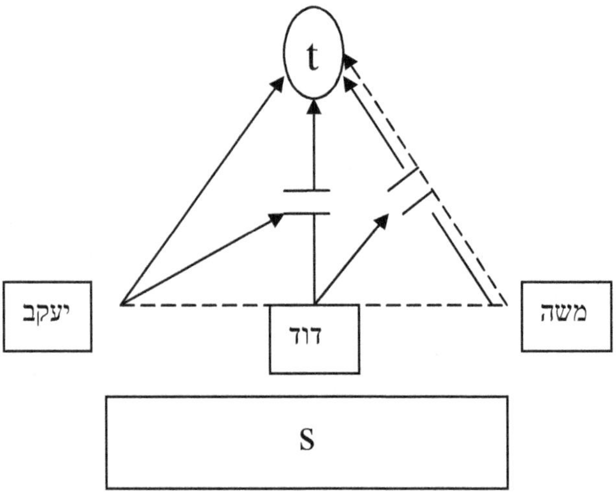

ציור 7ב: מודל ייפוי כוח המתון, עם הבחנה בין הממנה למשלח. אנו רואים שהפועל כאן הוא יעקב, כלומר הוא המשלח. לכן אם הוא מת השליחות בטלה. אבל הממנה הוא דוד.

מהציור הזה נוכל להבין שאם השליח הראשון, שהוא הממנה, מת, לא קרה כלום (כי הקו שמייצג את המינוי הוא קו רגיל, שמייצג פעולה חד פעמית שאינה מתבטלת). אבל אם השליח הראשון מבטל את השליחות, מתקבל הציור הבא:

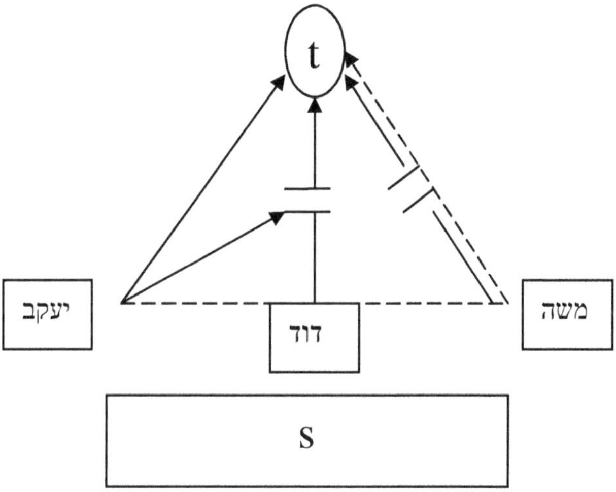

ציור 7ג: מודל ייפוי כוח המתון, עם הבחנה בין הממנה למשלח, כאשר השליח הראשון מבטל את השליחות (לכן חץ המינוי שלו לא מופיע בציור). אם יעקב מת אי אפשר לגרש. אם יעקב משתטה אפשר לגרש (לפי הרמב״ם), כי החץ הוא רגיל ומרגע שהוא קיים הוא נותר בעינו. אם דוד מת, יעקב יכול להמשיך לפעול כי חץ המינוי של משה הוא רגיל (ולכן לאחר שהוא נעשה הוא לא מתבטל). אבל אם דוד מבטל את המינוי של משה אזי חץ המינוי שלו נעלם מהציור, ולכן יעקב לא יכול לפעול דרך המסלול של משה.

מהציור הזה רואים בנקל שבמקרה כזה יעקב אינו יכול לעבור דרך המסלול של משה, כי המסלול ההוא מנותק. הוא כמובן יכול למנות את משה בעצמו, אבל המינוי שעשה דוד התבטל, ולכן הוא אינו עושה עבורו את העבודה.

על מי בודקים את התנאים A_α?

לאחר שהצענו אפשרות שמפצלת בין הממנה למשלח, עלינו לשוב למודל הכללי שלנו ולשאול מי משני הגורמים הללו מעורב בבדיקות המקדמיות A_α? לדוגמה, ראינו שלפי ה**טור** יש לבדוק האם המשלח כשיר וחי, ולפי

הקצוה"ח בשיטת הרמב"ם יש לבדוק האם הוא חי. מי משני הגורמים הללו צריך להיות כשיר או חי?

די ברור שמשמעותו של הפיצול היא שכל הבדיקות המקדמיות צריכות להיעשות על המשלח, ולא על הממנה. השאלה מיהו הממנה רלוונטית אך ורק לגבי אפשרותו לבטל את השליחות. אם המשלח הוא הבעל עצמו, אזי גם אם הממנה הוא השליח הראשון, הבדיקות המקדמיות A_α צריכות להיעשות לגבי הבעל, ולא לגבי השליח הראשון. לכן כשהבעל מת (לפי **הקצוה"ח** ברמב"ם) או לא כשיר (לפי ה**טור**), אי אפשר לבצע את הפעולה גם אם השליחות עומדת בעינה.

פרק שביעי
מילי לא מימסרן לשליח

מבוא

בפרק הקודם עסקנו בשרשראות של שליחות, בהן שליח ממנה שליח אחר. בפרק זה נבחן עיקרון שיוצר מגבלה על דין שליחות, או על האפשרות להאריך שרשרת שליחים.

מילי לא מימסרן לשליח

העיקרון הבסיסי מופיע בסוגיית גיטין סו ע״ב:

א״ר ירמיה בר אבא, שלחו ליה מבי רב לשמואל: ילמדנו רבינו, אמר לשנים כתבו ותנו גט לאשתי, ואמרו לסופר וכתב וחתמו הן, מהו? שלח להו: תצא, והדבר צריך תלמוד.

הבעל אמר לשני העדים לכתוב ולתת את הגט לאשתו, והם רק חתמו. את הכתיבה הם מסרו לסופר שיכתוב הוא את הגט. שמואל אומר שהמצב הזה מסופק, ולכן אם היא נישאה בעקבות קבלת הגט – מספק עליה לצאת מבעלה השני. כעת הגמרא מבררת מהם צדדי הספק של שמואל:

מאי הדבר צריך תלמוד? אילימא משום דהוו להו מילי, ומספקא ליה: מילי אי מימסרן לשליח אי לא מימסרן לשליח, והאמר שמואל, אמר רבי: הלכה כר׳ יוסי, דאמר: מילי לא מימסרן לשליח!

אפשרות ראשונה היא שהספק הוא האם מילי מימסרן לשליח או לא. ומסביר רש״י:

אי לא מימסרן - ופסול דהכא מילי בעלמא מסר להו ואינן חוזרין ונמסרין לסופר ולא דמי למוסר גט לשלוחו שיכול לחזור ולעשות שליח אחר.

רש"י מסביר שכאשר אדם שולח מישהו לכתוב גט אלו מילים בלבד, שכן הוא לא מסר לו שום דבר מוחשי אלא זוהי שליחות מופשטת, ולכן שליח כזה אינו יכול להעביר את השליחות שלו הלאה. זה לא דומה לשליח שקיבל מהבעל גט כדי לגרש את אשתו, שם ראינו בתחילת הפרק הקודם שניתן למנות שליח שני. גט הוא דבר מוחשי, ולכן שליח שקיבל גט מהבעל להוליכו לאישתו, יכול למנות במקומו שליח אחר. אבל במילי, כלומר בדברים מופשטים, לא ניתן למנות שליח שני.

הגמרא דוחה את ההסבר הזה לגבי הספק, שכן להלכה שמואל עצמו קבע שאנו פוסקים כר' יוסי שמילי לא מימסרן לשליח, כלומר ברור לו שלא ניתן למנות שליח שני על מילי. אם כן, עדיין לא מצאנו מה היתה נקודת הספק של שמואל?

כעת הגמרא מציעה הסבר שני:

אלא לשמואל הא קא מיבעיא ליה: האי כתובו, אי כתב ידן אי כתב הגט.

הגמרא קובעת שברור שאם משמעות הציווי שלו לשלוחים היא שהם עצמם יכתבו, אזי הם אינם יכולים למנות שליח אחר שיכתוב במקומם. הספק הוא באשר למשמעות הציווי עצמה, האם הבעל התכוין שהם יכתבו את הגט בעצמם (=כתב הגט), או שהם יחתמו (=כתב ידן) ויתנו לאחר לכתוב את הגט.

כעת הגמרא אומרת שגם בזה לא סביר ששמואל הסתפק, שהרי ניתן לפשוט את זה מהמשנה:

ותיפשוט ליה ממתני': אמר לשנים תנו גט לאשתי, או לשלשה כתבו גט ותנו לאשתי - הרי אלו יכתבו ויתנו!

לכאורה רואים מהמשנה שכשהוא אומר שהם יכתבו כוונתו היא שהם עצמם צריכים לכתוב. אך הגמרא דוחה:

היא גופא קא מיבעיא ליה: כתובו, כתב ידן הוא או כתב הגט הוא.

הגמרא אומרת שגם בפירוש המשנה שמואל מסתפק באותה צורה, האם כשהמשנה כתבה שהם יכתבו, הכוונה היא שיכתבו בעצמם (כתב הגט) או שהכוונה היא שיחתמו (כתב ידן) ויתנו לסופר לכתוב את הגט עצמו.

כעת הגמרא מנסה להוכיח מהמשנה שהכוונה היא לכתיבת הגט:

פשיטא דכתב הגט הוא! דקתני סיפא: אמר רבי יוסי, נומינו לשליח: אף אנו מקובלין, שאפי' אמר לב"ד הגדול שבירושלים תנו גט לאשתי - שילמדו ויכתבו ויתנו לה; אי אמרת בשלמא כתב הגט הוא - שפיר, אלא אי אמרת כתב ידן הוא, מי איכא בי דינא דלא ידעי מחתם חתימת ידייהו? אין, איכא בי דינא חדתא.

הגמרא דוחה את ההוכחה מהמשנה. אם כן, השאלה לגבי כוונת המשלח נותרת פתוחה, ואפשר להסביר שבזה גופא הסתפק שמואל.

הגמרא הניחה עד עכשיו שאם כוונת המשלח היא לכתב הגט עצמו אז ודאי שהם יכולים למנות סופר שיכתוב את הגט. כל הבעיה היא רק אם הבעל אמר להם לכתוב בעצמם. כעת הגמרא מקשה על זה גופא:

ואי סבירא לן דהאי כתובו - כתב ידן הוא, הא כתב הגט כשר? והאמר שמואל, אמר רבי: הלכה כר' יוסי, דאמר: מילי לא מימסרן לשליח!

הגמרא אומרת שאם אכן מילי לא נמסרים לשליח שני, אז גם אם הבעל התכוין בעליל לומר להם שיאמרו לסופר לכתוב עדיין הם אינם יכולים למנות את הסופר, שהרי סוף סוף זו עדיין מסירת מילי לשליח שני.

על כך עונה הגמרא:

אמרי: אי סבירי לן דכתובו - כתב ידן הוא, כתב הגט נעשה כאומר אמרו, ומודה ר' יוסי באומר אמרו.

כאשר הבעל אומר להם לחתום, משתמע מדבריו שהוא מורה להם למסור את הכתיבה לסופר, ואז מדובר במקרה של "אומר אמרו", כלומר משלח שמורה בפירוש לשליח למנות שליח אחר. במצב כזה גם ר' יוסי מודה שהשליח הראשון יכול למנות שליח שני, ואין בעיית מילי.

פסק ההלכה

בגמרא שם ובסוגיית גיטין כט ע״א מבואר שר״מ חולק על דין מילי, ולדעתו מילי כן מימסרן לשליח. יתר על כן, הדבר נכון גם אם לא אמר אמרו. אמנם יש מצבים שבהם גם ר״מ מודה שמילי לא נמסרים לשליח, אלא אם הבעל אומר לשלושה למנות אחר.

בסיום הסוגיא הנ״ל נקבעת הלכה כר׳ יוסי:

גופא: אמר שמואל, אמר רבי: הלכה כרבי יוסי, דאמר: מילי לא מימסרן לשליח. אמר לפניו ר״ש ברבי: מאחר שר״מ וחנינא איש אונו חולקין על רבי יוסי, מה ראה רבי לומר הלכה כר׳ יוסי? אמר לו: שתוק, בני, שתוק, לא ראית את ר׳ יוסי, אילמלי ראיתו נמוקו עמו; דתניא...

כלומר כאן מוסברת מחלוקת התנאים במשנה כמחלוקת בשאלת מילי, ונפסקת הלכה כר יוסי מפני שנימוקו עמו. אם כן, להלכה מילי לא נמסרים משליח ראשון לשליח שני.

וכך אכן פוסק הרמב״ם בהלי גירושין פ״ב ה״ה:

וצריך שיאמר הבעל עצמו לסופר כתוב ולעדים חתומו, הרי שאמרו לו בית דין או שנים נכתוב גט לאשתך ואמר להם כתובו אם כתבו הן עצמן וחתמו בו הרי זה כשר, אבל אם אמרו הם לסופר וכתב ולעדים וחתמו אף על פי שחזרו ונתנוהו לבעל וחזר ונתן גט זה לאשתו בפני עדים הרי זה גט בטל, שהרי כתבו מי שלא אמר לו הבעל לכתבו.

ומה לגבי אומר אמרו? לכאורה כאן בסוגיא מובא שר׳ יוסי מודה במקרה זה שניתן למנות שליח שני במילי. אבל בסוגיית גיטין עא ע״ב – עב ע״א מובאת מחלוקת אמוראים בדעת ר׳ יוסי בנקודה זו, ור׳ אשי סובר שר׳ יוסי סובר שאי אפשר למנות שליח שני גם באומר אמרו:

רב אשי אמר: כולה ר' יוסי היא, ולא מיבעיא קאמר, לא מבעיא היכא דלא אמר תנו, אלא אפי' אמר תנו - לא; ולא מיבעיא היכא דלא אמר לבי תלתא, אלא אפי' אמר לבי תלתא - לא; ולא מיבעיא היכא דלא אמר אמרו, אלא אפילו אמר אמרו - נמי לא.

בסוגיא שם מובאת ראיה לטובת ר' אשי, ונראה שמסקנת הגמרא היא שהלכה כר' אשי. אם כן, לכאורה גם כשהמשלח אומר אמרו זה לא מועיל, ואי אפשר למנות שליח שני על מילי.

והנה הרמב"ם בהל' גירושין פ"ב ה"ו כותב:

אמר לשנים או לשלשה אמרו לסופר ויכתוב גט לאשתי ואמרו לעדים ויחתומו ואמרו לסופר וכתב ולעדים וחתמו או שאמר לשנים אמרו לסופר ויכתוב גט לאשתי ואתם חתומו הרי זה גט פסול, ומתיישבין בדבר זה הרבה מפני שהוא קרוב להיות גט בטל.

נראה שהוא פוסק שהגט נפסל מספק, והוא קרוב להיות בטל. אך הראב"ד שם חולק עליו:

/השגת הראב"ד/ [הרי זה גט פסול וכו' עד] וכל מקום שנ' פסול הוא פסול מדברי סופרים. א"א בגמרא שלנו הרי הגט בטל עד שיאמר לסופר וכו' פרק קורדיקוס (/גיטין/ עא).

הראב"ד פוסק כפשט הגמרא שהלכה כר' אשי שגם באומר אמרו הגט בטל מדאורייתא. גם ב**טור** אבהע"ז סי' קכ מביא בשם הרי"ף והרא"ש שפוסלים לגמרי:

והרמ"ה כתב באומר לשנים אמרו לסופר לכתוב ולעדים שיחתמו ואמרו להם וכתבו וחתמו וגירש בו שהיא ספק מגורשת ורב אלפס כתב שאינו גט כלל וכ"כ א"א הרא"ש ז"ל.

אמנם הרמ"ה שמובא כאן פוסל רק מספק, כשיטת הרמב"ם. וב**שו"ע** אבהע"ז סי' קכ ה"ד נפסק ברמ"א שהיא ספק מגורשת:

לא יכתבנו הסופר ולא יחתמו בו העדים, עד שיאמר להם הבעל לכתוב ולחתום. (ולכתחלה יאמר לסופר לפני העדים). (בסדר הגט

מהר"י מרגלית). וכשיאמר להם הבעל, יכתבוהו הם בעצמם ולא יאמרו לאחרים לכתוב ולחתום. אפילו אמר לבית דין: תנו גט לאשתי, לא יאמרו לסופר לכתוב ולעדים לחתום, ואפילו אמר להם: אמרו לסופר ויכתוב ולעדים ויחתמו, לא יכתוב הסופר ולא יחתמו העדים עד שישמעו מפיו.

הגה: עבר וגירשה על ידי אומר: אמרו לסופר ויכתוב כו', הוי ספק מגורשת (טור בשם הרמ"ה וב"י בשם הר"ן וב"ה וסמ"ג והמרדכי וכל בו).

לא ברור מהי דעת המחבר עצמו, שכן הוא סותם. לפי הכללים המקובלים הוא הולך כשיטת רוב מבין שלושת הפוסקים, רי"ף, רא"ש ורמב"ם. כפי שראינו, הרי"ף והרא"ש סוברים שהגט בטל מה"ת, ורק הרמב"ם פוסל מספק. אם כן, נראה שהמחבר אמור לפסול גט כזה מה"ת, לא כרמ"א.

לסיום נעיר ש**בח"מ** שם סקי"ג (וראה גם **בב"י** סי' קכ) הביא פוסקים שכתבו שבאומר אמרו הגט פסול רק מדרבנן (ולא מספק דאורייתא), וזו שיטה שלישית.

מה היא הגדרת 'מילי'?

כפי שראינו למעלה, 'מילי' פירושו מילים בעלמא, משהו מופשט ללא חפץ קונקרטי כמו גט. בסוגיית גיטין כט ע"א, מחלקים רבא ושמואל בדעת ר"מ ששליח לכתיבת גט הוא שליח למילי, ואילו שליח למסירת הגט כשהוא כבר כתוב הוא שליח לדבר מוחשי, ולכן הוא יכול למנות שליח שני.

רש"י שם מסביר:

רבא אמר - התם היינו טעמא דלא משוו שליח שלא מסר להם אלא דברים ואין בדברים כח להיות חוזרים ונמסרים לאחר אבל גט דאית ביה מששא חוזר ונמסר.

הראשונים מתקשים כיצד שליח רגיל לקידושין יכול למנות שליח שני, הרי זוהי שליחות של מילי, שהרי אין בידו משהו ממשי? **בב"ש** אבהע"ז סי' לה סקט"ו מחלק את תשובות הראשונים לשאלה זו לשלוש סיעות:

א. תורי"ד קידושין מא ע"א[27], כותב שאמנם שליח לקידושי כסף אינו יכול למנות שליח אחר, שכן זוהי שליחות למילי. אמנם בדרך כלל הבעל נותן בידו כסף, אבל גם אם הכסף הזה יאבד הוא יכול לקדש בכסף אחר.[28]

ולפי זה, בקידושי שטר ניתן למנות שליח שני. אמנם **בקצוה"ח** סי' רמד סק"ג חידש שאם השליח התמנה לכתוב את השטר למסור אותו, הרי זה מילי, שכן כאן אם השטר יאבד הוא יכול לכתוב שטר אחר. כלומר בסיטואציה הזו השטר אינו בדווקא, ולכן הוא כמו כסף. הדברים כמובן אינם הכרחיים.

האחרונים הסבירו שההבדל בין כסף קידושין לשטר גירושין וקידושין הוא שבשטר הרי השטר הוא המגרש/מקדש, ולכן ניתן למסור אותו לשליח השני, שהרי גם הוא יגרש/יקדש בשטר הזה. לעומת זאת, בכסף המקדש הוא האדם ולא הכסף. והכסף הוא רק צורתו של מעשה הקידושין. לכן אם השליח הראשון התמנה לקדש בכסף הוא לא יכול להעביר את כוחו לשליח שני, שכן הראשון הוא שקיבל את הכוח לפעול את פעולת הקידושין ולא השני.

ב. אך במרדכי כותב שגם שליח לקידושי כסף יכול למנות שליח אחר. בפשטות כוונתו היא שכסף גם הוא חפץ מוחשי, ולכן אינו מילי. לכן באמת מובא ברמ"א סי' לה ה"ו שזה רק אם השליח מוסר לשליח השני את הכסף שקיבל מהבעל, שאם לא כן אין כאן העברת משהו מוחשי מהבעל לשליח השני.

אך הגר"א (אבהע"ז סי' לה סקט"ו-טז) ביאר את שיטת המרדכי שבקידושין וגירושין זוהי שליחות שגומרת את הדבר, ולכן היא אינה מילי. רק שליחות

---

27 וכן הוא בריא"ז שהובא בש"ג קידושין טז ע"ב אות א וברמ"א אבהע"ז סי' לה ה"ו

28 ואפילו כסף שלו, ולא של הבעל. ראה קידושין ז ע"א, בדין עבד כנעני, וברש"י וריטב"א שם. וראה גם בספר הבא בסידרה בפרק שעוסק בדין ע"כ.

לכתיבת גט היא מילי, שכן הכתיבה אינה מסיימת את הגירושין אלא רק מכינה את הגט. ולפי זה גם אם הוא מוסר לו את הכסף שקיבל מהבעל זה לא מועיל. להלן נראה שכנראה הגר״א צודק בהסבר שיטת המרדכי.

ג. שיטת הקדוש מרדוש (שהובאה במרדכי קידושין, פ״ב רמז תקה) היא ששליח קידושין כלל לא יכול למנות שליח שני. שליח עושה שליח הוא רק בגירושין ולא בקידושין. ההבדל הוא שבגירושין הדבר נעשה בעל כרחה של המתגרשת, ולכן השליח מקבל כוח מוחלט. כוח כזה הוא יכול להעביר לשליח שני. אבל בשליח לקידושין הדבר תלוי בהסכמת האישה, ולכן אין לו כוח מוחלט. ממילא הוא אינו יכול להעביר את כוחו לשליח השני.

מסתבר שההבחנה שלו מבוססת על כך שמעשה שעוד לא הסתיים, אלא תלוי במשהו אחר, אינו ניתן להעברה. כאשר אדם ממנה שליח לגירושין הוא מרוקן את כוחו אל השליח, ולכן השליח יכול להעביר את הכוח לשליח שני. אבל בשליח לקידושין הרי המעשה עוד לא נגמר, ועדיין הבעל פועל בדבר ואל התנתק ממנו לגמרי. לכן כאן לא ניתן להעביר את הכוח לשליח שני (ראה **קצוה״ח** סי׳ רמד סק״ב).

שתי השלכות

השלכה אחת שמבחינה בין השיטות היא בשאלה האם שליח לקבלה יכול למנות שליח שני. לפי הגר״א במרדכי ניתן למנות שליח שני, שכן שליח כזה נשלח לגמור הדבר. לפי ההסבר שלנו במרדכי והתורי״ד אי אפשר למנות שליח שני, כי אין כאן שום דבר מוחשי שנמסר לו. ואמנם במרדכי גיטין פ״ו רמז תכ כתב בפירוש שניתן למנות שליח שני לקבלה. מכאן מוכח כהסבר

הגר״א, וכך אכן מוכיח **קצוה״ח** שם בדעתו. לפי הקדוש מרדוש נראה שאי אפשר למנות שליח שני, כי הקידושין תלויים באדם אחר.[29]

מהרי״ט בשו״ת ח״א סי׳ קכז מחדש שם שכל חלות שנעשית בדיבור בלבד (הקדש, הפקר, תמורה וכו׳) היא מילי, ולא ניתן למנות שליח שני לגביה. להלן נראה שבהקשרים אלו לא ניתן למנות אפילו שליח ראשון.

אך רעק״א בגיטין לב ע״א **ובית מאיר** אבהע״ז סי׳ קכ ס״י ד״ה ׳ושלוחו׳ דחו את דבריו, וטענו שכל חלות שמסתיימת בדיבור היא כמעשה.

ונראה שיסוד הויכוח הוא בהבנת מילי. המהרי״ט כנראה הבין כמרדכי לפי הצעתנו, שמילי הוא משהו מופשט שנמסר לשליח. לכן הוא מחדש שהמופשטות נקבעת לפי אופן החלת החלות המדוברת. אם זה נעשה בדיבור אז זהו דבר מופשט שנמסר לשליח. ואם זה נעשה במעשה, אז נמסר לשליח כוח שהיה אצל המשלח, וזה משהו מוחשי. אך רעק״א וה**ב״מ** סברו שהכל הולך אחר גמר הדבר. שליחות שמסיימת את הדבר אינה מילי. וזה דומה לשיטת הגר״א **וקצוה״ח** בדעת המרדכי.

שתי שיטות בביאור מחלוקת האמוראים לגבי ׳אומר אמרו׳

ראינו שהאמוראים נחלקו בדעת ר׳ יוסי האם באומר אמרו, כלומר כשהמשלח ממנה את השליח הראשון ומורה לו בפירוש למנות שליח שני, מודה ר׳ יוסי שזה אפשרי, או לא. מהי נקודת המחלוקת ביניהם? אנו מוצאים שני כיוונים במפרשים בעניין זה: הרמב״ן תולה זאת במחלוקת בדיני כתיבת גט, ורעק״א תולה זאת במחלוקת בגדרי שליחות.

---

29 אמנם לכאורה יש לדחות זאת, שכן קבלת הקידושין לא תלויה באדם אחר. אבל זה לא נכון, שכן לפי זה גם הולכת הקידושין לא תלויה באדם אחר, שהרי הסכמת האישה היא לקבלת הקידושין ולא למסירתם.

ביאור המחלוקת לפי הרמב״ן

שיטת הרמב״ן, גיטין כט ע״א, ד״ה ׳הא דאמר׳, שהמחלוקת היא בגדרי דין כתיבת גט לשמה. השאלה היא האם הסופר צריך לשמוע את ציווי הבעל לכתוב את הגט מפי הבעל עצמו, או שהוא יכול לשמוע אותו גם מפי שליח. לכן לשיטתו המחלוקת לגבי אומר אמרו היא האם רק הבעל יכול לצוות את הסופר (=ואז הסופר הוא שליח ראשון), או שמא הוא יכול לשלוח שליח שיצווה את הסופר (=ואז הסופר הוא שליח שני).

הר״ן מסביר זאת קצת אחרת: לכל הדעות נדרש ציווי מפי הבעל. אלא שאם מילי מימסרן לשליח, אז כשהסופר שומע מפי השליח זה כציווי מפי הבעל עצמו. המילים של השליח נמסרו לו מהבעל, והסופר שמע את מילותיו של השליח. אבל אם מילי לא מימסרן לשליח, אז כשהסופר שומע מפי השליח זה לא כמי ששמע את מילותיו של הבעל.

לפי שיטה זו, המחלוקת באומר אמרו אינה נוגעת ישירות לגדרי שליחות אלא לדיני כתיבת גט, ולכן לא נפרט לגביה יותר. עקרונית לפי הרמב״ן לכל הדעות אומר אמרו מועיל מבחינת דיני שליחות, ולכן ההסברים שיובאו להלן בדין מילי לפי השיטה שאומר אמרו מועיל הם ההסבר לכל הדעות לפי הרמב״ן.

הצעה ראשונה: ביאור המחלוקת בגדרי שליחות

יש מקום להבין את המחלוקת כנוגעת לעיקר דין שליחות. בפשטות היה מקום לומר שאם הבעל אומר אמרו לפלוני לכתוב, אז הוא מינה את השליח הראשון למנות שליח שני. במקרה זה, יש לשליח הראשון מנדט למנות שליח שני, ולכן זה מועיל. אבל אם הבעל ממנה את השליח הראשון לכתוב גט, אזי אין לו מנדט למנות שליח לכתיבה אלא רק לכתוב בעצמו, ולכן הוא לא יכול למהות שליח אחר. במילים אחרות, ישנה כאן טענה פשוטה מאד שרק מי שקיבל מנדט למנות שליח יכול לעשות זאת. עצם הסמכות לבצע את הפעולה אינה מספיקה כדי להעמיד את השליח במקום המשלח ולמנות שליח שני.

למעשה נראה שהדברים מפורשים בסוגיית שליח שלא ניתן לגירושין, בגיטין דף כט ע״ב. הגמרא שם קובעת:

ההוא גברא דשדר לה גיטא לדביתהו, אמר שליח: לא ידענא לה, אמר ליה: זיל יהביה לאבא בר מניומי, דאיהו ידע לה, וליזיל וליתביה ניהלה. אתא ולא אשכח לאבא בר מניומי, אשכחיה לרבי אבהו ורבי חנינא בר פפא ור׳ יצחק נפחא ויתיב רב ספרא גבייהו, אמרו ליה: מסור מילך קמי דידן, דכי ייתי אבא בר מניומי ניתביניה ליה, וליזיל וליתביניה לה.

אדם שלח שליח למסור גט לאשתו, ואמר לו למסור את הגט לאבא בר מניומי, שהוא מכיר את האישה ולכן הוא שימסור את הגט לידיה. הוא לא מצא אותו, ומסר את הגט לשלושה חכמים שימסרו לאבא בר מניומי.

כעת מקשה ר׳ ספרא לאותם שלושה חכמים:

אמר להו רב ספרא: והא שליח שלא ניתן לגירושין הוא! איכסופו. אמר רבא: קפחינהו רב ספרא לתלתא רבנן סמוכי.

ר׳ ספרא טוען שזהו שליח שלא ניתן לגירושין, כלומר שליח שאין לו סמכות לגרש את האישה אלא למסור את הגט למישהו שלישי שיסור לה. שליח כזה לא יכול למנות שליח אחר לאותם גירושין, אלא רק את השלישי שאליו הוא נשלח.

א״ר אשי: במאי קפחינהו? מי קאמר ליה אבא בר מניומי ולא את? איכא דאמרי, אמר רבא: קפחינהו רב ספרא לתלתא רבנן סמוכי בטעותא. א״ר אשי: מאי טעותא? מאי קא אמר ליה? אבא בר מניומי ולא את.

כלומר אם המשלח אומר לו למסור דווקא לאבא בר מניומי, הוא לא יכול למסור לשליח אחר. ובאמת בתוד״ה ׳וכי׳, כד ע״א, מסביר זאת בדיוק כך. שליח לא יכול לבצע פעולה שאין לו מנדט לגביה.

אמנם יש להעיר שפירוש התוס׳ לגמרא אינו מוסכם. לדוגמה, הריטב״א כט ע״ב, ד״ה ׳אמר׳, חולק על הפירוש הזה. לדעתו ברור שהשליח יכול למנות

שליח אחר, והדיון כאן הוא על נושא אחר[30]. כך גם מסביר רעק"א (גיטין סג ע"ב, ד"ה 'ברש"י ד"ה 'כתבו' '), שאם השליח הראשון הוא ממש שליח למסור לאבא בר מניומי, או אז הוא ודאי יכול גם למנות שליח אחר. בגמרא מדובר שהשליח הראשון תמנה רק לעשות מעשה קוף (ראה בפרק השני), כלומר למסור את הגט לשליח השני. מי שממנה את השליח השני הוא הבעל עצמו (ולא שהשליח הראשון התמנה למנות בעצמו את השליח השני). רק לגבי זה הגמרא קובעת שהשליח הראשון לא יכול למסור לשליח אחר, כי זה לא נכלל במנדט שלו.

אם כן, לפחות לשיטת התוס' יוצא כאן ששליח שקיבל שליחות של אומר אמרו, לא יכול למנות שליח אחר (אלא רק את זה שהוא התמנה אליו). זה פשוט לא המנדט שלו. את השליח השני הוא יכול למנות כי זה גופא היה המנדט שהוא קיבל במינוי שלו. והן הן דברינו גם כאן, לגבי דין אומר אמרו.

אך זה כשלעצמו לא יכול להיות ההסבר המלא, שהרי בשליחות שאינה מילי השליח הראשון כן יכול למנות שליח שני גם בלי שהבעל אומר לו לעשות זאת (אומר אמרו). אם כן, אין מניעה עקרונית למנות שליח שני שיחליף את הראשון ויבצע את הפעולה שלו. המניעה היא רק כאשר מדובר בשליחות על מילי.

המסקנה היא שהבעייה אינה האם הבעל נתן לשליח מנדט למנות שליח אחר, אלא בכך שתוכן השליחות הוא מילי בעלמא. אז כיצד ניתן להבין את שתי הדעות החולקות?

ביאור המחלוקת לפי רעק"א

רעק"א בחידושיו לגיטין לב ע"ב מציע הסבר למחלוקת באופן שהיא נוגעת לגדרי שליחות, ובודאי לשרשרת שליחויות, וזו לשונו:

---

30 האם הוא יהיה נאמן להעיד על כשרות הגט, אם הביא אותו מחו"ל. ראה גם ב"י אבהע"ז סי' קמב בשם התשב"ץ, וחזו"א אבהע"ז סי' קד סקי"ח.

ולכאורה נראה דעיקר הפלוגתא אם אומר אמרו כשר או לא פליגי בזה דלמ״ד או״א כשר עיקר הדין דמילי ל״מ לשליח היינו דאין כח להשליח למסור כחו לאחרים מדין שליח עושה שליח אם אינו מוסר להשני מעשה אלא מילי בעלמא מש״ה בלא או״א לסופר רק שאמר לסופר כתוב דנעשה הוא שלוחו דהבעל לכתוב אין בכוחו לחזור ולמסור כח שליחותו לאחר לומר לו כתוב כיון דמוסר לו רק מילי. אבל חד שליחות אפשר ע״י מילי לעשות שליח למילי. דהיינו באומ׳ אמרו לסופר דהבעל עשאו לזה עצמו שליח שיאמר עבורו להסופר לכתוב. ובמה שאומר זה לסופר בשליחו דהבעל הוי כאילו הבעל עצמו אומר לסופר לכתוב דהבעל יכול לעשות שליח למילי דמילי שעושה שליח הוי כמילי דהבעל עצמו.

אבל מאן דס״ל דאו״א פסול ס״ל דחד שליחות ג״כ לא נתפס על מילי בעלמא ואין כח להבעל לעשות שליח למילי בעלמא.

הוא מסביר שלשיטה הסוברת שבאומר אמרו ניתן למנות שליח שני, ברור שבאופן עקרוני שליחות על מילי יכולה לחול. במקרה שהשליח הראשון קיבל מינוי מהמשלח שלו על מילי (כגון לכתוב גט), הוא אכן נעשה שלוחו של המשלח לעניין זה. תפקידו הוא לכתוב גט. כעת הוא רוצה להעביר את זה לשליח השני, אבל את זה לא ניתן לעשות. המסקנה היא שאם תוכן השליחות הוא מילי, זה יכול לעבור מהמשלח לשליח אחד, אבל לא להמשיך ולעבור לשליח שני. שליחות על מילי היא חלשה, ואין לה כוח לעבור לחוליה נוספת בשרשרת השליחות. ההנחה כאן היא שהשליח השני הוא שלוחו של השליח הראשון, אבל הראשון לא יכול להעביר לו שליחות מסוג כזה.

מה קורה אם הבעל אומר אמרו? במקרה כזה תוכן השליחות של הראשון הוא למנות את השליח השני (ולא לבצע את כתיבת הגט). אמנם גם תוכן כזה (מינוי שליח) הוא מילי, אבל כאן כאשר הוא בא למנות את השליח השני הוא בעצם מבצע את שליחותו (ולא מוסר לשני את השליחות שהוטלה עליו, כמו במקרה קודם). במקרה כזה השני נחשב כמי שצווה על ידי הבעל עצמו ולא על

ידי שליח, וכבר ראינו שלשיטה זו ניתן למנות שליח לעניין של מילי, רק העברה הלאה של שליחות לגבי מילי אינה אפשרית. לכן במקרה כזה מינויו של השליח השני הוא תקף. הסיבה לכך היא שבאומר אמרו השליח השני הוא שלוחו של הבעל, ולא של השליח הראשון, שהרי לשליח הראשון אין כלל מנדט לכתוב את הגט. לכן אין כאן שרשרת באורך שניים, וממילא לא נוצרת הבעייה של מילי.

מה קורה בשליחות של מעשה, כגון מסירת גט? ראינו שניתן להעביר שליחות כזאת לשליח שני גם בלי שהבעל אמר אמרו. זוהי שליחות חזקה, ולכן יש לה כוח לעבור מהשליח הראשון לשליח השני. במקרה זה קיימות שתי האפשרויות שתוארו בפרק הקודם: או שהשליח השני הוא שלוחו של הראשון, או שהוא שליח ישיר של הבעל, ושתיהן באות בחשבון.

אמנם סביר יותר שלשיטה זו השליח השני הוא שלוחו של הבעל ולא של השליח הראשון, שכן כאשר תוכן השליחות הוא מילי ראינו שלא ניתן להעביר אותה לשליח שני בגלל שמדובר בשרשרת באורך שתי חוליות. מכאן מוכח שההבנה היא שהשליח השני מנסה להיות שלוחו של הבעל ולא של השליח הראשון. אם כן, גם בשליחות ממשית (לא מילי) השליח השני הוא שלוחו של הבעל, אלא שבשליחות מוחשית ניתן ליצור שרשרת ארוכה של שלוחים.

אם כן, לפי השיטה שאומר אמרו מועיל, אזי אם השליח השני הוא שלוחו של השליח הראשון זה לא מועיל בשום צורה. במקרים בהם השליח הראשון יכול למנות שליח שני זה תמיד כאשר השני הוא שלוחו של הבעל ולא של השליח הראשון. זה קורה כאשר הבעל אומר אמרו, וכאשר מדובר בשליחות על מעשה. במילי כשלא אמר אמרו זוהי שליחות של השליח הראשון והיא לא מועילה.

לעומת זאת, ר' אשי סובר שגם באומר אמרו לא מוסרים מילי לשליח שני. ברור שלשיטתו הבעייה היא עקרונית, ולא ניתן כלל למנות שליח למילי, גם לא את השליח הראשון. לפי ר' אשי אין כלל שליחות על מילי. לכן השליח הראשון כלל לא יכול לקבל מהמשלח שליחות שתוכנה הוא למנות שליח

אחר, או לעשות מילי. שליחות כזו אינה שליחות, ולכן גם אם המשלח ממנה אותו בפירוש לכך זה לא מועיל.

לפי שיטה זו כבר השליח הראשון אינו שלוחו של המשלח לעניין המינוי, ממילא הוא גם לא יכול למנות את השליח השני, כי אין לו מנדט לכך. אמנם לפי זה לא ברור כיצד בכלל ניתן למנות סופר לכתוב גט, הרי זו שליחות על מילי? הסופר הוא אמנם שליח ראשון, אבל תוכן השליחות הוא מילי (כתיבת גט) ולשיטה זו אין שליחות על מילי כלל, אפילו לא לשליח הראשון.

קשיים בשיטת רעק״א

אמנם הדברים לגבי שיטת ר׳ אשי לא ברורים. ראינו שלשיטת ר׳ אשי כלל לא התחדש דין שליחות לגבי מילי, כלומר גם השליח הראשון אינו שליח על מילי. אך אנו רואים בסוגיות שהבעיה מתעוררת תמיד ביחס לשליח השני בלבד. אין בעיה למנות את השליח הראשון גם לשליחות של מילי.

לדוגמה, בעל **בית מאיר** (אבהע״ז סי׳ קכ סק״ד) הקשה כיצד לפי ר׳ אשי ממנים סופר לכתוב את הגט? הרי ראינו שזוהי שליחות למילי, ולכן לא ניתן להעביר אותה לשליח שני. אך לפי ר׳ אשי שליחות למילי לא קיימת גם ביחס לשליח ראשון, אז כיצד בכלל ממנים סופר לכתוב גט? הוא מוכיח מכאן שהבעייה של מילי היא אך ורק בהעברת השליחות לשליח שני, לא כהסבר רעק״א.

אמנם ניתן היה ליישב את שיטת רעק״א לפי שיטתם של כמה ראשונים (ראה תוד״ה ׳והא׳, גיטין כג ע״ב, ורשב״א כג ע״א, ד״ה ׳אלא׳) שסוברים שכלל לא נדרשת שליחות לכתיבת הגט. לפי שיטות אלו, כאשר הבעל ממנה את הסופר לכתוב את הגט הסופר אינו שלוחו. אמנם כשהסופר ירצה למנות שליח אחר במקומו הרי יהיה כאן העברת מילי כי הוא פועל כשלוחו של הבעל (כדי שהסופר השני יכתוב בציווי הבעל הוא צריך לשמוע ציווי מפי הנבעל. ואם הוא שמוע מפני הסופר הראשון, בהכרח הסופר הראשון פועל כשלוחו של הבעל).

לכן כאן זה לא מועיל, כי הראשון אינו שליח (או מפני שלא מונה או מפני שאין שליחות למילי). ראה גם ב**פנ"י** כט ע"א ד"ה 'גמרא רבא' שהעיר על כך.

רעק"א עצמו, בהמשך דבריו שם, מקשה על שיטת הקדוש מרדוש, שסובר שנתינת קידושין היא שליחות מילי:

ואולם עדיין יש לעיין למה דס"ל למהר"ר מרדו"ש הובא בב"ש (סי' ל"ה ס"ו) דבקדושין אף בשטר אין שליח עושה שליח כיון דתליא ברצונה עדיין אין מעשה ביד השליח דהא אין ביד השליח לגמור המעשה דשמא לא תתרצה מש"ה מקרי מילי בזה יקשה דא"כ לר' יוסי דס"ל אומר אמרו פסול דברנו דשליחות ראשון ג"כ א"א במילי א"כ שליח דקדושין היכי משכחת לה ועיין.

הוא מקשה כיצד לשיטה זו ממנים שליח להולכה בקידושין? נראה שהוא נותר כאן בצ"ע.

וכן מצינו ב**קצוה"ח** סי' רמד סק"ג שהקשה על שיטת המרדכי שסובר ששליח לקבלה הוא מילי (ולכן לא יכול לעשות שליח), כיצד ניתן למנות שליח לקבלה של האישה? והרי זה מפורש בסוגיית קידושין מא ע"א שניתן למנות שליח הולכה וקבלה בקידושין. כל הבעיה של מילי יכולה להתעורר רק במינוי השליח השני.[31]

רעק"א בעצמו שם (וכן הוא ב**קצוה"ח** שם) מיישב את הקושיא לגבי כתיבת גט ושליח קבלה כך:

ומה דמביא הב"מ ראיה משטר גט ומתנה עצמו במחכ"ת אינו דאף שהבעל אינו מוסר דבר להסופר, מ"מ מצוה ומשוי אותו שליח לעשות מעשה לכתוב אבל אם מצוהו לעשות מילי בעלמא י"ל דלא מהני.

31 שיטת הרב עמיאל (,דרכי משה: דרך הקודש שמעתתא ופ"ב ודרכי הקניינים שמעתתא ו' פרק כ) מעניינת כאן: לשיטתו שליח ההולכה שונה משליח הקבלה בכך ששליח הקבלה הינו גם יד הבעל וגם הוא מיופה כח לגרש, בעוד שליח שקבלה הינו רק מיופה כח. הדבר מסביר את הצורך בעדות דווקא עבור שליח הקבלה אבל שופך אור גם על תחילת הבעיה של מילי מן השליח השני ואילך.

הוא מסביר שכשהבעל אומר לסופר לכתוב הוא ממנה אותו שליח על כתיבה ולא על מילי, שהרי השליח עושה כאן משהו מוחשי (הוא יוצר גט). אלא שאז לא ברור מדוע השליח לכתוב את הגט לא יכול למנות שליח אחר?

על כך מסבירים כמה אחרונים (ראה **אמרי משה** סי׳ יח סק״ד **וקה״י** קידושין סי׳ כד) שכל עוד הסופר לא כתב את הגט מעמד השליחות הוא כמו מילי. רק כאשר הוא כותב את הגט זה הופך לשליחות מוחשית. לכן לפני הכתיבה הוא לא יכול למסור את השליחות לשליח שני, שכן מדובר במילי. אבל למנות אותו עצמו לדבר כן אפשר, שכן מעת שהגט נכתב זה כבר לא מילי.

כעין זה הם מסבירים גם את הקושיא משליח לקבלה. אמנם שליחות לקבלה היא מילי, ולכן עקרונית לפי ר׳ אשי כלל לא ניתן למנות שליח קבלה. אולם משעה שהשליח מקבל את הגט (ולקדוש מרדוש כששליל הולכה מוסר את הגט) אז הוא הופך לשליח. השליחות מתממשת רק בעת ביצועה. הביצוע הופך את המינוי לתקף למפרע.

יוצא מכאן שלפי ר׳ אשי שהבעייה היא בשליח הראשון, אלא שרק שליחות למנות מישהו לשליח היא שליחות על מילי. לכן היא עצמה לא חלה. שליחות לכתיבת גט או לקבלת קידושין אינן בעייתיות מצד עצמן, אלא רק מסירתן לשליח שני היא בעייתית, כי לפני שהן בוצעו מדובר במילי. ושליחות למסירת גט אינה מילי גם בטרם היא מבוצעת מפני שנמסר גט לידי השליח.

סיוע להסבר זה מדברי הראשונים

רש״י עא ע״ב, ד״ה ׳דאמר׳, כותב:

> ***דאמר מילי מימסרן לשליח - דרך ארץ הוא לעשות שליח דברים והוי נמי בדברים שלוחו של אדם כמותו הלכך היכא דהוו ג׳ דאיכא למימר עשאן ב״ד לומר לאחרים אמרו לסופר ויכתוב ולעדים ויחתומו.***

רואים מדבריו שהדעה שמילי מימסרן לשליח סוברת שניתן למנות שליח למילי. הדיון הוא על מינוי שליח בכלל, ולאו דווקא על שליח שני. משמע שלדעה שמילי לא מימסרן לשליח כלל לא ניתן למנות שליח למילי. וזה ממש כהסבר רעק״א בדעת ר׳ אשי.

בספר **חשק שלמה**, ד״ה ׳ברש״י׳, הקשה סתירה לדברי רש״י אלו, ממה שהוא עצמו כותב בדף סו ע״ב:

> ***אי נימא מילי אי מימסרן לשליח - וכשר ודברים שנאמר לשליח זה אם יכול למוסרן לשליח אחר.***
>
> ***אי לא מימסרן - ופסול דהכא מילי בעלמא מסר להו ואינן חוזרין ונמסרין לסופר ולא דמי למוסר גט לשלוחו שיכול לחזור ולעשות שליח אחר.***

רואים שהמחלוקת היא רק לגבי מסירה לשליח שני.

הח״ש מתרץ שבסוגיית עא ע״ב מעמידים את ר׳ יוסי שלדעתו גם באומר אמרו אי אפשר למנות שליח למילי, והסביר רעק״א שפירוש הדבר הוא שכבר השליח הראשון אינו שליח. אבל בסוגיית סו ע״ב מדובר בשיטה שאומר אמרו כשר, ושם הבעייה היא רק בשליח השני. אם הוא צודק, אז מרש״י יש ראיה ברורה לדברי רעק״א.

ראיה נוספת לדברי רעק״א ניתן להביא מדברי הרשב״א בתחילת פ״ב דקידושין, שם הוא מעיר על דברי הגמרא (ראה לעיל בתחילת הפרק הקודם) שלומדת ששליח עושה שליח:

> ***מלמד שהשליח עושה שליח. וא״ת בשלמא שליח דידיה משוי שליח אבל שליח דידה היכי משוי שליח והא מילי נינהו ומילי לא מימסרן לשליח, כדאמרינן בהמביא תניין?***

הרשב״א מקשה כיצד הגמרא לומדת ששליח עושה שליח גם בשליח לקבלה הרי אלו מילי? וב**ברכת אברהם** גיטין כט ע״א מעיר שלכאורה הדברים קשים, שכן אם יש בעיה בשליחות כזו כבר אצל הראשון אז ברור מדוע נוצרת בעייה במינוי של השני. אבל אם הבעיה של מילי לא קיימת בשליח הראשון, אז

מניין להמציא בעייה בשליח השני? למה בכלל היינו מחלקים בין שליח ראשון לשני מדעתנו אם יש לנו מקור שמרבה ששליח עושה שליח ושליח ראשון לקבלה ודאי יכול להתמנות.

הרשב״א עונה שם כך:

ותירץ הרב ברצלוני ז״ל דהכא בדשוייה איהי שליח בקנין דאלים לשויי שליח, ומסתברא בשנתנה לו רשות לשויי שליח, דלא אמרינן מילי לא ממסרן לשליח אלא כשהשליח עושה אותו שליח מדעתו, אבל מדעת בעלים משוי שליח, וכדמוכח התם דהא באומר אמרו שליח עושה שליח.

עד כאן הוא מסביר שהגמרא הולכת לשיטת החולקים על ר׳ אשי שבאומר אמרו מודה ר׳ יוסי שאפשר למנות שליח שני. משמעות הדבר היא שכאן הולכים בשיטה שאין בעייה עקרונית בשליחות מילי, והבעייה היא רק בשליח השני.

כעת הוא מביא תירוץ שני:

א״נ בשחלה שליח או שנאנס שהשליח עושה שליח, משום דסתמא דמלתא כל שחלה דעת בעלים שימנה השליח שליח, וה״נ בכה״ג מיירי, ולא באו כאן אלא ללמד שהבעלים רשאין למנות שליח ושהשליח שלהן ממנה שליח כדיניה.

גם כאן זה הולך בשיטה שאומר אמרו מועיל, וההנחה היא שכשהשליח חולה הבעלים ודאי מתכוין שהוא ימנה שליח אחר, וזה כמו אומר אמרו.

ובאמת בסוגיית גיטין כט ע״א הרשב״א כותב זאת בפירוש:

ודוקא דאמר להו כתבו ותנו הוא דאמרינן דלא מימסרן לשליח כלומר כיון שהוא אמר להם לכתוב דברים אלו שנמסרו להם הם אינן יכולין למסרן לאחרים, אבל ודאי מרצון הבעלים יכולין הם למסרן דלאו אינהו מסרי להו למילי אלא כאילו הבעלים עצמן מסרום וכדאיתא לקמן בפ׳ התקבל (ס״ו ב׳) דאף ר׳ יוסי דאית ליה מילי לא מימסרן לשליח מודה הוא באומר אמרו.

כאן הוא פוסק שבאומר אמרו מועילה מסירת מילי לשליח שני, והוא מסביר זאת בדיוק כמו שהסביר רעק״א את השיטה הזו: זה מועיל מפני שהשליח השני הוא שלוחו של הבעלים ולא של השליח הראשון.

אמנם ב**שיטה לא נודע למי** על סוגיית קידושין מא ע״א חלק על הרשב״א בזה. הוא טוען שאם המשלח אומר אמרו אין צורך לחידוש שהוא יכול למנות שליח (שוב זה הולך כנראה לשיטה שאומר אמרו מועיל). הוא מסביר שמכיון שמינוי השליח השני נעשה בפקודת האיש או האישה הרי הוא כשלוחם שלהם (ולא של השליח הראשון), ולכן זה נלמד מהמקור שמלמד את עצם דין שליחות (״ושילח״ הראשון). ראה על כך בהערות המהדיר לרשב״א קידושין מוסד הרב קוק, מא ע״א, הערה 14. אם כן, גם השיטה לא נודע למי סובר שכששליח מתמנה בציווי המשלח הוא שלוחו של המשלח ולא של השליח הראשון. לעומת זאת, כשהוא מתמנה בלי ציווי, הוא שלוחו של השליח הראשון, ולא של המשלח. בדומה למה שכתב רעק״א בביאור המחלוקת.

הערה על הפסול של מילי

בסוגיית גיטין עז ע״ב נדונה השאלה כיצד חצרו של אדם קונה עבורו. ישנה שם דעה שזה משום שליחות, כלומר החצר היא שליחתו של בעליה.

והנה, ב**קצוה״ח** סי׳ רמד סק״ג חידש שאם מילי לא מימסרן לשליח אז גם חצרו של אדם אינה יכולה לפעול עבורו בנושאים אלו. וה**ב״י** שהובא שם כתב שאין על חצר מגבלה של מילי.

בפשטות המחלוקת היא בשאלה האם הבעייה של מילי היא בעייה במינוי או בעייה בעצם השליחות. אם מדובר בבעייה של מינוי, כלומר אי אפשר למנות שליח למילי, אזי בחצר שאין צורך במינוי (עצם שייכותה לבעלים היא מינויה) ודאי לא תהיה בעייה של מילי, וכך כנראה הבין ה**ב״י**. ואם הבעייה במילי היא בעצם השליחות, אז גם בחצר תהיה בעייה כזו כי אין אפשרות לשליחות על נושאים אלו, וכך כנראה הבין ה**קצוה״ח**.

אמנם ה**קצוה"ח** שם בעצמו מוכיח שחצר של שליח קונה לבעלים, אך הוא מסביר שזה מועיל מדין זכין ולא מדין שליחות. הוא מניח שדין זכין הוא דין שונה משליחות, אבל כידוע יש דעות שדין זכין אינו אלא שליחות ללא צורך במינוי. לשיטות אלו כמובן אין מקום לדברי ה**קצוה"ח**. ראה על כך להלן בפרק על דין זכין.

הצגה באמצעות המודל שלנו: אומר אמרו מועיל

כעת נציג את המודלים השונים אליהם הגענו באמצעות ההצגה הגרפית בה השתמשנו למעלה. אנו נשתמש כאן במסקנות אליהן הגענו בפרק הקודם, שבגישת ייפוי כוח השליח השני הוא שלוחו של השליח הראשון, ובגישת ידא אריכתא השליח השני הוא שלוחו הישיר של המשלח. נתחיל עם השיטה שאומר אמרו מועיל.

ראינו שלשיטה זו שליחות מועילה רק אם השליח הוא שלוחו של הבעל (ולא של השליח הראשון). זה קורה כאשר המשלח אומר אמרו, או בשליחות על דבר מוחשי. במילי שהמשלח לא אומר אמרו השליח השני הוא שלוחו של השליח הראשון, וזה לא מועיל. במונחי הפרק הקודם, משמעות העניין היא שהמודל שעומד ברקע הוא מודל של ידא אריכתא, שכן רק כשהשליח השני הוא שלוחו של הבעל עצמו זה מועיל.

כדי להבין את משמעות הגרפים, נחזור שוב לגרף היסודי של ידא אריכתא:

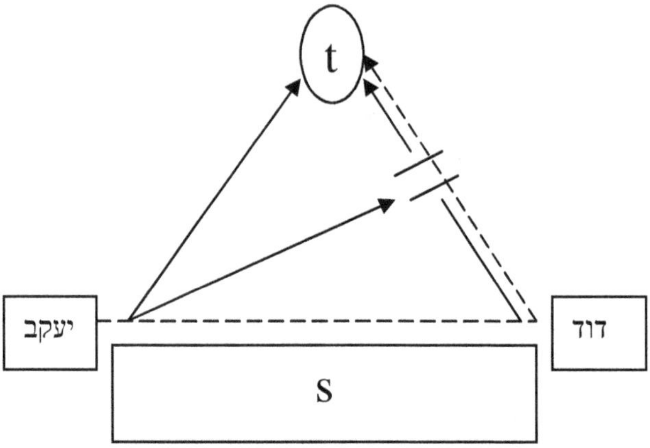

ציור 3: שליחות כידא אריכתא. הפועל הוא המשלח. הוא יכול לחבר את המסלול של השליח כי לו עצמו יש מסלול פתוח. מהציור רואים שדוד הוא שלוחו של יעקב, כי יעקב פועל דרכו.

במודל הזה יעקב הוא הפועל דרך דוד. דוד יכול להיות שלוחו מפני שלא עצמו יש סמכות לבצע את הפעולה. רק העובדה שהמשלח יכול בעצמו לבצע את הפעולה מאפשרת לו למנות את השליח.

מה קורה כאשר יעקב רוצה למנות את דוד שימנה את משה? כאן אנחנו נזקקים לגרף חדש:

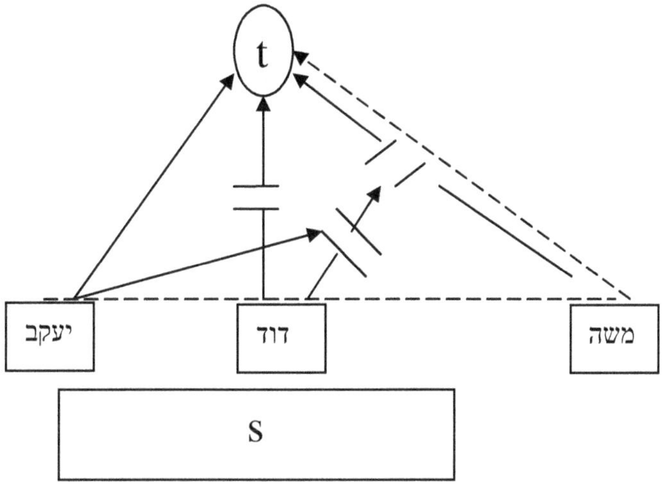

ציור 9: המודל הוא ידא אריכתא, ולכן השליח השני הוא שלוחו של הבעל (יעקב). הוא פועל דרכו.

מדוע במודל הזה כאשר השליח השני (משה) הוא שלוחו של הראשון (דוד) ולא של המשלח (יעקב) זה לא מועיל? נראה זאת בציור 8א:

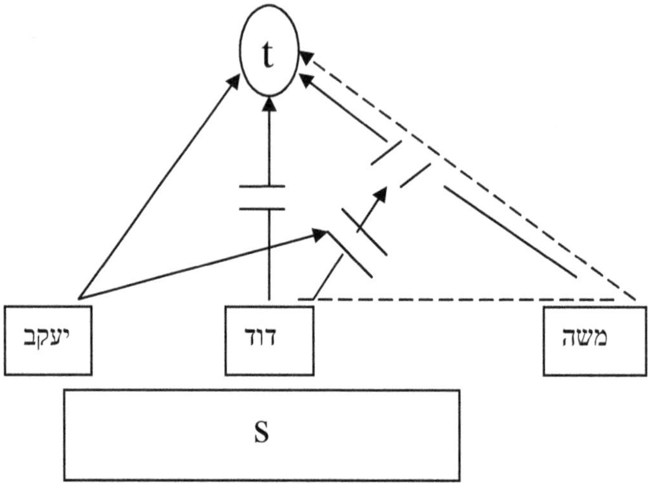

ציור 9א: ידא אריכתא במילי, כשהשליח השני הוא שלוחו של השליח הראשון. לשליח הראשון אין סמכות לבצע את הפעולה, וכל עוד הקו שלו ל-t אינו מחובר הוא לא יכול למנות שליח, כפי שראינו בציור 3.

רואים שלדוד עצמו אין סמכות לבצע את הפעולה, שכן הקו שלו אל t מנותק. הוא התמנה רק למנות את משה ולא לבצע בעצמו. לכן הוא לא יכול להיות מבצע הפעולה, ובמודל ידא אריכתא פירוש הדבר הוא שהפעולה אינה יכולה להתבצע.

הפעולה יכולה להתבצע רק כאשר מבצע הפעולה הוא יעקב עצמו, שיש לו סמכות לעשות זאת (כמו בציורים 3 ו-8 למעלה). לכן רק כאשר משה הוא שלוחו הישיר של יעקב ניתן לבצע את הפעולה.

מה שעומד ביסוד הדברים הוא העיקרון אותו תיארנו בתחילת הפרק השישי: ״כל מה דאיהו לא מצי עביד לא מצי למשווי שליח״. כפי שראינו כאן, במקרה של מינוי למנות, בעצם השליח הראשון אינו יכול לבצע את הפעולה בעצמו, ולכן הוא גם לא יכול למנות שליח. מי שחולק על זה וסובר שניתן למנות

שליח למנות שליח אחר, כנראה מבין שהמינוי של השני נעשה על ידי המשלח, ולכן זה נחשב מינוי על ידי מי שיש לו סמכות בעצמו. זה בהחלט מתאים יותר לתפיסת ידא אריכתא.

עד כאן עסקנו בשליחות למנות שליח. מה קורה בשליחות לכתיבת גט או לקבלתו? זו לא מועילה כי מדובר במילי, ובמילי אין אפשרות לשליח שני. רק אם אומר אמרו זה יכול לפעול.

כשזו שליחות מוחשית (לא מילי), אזי לשליח הראשון יש סמכות לפעול והוא עומד במקום הבעל, ולכן גם השליח השני הוא שלוחו של הבעל, ולכן זה אפשרי.

הצגה באמצעות המודל שלנו: אומר אמרו לא מועיל

ראינו שלפי השיטה שאומר אמרו לא מועיל, הבעייה היא כבר במינוי השליח הראשון. לכן ברור שלשיטה זו רק שליחות למנות שליח היא מילי, ושליחות כזו כלל לא חלה. שליחות לכתיבת גט או לקבלתו אינה מילי אלא רק לפני ביצועה, ולכן הוא נעשה שליח רק עם הביצוע. במונחי הפרק הקודם, כאן ניתן גם להכניס את גישת ייפוי כוח.

נשוב ונציג שוב את השליחות כייפוי כוח:

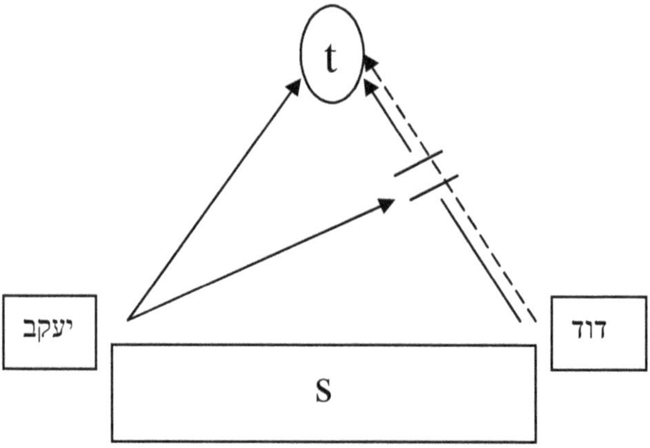

ציור 2: שליחות כייפוי כוח. הפועל הוא השליח במינוי שהוא מקבל מהמשלח. המינוי אפשרי כי למשלח עצמו יש מסלול מחובר ל-t. השליח הוא שלוחו של הבעל כי הוא שמינה אותו. במודל הזה אין הבדל בין משלח לממנה. המשלח הוא הממנה.

מה קורה כשהבעל ממנה את השליח למנות שליח שני? במקרה כזה הציור המתקבל הוא הבא:

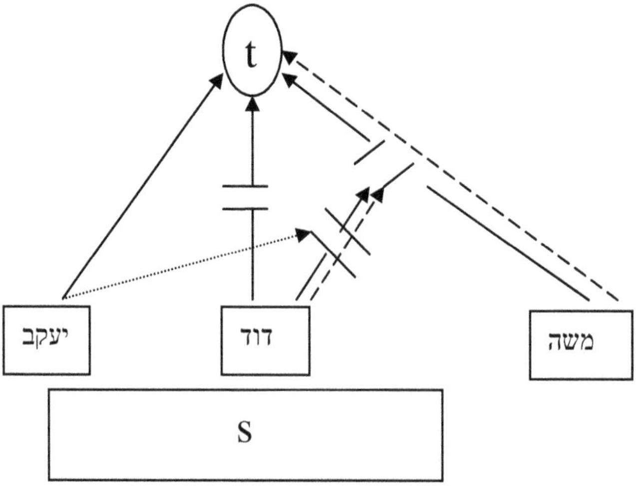

ציור 10: ייפוי כוח במילי. מי שמבצע את הפעולה הוא משה (הקו המקווקו יוצא ממנו). המשלח שלו הוא השליח הראשון (כי כאן המשלח הוא הממנה). קו המינוי מהמגרש לשליח הראשון הוא חלש, שכן מדובר על שליחות למילי (מינוי גם הוא מילי). המסלול מחובר רק מעת שהשליחות מבוצעת (כשיש לידו קו מקווקו של ביצוע). אבל לשליח הראשון אין סמכות לבצע בעצמו את הפעולה, ולכן אין לו אפשרות עקרונית למנות שליח שני. במודל הזה רק למי שיש קו מחובר למטרה t יכול למנות שליח אליה, כפי שראינו בציור 2.

מיהו המשלח במצב כזה? השליח הראשון. במודל הזה המשלח הוא מי שמינה את השליח, שכן מי שפועל הוא בכל מקרה השליח השני (ממנו יוצא הקו המקווקו). אבל אם השליח השני הוא שלוחו של הראשון, זוהי בעיה, כי השליח הראשון אינו רשאי למנות אותו. לכן לשיטה זו גם אומר אמרו לא מועיל.

מה קורה במצב של מינוי למילי (כתיבת גט או שליחות לקבלה)? ראינו שלפי שיטה זו יש בעיה בשליח הראשון, אז כיצד ניתן למנות שליח לכתיבת גט? על כך ענו האחרונים שהמילי היחיד הוא שליח למינוי שנדון בצירו הקודם. שליח לכתיבת גט הוא שליח לפעולה אלא שזוהי שליחות למילי כל עוד הפעולה לא בוצעה, ולכן הוא לא יכול למנות שליח שני.

המצב המתקבל כאן הוא הבא:

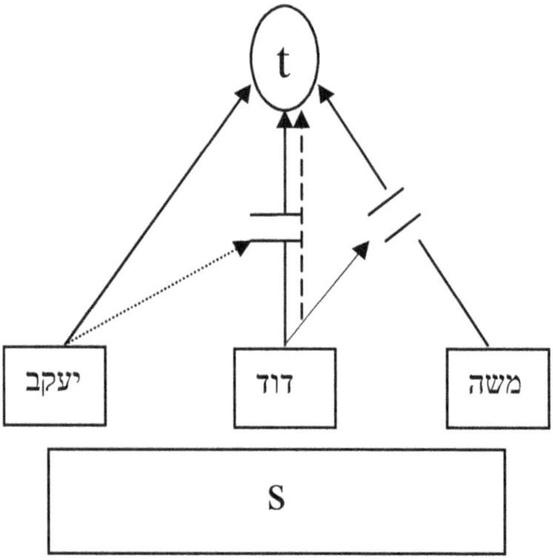

ציור 10א: יעקב ממנה את דוד לבצע פעולת מילי. רואים שקו המינוי הוא חלש, ולכן המסלול של דוד אינו מחובר עדיין ל-t (כלומר הוא עוד לא שליח), כל עוד הוא לא מבצע את הפעולה בפועל (כלומר כל עוד אין קו מקווקוו שעובר ממנו אל t). לכן בשלב כזה הוא לא יכול למנות את משה לבצע את הפעולה. אבל אחרי שהפעולה בוצעה על ידו (כשיש קון מקווקוו דרך דוד אל t) כבר אין משמעות למינוי של משה לבצע את אותה פעולה.

זהו מצב שהשליח השני הוא שלוחו של השליח הראשון ולא של הבעל, כי השליח הראשון מינה אותו. אבל שליחויות כאלה הן בעצם מילי, כל עוד לא בוצעו בפועל. משמעות הדבר היא שהקו שמוביל מהשליח הראשון למטרה t אינו מחובר עד שהפעולה לא מבוצעת (כלומר כל עוד אין בצדו קו מקווקוו). וכשהפעולה כבר מבוצעת אין משמעות למינוי של השליח השני.

נציין כאן שוב שבמקרה הקודם של מינוי למנות שליח (אומר אמרו), ישנה משמעות למינוי של השני גם לאחר ביצוע הפעולה, שכן הפעולה שביצע השליח הראשון הוא מינוי ועדיין לא נוצר המצב t. ובכל זאת כאן המינוי לא מועיל מפני שלמי שאין סמכות לבצע את הפעולה עצמה לא יכול למנות שליח (כפי שהסברנו שם).

משמעות ההגדרה של תוכן כלשהו של השליחות כמילי הוא שלמבצע אין סמכות של שליח לבצע את הפעולה אלא אם הפעולה כבר בוצעה על ידו והפכה למוחשית.

פרק שמיני
לא חזרה שליחות אצל הבעל

מבוא
פרק זה ממשיך את שני הפרקים הקודמים שעסקו בשרשראות של שלוחים. אמנם כאן זוהי שרשרת מיוחדת, שבה השליח הופך עם תום פעולתו להיות שליח של מישהו אחר, או גורם אחר בתהליך.

סוגיית גיטין
מקור הדין הוא בסוגיית גיטין כד ע״א. המשנה שם כג ע״ב קובעת:

האשה עצמה מביאה את גיטה, ובלבד שהיא צריכה לומר בפני נכתב ובפני נחתם.

כלומר אישה יכולה להביא גט מבעלה שיושב בחו״ל לארץ ישראל, וכאן היא מעידה על כשרותו בכך שהיא אומרת ״בפני נכתב ובפני נחתם״ (כך מעיד כל שליח שמביא גט מחו״ל. ראה על כך בגמרא בתחילת המסכת).

ובגמרא שם, כד ע״א, דנים כיצד ייתכן מצב כזה, שהרי השליח אמור להעיד שהגט נכתב ונחתם בפניו בעת שהוא מגרש את האישה. אך האישה ברגע שהיא מגיעה לישראל היא כבר מגורשת. אין כאן פעולת מסירה של הגט, שהאמירה הנ״ל אמורה ללוות אותה.

לכן הגמרא מציעה את האופן הבא:

...אלא אמר רב הונא בר מנוח משמיה דרב אחא בריה דרב איקא: דאמר לה כי מטית התם אתנחיה ארעא ושקליה. אי הכי, הוה ליה טלי גיטך מעל גבי קרקע, ואמר רבא: טלי גיטך מעל גבי קרקע - לא אמר כלום!

הגמרא מציעה כאן שמדובר באופן שהבעל ששלח בידה את הגט אמר לה להניח אותו על הקרקע בארץ ישראל, ואז לקחת אותו מהקרקע ובכך להתגרש. בשעה שהיא נוטלת את הגט מהקרקע היא מתגרשת, ואז היא יכולה להעיד שהגט נכתב ונחתם בפניה. הגמרא דוחה זאת, שכן כדי שאישה תיחשב כמגורשת צריכה להתבצע פעולת מסירה. ואילו פעולה כזו ("טלי גיטך מעל גבי קרקע") אינה נחשבת כמסירה של הגט, ולכן באופן כזה האישה כלל אינה מגורשת.

על כן הגמרא מעלה כעת הצעה נוספת:

אלא, דאמר לה: הוי שליח להולכה עד דמטית התם, וכי מטית התם הוי שליח לקבלה וקבלי את גיטך.

הבעל שולח בידה את הגט מחו"ל, ואומר לה שהיא שלוחתו למסור הגט (שליח הולכה). כשהיא מגיעה לארץ ישראל הוא אומר לה שתהווה בעצמה שליח לקבלה עבור עצמה, ותקבל את הגט מידי השליח להולכה (שגם הוא זו היא עצמה), ובכך תתגרש. ברגע זה היא יכולה לומר "בפני נכתב ובפני נחתם", ולזה מתכוונת המשנה.

הגמרא דוחה את ההצעה הזו, באומרה:

והא לא חזרה שליחות אצל הבעל!

כלומר פעולה כזו גם היא אינה יכולה להחיל גירושין. רש"י על אתר מסביר זאת כך:

והא לא חזרה שליחות אצל הבעל - שליח לא מיקרי אלא המשתלח מזה לזה שראוי לחזור אצל שולחו ולומר עשיתי שליחותך לחברך וזו אינה ראויה לחזור שהרי לא נשתלחה אלא לעצמה ואח"כ נעשית היא בעל המעשה ובטל השליחות קודם שתחזור.

רש"י מסביר שכאשר שליח נשלח לבצע פעולה כלשהי, הוא אמור להיות יכול לחזור בתום הפעולה, בעודו שליח, ולדווח לבעל על ביצוע השליחות. אין הכוונה שהוא חייב לחזור למשלח, אלא רק שצריכה להיות לו יכולת לעשות זאת. ואילו כאן אין לה את היכולת הזאת, שכן ברגע שהיא מסיימת את

שליחות ההולכה עבור הבעל היא נעשית שליח קבלה עבור עצמה. אין רגע שבו הסתיימה הפעולה אך היא עדיין שליחה להולכה שיכולה לחזור לבעל לדווח לו על הביצוע.

כבר כאן נעיר כי מדברי רש"י משתמע שבמצב כזה היא כלל אינה שליחתו של הבעל, שכן שליחות היא אך ורק על משימה שמוגדרת כך שלאחר הביצוע יכול להיערך דיווח. מינוי למשימה כזו אינו תקף כלל, ומלכתחילה היא אינה שלוחתו של הבעל.

לפני שנדון בדין זה, נסיים את תיאור מהלך הגמרא:

דאמר לה: הוי שליח להולכה עד דמטית התם, וכי מטית התם שוי שליח לקבלה.

הגמרא מציעה סיטואציה שהבעל אומר לה למנות שליח אחר לקבלה עבורה (ולא שהיא עצמה תהיה השליחה לקבלה של עצמה). מדוע כאן אין בעייה של לא חזרה שליחות אצל הבעל (=לחשא"ה)? נראה שזה מפני שהיא עצמה סיימה את תפקידה אחרי המסירה לשליח הקבלה, ואז היא יכולה לחזור לבעל ולדווח לו על הביצוע.

כעת הגמרא דנה בהצעה זו:

הניחא למ"ד: אשה עושה שליח לקבל גיטה מיד שליח בעלה, אלא למ"ד: אין האשה עושה שליח לקבל גיטה מיד שליח בעלה, מאי איכא למימר?

ישנה מחלוקת בדף סג ע"ב בשאלה האם ניתן בכלל למנות שליח קבלה או לא. אם כן, הצעה זו יכולה להיות רלוונטית רק אם אנחנו סוברים שישנה אפשרות למנות שליח לקבלה.

הגמרא דוחה זאת, באומרה:

טעמא מאי - משום דאיכא בזיון דבעל, והכא בעל לא קפיד.

הבעיה במינוי שליח קבלה היא שהבעל רואה בזה זלזול בו, והוא אינו מוכן לגרש אותה. כאשר הוא מוסר את הגט בעצמו, אם הוא נותן אותו לשליח קבלה אז הוא כמובן מסכים. אבל כשהוא שולח את הגט בידי שליח להולכה,

והשליח שלו מוסר את הגט לשליח קבלה, כאן הבעל לא מסכים. במצב כזה השליח שלו אינו נחשב כשלוחו, והגירושין בטלים. כל זה במקרה של שליחות רגילה להולכה. אבל כאן הוא עצמו מבקש ממנה למנות שליח קבלה, ולכן ודאי שהוא אינו רואה בכך זלזול. במצב כזה לכל הדעות היא יכולה למנות שליח קבלה.

כעת הגמרא מקשה:

הניחא למ"ד: משום בזיון דבעל, אלא למ"ד: משום חצרה הבאה לאחר מיכן, מאי איכא למימר?

ישנו בגמרא שם הסבר אחר לכך שאישה לא יכולה למנות שליח קבלה, כגזירה שמא יבואו לגרש באופן שאינו מועיל (מדובר במצב שמניחים את הגט בחצר, ולאחר מכן האישה קונה את החצר, וזה ודאי לא מועיל).

הגמרא מיישבת שלפי ההסבר הזה עלינו להניח שמדובר כאן במשנה באופן שונה, והיא מעלה שתי הצעות:

דאמר לה: הוי שליח להולכה עד דמטית התם, וכי מטית התם שוי שליח להולכה וקבלי את גיטך מיניה.

כאן היא ממנה שליח הולכה שני, ומקבלת ממנו את הגט. אין בעיה של מינוי שליח קבלה, וכמובן שאין גם בעיה של לחשא"ה.

אפשרות שנייה היא:

ואיבעית אימא, דאמר לה: הוי שליח להולכה עד דמטית התם, וכי מטית התם אימר קמי בי דינא בפני נכתב ובפני נחתם, ומשוי בי דינא שליח וליתבוה ניהליך.

בפני בי"ד הכל בסדר שכן שליח המסירה הוא של בי"ד ולא שלה. מדוע נדרשות כאן שתי אפשרויות? מפני שיש דעה בגמרא ששליח עושה שליח שני רק בבי"ד (כדי שיאמר בפניהם בפני נכתב ובפני נחתם. ראה כאן ברש"י).

מחלוקת רש"י ותוס'

ראינו ברש"י למעלה שהחיסרון בלחשא"ה הוא שהשליח אינו יכול לחזור למשלחו ולדווח לו. אך בתוד"ה 'והא', כאן, חולקים על רש"י, וכותבים כך:

> ***והא לא חזרה שליחות כו' - שליח לא מיקרי אלא המשתלח מזה לזה שראוי לחזור לשולחו לומר עשיתי שליחותך קודם שיעשה שליח לאחרים ובקונטרס לא פירש כן.***

לא ברור במה פירושו של תוס' שונה מפירוש רש"י? אמנם הם עצמם כותבים שהם חולקים על דברי רש"י, אך לא ברור במה.

בפשטות כוונת התוס' לומר שהמגבלה על השליחות קיימת גם במקום בו השליח הופך מיידית לשליח של עצמו, וגם כשהוא הופך להיות שלוחם של אחרים. ואילו ברש"י רואים שהמגבלה הזו קיימת רק כשהשליח הופך להיות בעל המעשה עצמו, או שליח של עצמו.

ובאמת הגמרא מקפידה לציין שהבעל אומר לאישה להגיע לארץ ישראל ולמנות את עצמה שליח קבלה. מדוע הוא לא אומר לה למסור לעצמה ישירות? לפי תוס' זה ברור, שכן החיסרון של לחשא"ה קיים רק במקום בו היא הופכת להיות שליחה, ולא כשהיא הופכת להיות בעצמה בעלת המעשה. אבל לפי רש"י לשון הגמרא קשה.

הרש"ש אומר שבאמת לפי רש"י אין כוונת הגמרא לומר שהבעל דורש שהאישה תהפוך שלוחה לקבלה, אלא כוונתו לדרוש שתקבל את הגט לעצמה (כן הוא ב**קה"י** סי' כ סק"ו). אמנם יש מהאחרונים (ראה **תפארת יעקב** ו**מים חיים** כאן) שהסבירו שגם לפי רש"י נדרש מינוי של האישה לשליחה לקבלה ולא נתינה אליה ישירות, מפני שרק באופן כזה יש חיסרון של לחשא"ה. אמנם לפי זה הגמרא יכולה היתה להעמיד את המשנה בציור שהבעל שולח אותה למסור לעצמה (בלי שתהיה שליחה לקבלה), אך במצב כזה אין אפשרות לומר בפני נכתב ונחתם, שכן היא נעשית מגורשת מייד (כמו שראינו בתחילת הגמרא).

הקנאה מיד ליד

עקרונית, מצב בו האישה הופכת משליח להולכה לשליח לקבלה הוא בעייתי גם בלי עקרונות מיוחדים כמו לחשא״ה. מה הדין אם אדם רוצה להקנות חפץ שלו עצמו לאדם אחר? הוא עצמו לא יכול לזכות עבור האחר, כלומר להפוך בעצמו לשליח של הזוכה. בה במידה הוא לא יכול להקנות חפץ של אחר כשלוחו של האחר לעצמו. פעולת הקנאה דורשת שיהיה כאן מעבר של החפץ הנקנה מיד ליד.

לדוגמה, במסכת כתובות צח ע״א אנו מוצאים:

דא״ר זירא אמר רב נחמן: אלמנה ששמה לעצמה - לא עשתה ולא כלום, ה״ד? אי דאכרוז, אמאי לא עשתה ולא כלום? אלא לאו דלא אכרוז, ולעצמה הוא דלא עשתה ולא כלום, הא לאחר מה שעשתה עשתה. לעולם דאכרוז, ודאמרי לה: מאן שם ליך?

מדובר באלמנה שרוצה לקחת מהירושה ישירות את דמי כתובתה. היא לוקחת קרקע מהירושה כדמי הכתובה. הגמרא אומרת שאי אפשר לעשות דבר כזה (כלומר היא לא קנתה את הקרקע), ולכן היורשים יכולים לתת לה את דמי הכתובה ולקחת בחזרה את הקרקע.

הגמרא מביאה דוגמה נוספת לעיקרון הזה:

כי האי דההוא גברא דאפקידו גביה כיסתא דיתמי, אזל שמה לנפשיה בארבע מאה זוזי, אייקר קם בשית מאה, אתא לקמיה דרבי אמי, אמר ליה: מאן שם לך?

גם כאן מדובר באדם שהפקידו אצלו ממון והוא גבה אותו עצמו כפירעון החוב שהיו חייבים לו.

ובר״ן על הרי״ף שם (נז ע״א בדפיו) הסיק מכאן:

ומהא שמעינן שאין השליח יכול לקנות לעצמו אפילו באותן דמים שהרשוהו הבעלים למכרו לפי שכיון שהוא שליח הרי הוא כיד הבעלים ולפיכך אינו יכול להקנות לעצמו שאין המכר אלא הוצאת

הדבר מרשות לרשות וזה לא יצא מרשותו שהרי במקום בעלים עומד:

הוא מסביר שאדם שנשלח למכור חפץ אינו יכול להקנות את החפץ לעצמו, שכן מכר נעשה על ידי הוצאה מרשות לרשות אחרת, וכאן הוא מעביר את החפץ מיד אחת שלו ליד אחרת שלו עצמו. כך גם מקובל בהלכה בדיני הקנאה בכלל.

ביאור המחלוקת: מהו החיסרון של לחשא״ה?

כעת נוכל להבין את החיסרון של לחשא״ה. הרש״ש כאן מתחיל בקושיא:

לכאורה הא ליכא הכא נתינה?

הוא מקשה כיצד אישה שהופכת משליחה להולכה לשליחה לקבלה מתגרשת בזה, הרי אין כאן פעולת נתינה. כוונתו להקשות לאור מה שראינו למעלה, שהעברה מיד ליד אינה מסירה אפילו לקניינים, ובודאי לגירושין ששם התורה עצמה דורשת מסירה כדי שהם יחולו.

הוא מיישב זאת כך:

וצ״ל הואיל דמתהפכת משליח להולכה לשליח קבלה הוה כאילו מסר שליח הולכה לשליח קבלה.

הוא מסביר שההיפוך שלה עצמה משליח הולכה לשליח קבלה נחשב כפעולת מסירה. העברה מיד ליד זה כאשר הסטטוס של האדם הוא קבוע, והוא מניע את החפץ מיד ליד. אבל שינוי סטטוס של האדם שמחזיק בחפץ הוא כמו פעולת מסירה של החפץ.

ניתן להביא לכך דוגמה, מסוגיית גיטין כא ע״א, שם אנו מוצאים שתי מימרות של רבא שנפסקו גם להלכה:

אמר רבא: כתב לה גט ונתנו ביד עבדו, וכתב לה שטר מתנה עליו - קנאתהו ומתגרשת בו...

ואמר רבא: כתב לה גט ונתנו בחצרו, וכתב לה שטר מתנה עליו - קנאתהו ומתגרשת בו.

רבא מדבר על נתינת גט באופן שהבעל מניח אותו בחצר, ולאחר מכן מקנה את החצר לאישה. גם כאן הגט לא זז ממקומו, אבל החצר שינתה את מעמדה, מרכוש הבעל לרכוש האישה. רבא אומר שתזוזה זו נחשבת כפעולת נתינה. אם כן, גם אצלנו שהאישה שמחזיקה בגט הופכת משליחת הבעל לשלוחתה שלה עצמה, זוהי פעולת נתינה של הגט.

כעת ממשיך הרש״ש, ומסביר את הבעייה של לחשא״ה לפי רש״י ותוס׳:

ובזה א״ש ג״כ קושיית הגמרא ע״ז והא לא חזרה וכו׳ (לפרש״י ותוס׳) וע״כ צ״ל דנסתלק שם שליחות הולכה ממנה עתה לגמרי דאל״כ ליכא מסירה. משא״כ שליח אחר אף דנעשה תיכף שליח לאחרים (עיין לשון תוס׳) מ״מ שם שליחות הראשון ג״כ לא סר ממנו.

הוא מסביר שכשהאישה ממלאת את שליחותה והופכת משליחה להולכה לשליחה לקבלה, בהכרח היא חייבת להפסיק להיות שליח להולכה, שאם לא כן אין כאן פעולת מסירה. לכן נוצרת כאן בעייה של לחשא״ה, שכן בעת שמילאה את שליחותה היא בהכרח כבר לא שלוחתו של הבעל. אבל כשהיא הופכת לשלוחתם של אחרים, היא יכולה להיחשב בו זמנית כשלוחתו של הראשון ושל האחרים גם יחד. במצב כזה היא עדיין במצב שהיא יכולה לחזור לראשון ולדווח לו, ולכן אין בזה בעייה של לחשא״ה.

אמנם מדבריו נראה לכאורה שגם אם היא שלוחתו להולכה של אדם זר להוליך גט לאשתו, והיא צריכה להפוך שליחה לקבלה של אישתו, הבעייה עדיין תהיה בעינה. סוף סוף, כדי שתהיה כאן פעולת מסירה היא תצטרך להפסיק להיות שליחה להולכה של הבעל ולהפוך שלוחה לקבלה. אם כן, לא ברור מדוע כותב הרש״ש שאם השליחות היא לאחרים אין בעייה של לחשא״ה?

נראה שכוונתו לומר שמכיון שהיא שליחה של עצמה דווקא אז היא לא יכולה להישאר שלוחתו של הבעל. עליה להפסיק להיות שלוחתו ולהפוך לעצמה. אבל אם היא נשלחת למסור גט לאישה אחרת, שם היא יכולה להיות שלוחתה של האישה ההיא ושלוחתו של הבעל גם יחד. לכן שם אין בעייה של לחשא״ה.

ובאמת האחרונים (ראה שו״ת הריב״ש, סי׳ תקכג ד״ה ׳ולענין׳, **מים חיים ופנ״י** כאן, **שער המלך** גירושין פ״ו ה״ט, וכן משמע במהרי״ט ח״א סי׳ צג סוד״ה ׳הנני׳ ועוד) מסבירים כך את המחלוקת בין רש״י לתוס׳. ראינו למעלה שלפי תוס׳ הבעייה של לחשא״ה קיימת גם אם היא נעשית שלוחה לאחרים, ולרש״י זה רק אם היא נעשית שלוחה שלה עצמה (או שמוסרת ישירות לעצמה). לאור דברינו כאן ברור שיסוד המחלוקת הוא בשאלה האם עליה להפסיק להיות שלוחה של הבעל גם כשהיא נשלחת לאדם אחר, או לא. תוס׳ סובר שגם בשליחות לאדם אחר כדי שתהיה כאן מסירה היא צריכה להפסיק להיות שלוחת הבעל. תוס׳ כנראה מבין שאין אפשרות להיות שליח של שני הצדדים בו זמנית (וכך כתב ה**חזו״א** אבהע״ז סי׳ קד סקכ״א). אבל רש״י סובר שבשליחות לאדם אחר היא יכולה להיות שלוחת הבעל ושלוחת אישתו גם יחד. מה שלא אפשרי הוא להיות שליח של הבעל ושל עצמה בו זמנית.

שני הסברים נוספים

אנו מוצאים עוד שני הסברים בדין לחשא״ה:

א. המאירי שם מביא בשם ׳יש מפרשים׳ (וכך מציע גם הרש״ש כאן), שכמו שהבעל לא יכול לעשות את עצמו שליח לקבלה של האישה, כך גם שליח ההולכה שלו, שהוא כמוהו, לא יכול להפוך שליח קבלה של האישה.

מדוע הבעל עצמו באמת לא יכול להפוך שליח קבלה של האישה? את זה ראינו למעלה, מפני שיש כאן העברה מיד ליד, וזו אינה נחשבת מסירה. אמנם ב**נתיה״מ** סי׳ קפה סק״א וב**תורת גיטין** סי׳ קמא סק״א כתב שלפי זה הבעייה

קיימת רק בגט ולא בממונות, שכן רק בגט נדרשת מסירה. אך לפי מה שראינו למעלה הדבר נכון גם בדיני ממונות, שהרי אי אפשר להקנות חפץ אלא אם מעבירים אותו מיד ליד, וצריך עיון.

כאן עולה השאלה כיצד המאירי והרש״ש תופסים את מושג השליחות. נראה שהם מושכים אותו לשני כיוונים שונים, ונדון בכך בהמשך כאשר ננתח את הסיטואציה במודל הגרפי שלנו.

ב. הריטב״א כאן, ד״ה ׳והא׳, מסביר שמכיון שהאישה צריכה להפסיק להיות שלוחתו של הבעל, אזי הגט שמגיע לידיה כשלוחת קבלה לא מגיע מידיו של הבעל אלא כאילו היא נוטלת אותו מהקרקע, ולכן זה כמו גט שניטל מהקרקע (״טלי גיטך מעל גבי קרקע״) שהוא פסול. גם לשיטת הריטב״א ישנה כאן בעיה ספציפית לגט והיא לא תתעורר ביחס לדיני ממונות.

וב**מחנ״א** שלוחין סי׳ ד כתב באופן לכאורה דומה, שמכיון שהשליח אינו שלוחו של הבעל מחמת הבעייה של לחשא״ה, אזי הגט בטל כי הוא מקבלת אותו מהקרקע. אמנם לשיטתו ייתכן שדין זה קיים גם בממונות, כי טגמעג״ק היא רק בעייה נגזרת.

הסוגיא המקבילה בדף סג

והנה, בדף סג ע״ב אנו מוצאים מחלוקת בדין זה:

ההוא גברא דשדר לה גיטא לדביתהו, אזל שליחא אשכחה כי יתבה וקא לישא, אמר לה: הילך גיטך, אמרה ליה: ליהוי בידך; אמר רב נחמן: אם איתא לדרבי חנינא, עבדי בה עובדא. אמר ליה רבא: ואם איתא לדר׳ חנינא, עבדת בה עובדא? הא לא חזרה שליחות אצל הבעל! שלחוה לקמיה דר׳ אמי, שלח להו: לא חזרה שליחות אצל הבעל, ור׳ חייא בר אבא אמר: נתיישב בדבר. הדור שלחוה קמיה דר׳ חייא בר אבא, אמר: כל הני שלחו לה ואזלי! כי היכי דמספקא להו לדידהו, הכי נמי מספקא לן לדידן.

האישה אמרה לשליח הבעל להתהפך ולהיות שליח לקבלה שלה, והגמרא רואה את זה כמצב של לחשא״ה. כאן בסוגיא האמוראים נחלקו בדין זה, והוא נותר בספק.

ובאמת הראשונים (ראה תוד״ה ׳וחצרה׳, כד ע״א, ורשב״א וריטב״א בסוגיא שם) הקשו סתירה בין הסוגיות, שהרי אצלנו בדף כד ע״א זה מוצג כדין מוסכם. אמנם כמה אחרונים (ראה **בית מאיר** סי׳ קמא ס״א, ו**גרש ירחים** כד ע״א, ד״ה ׳וכי׳) כתבו שגם אצלנו מדובר בספק, ובעצם הגמרא רק שואלת כיצד המשנה מתיישבת לשיטה שסוברת את דין לחשא״ה. אך רוב המפרשים לא קיבלו זאת.

הרשב״א בסוגיית סג, ד״ה ׳ולענין׳, כתב על כך את הדברים הבאים:

> ***ואי לאו דמסתפינא אמינא דכל כי האי גונא דנסיב לה מיניה לכו״ע פסול משום דמתחלת השליחות הו״ל שליח שלא ניתן לחזרה ובכי הא ליכא מאן דפליג, ותדע לך מדפרכינן בשלהי המביא בתרא להדיא והא לא חזרה שליחות אצל הבעל אלמא לא מספקא להו, דאם איתא כיון דהכא מספקא להו ונתיישבו בדבר ולא נתברר ורב נחמן נמי ס״ל דלא בעינן שליחות החוזרת הו״ל למימר הניחא למ״ד לא בעינן שליחות החוזרת אלא למ״ד בעינן שליחות החוזרת מאי איכא למימר, כדאמרי׳ בההיא שמעתא גופא הניחא למ״ד אשה עושה שליח אלא למ״ד אין עושה מאי איכא למימר הניחא למאן דאמר משום בזיון דבעל אלא למ״ד משום חצרה, א״נ הו״ל למימר תיפשוט מינה דלא בעינן שליחות החוזרת אצל הבעל ומ״ש ההיא דנסיב לה דרך פשיטות והא לא חזרה שליחות, אלא ודאי משמע דכל כה״ג פשיטא דלכ״ע בעינן שליחות החוזרת.***

הוא מסביר שבסוגייתנו מדובר שהשליחות מלכתחילה הוגדרה באופן כזה שהיא לא יכולה לחזור אצל הבעל, ולכן היא אינה שליחה כלל. אבל בסוגיית סג הרי השליחות מלכתחילה היתה שליחות הולכה רגילה, ורק בסוף

כשהשליח מגיע לאישה היא מבקשת ממנו להוות שליח קבלה שלה. במצב כזה הגמרא מסתפקת האם יש את דין לחשא״ה או לא.

אמנם לשיטת רש״י יש רבים שתירצו אחרת. ראינו שלפי רש״י הבעייה של לחשא״ה קיימת רק במקום שהאישה נעשית בעלת המעשה, ולא כשהיא נעשית שלוחה לאחרים. אם כן, בסוגיית סג באמת מדובר שהשליח הוא אדם אחר, ולכן שם יש ספגק האם גם בזה יש דין לחשא״ה או לא. אבל אצלנו מדובר שהאישה נעשית בעל המעשה (היא עצמה מקבלת את הגט מידי עצמה), ולכן כאן ברור שאומרים לחשא״ה.

ובאמת הדברים מדוייקים ברש״י עצמו, שכן בסוגיא שם הוא פירש:

> ***לא חזרה שליחות אצל הבעל - שליח שחזר ונעשה שליח למי שנשתלח לו ניתק משליחות הראשון עד שלא היה לו שהות לחזור אצל שולחו ולומר עשיתי שליחותך ושליחות שאינה ראויה לחזור ולהגיד אינה שליחות.***

כאן הוא מפרש שהשליח נעשה שליח של בעל המעשה, ולא סתם שליח של אחרים. לכאורה זה סותר את דבריו בסוגייתנו! לכן פירשו ריב״ש ו**שעה״מ** הנ״ל (ועוד הרבה אחרונים: ראה **חת״ס** כאן ו**אב״מ** סי׳ קמא ה״א, ו**תפארת יעקב** כאן ו**חזו״א** אבהע״ז סי׳ קד סקכ״א ועוד) שכוונת רש״י ליישב את שתי הסוגיות. אצלנו מדובר כשהאישה נעשית שלוחה שלה עצמה, ובסה לכל הדעות יש בעייה של לחשא״ה. אבל שם מדובר שהשליח הוא אדם אחר שנעשה שליח קבלה שלה, ובזה יש ספק.

מעניין לציין שהאחרונים מקשים סתירה דומה בדברי ה**שו״ע**. בסי׳ קמא ה״א הוא כותב:

> ***האשה יכולה לעשות שליח לקבל גיטה מיד שליח בעלה. במה דברים אמורים, שעשתה שליח אחר לקבל ממנו. אבל אם אמרה לשליח הבעל: יהיה גט זה פקדון אצלך, או שאמרה לו: הרי אתה שליח לקבלו לי (וי״א אפילו לא אמרה לו רק: התקבל) (בית יוסף***

בשם הרמב״ן והרשב״א), הרי זו ספק מגורשת, עד שיגיע גט לידה, ומשיגיע לידה תתגרש ודאי.

ומאידך, בסוגייתנו מבואר שהיא אינה מגורשת כלל, אפילו כשהגט מגיע לידה. ב**ב״ש** שם סק״א כתב:

וא״ל למה כאן היא ספק מגורשת ובסי׳ קמ״ב סעיף י״ג אינו גט לגמרי משום כאן בתחילה היה שליחות הראוי לחזור לבעלה אבל שם לא היה כלל שליחות הראוי להשיב שליחתו:

כלומר הוא מיישב את הסתירה הזאת לפי תירוצו של הרשב״א. אבל אפשר גם ליישב לשיטת רש״י, שאצלנו מדובר שהיא נעשית בעלת המעשה ושם מדובר בשליח אחר שנעשה שלוחה שלה (ראה **פנ״י** בסוגיית כד ע״א, ו**ט״ז** שם סק״ב).

ברור שתוס׳ שאינו מחלק בין שליח של בעל המעשה לשליח של אחרים, יחלק בין הסוגיות כמו הרשב״א. כלומר המחלוקת כיצד ליישב את הסוגיות תלויה גם היא במחלוקת רש״י ותוס׳ בסוגיית כד ע״א.

לחשא״ה בדיני ממונות

האם יש בעייה של לחשא״ה גם בממונות? לדוגמה, אם אדם שולח שליח למכור חפץ לאדם אחר, והשליח רוצה להפוך שליח לקבלה (ואולי למכור לעצמו?), האם יש בעייה של לחשא״ה?

מדברי רש״י ותוס׳ נראה שזהו גדר בדיני שליחות. אין שליחות במקום בו השליח לא יכול לחזור בתום פעולתו בחזרה לדווח למשלח. אם כן, זה נכון גם בדיני ממונות (וכן כתב **קה״י** גיטין סי׳ טו ד״ה ׳אולם׳). אמנם מדברי הריטב״א והמאירי ראינו שזהו דין מיוחד בגירושין, שכן מצב כזה הוא כמו טלי גיטך מעל גבי קרקע.

בר״ן בכתובות ראינו שבממונות נראה שלכל הדעות אי אפשר לעשות זאת. אמנם יש מקום לחלק בין שני ציורים: 1. לפי רש״י אפשר לחלק שכאשר

השליח נעשה בעל המעשה זה לא אפשרי גם בדיני ממונות. אבל כשהשליח נעשה שליח לאחרים זהו ספק רק בגירושין, ובממונות זה מועיל. 2. ולרשב״א ותוס׳ אפשר לחלק שאם השליח מתחילת שליחותו לא יכול לחזור למשלח זה לא אפשרי גם בממונות. אבל אם זה קורה אח״כ אז יש ספק רק בגירושין אבל בממונות זה מועיל.

ה**מחנ״א** הל׳ שלוחין סי׳ ד העלה אפשרות לחלק בדיוק הפוך: דווקא בממונות שדרוש קונה ומקנה אי אפשר ששליח יקנה את החפץ לעצמו, אפילו אם הוא עושה זאת על ידי אדם אחר שהוא ממנה כשלוחו לקבלה. הסיבה לכך היא שהשליח הוא בעל הממון כדי להקנות אותו. אבל בגט השליח הוא רק שליח הולכה, וברור שהוא לא הופך להיות בעצמו הבעל של האישה, ולכן שם האישה שהיא שלוחת הולכה של הבעל כן יכולה למסור לשליח קבלה שלה עצמה.

האחרונים האריכו בזה, ראה **ש״ך** חו״מ סי׳ קפה סק״א, ו**נתיה״מ** שם סק״א ו**קה״י** גיטין סי׳ טו, ו**עונג יו״ט** סי׳ קמט ד״ה יודע דהאי ודי״ה יודע דהגאון׳, ו**מחנ״א** הל׳ שלוחין סי׳ ד ועוד.

סיכום ביניים

נמצאנו למדים שיש ארבעה כיוונים עיקריים בהבנת דין לחשא״ה:

א. הבעייה היא כללית:

- לפי רש״י הבעייה היא רק שאדם לא יכול להיות שליח של אחד הצדדים ובו בזמן להוות צד שני באותה עסקה. אם הוא רוצה להיות שליח של שני צדדים זהו ספק האם יש כאן בעייה של לחשא״ה. לשיטת רש״י, החילוק בין הסוגיות הוא בשאלה האם הבעיה של לחשא״ה קיימת גם כשהיא שליח של הצד השני, ולא הצד השני עצמו.
- לפי תוס׳ והרשב״א הבעייה היא שאדם לא יכול להיות שליח של שני הצדדים באותה עסקה בו זמנית (ובודאי לא להוות צד ובו בזמן גם שליח של הצד השני). החילוק בין הסוגיות בדף כד ובדף סג הוא

כרשב״א, שהשליחות הזו בטלה רק אם היא מוגדרת כך מלכתחילה. אבל אם המצב הזה נוצר באמצע השליחות, יש ספק האם היא בטלה או לא. כלומר אם יש בעייה במינוי אז ברור שאין בכלל שליחות. אם המינוי היה כדין ורק בביצוע מתרחשת הכפילות – אז יש ספק.

- שיטת הרש״ש וי״מ במאירי היא שיסוד הבעיה הוא בכך שיש כאן העברה מיד ליד, כמו שהבעל לא יכול להפוך שליח לקבלה, כך גם שלוחו.

ב. הבעייה היא רק בגירושין:

- שיטת הריטב״א היא שמכיון שנפסקת שליחותה, זוהי בעיה של 'טלי גיטך מעל גבי קרקע'.

אבני הבניין להצגה גרפית של דין לחשא״ה

המקרה שלנו הוא מורכב יותר משליחויות רגילות. ישנן כאן שתי פעולות (מסירה/הולכה וקבלה) שביחד יוצרות חלות אחת (גירושין). כאשר אנחנו מדברים על מצב בו מעורבים שלושה גורמים: בעל, אישה ושליח. השאלה היא מה דינו של שליח שנעשה שליח לשני הצדדים?

ההצגה הגרפית של מצב כזה היא הבאה:

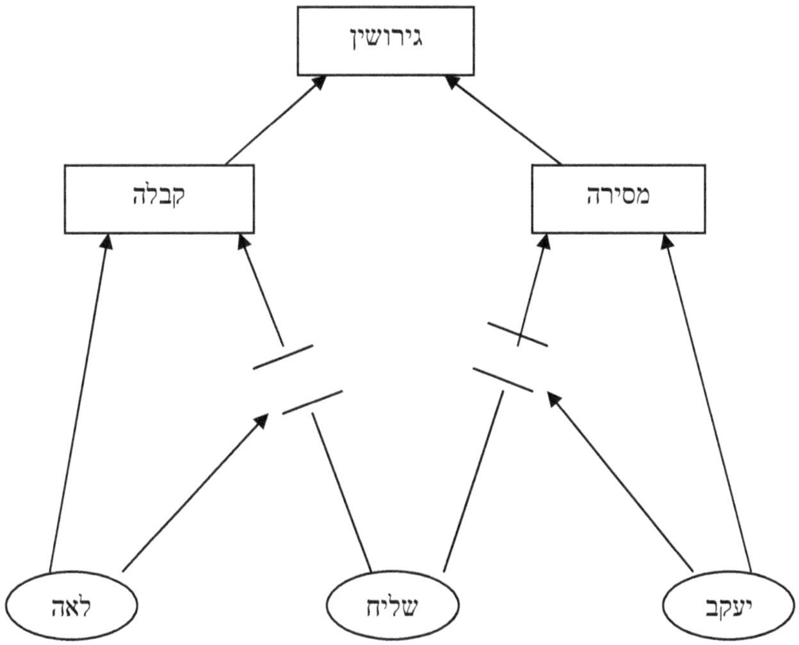

ציור 11: אדם אחד משמש כשליח של שני צדדים לאותה עסקה.

לעומת זאת, סיטואציה שבה האישה עצמה מקבלת את הגט מידיה כשהיא משמשת כשליח להולכה של בעלה מיוצגת בגרף הבא:

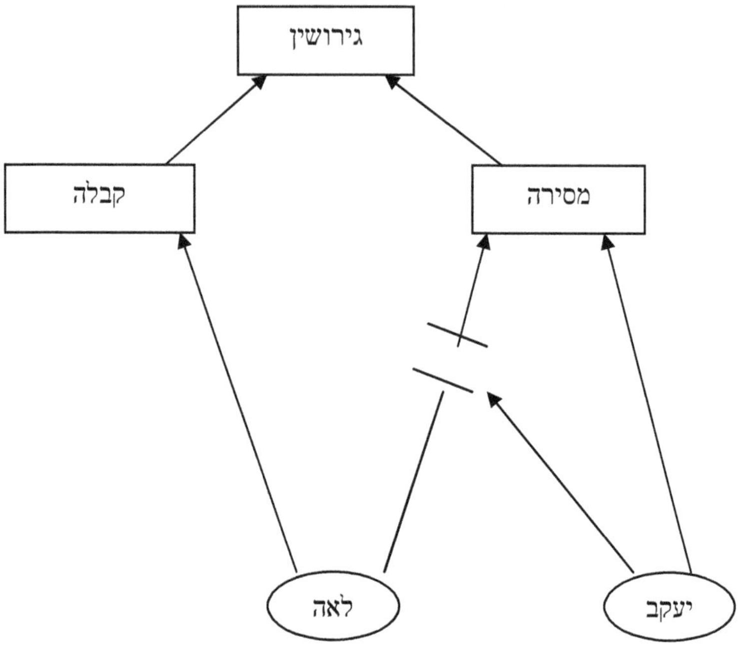

ציור 12 : צד לעסקה משמש גם כשלוחו של הצד השני לאותה עסקה.

כעת עלינו להסביר באמצעות הציורים הללו את ארבע שיטות הראשונים שנמנו למעלה.

א. שיטת רש"י

רש"י סובר שיש כאן בעייה בדיני שליחות. לשיטתו עלינו לבחון מדוע יש בעייה, ומדוע הבעייה קיימת רק בציור 12, ואילו בציור 11 יש רק ספק.

די ברור שרש"י מבין את השליחות כייפוי כוח (כך גם ראינו בדבריו בדיון של בעל **קצוה"ח** שהובא בפרק השלישי). אם כן, מי שמבצע את הפעולה הוא השליח ולא המשלח. כדי לייצג את המצב הזה לאשורו, עלינו להוסיף למודל

הגרפי שלנו קו ביצוע רציף. הקו הרציף מייצג ביצוע של הפעולה על ידי האדם עצמו ולא כשליח. נזכיר כי הקו הרציף השחור בגרפים שלנו מייצג את האפשרות העקרונית (הסמכות) לבצע את הפעולה.

במצב כזה הציור שמתקבל הוא הבא:

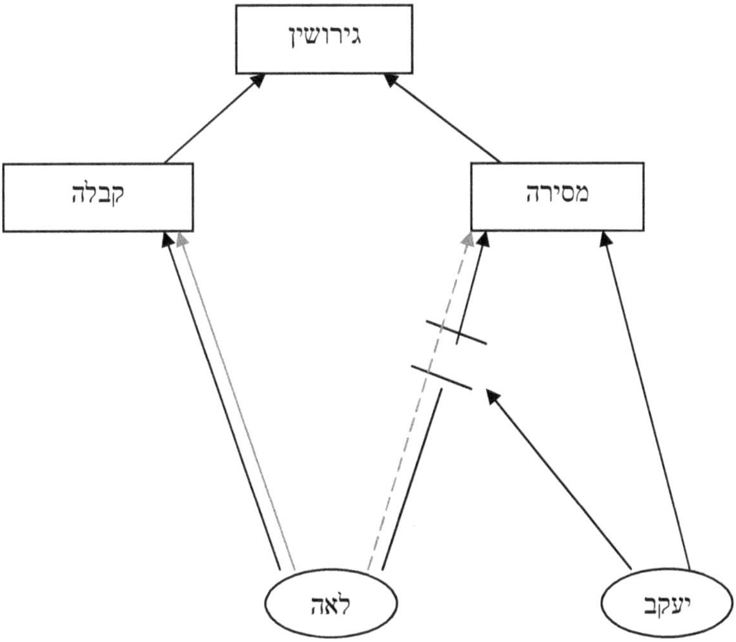

ציור 12א: צד לעסקה משמש גם כשלוחו של הצד השני לאותה עסקה, בתמונה של ייפוי כוח. ניתן לראות שבמצב כזה שתי הפעולות (שמיוצגות על ידי קווים מרוסקים) מתבצעות על ידי אותה אישיות, ולכן אין כאן נתינה.

מה קורה לפי רש"י בציור 11? ניישם לגביו את המודל של ייפוי כוח ונקבל:

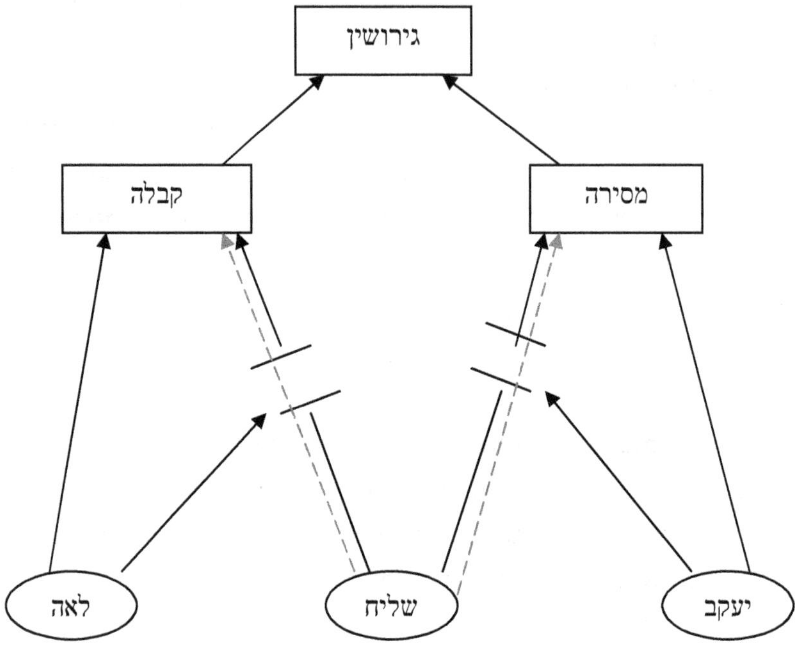

ציור 11א: אדם אחד משמש כשליח של שני צדדים לאותה עסקה, בתמונה של ייפוי כוח. גם כאן שתי הפעולות מתבצעות על ידי אותו אדם, אבל בשניהם הוא שליח ולא בעל המעשה.

אנחנו רואים שגם כאן אותו אדם מבצע את שני הצדדים של הפעולה, אבל כאן הוא משמש כשליח ולא כבעל המעשה. לכן כאן רש״י סובר שיש ספק האם זה מועיל או לא. הספק הוא האם הבעייתיות שיש בכפילות נוגעת למבצע הפעולה או לבעל המעשה.

לכן גם ראינו שהמפרשים ברש״י נתלבטים האם הציור בסוגיית כד ע״א מדבר על מצב שבו האישה היא שליחת קבלה של עצמה, או שהיא רק המקבלת ממש, ללא שליחות קבלה. לפי רש״י זה עשוי להיות משמעותי, שכן הוא מבחין בין ביצוע כשליח לבין ביצוע כבעל המעשה.

ב. שיטת תוס' והרשב"א

לפי תוס' והרשב"א גם יש בעייה בדיני שליחות, אלא שלדעתם היא קיימת בשני הציורים במידה שווה. עוד ראינו שלשיטתם יש ספק האם הבעייה היא רק בעצם המינוי, או שיש גם בעייה כשהמינוי היה תקין והמצב נוצר אחרי המינוי, והוא קיים בעת ביצוע השליחות עצמו.

התיאור הגרפי כאן יכול להיעשות בשתי צורות: או שלשיטתם מדובר בייפוי כוח, ואז התיאור הוא כמו בשיטת רש"י (ציורים 11א ו-12א), אלא שלדעתם גם מיופה כוח לא יכול לפעול משני צדדיה של אותה עסקה, זאת בניגוד לרש"י שמסתפק בזה. אלא שלפי זה לא ברור מהו הספק במצב שהבעייה התעוררה אחר כך. ברור שעדיין הוא פועל משני הצדדים של העסקה.

לכן נראה יותר שהם רואים את השליח כידו הארוכה של בעל העסקה (ולא מיופה כוח), כשיטת ה**טור** ולא הרמב"ם. לכן ברור שלשיטתם אין להבחין בין מצב בו בעל המעשה הוא עצמו השליח לבין מצב של שליח שלישי.

אז מהי הבעייה? נראה שלדעתם שליח לא יכול לשמש יד ארוכה של שני צדדים של אותה עסקה. כעת נוכל גם להבין את הספק שלהם. הספק הוא האם במצב כזה אין מעשה נתינה או שכלל לא מוגדר מינוי לשליחות.

ההצגה הגרפית היא הבאה:

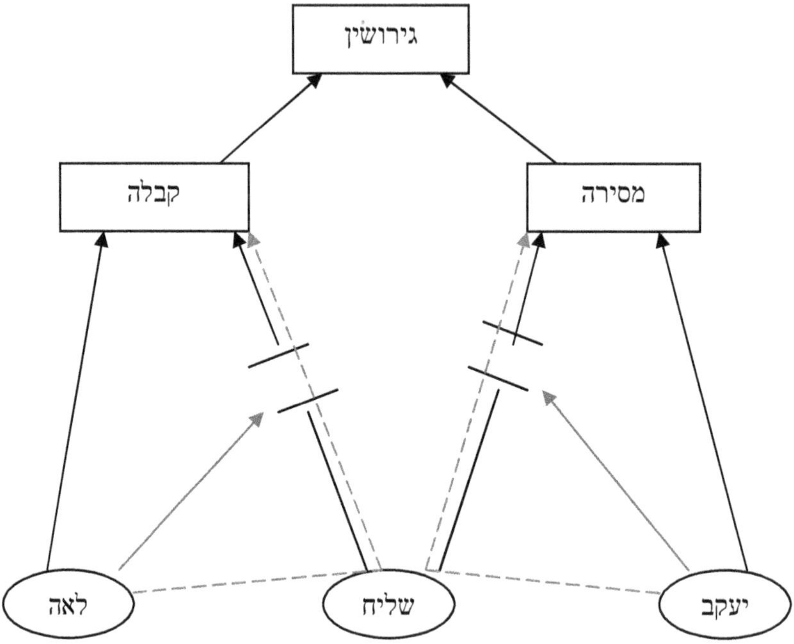

ציור 11ב: אדם אחד משמש כשליח של שני צדדים לאותה עסקה, בתמונה של ידא אריכתא. אם הבעיה היא במינוי אז בעצם מה שלא קיים כאן הוא קווי המינוי (הירוקים). הם סותרים זה את זה. אם הבעייה היא בביצוע – אז קווי הביצוע המרוסקים הם שסותרים זה את זה. זהו הספק של הגמרא סג לפי הרשב״א ותוס׳.

במצב של האישה עצמה שמהווה שליח הולכה של הבעל, הציור הוא הבא:

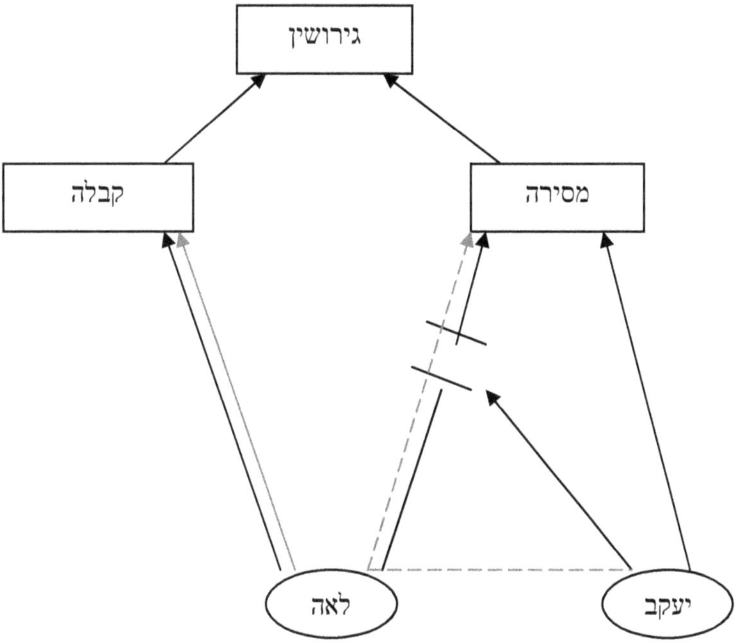

ציור 12ב: צד לעסקה משמש גם כשלוחו של הצד השני לאותה עסקה, בתמונה של ידא אריכתא. ניתן לראות שבמצב כזה לאה משמשת כאישה המתגרשת ובו בזמן כידו הארוכה של יעקב למסור את הגט. מצב כזה אינו נתינה, כי אין כאן מעבר מיד ליד של מישהו אחר. הספק של הגמרא סג לפי הרשב״א ותוס׳ הוא לגבי מצב כזה: האם אין כאן נתינה, או שכלל אין מינוי לשליחות כזאת.

נעיר כי ההשלכה של הספק בסוגיית סג לפי הרשב״א ותוס׳ היא בשאלה האם כשיש התנגשות כזאת, השליחויות עומדות בעינן, ואז אם השליח נותן לשליח קבלה אחר שהאישה ממנה זה מועיל, או שמא השליחויות עצמן בטלות מעצם הגדרתן, ואז אי אפשר גם לתת לשליח אחר, כי שליח ההולכה כלל אינו שליח.

ג. שיטת הי"מ במאירי והרש"ש

לשיטות אלה, הבעייה היא כדלהלן. הבעל לא יכול להיות שליח קבלה, ולכן גם שלוחו לא. הסיטואציה של בעל שרוצה להיות שליח קבלה היא כמו בציור 12, אלא שעלינו להפוך את מיקומיהם של לאה ויעקב, ושל משימות המסירה והקבלה. התמונה המתקבלת היא הבאה:

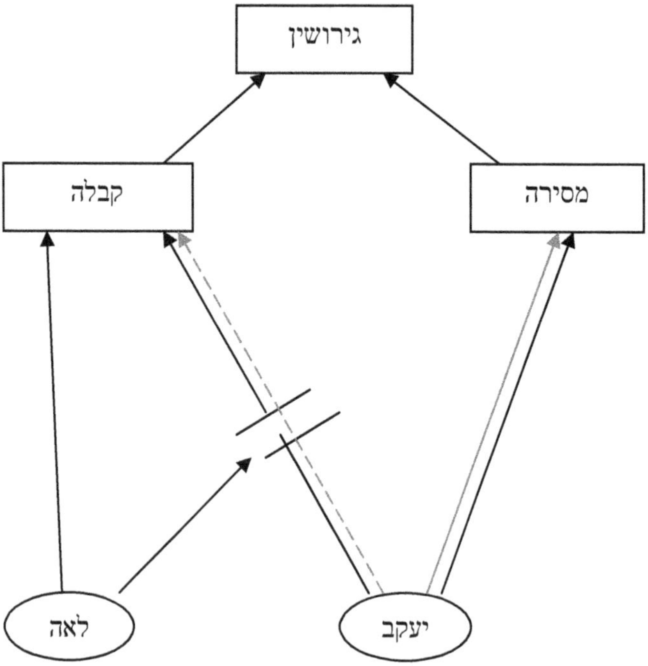

ציור 13: צד לעסקה (הפעם זה הבעל) משמש גם כשלוחו של הצד השני לאותה עסקה.

מהציור עצמו לא ברור האם יש כאן תפיסה של ידא אריכתא או ייפוי כוח. לכאורה אם ישנה כאן בעייה, אז נראה שתפיסת השליחות שמניחים כאן היא של ייפוי כוח, שאז הבעל הוא שעושה את שתי הפעולות גם יחד. לכן בחרנו לצייר כך את קווי הפעולה בציור 13.

מאידך, כעת לא ברור כיצד בעלי שיטה זו לומדים מכאן שגם בציור 11 ישנה בעייה. ראינו למעלה בשיטת הרשב"א ותוס' שגם אם השליח הוא ידו הארוכה של בעל המעשה יכולה להתעורר בעייה (בביצוע או במינוי) כאשר הוא משמש בו בזמן גם צד שני (או שליח של צד שני). כנראה גם בעלי שיטה זו יסכימו לכך, והם יראו את הסיטואציה כמו בציור 11ב.

ד. שיטת הריטב"א

ראינו שהריטב"א סובר שהבעייה היא רק בגירושין, כלומר יש כאן מצב של טגמעג"ק. אם כן, ברור שהריטב"א וסיעתו גורסים שהמצב בשני הציורים הללו, 11 ו-12, הוא תקני מבחינת דיני שליחות הכלליים (כלומר בממונות). בשני המקרים השליחות בעינה עומדת שכן אין בעיית כפילות במצב כזה. מדוע לא? נראה שהוא מניח תפיסה של ידא אריכתא, המתוארת בציורים 11ב ו-12ב, כמו בשיטת הרשב"א ותוס'. אלא שלשיטתו אין במצב כזה שום בעייה עקרונית (למעט הבעייה של טגמעג"ק שהיא ספציפית לגירושין), שכן הפועלים הם שני בעלי מעשה שונים. רק הידיים שלהם מתערבבות כאן. לפי הריטב"א בעיית הכפילות מתעוררת רק אם הפועל של המעשה הוא אותו פועל, וכאן זה לא קורה.

הערה על מילוי שתי פונקציות בו זמנית

ראינו שיש דעות ששליח לא יכול למלא שתי פונקציות בו זמנית. יש דעות שהוא לא יכול להיות שליח של צד אחד אם הוא עצמו הצד השני. ויש דעות שהוא גם לא יכול להיות שליח של שני הצדדים בעסקה.

האפשרות הבאה שמופיעה בסוגיית הגמרא שם היא שהבעל אומר לאישה למנות שליח קבלה אחר עבור עצמה. במקרה זה, האישה משמשת כשלוחה להולכה של הבעל, ובו בזמן היא מתפקדת כמתגרשת שכן היא ממנה שליח לקבלה (רק האישה יכולה למנות שליח קבלה). כיצד היא יכולה לעשות את

שני הדברים הללו בו-זמנית? למעלה ראינו שכאשר היא מהווה בעצמה צד בעסקה לכל הדעות זה לא טוב.

מכאן עולה בבירור שהאישה לא מפסיקה להיות היא עצמה כשהיא משמשת כשלוחתו של הבעלה, כמו שכל שליח לא מפסיק להיות הוא עצמו כשהוא משמש כשליח (אף אחד לא יעלה בדעתו לומר שכשהשליח פועל בשם מישהו אחר הוא לא יוכל לגרש ולהתגרש בעצמו, או לקנות או להקנות משהו עבור עצמו). לכן זו ודאי לא בעיה. מה שראינו שהיא לא יכולה לעשות זה לפעול בשם שני צדדים באותו מעשה. אולם מינוי שליח לקבלה אינו נעשה כחלק ממעשה הגירושין. הקבלה עצמה היא החלק מהמעשה, וזה לא יכול להיעשות על ידה. אבל מינוי שליח קבלה הוא כמו כל פעולה אחרת של האישה, שודאי יכולה להיעשות גם כשהיא שלוחתו להולכה של הבעל.

במונחי המודל הגרפי שלנו, נוכל לומר זאת כך. בציור 12א מתואר מצב בו צד אחד לעסקה משמש כשלוחו של הצד השני:

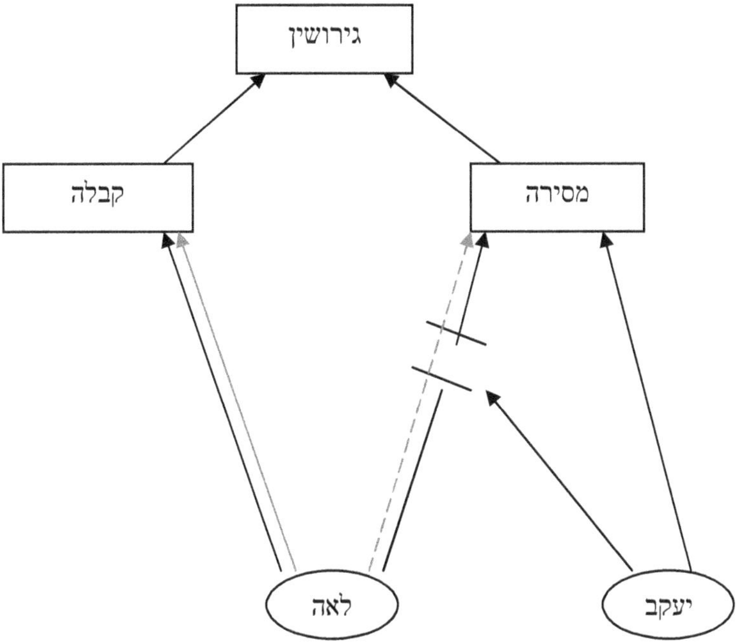

ציור 12א: צד לעסקה משמש גם כשלוחו של הצד השני לאותה עסקה, בתמונה של ייפוי כוח. ניתן לראות שבמצב כזה שתי הפעולות (שמיוצגות על ידי קווים מרוסקים) מתבצעות על ידי אותה אישיות, ולכן אין כאן נתינה.

מה שיוצר את הבעייה הוא לא הקו השחור של לאה לכיוון הקבלה, כלומר לא היכולת העקרונית שלה לפעול את הקבלה (עצם היותה בעל המעשה). מה שמפריע לנו הוא הקו האדום של הביצוע, כלומר זה שהיא מבצעת את הקבלה בפועל. זה לא יכול להתרחש בו-זמנית עם פעולתה כשליחת הולכה של הבעל.

הוא הדין בציור 13:

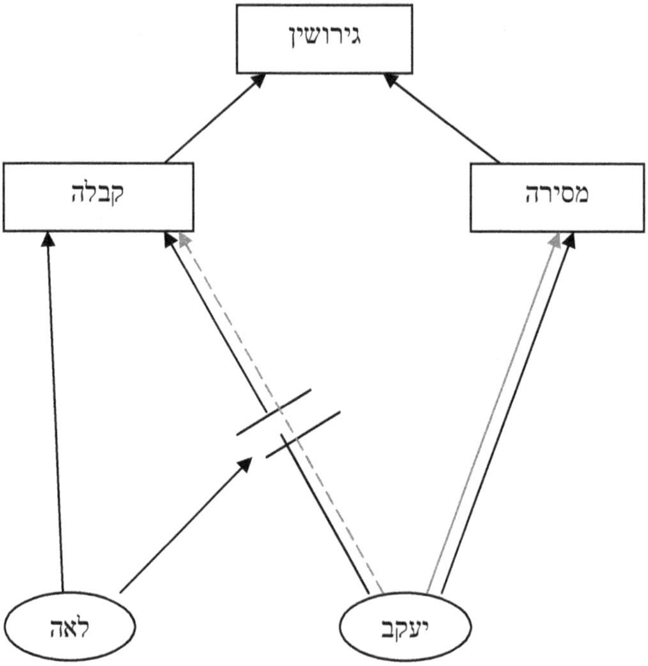

ציור 13 : צד לעסקה (הפעם זה הבעל) משמש גם כשלוחו של הצד השני לאותה עסקה.

כאן מה שמפריע לנו הוא שוב קו הביצוע (המרוסק האדום) של האישה, ולא קו המינוי שלה. אין לנו בעייה עם העובדה שהיא ממנה את יעקב ביחד עם היותה בעלת המעשה של הקבלה (החץ הרציף של הקבלה). הבעייה היא הכפילות מהצד של יעקב עצמו, שכן שם ישנה בעייה של כפילות בביצוע, ולא מצדה ששם ישנה כפילות רק במובן של האפשרות העקרונית.

הערה על שיטת הקדוש מרדוש בדין מילי

ראינו בפרק הקודם שלפי הקדוש מרדוש, שליח הולכה בגירושין יכול למנות שליח שני וזה לא נחשב מילי, מפני שהאישה מתגרשת בעל כרחה, ולכן

כשמגיע הגט ליד השליח הרי היא כאילו מגורשת כי בידו לגרשה בעל כרחה. אבל שליח הולכה לקידושין אינו יכול לעשות שליח שני כי היא מתקדשת רק לדעתה.

ב**קצוה"ח** סי' רמד הקשה עליו מסוגייתנו, שכן אצלנו מבואר שהאישה עצמה יכולה למנות שליח הולכה, על אף שכאן אי אפשר לומר שמשעה שהגט הגיע לידה כשליח הולכה היא כאילו מגורשת. הרי הדבר עדיין תלוי בדעתה (בכובעה כאישה המתגרשת, ולא בכובעה כשליח ההולכה של הבעל), שכן היא יכולה לחזור בה משליחותה, או להחליט לא לגרש.

ה**קצוה"ח** שם מתרץ שמכל מקום, לאחר שהיא ממנה שליח הולכה הוא יכול לגרש אותה על כורחה, ולכן זה לא מילי. אלא שהוא מקשה לשיטת מהר"ם פאדווה שפגשנו בפרק השישי, לפיו השליח הראשון יכול לבטל את השני, אם כך גם לאחר שהיא ממנה את שליח ההולכה היא עדיין יכולה לבטל אותו, ולכן הוא לא יכול לפעול בעל כורחה. הוא מסיק מכאן שסוגייתנו סוברת שאומר אמרו מועיל.

וב**נתיה"מ** סי' רמד סק"א כתב לתרץ שאמנם היא יכולה לבטל את השליח השני, אבל כל עוד היא לא ביטלה אותו הוא יכול לגרש אותה בעל כורחה. גם אם היא תאמר שאינה רוצה להתגרש זה לא יועיל לה, כל עוד לא ביטלה את שליחות ההולכה. הדברים מתחזקים עוד יותר, לפי מה שהסברנו שם, שגם מהר"ם פאדווה אינו רואה את השליח השני כשלוחו של הראשון אלא של הבעל. ומה שהשליח הראשון יכול לבטל אותו זה רק מפני שהוא זה שמינה אותו (חילקנו שם בין הממנה למשלח).

עוד הוא מוסיף שם שגם מהר"ם פאדווה סובר שרק שליח שהתמנה לגרש ומינה שליח שני יכול לבטלו. אבל שליח שהתמנה למנות (אומר אמרו), לאחר שמינה את השני שוב אינו יכול לבטלו כי הוא לא שלוחו אלא שליח הבעל. ההנחה כאן היא ששליח שהתמנה לגרש יש לו ייפוי כוח כמגרש, ולכן הוא בעל המעשה, ולכן השליח השני הוא שלוחו. אבל שליח שהתמנה למנות שליח אחר אינו בעל המעשה, ומשעה שמינה את השני – השני הוא שליח הבעל ולא שלוחו

של הראשון. אצלנו מדובר שהאישה נשלחה למנות שליח הולכה ולא לגרש את עצמה, ולכן כאן היא כבר לא יכולה לבטל את השליח השני, גם לשיטת מהר״ם פאדווה (כך כתב גם בשו״ת **כתב סופר** יו״ד סי׳ קג ד״ה ׳ומ״ש עוד׳).

ובשו״ת **עונג יו״ט** (סי׳ קנז, ד״ה ׳ואינני מכיר׳) הסביר שמה שהשליח יכול לחזור בו מהשליחות זה אינו הופך את השליחות למילי. כוונת הקדוש מרדוש היא שאם השליח לא יכול לעשות את המעשה בעצמו אלא בהסכמת אחרים זה מילי, אבל אם לא זה המצב אז גם אם הוא יכול לחזור בו – אין כאן מילי. והרי כאן זה לא תלוי ברצון אחרים, אלא ברצונה שלה, ולכן זה לא מילי.

אמנם לפי הערתנו בסעיף הקודם למעלה נראה שהקושיא הזו לא קשה כלל. הערנו שם שייתכן מצב בו האישה משמשת בשני כובעים: שלוחה להולכה של הבעל (צד ראשון ל׳עסקה׳) והאישה המתגרשת (הצד השני ל׳עסקה׳). במצב כזה, כל עוד היא לא פועלת בפועל משני צדי העסקה, אין שום בעייה. אם כן, גם כאן זהו המצב, הכפילות אינה בביצוע אלא במעמד שלה כצד בעסקה. לכן אנחנו דנים אותה במצב כזה כשני אנשים שונים. ומכאן, שאם היא בכובעה כשליח להולכה יכולה לגרש את האישה (שזו היא עצמה בכובעה השני) בעל כרחה, אז זה אינו מילי. דווקא בגלל שכאן היא לא משמשת כשליח לצד השני של העסקה (=היא עצמה) אלא כבעל המעשה מהצד השני, אין לנו שום בעייה לדון בשני הכובעים בנפרד. אם היו כאן באמת שני בני אדם זה היה מועיל, אז גם אם היא עצמה חובשת את שני הכובעים יחד – אין בכך בעייה.

פרק תשיעי

דין זכין ותופס לבעל חוב

מבוא

אחת הסוגיות העיקריות שמבררת את מהות השליחות היא סוגיית תופס לבעל חוב. הסיטואציה היא של אדם שחייב כסף לכמה נושים, וכל אחד מנסה לתפוס ממנו כמידת יכולתו. השאלה מה קורה כשהוא שולח שליח לעשות זאת עבורו. במצב כזה השליח פועל לטובת משלחו, אבל נגד האינטרס של בעלי החוב האחרים.

בסוגיא רואים, לפחות לחלק מהשיטות, שיש הבדל בין מצב בו התופס הוא שלוחו של בעל החוב, לבין מצב בו התופס מנסה לזכות עבור בעל החוב מיוזמתו. ההבחנה הזו מאירה טוב יותר את שני צדדיה, את דין זכייה ואת דין שליחות. כדי להבין אותה טוב יותר, עלינו להיכנס מעט לדין "זכין לאדם שלא בפניו", ולשאלת יחסו לדין שליחות.

א. זכין לאדם שלא בפניו

מקורותיו של דין 'זכין'

בדרך כלל כאשר אדם רוצה שפלוני יהיה שלוחו, עליו למנות אותו לשליח. אולם ההלכה מכירה במצבים מסויימים בביצוע שליחות עבור משלח בלי שהשליח קיבל מינוי ממשלחו. זהו דין "זכין לאדם שלא בפניו".

כאשר אדם מבצע פעולה עבור אדם אחר בלי מינוי ממנו, אם הפעולה היא זכות (וזכות בלבד) עבור אותו אדם אזי הוא יכול לעשות זאת עבורו. אבל אדם לא יכול לחוב למישהו אחר בלי מינוי ממנו להיות שלוחו.[32]

מקור הדברים הוא במשנה עירובין פא ע"א-ע"ב:

נותן אדם מעה לחנוני ולנחתום כדי שיזכה לו עירוב, דברי רבי אליעזר. וחכמים אומרים: לא זכו לו מעותיו. ומודים בשאר כל האדם שזכו לו מעותיו, שאין מערבין לאדם אלא מדעתו. אמר רבי יהודה: במה דברים אמורים - בעירובי תחומין, אבל בעירובי חצירות - מערבין לדעתו ושלא לדעתו, לפי שזכין לאדם שלא בפניו ואין חבין לאדם שלא בפניו.

עירובי תחומין אינם זכות צרופה לאדם, מפני שהוא אמנם זוכה בתחום לכיוון אחד אבל מפסיד את התחום לכיוונים האחרים. יש כאן פעולה שמקנה לו זכות אבל שוללת ממנו זכות אחרת (חבה לו), ולכן כדי לעשות אותה עבורו דרוש מינוי ממנו. אבל בעירובי חצרות שרק מתירים לו ולא אוסרים עליו, שם זוהי זכות גמורה, ולכן אפשר לעשות זאת עבורו גם בלי דעתו (כלומר בלי מינוי).

מניין נלמד הדין הזה? בכך עוסקת סוגיית קידושין מב ע"א. הגמרא שם דנה במקור דין שליחות, ומציעה את המקור הבא:

ואלא הא דאמר רב גידל אמר רב: מנין ששלוחו של אדם כמותו? שנאמר (במדבר לד): ונשיא אחד נשיא אחד ממטה, תיפוק ליה שליחות מהכא!

הנשיאים עשו הגרלה בחלוקת הארץ עבור בני שבטם, ומכך שהם זכו עבורם הגמרא לומדת את דין שליחות.

כעת מקשה הגמרא:

---

32 ראה חיים צפרי, "שליחות - היקף השליחות", בתוך: נחום רקובר (עורך), חוק לישראל, עריכה שיטתית ועדכנית של המשפט העברי כיסוד לחקיקה ולפסיקה על פי סדר חוקי מדינת ישראל, מורשת המשפט בישראל, ספריית המשפט העברי, ירושלים תשס"ט-2009. לגבי גבולות הזכיה ראו בנספח: "נוסח ההרשאה מול אומדן דעת השולח".

ותיסברא דהא שליחות הוא? והא קטנים לאו בני שליחות נינהו!

הרי בין היתר הם זכו גם עבור קטנים, וקטנים אינם יכולים למנות שליח. לכן הגמרא מסבירה שלא מדובר כאן בדין שליחות אלא בדין 'זכין':

אלא, כי הא דרבא בר רב הונא, דאמר רבא בר רב הונא אמר רב גידל אמר רב: מנין שזכין לאדם שלא בפניו? שנאמר: ונשיא אחד נשיא אחד.

מכיון שמדובר כאן בדין זכין, זה קיים גם ביחס לקטנים.

כעת הגמרא מקשה על כך:

ותיסברא זכות היא? הא חובה נמי איכא, דאיכא דניחא ליה בהר ולא ניחא ליה בבקעה, ואיכא דניחא ליה בבקעה ולא ניחא ליה בהר!

אם כן, גם זה אינו זכות גמורה, וכפי שראינו במשנת עירובין אין דין זכין אלא בדבר שהוא זכות גמורה.

לכן הגמרא מסיקה:

ואלא כדרבא בר רב הונא, דאמר רבא בר רב הונא אמר רב גידל א"ר: מנין ליתומים שבאו לחלוק בנכסי אביהן, שבית דין מעמידין להם אפוטרופוס לחוב ולזכות? לחוב אמאי? אלא לחוב ע"מ לזכות? ת"ל: ונשיא אחד נשיא אחד ממטה תקחו.

לכאורה הגמרא נסוגה מכוונתה ללמוד מכאן את דין זכין, ולומדת מכאן דין מיוחד של אפוטרופוס שבי"ד ממנה אותו. אבל הראשונים על אתר הסבירו שהגמרא נותרה בהבנה שמדובר בדין זכין,[33] אלא שהיא לומדת שאם בי"ד ממנה את האפוטרופוס אז הוא יכול לפעול גם כשהפעולה היא חובה שכרוכה בזכות.[34]

---

33 עי' רמב"ן וחי' הר"ן בגיטין נב ע"א, ורמב"ן ב"מ עא ע"ב ורשב"א שם בדעת רש"י קדושין שם ד"ה 'אלא'. וראה גם' פנ"י שם בד"ה 'אלא כדרבה'.

34 ראה נקודות הכסף יו"ד סי' שה סקי"א.

מכל האמור עד כאן עולה שדין זכין הוא דין דאורייתא. אמנם בתוד״ה ׳זכין׳, ב״ב קנו ע״ב משמע שדין זכין הוא מדרבנן, ולכאורה זה מפני שלהבנתם המקור שמובא בסוגיא כאן לדין זכין אכן נדחה. אמנם ב**קו״ש** שם סי׳ תקסח נדחק להראות שגם תוס׳ זה מסכים שהוא מדאורייתא.

גדר דין ׳זכין׳: מדין שליחות

ישנה מחלוקת ראשונים בהגדרת מהותו של דין זכין. יש ראשונים שסוברים שזכין הוא מדין שליחות, כלומר המזכה הוא שלוחו של הזוכה, אלא שויתרו על הצורך במינוי.[35] כיצד זה פועל? איך ייתכן שאדם נעשה שליח בלי שהמשלח ממנה אותו? מצאנו שני כיוונים במפרשים:

- יש שהסבירו (ראה תוד״ה ׳מטבילין׳, כתובות יא ע״א, שיובא להלן) שיש כאן מינוי מכללא, שכן אנחנו עדים (אנן סהדי) שהדבר נוח לו, ולכן הוא לא צריך להביע את רצונו בפירוש. כך כותב הרשב״א בסוגיית קידושין שם, ומביא לכך ראיה מהפרשת תרומה שנעשית גם מדין זכין (תורם משלו על של חברו. ראה נדרים לו ע״ב ומקבילות). והרי בתרומה כתוב הפסוק שמרבה שליח, כלומר התורם חייב להיות שלוחו של בעל התבואה (ראה כאן בפרק הראשון: כן תרימו גם אתם – לרבות שלוחכם). אם כן, מוכח שמי שתורם מדין זכין הוא שלוחו של בעל התרומה.
- אמנם **קצוה״ח** סי׳ קה סק״א טוען שזוהי גזירת הכתוב שהמזכה הוא שלוחו של הזוכה, ואין כאן מינוי מכללא (ראה שם את ראיותיו

35 רש״י גיטין ט ע״ב ד״ה ׳חזור׳, וב״מ יב ע״א ד״ה גבי מתנה; תוד״ה ׳איש זוכה׳, פסחים צא ע״ב וכן כתובות יא ע״א ד״ה ׳מטבילין׳ ונדרים לו ע״ב ד״ה מי ועוד הרבה. ובדעת הרמב״ם הדעות חלוקות. בברכת שמואל קדושין סי׳ י הביא בשם הגר״ח מבריסק שהוכיח שגם הרמב״ם סובר שזכיה מטעם שליחות, אבל בדברי אמת הל׳ גיטין סי׳ נב ובקהלת יעקב סי׳ קיט הוכיחו שלדעת הרמב״ם זכיה אינה מטעם שליחות.

מסוגיית ב"מ כב ע"א, שם רואים ששליחות שלא מדעת אינה שליחות. ראה על כך להלן בדיון על תופס לבעל חוב).

גדר דין 'זכין': לא מדין שליחות

ראשונים אחרים רואים את דין זכין כדין עצמאי, שאינו קשור לגדרי שליחות.[36] גם כאן מובאת ראיה מסוגיית קידושין הנ"ל, שהרי מקור דין זכין הוא מחלוקת הארץ שהנשיאים זכו עבור הקטנים, וקטנים אינם בני שליחות (ראה רשב"א ור"ן בקידושין שם). ראה נוספת הביאו הר"ן ותוס' רא"ש שם, מכך שהגמרא היתה צריכה מקור נוסף לדין שליחות, ולא למדה את שליחות מדין זכין.

אמנם יש מקום לדחות את שתי הראיות הללו. לגבי הצורך במקור נוסף לדין שליחות, זה יכול להיות מפני שלולא המקור הזה היינו חושבים שדין זכין הוא דין אחר. אבל אחרי שלמדנו שיש דין שליחות בתורה, אנחנו מבינים שגם זכין הוא מדין שליחות.

זכיה ושליחות בקטן

ולגבי הראיה הראשונה מכך שדין זכין נאמר גם לגבי קטנים, יש לדחות זאת על פי דברי רעק"א בכתובות יא ע"א. הגמרא שם מביאה מימרא של ר"ה:

> ***אמר רב הונא: גר קטן מטבילין אותו על דעת בית דין. מאי קמ"ל? דזכות הוא לו, וזכין לאדם שלא בפניו, תנינא: זכין לאדם שלא בפניו, ואין חבין לאדם שלא בפניו! מהו דתימא עובד כוכבים בהפקירא ניחא ליה, דהא קיימא לן דעבד ודאי בהפקירא ניחא ליה, קמ"ל דהני מילי גדול, דטעם טעם דאיסורא, אבל קטן - זכות הוא לו.***

36 ראה רמב"ן קדושין כג ע"ב, רשב"א שם מב ע"א וב"מ עא ע"א. ראה גם בריטב"א קדושין שם ושם, ור"ן קדושין רפ"ב בשם איכא דבעי למילף ועוד.

הגמרא אומרת שהחידוש הוא שמדובר כאן בזכות, אבל דין זכין עצמו הוא פשוט. ועל כך מקשים בתוד"ה 'מטבילין', שם:

מטבילין אותו על דעת ב"ד משום דזכות הוא - ותימה דהא זכייה הוי מטעם שליחות דכיון דזכות הוא לו אנן סהדי דעביד ליה שליח כדמוכח בפ"ק דב"מ (דף יב.) גבי חצר משום יד איתרבאי ולא גרע משליחות וא"כ היאך זכין לקטן והלא אין שליחות לקטן כדאמרינן באיזהו נשך (שם עא:) ועוד דאכתי עובד כוכבים הוא ואמרי' התם דקטן דאתי לכלל שליחות אית ליה זכייה מדרבנן עובד כוכבים דלא אתי לכלל שליחות אפילו זכייה מדרבנן לית ליה.

תוס' מוכיחים שלקטן אין שליחות מדאורייתא, והם מניחים שדין זכין הוא מטעם שליחות, ולכן קשה להם כיצד הוא מתגייר בעודו קטן מדין זכין?

על כך עונה ר"י:

ונראה לר"י דהכא נמי דזכין לו מדרבנן כדאמרינן התם דקטן אית ליה זכייה מדרבנן.

כלומר באמת הזכייה כאן היא רק מדרבנן, כמו שמצאנו בסוגיית ב"מ הנ"ל.

בסוף דברינם הם מביאים עוד תירוץ שמבוסס על גירסה אחרת בסוגיית ב"מ:

ולפי ספרים דגרסינן בב"מ (דף עא:) זכייה מיהא אית ליה ולא גרס מדרבנן ניחא דמצי למימר דאית ליה זכייה מן התורה ועובד כוכבים קטן כיון דבא להתגייר חשבינן ליה כישראל קטן ואף על גב דזכייה הוי מטעם שליחות ואין לו שליחות מן התורה ה"מ בדבר שיש בו קצת חובה כגון להפריש תרומתו דשמא היה רוצה לפוטרה בחטה אחת או שמא היה רוצה להעדיף אבל הכא שזכות גמור הוא לו יש לו שליחות.

כאן ישנו חידוש שבמקום בו יש זכות גמורה (בלי שום צד של חובה) יש שליחות גם לקטן.

אך רעק"א שם העיר על דברי תוס' אלו כך:

אר"ה גר קטן מטבילין אותו כו' וזכין לאדם שלא בפניו. דמה דקיי"ל אין שליחות לקטן, לא משום דקליש כחו דקטן, אלא משום דמעשה קטן אינו כלום והעשיה שעשה שליח לית ביה מששא, ומיהו זה דוקא במקום דצריך דעתו ועשייתו כגון בתרומה, דמאיזה טעם שהוא, או משום דדלמא רוצה לפטור במעוט או במרובה, או משום טעם אחר עכ"פ הדין מוסד דצריך לעשותו שליח אמרינן דקטן אין לו מעשה אבל היכא דא"צ דעתו שיעשה לשליח, גם לקטן יש שליחות. והתוס' לא נחתו לכך וכתבו לחלק בין תרומה לזה (בסוף ד"ה מטבילין)...

הוא טוען שהבעייה בשליחות של קטן היא מפני שאין לו דעת. אם כן, בזכייה שהיא אמנם מדין שליחות אך ברור שאינה דורשת מינוי, שם ניתן לזכות גם עבור קטן. במקום בו לא נדרש מינוי, גם קטן יכול לעשות שליח.

ר' שלמה אייגר בנו מביא לדבריו ראיה מדברי הרמב"ם תחילת פ"ב מהל' שלוחין שכתב שמה שאין שליחות לקטן הוא בגלל היעדר דעת. אבל בתוד"ה 'שאני שיתופי', גיטין סד ע"ב, כתבו שמקור הדין שלקטן אין שליחות הוא מהפסוק לגבי תרומה. גם בתוד"ה 'איש זוכה', פסחים צא ע"ב, מביאים לכך מקור מפסוק. לפי שיטות אלו אכן נראה שכמו שליחות כך לא שייכת גם זכייה בקטן.

בכל אופן, לדברי רעק"א יוצא שאין קושי על הדעה שזכייה מטעם שליחות, כיצד זה מועיל בקטן. זה מועיל בקטן מפני שזכייה היא שליחות ללא מינוי, וכנ"ל.

זכייה מדין יד

אם זכייה אינה מדין שליחות, מה בדיוק גדרה? בסוגיית ב"מ י ע"ב הגמרא דנה כיצד חצר קונה עבור בעליה. היא מעלה שם שתי אפשרויות: חצר משום שליחות, או משום יד.

יש מהאחרונים שרצו להסביר שזכייה גם היא מדין יד. כלומר שאדם שמזכה לי הוא כמו ידי, ולא מדין שליחות. ראה **קצוה"ח** סי' קה ע"א, וחי' הרי"ם גיטין יא ע"ב, ורעק"א כתובות יא ע"ב.

אמנם לא לגמרי ברור מדוע יש הבדל, בפרט אם ראינו שגם בשליחות יש שרואים את השליח כפועל מדין יד. ייתכן שבאמת יש לתלות את המחלוקות זו בזו, ומי שרואה את שליחות מדין יד ארוכה לא יכול לראות את זכין מדין יד, אלא אם הוא חלק מפרשת שליחות. אבל מי שרואה את שליחות מדין ייפוי כוח, יכול לראות את זכין מדין יד, שהוא דין שונה מדין שליחות.

בכל אופן, מקובל לחשוב שאם זכייה היא מדין יד, אין בה את המגבלות של שליחות (קטן או שוטה, שהרי אפילו חצר יכולה להיות ידו של אדם, אף שאין לה דעת כלל).

בחידושי רבי שמעון יהודא הכהן ב"מ סי' ד מחדש שדין זכין מועיל כמו עוד סוג קניין. טענתו היא שהמזכה אינו שלוחו של הזוכה, אלא שפעולתו מועילה לזוכה כאילו הוא עשה פעולת קניין כלשהי בעצמו. כביכול, כאילו יש כאן עוד סוג של פעולת קניין.

הערת הגר"ח

ב**ברכת שמואל** קידושין סי' י וסי' טו מביא בשם הגר"ח שלכל הדעות זכייה היא מטעם שליחות. הויכוח הוא רק בשאלה האם אחרי שהתחדש דין זכייה הוא נכלל בפרשת שליחות שנלמדת מתרומה וקדשים, ואז התמעט ממנה מי שהתמעט משליחות, או שזהו חידוש של שליחות מסוג אחר.

לא לגמרי ברור מה יש בדיון הזה למעט סמנטיקה. מה ההבדל בין הטענה שזכייה היא מטעם שליחות אבל היא שליחות אחרת, לבין הטענה שזכייה היא דין עצמאי? אפשר אולי לדבר על גדרים אחרים של שליחות שלא מתמעטים מתרומה או קדשים, אלא מסברא או ממקור אחר. האם מיעוטים אלו יהיו גם בדין זכייה או לא.

זכין מאדם וזכין לאדם

ראשונים ואחרונים דנו האם יש דין 'זכין מאדם שלא בפניו', כלומר האם אפשר לעשות משהו שהוא זכות לאדם, אבל הוא כרוך בלקיחה ממנו ולא בהכנסה אליו. לדוגמה, ב**קצוה"ח** סי' רמג סק"ח מביא בשם **תרומה"ד** שמשרתת יכולה להפריש חלה מעיסתה של בעלת הבית בלי רשותה. יש לשים לב שהמשרתת לוקחת חלק מהעיסה של בעלת הבית ולא קונה עבורה משהו. אם כן, לשיטתו יש סין זכין מאדם שלא מדעתו, ולא רק זכין לאדם שלא מדעתו. ראה שם שתלה זאת במחלוקת ראשונים בפירוש סוגיית נדרים לו ע"ב.

וב**אב"מ** סי' לו סק"ב תלה זאת במחלוקת הפוסקים בשאלה האם ניתן לקדש אישה אחרי שהיא הביעה רצון להתקדש בלי שהיא מינתה את השליח לקבל קידושין עבורה. גם שם מדובר בזכין מאדם, שכן דין זכין כאן מביא לכך שהאישה תתקדש למישהו אחר, כלומר הוא לוקח ממנה משהו ונותן לאחר, כשכל זה הוא זכות לה.

ובחידושי הגרנ"ט סי' קנא הסביר שהשיטה שיש דין זכין מאדם היא פשוטה, שהרי במצב בו מדובר בזכות המזכה הוא שלוחו של הזוכה גם בלי מינוי, ולכן הוא יכול לעשות עבורו כל מה ששליח עושה עבורו (אמנם אם זכייה אינה מדין שליחות, ייתכן שדין זכייה שהוא דין מיוחד כלל לא התחדש כאן). והשיטה הסוברת שאין דין זכין מאדם הוא מסביר שדין זכין קיים רק במקום בו לא נדרשת פעולה של הזוכה. במצב כזה יכול כל אדם לעשות את מה שדרוש עבורו. לדוגמה, לקנות עבורו משהו, הקניין יכול להתבצע על ידי המקנה בלי מעשה של הקונה (לפחות לשיטות שדעת אחרת מקנה מועיל עבור קונה קטן גם מדאורייתא), ולכן יכול אדם שלישי לזכות עבור הקונה. אבל זכייה מאדם (כגון הפרשת חלה או תרומה) דורשת פעולה של האדם עצמו, ובזה לא מועיל דין זכין אלא רק שליחות ממש.

הוא מוסיף וכותב שלפי זה הדין יוצא נגד דברי ה**אב"מ** הנ"ל, שכן יש אפשרות לזכות עבור אישה מדין זכין, שהרי האישה המתקדשת לא עושה

שום פעולה (אלא רק מסכימה. וראה ר״ן נדרים ל ע״א, שהאישה מפקירה את עצמה לבעל בעת פעולת הקידושין). לכן במקרה זה לכל הדעות יהיה דין זכין, גם לשיטה שאין דין זכין מאדם.

השלכות להבחנה בין זכין לשליחות

בחידושי ר׳ שמעון יהודא הכהן, ב״מ סי׳ ד, טוען שבזכייה לא נאמר הכלל שאין שליח לדבר עבירה. זכייה נעשית ללא מינוי, ולכן הטעמים שהבאנו בפרק השני שהמשלח טוען שלא חשב שהשליח ישמע לו אינו רלוונטי. אמנם לגבי שאר הטעמים זה לא לגמרי ברור.

השלכה נוספת שמובאת שם, היא לגבי שלוחו של בעל הממון. בהמשך נראה שמהירושלמי לומדים הראשונים שכאשר שליח הולך לזכות בממון עבור משלחו, עליו להיות גם שלוחו של בעל הממון. ר׳ שמעון טוען שבמזכה אין דרישה כזו. להלן נראה את ההשלכות.

המודל הלוגי לזכייה

את כל המודלים של שליחות כבר הצגנו למעלה. כאן רק נזהה באיזה מהם מדובר לפי כל תפיסה של זכייה.

אם זכין מטעם שליחות, סביר שהמודל לזכין הוא כמו המודל של שליחות. ההבדל הוא רק שבזכייה אין צורך במינוי. אם זכין אינו מטעם שליחות יש מקום לראות זאת כמודל אחר. לדוגמה, זכייה מטעם יד פירושה ככל הנראה מודל של ידא אריכתא הרגיל. לפי הגדרתו של הגרש״ש נראה שזה כלל אינו שייך למודלים של שליחות, שכן מדובר בפעולת קניין שונה, ותו לא.

אולם בספר **אמרי בינה** הל׳ גביית חוב סי׳ כט מסביר את ההבדל בין זכייה לשליחות כך: בשליחות המשלח מוסר את כוחו לשליח, ואילו בדין זכין השליח עושה את הפעולה עבור המשלח, כלומר השליח הוא שמוסר את כוחו למשלח.

נראה שכוונתו לומר ששליח רגיל הוא מיופה כוח של המשלח, כלומר המשלח פועל דרכו והשליח פועל מכוחו. נראה שבלוגיקה שלנו כוונתו היא למודל ידא אריכתא ההפוך, שהמשלח פועל דרך השליח ומתרוקן לתוכו (ציור 8 מלמעלה). אבל במזכה הפעולה שלו היא עצמאית, אלא שהתוצאה נמסרת לזוכה. זה דומה יותר לייפוי כוח אלא שזה קורה ללא מינוי.

ב. תופס לבעל חוב

אחת ההשלכות העיקריות של הבנת דין זכין וההבדל בינו לבין דין שליחות נעוצה בסוגיית תופס לבעל חוב. בנושא זה יש שתי סוגיות עיקריות בתלמוד: גיטין יא ע"ב, וב"מ י ע"א. כאן לא נעבור עליהן כסדר, אלא נסקור את עיקריו של הנושא עצמו.

תפיסה של בעל חוב

ראובן לווה משמעון כסף, וכעת הוא חייב לו. במקרים מסויימים ההלכה מאפשרת לשמעון המלווה לתפוס מראובן רכוש כדי לוודא את פירעונו. יסודה של הלכה זו בדין "עביד איניש דינא לנפשיה" (ראה ב"ק כז ע"ב).

ברור שאדם יכול לתפוס את החוב עבור עצמו גם במקום שיש בעלי חוב אחרים שתפיסתו מזיקה להם (כי הם עלולים לאבד את ממונם, וכעת הם לא יכולים להציל אותו).

תופס לבעל חוב

מה הדין אם אדם רוצה לתפוס עבור אדם אחר שהוא בעל חוב? כאשר אין בעלי חוב אחרים שהתפיסה יכולה לפגוע בהם (="במקום שלא חב לאחרים"), אזי להלכה תפיסה כזו מועילה, ובלשון חכמים: תופס לבעל חוב במקום שלא חב לאחרים – קנה (ראה כתובות פד ע"ב, וסוגיית גיטין יא וב"מ

י). אולם הראשונים נחלקים האם דין תפיסה לאחר הוא מן התורה, או שמדובר בתקנת חכמים.

שיטת הרי״ף בשו״ת שלו סי׳ רעה (הובא גם ברא״ש ב״מ פ״א סי׳ כז וב**ב״י** חו״מ סי׳ קה ס״ד ועוד) היא שמעיקר הדין אדם זר אינו יכול לתפוס עבור המלווה, כיון שהלווה יכול לטעון כלפיו ״לאו בעל דברים דידי את״, כלומר שאין לו שיח ושיג עמו. רק אם המלווה עשה את התופס שליח בהרשאה (אז הוא נחשב כמי שהקנה לו את הממון) ואז הוא יכול לתפוס מעיקר הדין. לכן כותב הרי״ף שם שדין תופס לבע״ח מועיל רק מתקנת חכמים, וגם זה נתקן רק בנסיבות מוצדקות (אם הלווה מת, או שהוא מבזבז את נכסיו ויש חשש שהמלווה לא יוכל לקבל את ממונו וכדו׳).

במה זה שונה מדין זכין הרגיל? האחרונים (ראה **אבהא״ז** הל׳ מלווה ולווה פ״כ ה״ב, וחידושי רבי שמואל (רוזובסקי) גיטין סי׳ יג) הסבירו שדין זכין קיים רק במקום שהזוכה יכול לזכות בחפץ לעצמו. אבל בתופס לבע״ח הרי התופס אינו בע״ח בעצמו, ולכן הוא לא יכול לתפוס עבור עצמו. במצב כזה הוא גם לא יכול לתפוס עבור בע״ח אחר. היכולת לתפוס מבוססת על העיקרון של ״מיגו דאי בעי זכי לנפשיה זכי נמי לחבריה״ (ראה להלן).

לדוגמה, אם אדם רואה מציאה, הוא יכול לזכות בה עבור זולתו. הסיבה לכך היא שכאן יש לו עצמו כוח לזכות במציאה, ולכן הוא יכול לתפוס עבור זולתו. במצב כזה התפיסה עבור האחר תועיל מדאורייתא.[37]

האחרונים הללו מסבירים שגם לשיטה שזכין הוא מטעם שליחות, אין הכוונה שמדין זכין הוא נעשה שליח ומכוח שליחותו הוא זוכה עבור הזולת. הכוונה היא הפוכה: קודם הוא זוכה עבור עצמו, וכעת חל עליו דין שליח, והוא מעביר את הזכייה לזולתו. לכן כשהוא צריך לקבל את עצם הכוח לזכות ממישהו אחר, לזה דרוש מינוי שליחות, ולא מועיל דין זכין. כשירצה לזכות

---

37 אמנם הגמרא בב״מ י אומרת שבמציאה יש בעייה שכן במקרה זה התופס חב לאחריניה (שהרי הוא מונע מאחרים לזכות במציאה). כאן נכנס מיגו דאי בעי זכי לנפשיה (ראה על כך להלן).

עבור עצמו כדי להעביר את החפץ למשלח הוא לא יוכל לזכות, שהרי כל עוד אינו שליח אין לו כוח לזכות בחפץ.

שיטת הרא״ש (שם) ורוב הראשונים היא שהאפשרות לתפוס לבע״ח כשלא חב לאחרים היא מדאורייתא. הלווה אינו יכול לומר לתופס שהוא לא בע״ד שלו, שכן הוא מגיע אליו כנציגו של בעל החוב.

יסוד המחלוקת

נראה שיסוד המחלוקת היא בשאלה האם הלווה יכול לומר לשליח לאו בע״ד דידי את. הרי״ף טוען שהלווה יכול לומר לו זאת. והראשונים שואלים עליו הרי שלוחו של אדם כמותו, אז כיצד ניתן להבין שהלווה רואה אותו כמי שאינו בע״ד דידיה? ונראה שלפי הרי״ף זכייה שונה משליחות בדיוק כפי שהסבירו האחרונים הנ״ל, וכפי שראינו בסוף החלק הקודם של הפרק בשם **האמ״ב** (הל׳ תפיסת חוב סי׳ כט). הם מסבירים שבדין זכין המזכה פועל מכוחו שלו, ורק לאחר שזכה הוא יכול להעביר את מה שזכה בו לזוכה. אבל הוא כלל לא יכול לזכות לעצמו כי הוא לא בע״ד של הלווה, ולכן כלל לא נוצרת השליחות.

לעומת זאת, הרא״ש וסיעתו סוברים שזכייה היא כמו שליחות, וכשהמזכה מגיע אל הלווה הוא כן בע״ד שלו, שכן הוא מייצג את הזוכה. הוא מייצג אותו עוד לפני ביצוע הפעולה, שכן אותה עצמה הוא עושה בשמו. לכן לשיטתם הלווה לא יכול לומר לו לאו בע״ד דידי את. זהו מודל ידא אריכתא ההפוך (ציור 8 מלמעלה).

זוהי השלכה נוספת להבדל בין ייפוי כוח לבין ידא אריכתא ההפוך. לפי האחרונים הללו הרי״ף מבין שדין זכין פועל כמו ייפוי כוח. ואילו הרא״ש סובר שהוא פועל כמו ידא אריכתא הפוך, שהמשלח מתרוקן לתוך השליח, ומדבר עם הלווה דרכו.

ומה קורה עם שליח רגיל? כאן יש לדון, שהרי מדברינו עולה לכאורה שלפי התפיסות של ייפוי כוח גם בשליח רגיל הוא לא יכול לזכות עבור משלחו

(להלן נראה שייתכן כי יש בזה מחלוקת ראשונים). אבל כאן יש מקום לחלק עוד חילוק: בשליחות רגילה, השליח נעשה מיופה כוח על ידי מינויו של המשלח. אם כן, גם כמיופה כוח הוא כן מייצג את המשלח, ובהחלט סביר שהלווה לא יכול לומר לו לאו בע״ד דידי את. אבל במזכה הוא אמנם מיופה כוח, אבל הוא מיופה כוח על ידי התורה ומטעם עצמו, והוא אינו מייצג את המלווה. לכן הלווה יכול לומר לו לאו בע״ד דידי את. אם כן, נכון הוא שבזכייה מדובר על מודל של ייפוי כוח, אבל זהו ייפוי כוח שלא בא מכוחו של המשלח אלא מכוחו של השליח עצמו (או מכוחה של התורה).

אם נצייר זאת באופן סכמטי במודלים שלנו, אזי בייפוי כוח הרגיל הציור הרלוונטי הוא הבא:

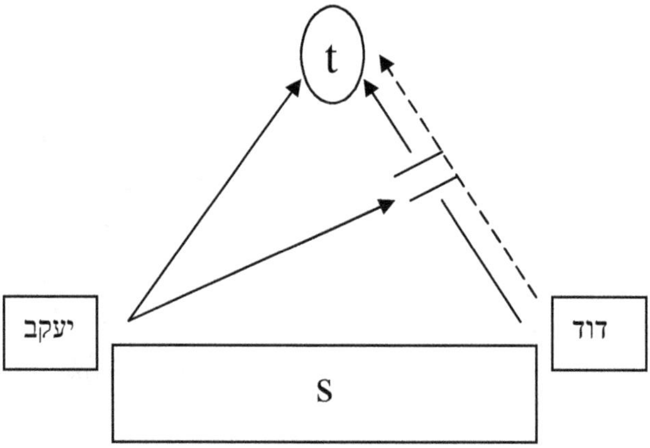

ציור 2: ייפוי כוח רגיל. בתמונה זו, ייתכן שהלווה אינו יכול לומר לשליח שהוא אינו בע״ד שלו, כי השליח פועל מכוחו של בעל החוב עצמו ומייצג אותו.

ואילו בזכייה הציור הוא אחר:

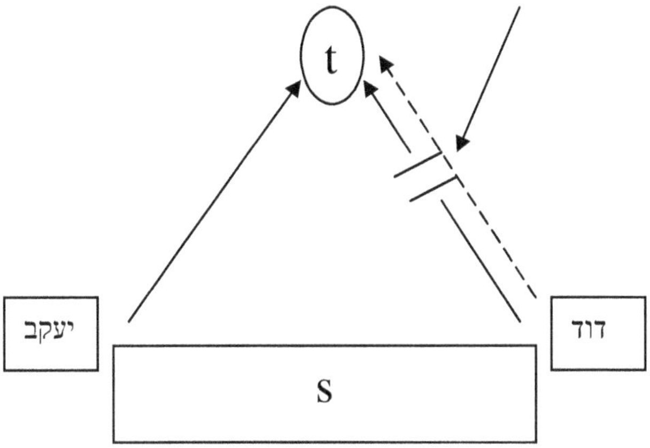

ציור 11: זכייה היא יפוי כוח חריג. המזכה מקבל ייפוי כוח מלמעלה, ולא מהזוכה (יעקב). לכן הלווה יכול לטעון נגד דוד שהוא לא בע״ד שלו.

תופס לבע״ח במקום שחב לאחרים

כאשר אנחנו עוסקים בתפיסה לבע״ח על ידי אדם אחר, ההלכה מבחינה בין שני מקרים שונים: א. כאשר התפיסה מחייבת אחרים (לדוגמה, כשיש לראובן מלווים נוספים שמחכים לפירעון, ואם יתפסו עבור שמעון הם יפסידו). ב. תפיסה שלא מחייבת אף אחד אחר (למעט הלווה כמובן).

כפי שראינו, כאשר אין בעלי חוב אחרים שהתפיסה יכולה לפגוע בהם, אזי להלכה תפיסה מועילה: תופס לבעל חוב במקום שלא חב לאחרים – קנה. ואילו במקום שהתופס חב לאחריניה ישנה מחלוקת אמוראים, ולהלכה אנחנו פוסקים כריו״ח (כתובות פד ע״ב) שלא ניתן לתפוס.

הסיבה לכך תלויה במחלוקת הרא״ש והרי״ף שהוצגה למעלה לגבי תפיסה לבע״ח כשלא חב לאחרים. לפי הרי״ף היכולת לתפוס היא תקנת חכמים. מסתבר שכאשר הוא חב לאחרים חכמים לא תיקנו את תקנתם, ולכן כאן אין אפשרות לתפוס (ראה **קו״ש** ח״ב ב״מ, סי׳ ה). אמנם במציאה שזו לא תקנה אלא תפיסה מדין תורה גם לדעת הרי״ף, נראה שזה צריך להועיל גם במקום

שחב לאחריניה, כל עוד התופס יכול לזכות גם עבור עצמו (ראה תוד״ה 'את', כתובות פד ע״ב, ותוד״ה 'התופס', גיטין י ע״א, ועוד להלן).

שיטת הרא״ש, לפיה דין התפיסה לבע״ח הוא מן התורה שכן שלוחו של אדם כמותו, מעוררת בצורה חזקה יותר את השאלה מדוע כאשר התופס חב לאחרים התפיסה אינה מועילה, בעוד בעל החוב עצמו ודאי יכול לתפוס גם כאשר הוא חב לאחרים? זה מזקיק אותנו להיכנס לשאלה מה מעמדו של התופס? האם הוא שליח, או שהוא פועל מדין זכין?

מחלוקת הראשונים לגבי תפיסה של שליח

המקרה הרגיל של תופס לבע״ח עוסק בתופס שאינו שלוחו של בעל החוב. אם כן, ברור שהוא פועל עבורו מדין זכין (ראה עליו למעלה בח״א של הפרק הזה). כאשר אין טענה של ״לאו בעל דברים דידי את״, דין זכין לכל הדעות פועל מן התורה. וכשיש טענה כזאת, נחלקו הרי״ף והרא״ש, וכנ״ל.

מה קורה אם התופס הוא שלוחו של המלווה? אפריורי מסתבר שגם הרי״ף יסכים שאם הוא שליח הוא יכול לתפוס עבור משלחו מדאורייתא, לפחות כשאינו חב לאחרים. ולכאורה הוא הדין יהיה גם כשהוא חב לאחרים, שהרי שלוחו של אדם כמותו. כפי שראינו, לשיטתו ההבחנה בין חב לאחריניה ולא חב לאחריניה היא רק בתקנת חכמים. אבל כשהתפיסה מועילה מן התורה אין מקום להבחנה זו.

אמנם לפי הרא״ש אפריורי לא ברור האם כאשר המלווה ממנה את התופס לשליח התפיסה תועיל גם כאשר הוא חב לאחרים.

ובפועל נחלקו בזה הראשונים:

- שיטת רש״י (ב״מ י ע״א, ד״ה 'לא קנה') היא שאם יש מינוי לשליחות התפיסה מועילה גם כשחב לאחרים, שהרי שלוחו של אדם כמותו.

כאמור, זה ודאי מתאים לשיטת הרי״ף, וכנ״ל. אבל מסתבר לומר זאת גם בשיטת הרא״ש וסיעתו, שהרי שלוחו של אדם כמותו,

והאדם עצמו ודאי יכול לתפוס עבור עצמו גם כשהוא חב לאחרים (ראה על כך לעיל).

- אמנם הרא״ש עצמו (גיטין פ״א סי׳ יג) ורוב הראשונים (ראה תוד״ה 'תופס', ב״מ י ע״א ועוד) חולקים על רש״י, ולדעתם גם מינוי לשליח לא מועיל לתפוס כשהוא חב לאחרים.

כפי שראינו, שיטה זו כנראה לא מתאימה לדעת הרי״ף, אלא רק לדעת הרא״ש עצמו. אבל גם בדעת הרא״ש עצמו היא טעונה הסבר: מדוע יש על השליח מגבלה שלא קיימת אצל המשלח? בדרך כלל, שלוחו של אדם כמותו.

וראה **פתחי תשובה** חו״מ סי׳ קפב סק״א שהרחיב זאת לגבי שליחות בכלל:

> ***בכל דבר שלוחו של אדם כמותו - כתב בספר דגול מרבבה וז״ל: ואם שלח אותו לעשות דבר שהוא לחוב לאחרים, אף שהוא היה יכול לעשותו בעצמו ואינו דבר עבירה, מ״מ דבר שהוא חוב לאחרים לא אמרינן שלוחו כמותו. עיין ברא״ש פ״ק דגיטין סי׳ י״ג [ועיין מה שכתבתי בפתחי תשובה לאה״ע סימן קי״ט סק״ו ובקצוה״ח כאן סוף סק״ב מזה]. ואם שכיר הוא ובא בשכרו, עיין לעיל סימן ק״ה בש״ך סק״א מ״ש לתרץ דברי רש״י [ב״מ י׳ ע״א ד״ה לא], אבל דבריו דחוקים, ובתשובתי הארכתי כו׳, עכ״ל. ועיין מה שכתבתי בסימן ק״ה שם סק״ד:***

מסקנתו היא שאין שליחות לחוב לאחרים. זה לא רק בתופס לבעל חוב, אלא בכל שליחות בתורה.

מיגו דאי בעי זכי לנפשיה

הגמרא בכתובות פד סוע״ב מביאה את דעת ריו״ח:

יימר בר חשו הוה מסיק ביה זוזי בההוא גברא, שכיב ושביק ארבא, א"ל לשלוחיה: זיל תפסה ניהליה, אזל תפסה. פגעו ביה רב פפא ורב הונא ברי' דרב יהושע, אמרו ליה: את תופס לב"ח במקום שחב לאחרים, ואמר רבי יוחנן: התופס לבע"ח במקום שחב לאחרים – לא קנה.

ריו"ח סובר שהתופס לבע"ח במקום שחב לאחרים לא קנה, וכן פוסק הרמב"ם להלכה, בהל' מלווה ולווה פ"כ ה"ב:

... קידם אחד משאר אדם ותפס מן המטלטלין של זה כדי לזכות לאחד מבעלי חובות לא זכה שכל התופס לבעל חוב במקום שיש עליו חוב לאחרים לא קנה, אבל אין עליו חוב לאחרים קנה לו.

מאידך, בגמרא ב"מ י ע"א ריו"ח עצמו נחלק עם ר"נ ור"ח:

רב נחמן ורב חסדא דאמרי תרוייהו: המגביה מציאה לחבירו - לא קנה חבירו. מאי טעמא - הוי תופס לבעל חוב במקום שחב לאחרים, והתופס לבעל חוב במקום שחב לאחרים - לא קנה.

... אמר רבי חייא בר אבא אמר רבי יוחנן: המגביה מציאה לחבירו - קנה חבירו, ואם תאמר משנתינו - דאמר תנה לי, ולא אמר זכה לי .

אם כן, כאן ריו"ח אומר שהמגביה מציאה לחברו קנה חברו, אף שזהו מצב של חב לאחריניה.

ובאמת תוד"ה 'התופס', בגיטין י ע"א (וכן הוא בתוד"ה 'אתי' בכתובות שם) הקשו סתירה בדעת ריו"ח בין שתי הסוגיות:

א"ר יוחנן המגביה מציאה לחבירו קנה חבירו - ואף על גב דאית ליה לרבי יוחנן בפרק הכותב (כתובות דף פד: ושם ד"ה ואמר) ובפ"ק דגיטין (דף יא: ושם ד"ה התופס) תופס לבע"ח לא קני היינו דוקא היכא דלא שייך מגו דזכי לנפשיה דאין הלוה חייב כלום לתופס אבל במציאה דאיכא מגו קנה.

הם מסבירים שבמציאה יש מיגו דאי בעי זכי לנפשיה, כלומר מכיון שהאדם יכול לזכות במציאה לעצמו הוא יכול לזכות גם עבור חברו, ואפילו שהוא חב לאחריניה.

ולפי זה, ברור שגם בתופס לבע״ח, אם הוא עצמו גם בע״ח, הוא יכול לתפוס עבור בע״ח אחר גם במקום שחב לאחרים, שהרי בידו לתפוס גם לעצמו. וכך אכן כתב רמב״ן ב״מ י ע״א בשיטת ר״ת, וכן פסק גם ב**שו״ע** חו״מ סי׳ קה ה״ב.

מדברינו כאן עולה שתפקידו של המיגו הוא שונה לפי שיטות הראשונים השונות:

- לשיטת הרי״ף, שתפיסה לבע״ח לא מועילה מדאורייתא, מיגו דאי בעי זכי לנפשיה פותר את הבעייה של זכייה כשלמזכה אין כוח לזכות עבור עצמו. כאשר יש לו כוח לזכות לעצמו התפיסה שלו מועילה מדאורייתא. ממילא זה מועיל גם כשחב לאחריניה, כמו כל שליח וזכין.
- ולשיטת תוס׳, שתפיסה מועילה מדאורייתא, מיגו דאי בעי זכי לנפשיה פותר את הבעייה של חב לאחריניה (ראה להלן כיצד זה קורה).

מחלוקת הראשונים לגבי המיגו

נעיר שהרמב״ן ב״מ י ע״א, ד״ה ׳ואם תאמר׳, תירץ אחרת את הסתירה בדברי ריו״ח. בין היתר, הוא טוען שם שמציאה כלל אינה חב לאחריניה, כי אף אחד אין לו זכות בה. חב לאחריניה הוא רק מצב שאדם מפסיד זכות שיש לו.[38]

---

38 הדברים קצת קשים, שכן בהקשר של הודאת בע״ד, שגם שם חב לאחריניה אינו נאמן, גם כשבני זוג מודים שהתקדשו זה לזה, זהו מצב של חב לאחריניה. והרי שם אין לאף אחד זכות לקדש את האישה.
אמנם שם נראה שהמשמעות של חב לאחריניה היא שונה. הודאת בע״ד היא נאמנות של אדם ביחס לדברים שנוגעים רק אליו. כשחב לאחריניה הוא לא נאמן, לא בגלל שהוא חב לאחרים אלא בגלל שהנאמנות מוקנית

יוצא שלשיטתו גם במקום שיכול לזכות עבור עצמו לא יכול לזכות לזולתו. וכך אכן כתב גם הר״ן בב״מ שם.

ראה שו״ת רעק״א מהדו״ק סי׳ קלג שהסביר את מחלוקת תוס׳ והרמב״ן האם מניעת רווח היא חב לאחריניה או לא. וראה **או״ש** הל׳ מלווה ולווה פ״כ ה״ב שפירש אחרת את המחלוק. הוא טוען שהם נחלקו בשאלה האם ייאוש מוציא את האבידה מידי המאבד, או שהיא יוצאת מידו רק כשהיא מגיעה לידי המוצא. כלומר לכל הדעות נדרש הפסד ולא מניעת רווח, אלא שהרמב״ן סובר שגם באבידה יש הפסד, לא למוצאים הפוטנציאליים אלא למאבד.[39]

ובחי׳ ר׳ ראובן סי׳ י דייק גם מלשון הרמב״ם שהוא סובר כרמב״ן. הרמב״ם ניסח זאת ״במקום שיש עליו חוב לאחרים״, ולא כניסוח הגמרא ״במקום שחב לאחרים״. וכוונתו לומר שזה רק אם עושה חוב לאחרים ולא אם מונע מהם רווח. אך זה אינו הכרחי כלל ועיקר.

ואולי שורש המחלוקת הוא בקושיית ה**או״ש** הל׳ מלווה ולווה פ״כ ה״ב, על שיטת התוס׳. הוא מקשה מדוע העובדה שיכל לזכות לעצמו מועילה לזכות לזולתו, הרי אין לבע״ח עצמו זכות לתפוס אלא במקום שהחוב אליו נמחק. אבל כשהוא תופס עבור האחר הרי חובו לא נמחק, אם כן אין לו אפשרות לתפוס זאת באופן זה, וממילא גם לא אפשרי לתפוס עבור חברו (ראה שיעורי רבי שמואל (רוזובסקי) גיטין סי׳ רטו). תוס׳ כנראה נוקט שגם האפשרות התיאורטית לתפוס מועילה לו לזכות לחברו.

לו רק בדברים שנוגעים אך ורק אליו. כשחב לאחריניה זה נוגע גם לאחרים. אם כן, במשמעות הזו ודאי שקידושין הם חובה לאחרים (כי הם נוגעים לאחרים). כאן צריכה להיות חובה לאחרים במובן שהם מאבדים זכויות שכבר יש להם, ולא מניעת רווח גרידא.

39 יש שסוברים שבגלל הפסד זה למאבד יש מינוי של התורה למוצא להיות משיב, ראה שו״ת נאות דשא (ר׳ יונתן אייבשיץ) סימן לט: ״...אז נעשה הנפקד שליח מעצמו בתורת משיב אבדה, דאף על גב דהבעלים לא עשאוהו שליח למכור מכל מקום נעשה שליח מדעת תורה מדין משיב אבדה שהתורה עשאתו שליח." למרות אי הבהירות כאן אם מדובר בהרשאה מלאה של שליח או בדין זכין (כפי שהוא אומר בהמשך "גם משיב אבידה אינו רק מתורת זכין לאדם שלא בפניו״), על כל פנים יש השפעה מובהקת להפסד המאבד כחלק מתהליך ההרשאה.

מהו הדין אם התופס זוכה לעצמו בפועל? נראה שבמצב כזה ודאי הוא יכול לזכות אחר כך מעצמו לחברו. אם כן, קושיית האו״ש נופלת אם נבין שהמיגו פועל באופן ממומש, כלומר שהתופס זוכה לעצמו בפועל ורק אח״כ הוא מעביר ממנו לחברו. זה ודאי יכול לעבוד לכל הדעות. אמנם נכון שאם הוא תופס עבור עצמו אז חובו שלו נמחק, וכעת הוא מעביר לזולתו, מה שלא מועיל ללווה להיחשב כמי שפרע לחבר. אם כן, ההשלכה היא שבמצב כזה החוב כלפי החבר קיים וכלפי התופס נמחק.

אך אפשר לדחות זאת ולומר שהתופס פורע את חובו של הלווה, ולכן הלווה חייב לו. ועוד אולי אפשר לומר שהתופס מעביר מיידית לחבר, ולכן חובו נותר בעינו. זו תפיסה וירטואלית, שבה החבר פועל דרכו (כמו בתפיסת ידא אריכתא ההפוכה). ומדין ערב (קידושין ז ע״א) אנו לומדים שאדם יכול לומר ללווה שלו לפרוע את החוב לאדם שלישי ואז החוב נחשב כפרוע. אם כן, גם כאן החבר כביכול אומר ללווה לפרוע לתופס, וכך חובו של החבר נחשב פרוע. כך נותר חובו של התופס ונמחק חובו של החבר.

סיכום ביניים

נסכם את השיטות, והקשיים בכל שיטה:

- לפי הרי״ף תפיסה לבע״ח היא מתקנת חכמים, וכשחב לאחריניה לא תיקנו שיועיל. מסתבר שלשיטתו כשיש מינוי לשליח זה מועיל מדאורייתא בשני המקרים. עוד ראינו שלשיטתו אם למזכה יש אפשרות לזכות לעצמו אז הוא יכול לזכות לאחר מדאורייתא. אם לא – אז מדאורייתא דרוש מינוי כדי שיוכל לזכות.
- לפי רש״י תפיסה לבע״ח היא מדאורייתא גם ללא מינוי, אבל היא לא מועילה כשחב לאחריניה. לא ברור מדוע זה לא מועיל, הרי בדין זכין שלוחו של אדם כמותו? עוד ראינו ברש״י שכשמינהו לשליח זה מועיל גם כשחב לאחריניה. זה מובן, שכן שלוחו של אדם כמותו. כשיש מיגו

דאי בעי זכי, נראה שלרש״י זה מועיל, כי זה פותר את הבעייה של חב לאחריניה. אמנם זה טעון עדיין הסבר.

- לפי הרא״ש עצמו ורוב הראשונים, תפיסה לבע״ח היא מדאורייתא גם ללא מינוי לשליח. אם כן, גם בשיטתם לא ברור מדוע כשחב לאחריניה זה לא מועיל, הרי בדרך כלל גם בדין זכין שלוחו של אדם כמותו? אולם לשיטת הרא״ש ראינו שגם מינוי שליחות לא מועיל לחוב לאחריניה. השאלה היא מדוע, הרי שלוחו של אדם כמותו? לשיטות אלו כשיש מיגו דאי בעי זכי לנפשיה – זה פותר את הבעייה של חב לאחריניה, ושוב עלינו להסביר מדוע.

אם כן, נותרו לנו שלוש שאלות לברר:

א. מדוע לפי הרא״ש ורוב הראשונים (למעט רש״י) כשחב לאחריניה לא מועיל גם מינוי לשליח לחוב לאחרים, הרי שלוחו של אדם כמותו?

ב. מדוע לפי רש״י (וגם הרא״ש ורוב הראשונים) כשחב לאחריניה התפיסה מדין זכין לא מועילה?

ג. מדוע לפי הראשונים החולקים על הרי״ף מיגו דאי בעי זכי לנפשיה פותר את הבעייה של חב לאחריניה?

שאלה ראשונה: חב לאחרים בשליח שתופס

השאלה הראשונה היתה מדוע כשחב לאחרים תפיסה של שליח לא מועילה, הרי בכל התורה שלוחו של אדם כמותו? נזכיר שלמעלה כבר הבאנו את דברי הפת״ש סי׳ קפב סק״א שהרחיב זאת לכל שליחות שבתורה, וקבע שלא ניתן להיעשות שליח לדבר שהוא חב לאחרים.

מצינו לכך ארבעה כיווני הסבר באחרונים:

א. בספר **אבהא״ז** הל׳ מלווה ולווה פ״כ ה״ב וחידושי ר׳ ראובן סי׳ י כתבו שהתורה חידשה את דין שליחות, ולומדים אותו מתרומה וקדשים (ראה פרק א למעלה). שם מצאנו שמושג השליחות קיים

בנושאים שנוגעים רק לאדם עצמו. וגם אם יש השלכ לאחרים זוהי השלכה עקיפה. לדוגמה, אדם שולח שליח להפריש תרומה. זה עניינו שלו בלבד. אמנם נכון שהתרומה אסורה באכילה לכל העולם, אבל זוהי רק תוצאה שמסתעפת מהמעשה, ולא התורם עצמו עושה זאת.

אבל בתופס לבע״ח הרי לקיחת הממון מהלווה היא גופא מונעת מהאחרים לקבל את חובם, כלומר מעשהו של השליח עצמו יוצר את התוצאה הזו (היא לא עקיפה), ועל כך לא חודש דין שליחות.

לפי ההסבר הזה השליחות כלל לא חלה לעניין כזה, כלומר כשהוא חב לאחרים הוא כלל אינו שליח. ההנחה היא שאם הוא כן היה שליח, אזי הוא היה יכול לתפוס גם אם הוא חב לאחרים. לכן באופן תיאורטי אם כל בעלי החוב היו ממנים אותו לשליח, ייתכן שזה היה מועיל.

ב. לעומת זאת, **בקה״י** ב״מ סי׳ טו מסביר שכדי שפעולת השליח תתייחס למשלח נדרשים שני תנאים: א. שהשליח יתמנה על ידי המשלח. ב. שכאשר השליח עושה את פעולתו הוא יעשה אותה עבור המשלח שלו.

טענתו של **הקה״י** שם היא שכאשר הוא חב לאחרים אין לו אפשרות לייחד את המעשה עבור המשלח שלו.

לפי שיטה זו, המזכה הוא אכן שלוחו של הזוכה גם כשהוא חב לאחרים, אבל במצב כזה על אף שהוא שליח המעשה שלו לא יכול להתייחס למשלח.

ג. כמה אחרונים תלו את הדין הזה ביסוד שהתחדש בר״ן **ונמוק״י** בב״מ יא ע״א, לפיו שליח לזכייה בממון חייב להיעשות מדעת בעל הממון. אם ראובן הולך לקבל משהו משמעון עבור לוי, לא די בכך שהוא יהיה שלוחו של לוי, עליו להיות שליח גם של שמעון. זהו דין שלוחו של בעל הממון, שיידון בהמשך.

לפי זה כתבו כמה אחרונים שבתפיסה לבעל חוב אין אפשרות לקבל רשות מבעל הממון, כי לא המלווה ולא הלווה הם בעלי הממון. למלווה יש זכות בממון הזה (ולכן הוא עצמו כן יכול לתפוס אותו) אבל הוא אינו בעליו. והלווה חייב אותו לכמה נושים ולכן גם הוא אינו בעלים ממש.

גם לפי הבנה זו הבעיה היא במינוי השליח ולא בביצוע השליחות. במצב שאין לו רשות מבעל הממון הוא כלל אינו שליח.

ד. יש מהאחרונים (**פנ״י** כתובות פד ע״ב, בתוד״ה ׳את׳, **ובית מאיר** שו״ת סי׳ לה – ראה גליון רעק״א חו״מ ס׳ קה סק״א) שכתבו שתפיסה במקום שחב לאחרים היא מעשה עבירה, ולכן לא מועיל למנות לכך שליח, כי אין שליח לדבר עבירה (ראה למעלה בפרק שני).[40] ראה על כך דיון ב**קצוה״ח** סי׳ קה סק״א, וב**קה״י** קידושין סי׳ לט.

השלכה של ההבדל בין ההסברים השונים מתקבלת במצב בו יש שני בע״ח, ראובן ושמעון, והשליח התמנה להגיע ללווה ולתפוס עבור ראובן. לאחר שהוא מתמנה כשלוחו של ראובן, שמעון מחליט למחול ללווה על חובו כלפיו. כעת זה כבר לא חב לאחריניה. אם הבעייה כשחב לאחריניה היא במינוי השליחות, אזי התופס כבר אינו שליח, כי המינוי שלו לא חל מלכתחילה. לכן כעת על אף ששמעון מחל את חובו ללווה, התופס לא יוכל לתפוס עבור ראובן (אלא אולי מדין זכין). אבל אם המינוי שלו כן חל, והבעייה היא רק בייחוד

40 ההסבר מדוע זו עבירה הם שונים. הפנ״י מסביר שהתפיסה מונעת את הדין שהפירעון צריך להינתן לכושל שבבע״ח (למי שצריך יותר). אבל לשיטתו גם תפיסה של הבע״ח עבור עצמו היא עבירה. ובאמת בב״מ שם כתב שזה רק כעין עבירה, ולא עבירה ממש.

מעשה התפיסה כלפי ראובן, אזי כששמעון מוחל על החוב אין בעייה והוא יוכל לתפוס עבור ראובן.[41]

שאלה שנייה: חב לאחרים בזכייה

השאלה השנייה היתה מדוע דין זכין לא מועיל, בין לשיטות ששליחות כן מועילה במצב כזה (כרש״י) ובין לשיטות שלא.

לשיטת רוב הראשונים, גם במינוי שליחות לא מועילה תפיסה כשזה חב לאחרים. זו היתה שאלתנו הראשונה, ועננו עליה בסעיף הקודם. אותן תשובות רלוונטיות גם לשאלת התפיסה מדין זכין, בין אם זכין הוא מדין שליחות ובין אם לאו.[42] אמנם למעלה בסוף ח״א של הפרק הזה ראינו את טענתו של ר׳ שמעון שקאפ שבדין זכין אין פסול של זכייה לדבר עבירה. ולפי זה ייצא שבזכייה תועיל תפיסה גם כשחב לאחרים (ראה בחידושי רבי שמעון יהודא הכהן ב״מ סי׳ ד).

אך רש״י מבחין בין שליחות לזכייה, ולדעתו שליחות יכולה להיעשות כשחב לאחרים וזכייה לא. כלומר הוא לא מקבל את שלושת האפשרויות שהבאנו בסעיף הקודם. או שהוא לא מקבל את העיקרון או שהוא לא מקבל את יישומו. לדוגמה, לפי ההסבר הראשון, או שהוא לא מקבל ששליחות היא חידוש מיוחד או שהוא חושב שחידוש זה נאמר גם כשחב לאחרים. בהסבר

---

41 לא מצאנו התייחסות למקרה כזה. בפת״ש סי׳ קה סק״א מביא בשם החת״ס שהסתפק ספק הפוך: מה הדין אם התופס תפס לבע״ח, ולפני שהוא מוסר לבעה״ח שלו נעשה חב לאחרים. מדבריו יוצא שיש לו צד שבמצב כזה השליחות בטלה למפרע ועליו להחזיר ללווה. מסתבר שזה מתאים יותר לשיטת הקה״י שייחוד המעשה לבע״ח אחד אינו אפשרי אם יש בע״ח אחר. אלא שהוא מחדש שאולי גם המסירה לבע״ח היא חלק מהמעשה, והדברים צ״ע.

42 לפי הסבר ג, שליח לזכות בממון צריך להיות שלוחו של בעל הממון. ומסברא נראה שבדין זכין אמנם אפשר לוותר על המינוי של המשלח אבל אי אפשר לוותר על מינוי של בעל הממון, שכן עבורו זו לא זכות. כך אכן כותב בעל נתיה״מ סי׳ קה סק״ב. נראה שזה לא תלוי בשאלה האם ניתן לזכות מאדם (שעסקנו בה למעלה), שהרי כאן זו כלל לא זכות עבור בעל הממון, ולכן דין זכין אינו רלוונטי לצד זה של השליחות. אמנם נזכיר כאן שבסוף ח״א של פרק זה ראינו ששיטת ר׳ שמעון שקאפ (חידושי ב״מ סי׳ ד) היא שבדין זכין אין כלל דרישה שהשליח יהיה שלוחו של בעל הממון.

השני, או שהוא לא מקבל שנדרש ייחוד של המעשה עבור המשלח או שהוא חושב שניתן לעשות ייחוד כזה גם כשחב לאחרים. ובהסבר השלישי, או שהוא לא מקבל את דין שליחות של בעל הממון, או שהוא טוען שהלווה/המלווה הוא כן בעל הממון. ובהסבר הרביעי, הוא כנראה לא רואה זאת כעבירה.

בכל אופן, לדעת רש"י ארבעת העקרונות הללו לא נכונים, ולכן הוא צריך להסביר מה שונה בדין זכין, כלומר מדוע לדעתו בדין זכין לא מועילה תפיסה כשחב לאחרים, אם בשליחות זה כן מועיל?

כמה אחרונים (ראה **פנ"י** גיטין יא ע"ב, **וקצוה"ח** סי' קה סק"א) מסבירים שהתורה חידשה את דין זכין במקום בו המעשה מיטיב לכל העולם. לא סביר שהתורה תחדש דין שייטיב עם אחד ויזיק לאחר. הנחתם היא שדין שליחות אינו חידוש מיוחד של התורה, אלא מוסד משפטי שעולה גם מסברא. כל עוד אני ממנה את האחר לשלוחי הוא יכול לעשות את מה שאני יכולתי לעשות.

כל זה נאמר כאשר המזכה פועל מדין זכין, בלי מינוי של הזוכה. כפי שראינו, שיטת רש"י היא שכאשר המזכה מתמנה כשליח הדין הוא שונה, שהרי לאדם מותר לדאוג לעצמו, ולכן האדם עצמו ודאי יכול לתפוס עבור עצמו גם כשזה חב לאחרים. אך כאשר היכולת לעשות זאת היא מכוח חידוש מיוחד של התורה, כלומר מדין זכין (שהוא בלי מינוי של הזוכה), התורה לא עושה זאת על חשבון האחרים.

שאלה שלישית: מיגו דאי בעי זכי לנפשיה

השאלה השלישית היתה לפי תוס' וסיעתו (ולא לפי הרמב"ן שחולק עליהם), מדוע כאשר השליח יכול לתפוס עבור עצמו (לדוגמה, אם הלווה חייב גם לו, כלומר שהוא אחד מבעלי החוב) זה מאפשר לו לתפוס גם עבור חברו גם במצב שהוא חב לאחרים בזה? מהו יסודה של סברת המיגו דזכי לנפשיה? מצאנו בזה שלושה הסברים:

א. למעלה כבר הצענו אפשרות הסבר אחת, לפיה במקרה כזה התופס זוכה בפועל עבור עצמו (מה שניתן לעשות גם כשהוא חב לאחרים),

ולאחר מכן הוא מעביר אותו לחברו. זה ודאי ניתן להיעשות, שהרי הוא יכול לתפוס עבור עצמו, ואת מה ששלו הוא ודאי יכול להעביר לחברו.

ב. אפשרות אחרת מבוססת על ההנחה שכאשר אדם יכול לתפוס עבור עצמו הוא כלל לא נחשב כחב לאחרים. הרי אם הוא היה תופס לעצמו הוא ודאי יכול היה למנוע זאת מהם. אם כן, גם כשהוא תופס לזולתו זה לא נחשב שהוא חב להם.

ג. מה שנדרש שהשליח יהיה שלוחו של בעל הממון (ולכן בחב לאחריניה הוא לא יכול לתפוס), זה רק במקום שלו עצמו אין אפשרות זכייה מצד עצמו. במצב כזה עליו לקבל מבעל הממון את הכוח לזכות בממון. אבל כשיש לו כוח לתפוס עבור עצמו, אזי אין צורך שיהיה שלוחו של בעל הממון, ולכן תפיסתו מועילה גם כשחב לאחרים.

הסברים אלו טובים לשיטת הראשונים שסוברים שאין הבדל בין זכייה לשליחות, ובשני המקרים לא מועילה תפיסה כשחב לאחרים, אלא אם יש לו מיגו. אך לשיטת רש״י בשליחות התפיסה כשחב לאחרים מועילה גם ללא מיגו, ורק בזכייה היא לא מועילה כשחב לאחרים אלא אם יש מיגו דזכי לנפשיה. נראה שבשיטתו עלינו לנקוט כהסבר א או ב.

הקשר בין תופס לבע״ח לבין דין שלוחו של בעל הממון

בסוף הפרק השלושה-עשר נציג הסבר נוסף לדין תופס לבעל חוב, שכשחב לאחריניה התופס אינו שלוחו של בעל הממון (ראה גם **קה״י** ב״מ סי׳ י).

פרק עשירי
ביטול שליחות

מבוא

עד כאן עסקנו בשאלות של גדרי שליחות, ודין זכין. כעת נבחן כיצד מתבטלת השליחות. כבר למעלה (ראה פרק חמישי, סעיף ה-ו) ראינו שסוגיית ביטול השליחות אינה נדונה בבירור בתלמוד, שכן לא תמיד ברור האם מדובר בביטול של השליחות או בביטול של הגט שניתן לשליח. פרק זה יעסוק בכמה היבטים שעולים מתוך הסוגיות שעוסקות בביטול השליחות, ולאו דווקא בתיאור הביטול עצמו.

משנת הביטול בגיטין

הסוגיא העיקרית שעוסקת בביטול שליחות מתחילה במשנה גיטין לב ע״א:

> ***השולח גט לאשתו, והגיע בשליח או ששלח אחריו שליח, ואמר לו גט שנתתי לך בטל הוא - הרי זה בטל; קידם אצל אשתו או ששלח אצלה שליח, ואמר לה גט ששלחתי לך בטל הוא - הרי זה בטל; אם משהגיע גט לידה, שוב אינו יכול לבטלו.***

המשנה מתארת כמה דרכים לבטל שליחות גירושין. או שהמשלח מגיע אל השליח ומבטל אותו, או שהוא עושה זאת על ידי שליח לביטול שמגיע אל השליח המקורי ומבטל אותו, או שהוא מבטל את הגט אצל אישתו לפני שהיא מקבלת את הגט. אם הגט כבר הגיע לידה – כמובן כבר לא ניתן לבטלו. זהו מעשה שכבר נעשה, ואין ממנו חזרה.

בהמשך המשנה מתבאר שכל זה הוא אחרי תקנת ר״ג:

> ***בראשונה היה עושה ב״ד ממקום אחר ומבטלו, התקין רבן גמליאל הזקן שלא יהו עושין כן, מפני תיקון העולם.***

מלכתחילה אפשר היה לבטל את השליח בפני בי"ד, בלי להודיע לו או לאישה. אלא שהדבר יצר בעיות (ראה מחלוקת בגמרא לג ע:"א, האם מפני עגינות או מפני ממזרות), שכן הגט הגיע לאישה והיא חשבה את עצמה למגורשת ונישאה, ונולדו ילדים ממזרים. לכן תיקן ר"ג שביטול הגט נעשה רק בפני השליח או בפני האישה.

בגמרא שם לג ע"א מובאת מחלוקת תנאים בשאלה מה הדין אם בכל זאת ביטל את הגט שלא בפני האישה או השליח:

ת"ר: בטלו - מבוטל, דברי רבי; רשב"ג אומר: אינו יכול לא לבטלו ולא להוסיף על תנאו, שא"כ, מה כח ב"ד יפה. ומי איכא מידי דמדאורייתא בטל גיטא, ומשום מה כח ב"ד יפה שרינן אשת איש לעלמא? אין, כל דמקדש אדעתא דרבנן מקדש, ואפקעינהו רבנן לקידושין מיניה.

רבי סובר שהגט מבוטל, אבל רשב"ג סובר שאינו מבוטל, וחכמים מפקיעים את הקידושין (כלומר, דה-פקטו היא מגורשת).

מחלוקת הראשונים לגבי מעמדו של המשלח אחרי המינוי

הגמרא שם מעירה על המשנה:

גמ'. הגיעו לא קתני אלא הגיע, ואפי' ממילא, ולא אמרינן לצעורה הוא דקא מיכוין.

משמע שלשון "הגיע" מתפרשת באקראי, כלומר שהוא לא הגיע לשליח במכוון אלא פגש אותו במקרה, ובכל זאת הביטול חל ולא אומרים שכוונתו רק לעכב את השליח כדי לצער את האישה.

ברש"י שם מסביר זאת כך:

ולא אמרינן - אין בדעתו לבטלו אלא לצעורה בעלמא חדש או חדשים שאם היה בדעתו לבטלו היה רודף אחריו לבטולי.

משמע מדברי רש"י שאם המשלח אינו מבטל את השליחות אלא רק לא רוצה שהשליח ייתן כעת את הגט, זה לא מועיל. השליח יכול לפעול גם נגד רצון

המשלח, כל עוד לא בוטלה השליחות. בפרק החמישי תלינו זאת בהבנה שהשליח הוא מיופה כוח ולא יד ארוכה, ולכן כעת הוא בעל המעשה, והגירושין תלויים רק בדעתו.

מה יסברו בעלי שיטת ידא אריכתא? הדברים מופיעים ברשב״א כאן, שכתב:

> ***ותמיהא לי דא״כ מאי נפקא לן בין שמתכוון לבטלו או לצערו ולעכבו מליתנו עכשיו דבין כך ובין כך אינו רשאי ליתנו עד שיאמר לו לשליח עכשיו אני רוצה ליתנו, דאטו מי שלא בטל שליחותו לגמרי אלא שאמר לו איני חפץ ליתנו עדיין מי יהיב עד שיחזור ויאמר לו עכשיו אני רוצה?***

הוא מקשה על רש״י, וכי אם הבעל אינו רוצה לגרש השליח יכול לגרש בעל כרחו? הרי ברור שלא ניתן לגרש עד שהבעל חוזר ומאשר לתת את הגט.

לכן הוא מפרש את הגמרא אחרת:

> ***ומסתברא דהכי פירושא ולא אמרי׳ לצעוריה קא מיכוון כלומר אין פיו ולבו שוין אלא בפיו ובשפתיו הוא שמבטלו לצערו לשליח כדי שידאג ויצטער על עכובו אבל בלבו הוא שיתננו לה ורצה לצחק בו והילכך אם נתנו לה נחוש לכך להחמיר עליה מיהא לפוסלה מן הכהונה בגט זה ואי נמי פשטה ידה וקבלה קדושין מאחר תהא צריכה גט משני, קמ״ל דאע״ג דהגיעו ממילא בטולו ביטול גמור ואין חוששין לקדושי שני ואפי׳ ריח הגט אין בו, כנ״ל.***

כלומר לצעורא קא מכוין פירושו שהוא לא באמת מתכוין לבטל.

מהי מחלוקת רש״י והרשב״א? כמה אחרונים (ראה **אמרי משה** בהשמטות לסי׳ כא, **ודברי יחזקאל** סי׳ לו סק״ט, **וברכת שמואל** סי׳ לט סק״ג, **וקובץ הערות** השמטות אות ז לסי׳ כט אות ב, **ואור גדול** סי׳ ט ענף ס סק״ג ועוד) מסבירים את המחלוקת בגדרי שליחות: רש״י מבין את השליחות כייפוי כוח, ולכן השליח יכול לגרש גם אם המשלח אינו רוצה בכך, אלא אם המשלח ביטל את מינוי השליח. ובאמת כבר ראינו לא פעם שרש״י מבין את השליחות כייפוי כוח. ואילו הרשב״א מבין שהשליח הוא ידו הארוכה של המשלח,

והמשלח הוא זה שמבצע את הפעולה. לכן לדעתו כשהמשלח אינו רוצה השליח לא יכול למסור את הגט לאישה. ראה על כך גם בפרק החמישי.

אמנם יש שהסבירו גם את רש״י לשיטת ידא אריכתא, שכוונתו אינה לומר שהשליח יכול לגרש על כורחו של הבעל, כפי שהסברנו עד כה. כוונתו רק לומר שבמצב כזה השליח נותר שליח, ולכן כשהבעל יחזור בו וירצה לגרש השליח יוכל למסור את הגט בלי מינוי מחודש.

ניתן למצוא באחרונים כמה הסברים שונים לשיטת הרשב״א. יש שראו ברצון המשלח תנאי בגירושין. יש שראו ברצון המשלח עיכוב לפעולת השליח, שכן פעולותיו מועילות למשלח רק אם הוא מתכוין לעשות את רצון המשלח, וכאן לא זה המצב. יש שהסבירו שזוהי הקפאה זמנית של השליחות (ולכן לא צריך מינוי מחודש). ויש שהסבירו שגם אם השליח יכול לפעול בשם המשלח, יש כלל שלא ניתן להחיל חלות בעל כורחו של המשלח, ולכן השליחות לא חלה (לפי הסבר זה הבעייה אינה בדיני השליחות אלא בגדרי גירושין או קידושין).

כמה מהאחרונים (ראה **אור גדול** ו**דברי יחזקאל** שם, ושיעורי רבי שמואל גיטין סי׳ קלט) הקשו על דברי הרשב״א מסוגיית קידושין נט ע״ב, שם אנחנו מוצאים מחלוקת ריו״ח ור״ל:

> ***רב זביד מתני להא שמעתתא אהא: וכן היא שנתנה רשות לשלוחה לקדשה, והלכה היא וקדשה את עצמה, אם שלה קדמו - קידושיה קידושין, ואם של שלוחה קדמו - אין קידושיה קידושין. לא קדשה את עצמה, וחזרה בה, מהו? רבי יוחנן אמר: חוזרת, ור״ל אמר: אינה חוזרת. ר׳ יוחנן אמר חוזרת, אתי דיבור ומבטל דיבור; ר״ל אמר אינה חוזרת, לא אתי דיבור ומבטל דיבור.***

רואים שלפי ר״ל שסובר שדיבור אינו מבטל דיבור, השליח יכול לפעול על אף הבעת רצון המשלחת שלו. והרי גם אם דיבור לא מבטל דיבור – סוף סוף השליח יודע שהמשלחת שלו אינה רוצה להתקדש, ולפי הרשב״א הוא לא יכול לקבל עבורה קידושין.

ראינו בפרק החמישי שר׳ שמואל רוזובסקי (חידושי רבי שמואל סי׳ יב) מסביר שבזה נחלקו ריו״ח ור״ל: לדעת ריו״ח יכול המשלח לבטל את השליחות, ולכן גדר השליחות לדעתו הוא ידא אריכתא, ולכן אינו יכול לפעול נגד רצון המשלח שלו. אבל ר״ל סובר שהמשלח אינו יכול לבטל את השליחות שכן לדעתו השליח עומד במקום המשלח (ייפוי כוח), ולכן גם אם המשלח אינו רוצה בכך הוא יכול לפעול. סוגייתנו היא כדעת ריו״ח.

אחרים חילקו בין שליח קבלה לבין שליח הולכה, שמה שאמר ר״ל זה רק בשליחות לקבלה, שמשעה שהאישה מינתה אותו כשלוחה הוא הפך לידה. אבל הוא לא פועל בשמה, שכן בקידושין האישה כלל לא פועלת (וכך גם בגירושין), אלא רק מסכימה. בשליחות כזאת ניתן לקבל קידושין גם בלי רצונה, שכן בפועל הוא שלוחה (כל עוד לא ביטלה אותו). אבל שליח שצריך לפעול בשם משלחו, שם נדרש גם רצון המשלח. כעין זה חילק רש״ש ב׳קונטרס השליחות׳ סי׳ ח בין ביטול של שליחות מעשה לביטול של שליחות רגילה (שליחות כוח). ראה על כך למעלה בסוף הפרק השני.

כיצד פועל ביטול שליחות

ההנחה הפשוטה בכל הסוגיא היא שהמשלח יכול בכל רגע לבטל את מינויו של השליח. במצב שהוא מבטל את השליחות, גם אם הוא עדיין רוצה בגירושין – מעשה השליח לא יועילו, שכן הוא כבר לא פועל כשלוחו של המשלח.

יסוד האפשרות לבטל את המינוי הוא בכך שכל דבר שהוא דיבור יכול לבוא דיבור אחר ולבטל אותו. הדבר נלמד מדברי ריו״ח בסוגיית קידושין הנ״ל, ומכאן לומד המרדכי (קידושין פ״ג רמז תקלו) שבכל שליחות קודם שנגמרה יכול המשלח לבטלה משום דאתי דיבור ומבטל דיבור.

דיבור, לפי הגדרת רוב המפרשים, הוא אמירה שעדיין לא החילה חלות, כלומר שעדיין לא נגמר דבר על ידה. כשהאמירה כבר יצרה מציאות כלשהי, הרי זה בגדר מעשה, ודיבור כבר לא יכול לבטלה.[43]

אמנם ר״ל חולק על כך, ולדעתו לא אתי דיבור ומבטל דיבור. יש מהאחרונים (ראה **חת״ס** גיטין לב ע״א) שמסבירים שזה מפני שלדעתו השליחות אינה דיבור אלא מעשה, שהרי המינוי יצר חלות שליח, וגם זה תוצאה שהיא בגדר מעשה. אמנם המעשה הזה נוצר על ידי דיבור, אבל גם תוצאות אחרות שנוצרות על ידי דיבור (כמו הקדש, נדר, או תרומה) לא יכולות להתבטל בדיבור.

אז כיצד זה פועל לדעת ריו״ח? הרי ראינו שהמינוי כבר חל, אז כיצד דיבור יכול לבטלו? כאן אנחנו מוצאים שתי שיטות:

- יש שהסבירו שהביטול עוקר את הרצון הראשוני, וההנחה היא שחלות השליח תלויה ועומדת כל העת ברצון הראשוני (עד הזמן שבו השליחות כבר בוצעה). לשיטה זו הביטול עוקר את המינוי מעיקרו, כאילו לא היה כלל.
- יש שהסבירו שהביטול פועל רק מכאן ולהבא. השליחות תלויה כל העת ברצון המשלח, וכשהוא אינו רוצה השליחות בטלה מאותה עת ואילך.

בשאלה זו עסקו **קה״י** גיטין סי׳ כה **וקו״ש** ב״ב סי׳ תמ **וחלקת יואב** אבעה״ז סי׳ כא. הם מביאים ראיה מדברי הרשב״א. הרשב״א (שו״ת, ח״ד סי׳ פד) כותב שאם המשלח ביטל את השליחות הוא אינו יכול לחזור בו ולבטל את הביטול. אם הוא רוצה, עליו למנות את השליח מחדש. הרשב״א שם כותב שדיבור מבטל דיבור של קיום אבל לא דיבור של ביטול. ובקידושין נח ע״ב הגמרא מקשה על ריו״ח שסובר אתי דיבור ומבטל דיבור מדברי ר״נ שחוזר

---

43 אמנם ראה קו״ש נזיר יא, במחלוקת השטמ״ק שם עם רעק״א.

ומגרש בו (=בגט), והרי אם דיבור מבטל דיבור אז הגט בטל והוא אינו יכול לגרש בו. הרשב״א בחידושיו שם מוכיח מכאן שאי אפשר לבטל את הביטול, שהרי אם אפשר היה לבטלו אז קושיית הגמרא לא קשה.
האחרונים הנ״ל למדו מדברי הרשב״א שדיבור מבטל דיבור מכאן ולהבא ולא למפרע, וזה נאמר רק על דיבורי קיום ולא על דיבורי ביטול (כי אחרי הביטול לא נותר מאומה). אבל אם כל דיבור מבטל את הדיבור הקודם למפרע, אז ניתן היה לבטל גם דיבור של ביטול, שהרי זה כאילו הדיבור הקודם לא נאמר כלל.
אמנם אחרונים אחרים (ראה **שערי חיים**, לר״ח שמואלביץ, גיטין סי׳ נא סק״ג) מוכיחים מהרשב״א הזה עצמו את ההיפך: אם אכן ביטול הדיבור הוא מכאן ולהבא, אז לא היה שייך להסתפק האם ניתן לבטל ביטול. ואם הרשב״א מסתפק ומחפש ראיות, אות הוא שהוא מבין שהדיבור מבטל למפרע. אמנם זה לא הכרחי, שכן ייתכן שזה גופא היה ספקו של הרשב״א, האם דיבור מבטל דיבור למפרע או מכאן ולהבא.
כבר הזכרנו ש**הקו״ש** בב״ב שם מוכיח שעקירת דיבור היא למפרע, שכן לגבי תנאי הרא״ש (שו״ת, כלל לה סי׳ ט) כותב שניתן לבטל את הביטול. אמנם ראה חידושי רבי שמואל קידושין סי׳ יב סק״ו שדחה את הראייה.

מה עושה הביטול כאשר השליח עשה עוד שליח?

ב**חלקת יואב** הנ״ל דן בשאלה מה הדין אם השליח הראשון מינה שליח שני, וכעת המשלח ביטל את השליח הראשון. הוא כותב שזה תלוי בשאלה כיצד מבינים את מהות הביטול: אם הביטול הוא למפרע, אז השליח השני בטל גם הוא, שהרי השליחות הראשונה בטלה למפרע, ומתברר שבעת המינוי של השליח השני הוא כבר לא היה שליח. לעומת זאת, אם הביטול הוא מכאן ולהבא אז השליח השני נותר בתוקפו.
אך יש לדחות את המסקנה הזו לאור דברינו בפרק השישי, שם ראינו שאם השליח השני מונה על ידי הראשון, יש לראשון מעמד ביחס אליו (לדוגמה,

הוא יכול לבטל אותו). אם כן, יש מקום לסברא שביטול השליח הראשון מבטל גם את השני, לא בגלל שהמינוי לא היה בתוקף, אלא מפני שהשליח השני יונק כל העת מכוחו של הראשון. זה כמובן יהיה תלוי בשאלה האם השליח השני הוא שלוחו של הבעל או של השליח הראשון, ומה מעמדו של הראשון ביחס לשני. ראה דברינו בפרק השישי.

וברעק״א כאן בסוגיית גיטין דן בשאלה האם ביטול השליחות הוא עיכוב מלגרש או ביטול ממש של השליחות. הוא כותב שההשלכה היא במצב בו השליח הראשון בוטל, וכעת הוא ממנה שליח שני. אם הראשון הוא עדיין שליח אלא שמעוכב מלגרש אז מינויו של השני תקף. ואם זהו ביטול של השליחות אז הוא כמובן לא יכול כבר למנות שליח שני. מדבריו משמע שאם השליח הראשון ממנה שליח שני לפני הביטול, זה ודאי מועיל לכל הדעות.

מהות פעולת הביטול

חשוב להבין שפעולת הביטול היא פעולה הלכתית-משפטית לכל דבר ועניין. לא די לנו בכך שהאדם מגלה בדעתו שאינו רוצה בשליח, אלא עליו לבצע פעולת ביטול. אם ברור לנו שהוא לא רוצה, אבל הוא לא ביטל את המינוי – השליחות עדיין קיימת (ראה אצל רש״ש, **שערי ישר** 'מערכת הקניינים', סי' ב, וגם ב'קונטרס השליחות' סי' ב).

ראיה לדבר מסוגיית גיטין לד ע״א, שם מובאת מחלוקת אביי ורבא בשאלה האם גילוי דעת מועיל בגט או לא. להלכה גילוי דעת בגט לא מועיל, ומסביר זאת בתורי״ד שם:

> ***פירוש, המבטל שליחות הגט צריך שיבטל בפיו, ואם היה ליבו שלם לבטל ולא הוציא מפיו אינו כלום דדברים שבלב אינן דברים. הילכך כל זמן שלא הוציא מפיו הביטול אע״ג שגילה דעתו לא הוי כלום. ורבא סבר אע״ג דקי״ל דדברים שבלב אינן דברים, היכא דאיכא גילויי דעתא כאילו גילה בפיו דמי.***

רואים כאן שהביטול לא מועיל גם אם ברור לנו שזה מה שהמשלח רוצה. כל עוד הוא לא אמר זאת בפיו השליחות בעינה עומדת.

כמה מהאחרונים הסבירו שהביטוי דברים שבלב מופיע כאן בסוגיא במשמעות שונה מהרגיל. בדרך כלל העיקרון ההלכתי "דברים שבלב אינם דברים", מבוסס על ההנחה שמה שהאדם אומר סותר את מה שהוא טוען שהיה בליבו, ובמצב כזה האמירה גוברת על מה שבלב (כנראה כי לא מאמינים לו שזה מה שהיה בליבו). כך גם מסביר זאת הרשב"א בקידושין מט ע"ב, ד"ה 'בעידנא'. אבל כאן כתב התורי"ד שלא מועילה הכוונה בלב גם במקום שהאמירה לא סותרת אותה (לא היתה כאן אמירה כלל), וגם במקום שבו ברור לנו שזו אכן הכוונה שבלב.

על כן מסבירים **שער המשפט** (סי' צח סק"א) וה**אחיעזר** (ח"ב סי' יט סקכ"ד), וראה גם שיעורי רבי שמואל פסחים סי' א, שבעשיית חלות ישנו חיסרון של שדברים שבלב לא בגלל שיש לנו חשד שלא לזה הוא מתכוין. כאן דברים שבלב לא מועילים בגלל שנדרשת פעולת ביטול, ולדעת ריו"ח ואביי כוונה אינה פעולה.

בשו"ת הר"ן סי' מג כותב שניתן לבטל שליח בכתב, ודבריו הובאו להלכה ברמ"א אבהע"ז סי' קמא סוה"ב. והקשו עליו האחרונים (ראה שו"ת **ברית אברהם** יו"ד סי' נט סק"ב) שראינו שנדרש דווקא דיבור ולא די בגילוי דעת. אם כן, כיצד כתיבה יכולה להועיל? הוא מתרץ שם שהר"ן פסק כך לאור העיקרון שכתיבה כדיבור (אמנם ראה ב**חת"ס** גיטין לד ע"ב, שהסביר זאת אחרת).

נעיר כאן שאם המשלח אינו רוצה בשליחות אך לא ביטל אותה, השליחות בעינה עומדת, והשליח עדיין יכול לגרש. כל מה שראינו למעלה במחלוקת רש"י והרשב"א היא לגבי אי רצון של המשלח בגירושין (ולא בשליחות).

האם ביטול שליחות הוא מילי?

במשנה גיטין לב ע"א שהובאה למעלה, מבואר שניתן לבטל את השליח באמצעות שליח ביטול. האחרונים נחלקים מה תפקידו של השליח המבטל:

- **הפנ"י** ושו"ת מהר"ם אלשיך (סי' לו) כתבו השהביטול נעשה על ידי המשלח, והשליח לבטל תפקידו רק להודיע לשליח הראשון שמינויו התבטל.
- רעק"א (כאן), **חת"ס** (לד ע"א) **ותורת גיטין** (סי' קמא סוסק"ב) כותבים ששליח הביטול הוא המבטל.

הפירוש הראשון קשה, שכן לפיו אין בקטע הזה של המשנה שום חידוש (אולי הנאמנות של שליח הביטול לומר לשליח שהוא מבוטל). יתר על כן, רעק"א **וברית אברהם** (אבהע"ז סי' קכא סקי"ד) הוכיחו מהגמרא כפירוש השני, שכן הגמרא מסבירה את הדין של ביטול בשליח באופן הבא:

> ***או ששלח אחריו שליח ל"ל? מהו דתימא, לא אלימא שליחותיה דבתרא משליחותיה דקמא דלבטליה, קמ"ל.***

כאן כתוב בפירוש שהחידוש הוא שהשליח השני חזק יותר מהשליח הראשון ולכן הוא מצליח לבטל אותו. רואים ששליח הביטול הוא שמבטל את השליח הראשון, ולא המשלח.

מדוע **הפנ"י** מציע פירוש כה בעייתי בגמרא? כנראה מפני שלדעתו השליח אינו יכול לבטל את השליח הראשון שכן מדובר במילי (כך הסביר זאת **האו"ש** בשו"ת ח"א סי' יא). כעת כמובן עולה שאלת מילי לפי הפירוש של רוב האחרונים: כיצד ייתכן שניתן לשלוח שליח שמשימתו היא ביטול שליחות, הרי זה שליחות למילי? אמנם הדבר תלוי בהבנות השונות בדין מילי, כפי שראינו בפרק השביעי. לפי רעק"א, אם אומר אמרו כשר, אז הבעייה היא רק בשליח שני למילי ולא בשליח ראשון למילי, ולכן לשיטה שאומר אמרו כשר ניתן לשלוח שליח לביטול גט גם אם זה מילי. אמנם רעק"א (בתוספותיו למשניות גיטין, אות לד ד"ה 'ודעי') מסביר שכאן לא מדובר במילי, מפני שהוא נשלח לגמור את הדבר. מילי זה רק שליחות שלא מסיימת את המשימה.

נציין כי בדיוק כך ראינו למעלה גם לגבי דיבור שמבטל דיבור, שגם דין זה נאמר רק במשהו שלא גומר את הדבר (שאז הוא נחשב כדיבור). ואם זה לא מילי אז לכאורה אין לו דין דיבור, ואם כן דיבור לא יכול לבטל אותו.[44]

דעתו ורצונו של השליח

עד כאן עסקנו בביטול השליחות על ידי המשלח או שלוחו. מה קורה אם השליח עצמו רוצה לבטל את שליחותו?

בשו"ת **פנ"י** (ח"ב סי' פב) כתב שהשליח שמבטל את שליחותו אין בכך כלום, ואם הוא חוזר ומתחרט אין צורך במינוי מחודש. הוא מוכיח זאת מהגמרא כג ע"א לגבי שפוי שהשתטה וחזר ונתפקח, שאינו צריך מינוי מחודש. אמנם ראה על כך בדברינו בפרק השלישי (בדיון על השגת ר' יעקב כולי מגמרא זו על דברי בעל **ג"פ**), ו**באו"ש** הל' גירושין פ"ו ה"ח.

אמנם ה**ט"ז** אבהע"ז סי' קמא סק"ב חולק על ה**פנ"י**, ולדעתו גם השליח יכול לבטל את השליחות. הוא אף רואה זאת כחידוש פחות מהאפשרות של המשלח לבטל את השליחות, שכן הוא לומד את הדין שלנו בקו"ח מהדין ההוא.

אמנם בעל **גט מקושר** (דבריו הובאו גם בשו"ת **עונג יו"ט** סי' קמז ד"ה 'ובמה', וב'קונטרס השליחות' לרש"ש סי' ח-י) טוען שהשליחות כלל אינה צריכה את דעת השליח. הוא מוכיח זאת מהגמרא ב"ק עט ע"א, שם רואים שאם השליח פעל בטעות לטובת המשלח על אף שלא רצה בכך, המעשה קיים. אם כן, רואים שהשליחות תקפה גם בלי רצונו של השליח. די לנו במינויו על ידי המשלח.

---

44 בחידושי הרי"ם אבהע"ז סי' קכ סקט"ו הסביר את החילוק הזה. אמנם בקצוה"ח סי' רמד סק"ג מביא ראיה מתוד"ה 'התם' לב ע"ב לגבי דיבור מבטל דיבור לדין מילי.

אמנם כל מה שניתן להוכיח מכאן הוא שאין צורך ברצונו של השליח למינוי. אבל עדיין ייתכן שאם השליח יבטל את השליחות בביטול פוזיטיבי זה יועיל, כמו ביטול של המשלח.

מה קורה אם השליח מסרב לשליחות כבר בעת המינוי? האם זה שקול לביטול? לכאורה ודאי שכן. אמנם ה**עונג יו"ט** סי' קמו כתב שגם אם הוא מסרב בתחילה, אם הוא חוזר בו הוא לא צריך מינוי מחודש (בניגוד לדברי **בית אפרים** אבהע"ז סי' פ שמובאים שם, שלדעתו דרוש מינוי מחודש). לעומת זאת, אם הוא כבר קיבל את השליחות ולאחר מכן ביטל אותה, כאן אם הוא יחזור בו דרוש מינוי מחודש.

רש"ש ב'קונטרס השליחות' סי' ו כותב שרואים מכאן שאין צורך ברצונו של השליח כדי שיהיה עליו דין שליח. אם כן, המינוי מיוסד בעיקר על דעת ורצון המשלח. לפי זה הוא דן שם בדברי הר"ן (גיטין יא ע"ב. ראה בפרק התשיעי) שכתב להסביר את דין זכייה, בכך שהזוכה ממנה את עצמו להיות שלוחו של המקבל. הרש"ש מעיר שמכאן קשה על דבריו, שהרי אין לזוכה שום כוח לעשות זאת (הדבר תלוי רק בדעת המשלח).

פרק אחד-עשר
שליח שקלקל

מבוא

בפרק זה נעסוק בשליח שקלקל במעשיו והביא נזק למשלח. בחלק מהמצבים האלה לא רק שהנזק לא נזקף לחובת הבעלים אלא גם השליחות עצמה בטלה. במינוח התלמודי המשלח אומר לשליח: "לתקוני שדרתיך ולא לעיוותי" (כלומר שלחתיך לתקן ולא לקלקל).

במצבים אלו נוצרת תוצאה שנראית על פניה אבסורדית: על אף שאם המשלח עצמו היה עושה זאת הפעולה היתה חלה, כשהשליח עושה זאת הפעולה לא חלה. הדבר דומה לשליחות לדבר עבירה, שגם שם כשהמשלח עושה זאת הפעולה חלה, אבל אם שליח עושה זאת עבורו הפעולה לא חלה.

נתחיל בסקירת המקרים בתלמוד.

א. פירעון חוב: סיטראי

בסוגיית כתובות פה ע"א, אנו מוצאים את המקרה הבא:

> ***אבימי בריה דרבי אבהו הוו מסקי ביה זוזי בי חוזאי, שדרינהו ביד חמא בריה דרבה בר אבהו, אזל פרעינהו. אמר להו: הבו לי שטרא, אמרו ליה: סיטראי נינהו.***

אבימי היה חייב כסף לבי חוזאי. הוא שלח שליח לפרוע להם, ומשהלה ביקש בחזרה את שטר ההלוואה, הם סירבו לתת לו, וטענו שיש עוד חוב שניתן בעל-פה והם מחזיקים את השטר/הכסף עבורו (=סיטראי נינהו).

כעת הוא בא לפני רבי אבהו, ומקבל נזיפה על מה שעשה:

אתא לקמיה דרבי אבהו, א"ל: אית לך סהדי דפרעתינהו? אמר ליה: לא, אמר ליה: מיגו דיכולין לומר לא היו דברים מעולם, יכולין נמי למימר סיטראי נינהו.

רבי אבהו אומר לו שמכיון שאין לו עדים על הפירעון – המלווים נאמנים לומר סיטראי במיגו שיכלו לומר שכלל לא פרע.

הגמרא כעת עוברת לדון בשאלה האם השליח הזה חייב לשלם:

לענין שלומי שליח, מאי? אמר רב אשי: חזינן, אי א"ל שקול שטרא והב זוזי - משלם, הב זוזי ושקול שטרא - לא משלם. ולא היא, בין כך ובין כך משלם, דא"ל: לתקוני שדרתיך ולא לעוותי.

בהתחלה הגמרא קובעת שאם המשלח הורה לו לבקש קודם את השטר לפני שהוא משלם את הכסף והוא לא עשה זאת – הוא חייב לשלם כי מעל בשליחותו. הוא לא ביצע את השליחות שלשמה הוא נשלח. אבל אם המשלח לא פירט לו זאת – אין עליו חובת תשלום. אך למסקנה הגמרא אומרת שהוא חייב לשלם בכל אופן, שכן המשלח טוען כלפיו שהוא שלח אותו לבצע את הפעולה על הצד הטוב יותר, ואם בגלל חוסר שיקול דעתו שלו (גם אם לא היתה הוראה מפורשת) הוא איבד למשלח שלו את הכסף הוא חייב לשלם לו על כך.

יש כאן מקום לדון מדוע עוד לפני הסברא של "לתקוני שדרתיך" הגמרא כבר מבינה שאם הוא כן היה מקבל הוראה כזאת היה עליו לשלם למשלח? רואים שהסברא הזאת היתה קיימת כבר מהתחלה, והמסקנה רק מרחיבה אותה יותר. במצב בו השליח לא עושה את מה שהוא נשלח אליו ברור לגמרא שהוא ודאי חייב לשלם, גם בלי סברת לתקוני שדרתיך. אם הוא נשלח לפרוע חוב ועשה עם הכסף הזה משהו אחר הוא חייב לשלם. סברת לתקוני שדרתיך מרחיבה את הדין הזה למצבים בהם השליח לא חרג מהוראות המשלח, אבל עשה משהו לא סביר מבחינת האינטרסים של המשלח שלו.

לכאורה נראה שבסוגיא זו הסברא הזו עולה רק בהקשר של חיובי תשלום, כלומר ששליח שלא פעל בצורה מיטבית חייב לשלם והוא לא יכול לטעון

שאינו אשם. זוהי קביעת אחריות על השליח לפעול בצורה הטובה ביותר. היתה אפשרות אחרת להבין שבעצם הוא כלל לא פעל כשליח, אלא כמזיק. הוא קיבל כסף של המשלח והזיק לו. לפי תפיסה זו, השליח נחשב כמזיק מפני שאנחנו בכלל לא רואים את מתן הכסף כפירעון של החוב, וזאת בגלל שהשליח לא פעל כאן כשלוחו של הלווה. לפי זה, גם כאן העיקרון של "לתקוני שדרתיך" עולה כדי לומר ששליח שקלקל כלל אינו שליח.

ההבדל בין שני המצבים הללו הוא שלפי התפיסה הראשונה – החוב נפרע, לפחות מבחינת הדיון בין השליח למשלח. רק המלווה טוען שזה חוב אחר, ולא מכיר בפירעון החוב, ולכן המשלח תובע את השליח על הנזק. לפי התפיסה השנייה החוב עצמו לא נפרע, שכן השליח לא פעל בשליחות המשלח, אלא הוא היה אמצעי למלווה לתפוס את כספו מהמשלח (הלווה). לפי זה, הכסף הוא כסף פירעון החוב האחר, אבל החוב הזה כלל לא נפרע.

השלכה הלכתית יכולה להיווצר כאשר יש הבדל בין שני החובות. לדוגמה, אם אחד היה עם שטר והשני בלי, וכעת השאלה האם יש שעבוד נכסים או לא. או אם אחד היה עם נאמנות בשטר והשני בלי, שאז נדרשת שבועה מהמחזיק בשטר כדי לגבות את חובו.

אמנם במקרה זה ההבדל בין שתי התפיסות אינו חד, שכן סוף סוף הכסף הגיע למלווה, וגם אם זה לא היה בשליחות הלווה ניתן לראות בזה פירעון. כאן אין משמעות גדולה לשאלה האם השליח אכן היה שליח או לא. להלן נראה מקרים שבהם יש לכך משמעות חשובה יותר.

ב. מעשר בהמה

בסוגיית בכורות סא ע"א אנו מוצאים דיון במעשר בהמה על ידי שליח:

איתמר, האומר לשלוחו צא ועשר עלי, רב פפי משמיה דרבא אמר: קרא לתשיעי עשירי - קדוש, ולאחד עשר עשירי - אינו קדוש. ורב

פפא אמר: אפילו קרא לתשיעי עשירי - אינו קדוש, דאמר ליה לתקוני שדרתיך ולא לעוותי.

גם כאן השליח פועל באופן שמקלקל למשלח. וכך מסביר זאת רש״י:

אינו קדוש - דכיון דשלמים הוא מפסידו חזה ושוק דמטי לחלק כהנים ומצי א״ל להפסידני לא שויתיך שליח.

ולא לעוותי - והיינו עיות שצריך לו להמתין עד שתומם ועוד שאסור לגזזה ולעבוד בה.

ברש״י מביא שני הסברים שונים: אפילו קרא לתשיעי עשירי שמעיקר הדין הוא קדוש כמעשר, כאן אינו קדוש כי הוא מפסיד לו את החלק שהולך לכהנים (חזה ושוק). ועוד שהוא צריך לחכות עד שייפול בו מום ואסור לגוזזה ולעבוד בה.

מייד אחר כך הגמרא מקשה על כך מהפרשת תרומה שראינו למעלה:

ומאי שנא מהא דתנן: האומר לשלוחו צא ותרום - תורם כדעת בעל הבית, אם אינו יודע דעתו של בעל הבית - תורם בבינונית אחד מנ׳, פיחת עשרה או הוסיף עשרה - תרומתו תרומה! אמרי: התם - כיון דאיכא דתרים בעין יפה. ואיכא דתרים בעין רעה, אמר להכי אמדתיך, הכא - טעותא היא, אמר לא איבעי לך למיטעי.

שם התרומה חלה כי הוא אומר לבעה״ב שמכיון שהוא לא אמר לו שום דבר ספציפי, כך הוא אמד את דעתו. אבל אצלנו ברור לגמרי שהוא טעה, גם בלי הבהרה של בעה״ב. להלן נראה שיש המשך למשנה הזאת, שעוסק בשינוי של יותר מעשירית, ששם התרומה בטלה. מעניין שהגמרא כאן לא הביאה את ההמשך הזה, על אף שהוא מהווה ראיה ברורה לדין שנדון כאן.

ג. שינוי וקלקול בעסקאות מכירה

דיני אונאה בהלכה עוסקים במכירת רכוש בערך לא מתאים לשווי השוק. ההלכה קובעת שאם ערך השוק שונה בשישית מהערך שהתקבל במכירה, בין

למטה ובין למעלה, המכירה בטלה. אם ההבדל הוא שישית, יש להחזיר את ההפרש. ואם ההבדל הוא פחות משישית המכר קיים (כי זה לא משמעותי). דין נוסף שיש לדעת הוא שבמכירת קרקעות אין דין אונאה (כלומר בכל המחיר המכר חל).[45]

והנה, בב"מ קח ע"א אנו מוצאים סוגיא שעוסקת במכירת קרקע על ידי שליח, ומעלה אפשרות שיהיה שם דין אונאה אם השליח מוכר את הקרקע במחיר מופקע. בדומה לזה אנחנו מוצאים בסוגיית קידושין מב ע"ב מימרא דומה לגבי אונאה במכירת מטלטלין על ידי שליח ואונאה של פחות משישית:

אמר רב נחמן: האחין שחלקו הרי הן כלקוחות, פחות משתות - נקנה מקח, יתר על שתות - בטל מקח, שתות - קנה ומחזיר אונאה. אמר רבא: הא דאמרן פחות משתות נקנה מקח, לא אמרן אלא דלא שויה שליח, אבל שויה שליח, אמר: לתקוני שדרתיך ולא לעוותי.

רואים שאם השליח מוכר יש אונאה גם בפחות משישית, ואולי גם בקרקע. מדוע משתנים דיני אונאה במצב כזה? הרי אם המוכר היה מוכר בעצמו בהפרש של פחות משישית המכר היה קיים. זה נכון, אבל אם הוא עושה זאת על ידי שליח המשלח יכול לומר שלא לזה הוא התכוין והוא עצמו לא היה עושה זאת, ולכן השליחות בטלה. ברגע שהשליחות בטלה, המכירה לא חלה שהרי השליח אין לו סמכות למכור. לכן בשליחות נוצר מצב שהמשלח עצמו לא היה יוצר אותו. טענת "לתקוני שדרתיך" יכולה ליצור מצב שיש אונאה בקרקעות (על אף שבדרך כלל אין אונאה בקרקעות), או שבמטלטלין יש אונאה גם בפחות משתות (על אף שבדרך כלל אין אונאה בהפרש כה קטן גם במטלטלין).

אמנם זה לא הבדל מהותי בין השליח למשלח. ההבדל נוצר רק בגלל שהמשלח טוען שאם הוא עצמו היה עושה את הפעולה הוא לא היה מוכן לקבל מחיר

---

45 אמנם שיטת ר"ת בתוס' (ראה ברמ"א שו"ע חו"מ סי' רכז הכ"ט) היא שאם ההבדל הוא 50% יש אונאה גם בקרקעות, אבל רוב הראשונים לא מקבלים זאת.

כזה, ולכן הוא לא היה מוכר. השליח עשה זאת, ולכן הוא בעצם פעל שלא בשליחותו, ולכן המכר בטל. זה באמת דין אונאה, שכן באונאה המכר עצמו הוא שמתבטל. כאן מה שמתבטל הוא השליחות, והמכר בטל ממילא.

מקרה אחר של מכירה על ידי שליח שקלקל, נוגעת לשאלת האחריות, שנדונה בסוגיית ב״ב קסט. כאשר אדם לווה כסף בשטר, קרקעותיו משתעבדות למלווה. משמעות השעבוד היא שגם אם הוא מוכר את הקרקע – אם המלווה לא מקבל את כספו הוא יכול לקחת את הקרקע מהקונה. לכן מגדירים גם מכירה באחריות, שבה הלווה אחראי כלפי הקונה שאם הקרקע תילקח ממנו על ידי מלווה כלשהו של המוכר, המוכר יפצה אותו על כך.

והנה, בב״ב קסט ע״ב אנו מוצאים:

ההיא איתתא דיהבה ליה זוזי לההוא גברא למיזבן לה ארעא, אזל זבן לה שלא באחריות; אתיא לקמיה דרב נחמן, אמר ליה: לתקוני שדרתיך ולא לעוותי, זיל זבנה מיניה שלא באחריות, והדר זבנה ניהלה באחריות.

השליח קנה את הקרקע עבור האישה בלי אחריות, כלומר פעל בצורה לא מיטבית. ר״נ מורה לו שיקנה את הקרקע לעצמו מהמוכר, והוא עצמו ייתן לה אחריות על הקרקע. כלומר אם גובים את הקרקע השליח יפסיד. זוהי צורה לפצות את המשלח על הקלקול.

יש כאן מקום לדון מדוע לא נאמר שהמכר בטל, שהרי שליח שקלקל אינו שליח, וממילא קניית הקרקע עבור האישה אינה תקפה (ועבור עצמו הוא כלל לא התכוין לקנות).

הרשב״א שם במקום כותב:

אמר ליה זיל זבנה את שלא באחריות והדר זבנה ניהלה באחריות, כלומר אם רוצה שליח זה ליפטר מן האשה הזאת שמסרה לו מעותיה, ומיהו אילו רצה השליח לעכב השדה לעצמו שלקח שלא באחריות ולהחזיר לה מעותיה רשאי:

כלומר באמת המכר בטל והשליח צריך להחזיר לה את מעותיה. אלא שהמוכר לא חייב להחזיר את המעות כי לא הובהר לו התנאי שהמכר יהיה בלא אחריות. לכן יש בפני השליח שתי אפשרויות: א. לקחת את השדה לעצמו בלי אחריות ולמכור אותה לאישה באחריות. ב. לקחת את השדה לעצמו בלי אחריות ולהחזיר לאישה את הכסף שנתנה לו.

בכל אופן, רואים כאן שהמכר כשלעצמו אינו בטל, על אף שהאישה לא התכוונה לקנות.

עוד מקרה כזה אנחנו מוצאים בסוגיית כתובות צט ע״ב, שם הגמרא דנה בשינוי אחר של השליח:

> ***פשיטא, אמר לאחד ולא לשנים - האמר ליה לאחד ולא לשנים, א״ל לאחד סתמא, מאי?***

אדם מורה לשלוחו למכור קרקע לאדם אחד ולא לשניים (הוא רוצה עסק רק עם קונה אחד), אם הוא מוכר את הקרקע לשניים ודאי המכר בטל. מדוע? מפני שהוא לא פעל כפי שהמשלח הורה לו, ובמצב כזה פשוט לגמרא שהוא אינו שליח. הגמרא מתלבטת רק לגבי מצב שהמשלח אומר לו בסתמא למכור את הקרקע לאדם אחד (ולא הזכיר בפירוש שלא ימכור לשניים), האם גם אז המכר בטל? זהו מבנה דומה מאד למה שראינו למעלה בסוגיית כתובות.

במקרה כזה האמוראים חלוקים ביניהם:

> ***רב הונא אמר: לאחד - ולא לשנים, רב חסדא ורבה בר רב הונא דאמרי תרוייהו: לאחד - ואפילו לשנים, לאחד - ואפילו למאה.***

האמוראים חלוקים האם הכוונה היא בדווקא או לאו דווקא. בינתיים ההנחה היא שאם המשלח התכוון למשהו אחר זה ודאי בטל, אבל אם הוא התכוון למה שהשליח עשה אז השליחות קיימת. עד כאן הדיון נסוב רק על כוונת המשלח.

כעת הדבר נשאל לר״ן, והוא הכריע שאחד לאו דווקא:

איקלע רב נחמן לסורא, עול לגביה רב חסדא ורבה בר רב הונא. אמרו ליה: כי האי גוונא מאי? אמר להו: לאחד - ואפי׳ לשנים, לאחד - ואפילו למאה.

לא ברור האם הדיון כאן הוא על שינוי מכוונת המשלח או על קלקול בשליחות. לכאורה, הדיון הוא רק בשאלה האם השליח פעל בהתאמה להוראות המשלח שלו או לא. זו לא שאלה של קלקול שהוא עשה, ואולי לא בהכרח שני קונים גרועים מאחד (אולי זה מפזר את הסיכון). אבל עצם העובדה שהוא שינה מהוראות המשלח מבטלת את השליחות, גם אם אין כאן קלקול.

אמנם בפשטות נראה שקלקול הוא לעולם שינוי מהוראות המשלח (כי אם המשלח עצמו התכוין לקלקול אף אחד לא יאמר שהשליחות בטלה). אבל שינוי מהוראות המשלח אינו בהכרח כרוך בקלקול, כמו במקרה של מכירה לשניים. השאלה האם גם במצב כזה השליחות בטלה. רואים בגמרא שכן, שהרי כל הדיון הוא בשאלה האם אכן היה כאן שינוי בשליחות, אבל אם היה שינוי ודאי שהשליחות בטלה.

כעת הם ממשיכים ושואלים את ר״נ, מה הדין אם השליח מכר בזול, שזה ודאי מקרה של קלקול, האם המכר קיים:

אמרו ליה: אף על גב דטעה שליח? אמר להו: דטעה שליח לא קאמינא. אמרו ליה, והאמר מר: אין אונאה לקרקעות! הני מילי היכא דטעה בעל הבית, אבל טעה שליח - אמר ליה לתקוני שדרתיך ולא לעוותי.

הוא עונה שבמקרה שהשליח קלקל (ולא רק פעל שלא ברצון בעל הבית) המכר לא קיים, שכן שליח שקלקל אינו שליח. כלומר אם המשלח היה מוכר קרקע במחיר זול הוא לא יכול היה לבוא בטענה לבטל את המקח, אבל אם הוא עושה זאת על ידי שליח – המכר בטל. זהו בדיוק המצב בסוגיות הקודמות שראינו, שפעולה על ידי שליח יכולה להתבטל גם אם במצב בו אם המשלח עצמו היה עושה אותה היא היתה קיימת.

כעת הגמרא מביאה ראיה לכך שיש הבדל כזה בין המשלח לשליח, ושוב מסוגיית תרומה:

ומנא תימרא דשאני בין שליח לבעל הבית? דתנן: האומר לשלוחו צא ותרום - תורם כדעת בעל הבית, ואם אינו יודע דעתו של בעל הבית - תורם בבינונית אחד מחמשים, פיחת עשרה או הוסיף עשרה - תרומתו תרומה; ואילו גבי בעל הבית תניא: תרם ועלה בידו אפילו אחד מעשרים - תרומתו תרומה.

גם בהפרשת תרומה אם השליח מקלקל משמעותית, יכול במשלח לבטל את הפעולה מדין "לתקוני שדרתיך".

בכל אופן, בכל הסוגיות הללו ברור שהדיון שונה מזה שבסוגיא הראשונה. כאן בבירור דנים על ביטול השליחות במקום בו השליח קלקל, ולא רק על אשמת השליח כשפעל באופן לא מיטבי ועל חובתו לשלם.

הפרשת תרומה

הזכרנו כבר כמה פעמים את הסוגיא של הפרשת תרומה. עקרונית דין הפרשת תרומה הוא שחיטה אחת פוטרת את הכרי, כלומר מדאורייתא די לנו בהפרשת גרגיר אחד. חכמים תקנו לתרום יותר, וקצבו שיעור משולש: 1/40 עין יפה, 1/50 עין בינונית ו-1/60 עין רעה. אמנם גם אם תורם יותר מכך התרומה חלה. מה קורה אם עושה זאת שליח? בזה עוסקת המשנה תרומות פ"ד מ"ד:

האומר לשלוחו צא ותרום תורם כדעתו של בעל הבית אם אינו יודע דעתו של בעל הבית תורם כבינונית אחת מחמשים פיחת עשרה או הוסיף עשרה תרומתו תרומה אם נתכוין להוסיף אפילו אחת אין תרומתו תרומה.

כפי שראינו בשתי הסוגיות שהובאו למעלה, העובדה שיש הבדל בין שליח לבין בעל הבית, פירושה שלא התרומה עצמה בטלה בשינוי גדול של השליח,

אלא השליחות היא שבטלה (וממילא גם התרומה). מכיון שהשליח לא פעל כשלוחו של בעל הבית אין כאן בכלל תרומה.

יש לציין שהיה מקום לראות חלק מהתרומה כתרומה והשאר בטל. מדוע הכל מתבטל? ובאמת בירושלמי תרומות פ״ד ה״ג (מובא בפירוש הר״ש על המשנה הזאת) עולה אפשרות כזאת, שכן הוא מבחין בין מעביר על דעת בעה״ב לבין מוסיף על דעת בעה״ב. מסתבר שהמשנה רואה במצב כזה ביטול מוחלט של השליחות, כלומר המפריש כלל אינו שלוחו של הבעלים, ולכן אין כאן תרומה בכלל.

מה פירושה של הסיפא, שאם התכוין להוסיף אפילו אחד התרומה בטלה? נחלקו בזה הראשונים: ר״י בן מלכיצדק על המשנה מסביר (וכך הוא גם בראיש וברייש ובטרנורא ושאר מפרשים שם):

> ***הני מילי בשלא נתכון להוסיף, אבל אם ידע דעתו של בעל הבית והוסיף בכוונה אפי׳ אחד אין תרומ׳ תרומה.***

כלומר הרישא עוסקת במקרה שאינו יודע את דעת בעה״ב. במקרה כזה אם הואסיף או פיחת עשרה תרומתו תרומה. אבל אם הוא יודע את דעת בעה״ב אסור לו לשנות מאומה.

זה נשמע סביר, שהרי כפי שראינו למעלה השליח מוגבל יותר מהמשלח, ותמיד המשלח יכול לומר שלא התכוין לכך ולטעון שלא היתה כאן שליחות. אמנם זה לא טריביאלי, שכן ייתכן לומר שגם אם דעת בעה״ב ידועה, אין פירוש הדבר שהוא התכוין ל-1/50 בדווקא. כלומר לא מדובר שהתנה עם השליח, אלא שידוע שהוא מפריש בד״כ 1/50.

אבל הרמב״ם ב**פיהמ״ש** שם מסביר זאת אחרת:

> ***אם נתכוון להוסיף אפילו אחת – שנתכוון להפריש אחד מתשעה וארבעים שהוא מוסיף בתרומה, אלא צריך שיתכוון לאחת מחמשים שהיא בינונית. ואם הוסיף בשיעור התרומה או פחת בלי שיתכוין לכך מה שעשה עשוי. ואם נתכוון להוסיף בשיעור התרומה אפילו כל שהוא, לא עשה ולא כלום.***

כלומר גם הרישא וגם הסיפא עוסקות במצב שדעתו של בעה״ב לא ידועה. הרישא עוסקת כשהשינוי היה בלי כוונה, והסיפא מדברת על מצב שהשליח שינה בכוונה. במצב כזה, גם אם לא ידועה דעתו של בעה״ב השליחות בטלה. מסתבר שאם דעת בעה״ב כן ידועה (זהו הנושא של הסיפא לפי הפירוש הקודם) זה פשיטא לרמב״ם שהשליחות בטלה גם אם שינה מעט מאד. לכן הוא מסביר את המשנה אחרת.

כך הוא גם בהלכות תרומות פ״ד ה״ז:

האומר לשלוחו צא ותרום תורם כדעתו של בעל הבית, אם היה יודע בו שהוא בעל עין רעה מפריש אחד מששים, ואם היה בעל נפש שבעה מפריש אחד מארבעים, ואם אינו יודע דעתו מפריש לו בינונית אחד מחמשים, נתכוון לבינונית ועלתה בידו אחד מארבעים או אחד מששים תרומתו תרומה, ואם נתכוון להוסיף על הבינונית ותרם אפילו אחד מתשעים ותשעה אין תרומתו תרומה.

ראה בפירוש הרדב״ז שם את ההסבר מדוע הרמב״ם חולק על כל שאר הראשונים (מכוח קושיית הר״ש).

מדוע באמת יש הבדל בין שינוי בכוונה לשינוי שלא בכוונה? לכאורה לבעה״ב מה שחשוב הוא התוצאה? היה מקום לומר שבעה״ב עצנמו מקפיד כשהשליח פועל שלא בהתאם לדעתו אם זה נעשה בכוונה. אבל יותר נראה שיש בדברי הרמב״ם הבנה שונה של ביטול השליחות. הרמב״ם מבין שהשליחות מתבטלת אם השליח פועל במכוון נגד דעת בעה״ב. זה לא בגלל קפידתו של בעה״ב, אלא דין התורה הוא שאם הוא פועל שלא מתוך התבטלות למשלח השליחות בטלה. כלומר הביטול הוא מהדין ולא בגלל כוונת המשלח.

כמה מהאחרונים הקשו עליו (ראה **ישועות מלכו** על הרמב״ם שם) מסוגיית בכורות. כפי שראינו הגמרא שם מביאה שבהפרשת מעשר בהמה שינוי מבטל את ההפרשה, ומקשה מהמשנה בתרומות שרואים שאם שינה בעשרה תרומתו תרומה. היא מתרצת שבהפרשת תרומה השליח אומר לו שמכיון שיש מפרישים לשני הצדדים כך הוא אמד את דעתו (״להכי אמדתיך״).

ולפי הרמב״ם זה קשה, שהרי מדובר שהשליח עשה זאת בלי כוונה, ולכן זה מועיל? ואולי הוא יסביר שמכיון שיש שיעורים כאלה בהפרשת תרומה השליח יכול לומר לו שזה כאילו שאמדו לכך, כלומר שאין כאן סטייה ממשית מההוראות. ובאמת מבואר ברישא של משנת תרומות שגם אם עושה בלי כוונה אם חורג מעבר לעשרה לכל כיוון תרומתו מתבטלת. מוכח מכאן שהיסוד העיקרי בתירוץ אינו מה שלכך אמדו, אלא שבתרומה יש שיעורי הפרשה כאלה.

עוד היה מקום להקשות מדוע הגמרא בבכורות לא מוכיחה מהסיפא של המשנה בתרומות ששינוי מבטל את השליחות? ולפי הרמב״ם זה מתיישב היטב, שכן בסיפא מדובר ששינה בכוונה, ולא זה נושא הדיון. לפי הראשונים האחרים צריך להסביר שבסיפא מדובר שהוא יודע את דעת בעה״ב, ושם כל שינוי מבטל את השליחות.

אמנם במעשר בהמה ברור שדעת בעה״ב היא כהוראות ההלכה, ולכן שם זהו כעין המקרה של יודע את דעת בעה״ב, ולכן שם המשנה ביטל את השליחות. אם כן, לא קשה מאומה מהרישא של המשנה בתרומות, שכן שם מדובר כשלא ידע את דעת בעה״ב. ואולי לזה גופא התכוונה הגמרא באומרה ״להכי אמדתיך״, כלומר שלא ידעתי את דעתך זה כאילו אמדתיך לזה. וכשיודע את דעתו הוא לא יכול לומר לו כיצד אמד את דעתו (שהרי דעתו ידועה).

סוגיית אלו מציאות

בסוגיית ב״מ כב ע״א אנו מוצאים דיון דומה לגבי הפרשת תרומה:

> ***תא שמע: כיצד אמרו התורם שלא מדעת תרומתו תרומה? הרי שירד לתוך שדה חבירו וליקט ותרם שלא ברשות, אם חושש משום גזל - אין תרומתו תרומה, ואם לאו - תרומתו תרומה. ומנין הוא יודע אם חושש משום גזל ואם לאו? הרי שבא בעל הבית ומצאו, ואמר לו כלך אצל יפות, אם נמצאו יפות מהן - תרומתו תרומה, ואם לאו -***

אין תרומתו תרומה. ליקטו הבעלים והוסיפו עליהן - בין כך ובין כך תרומתו תרומה.

וכי נמצאו יפות מהן תרומתו תרומה, אמאי? בעידנא דתרם הא לא הוה ידע! - תרגמה רבא אליבא דאביי: דשויה שליח. הכי נמי מסתברא, דאי סלקא דעתך דלא שוויה שליח מי הויא תרומתו תרומה? והא אתם (במדבר י"ח) גם אתם אמר רחמנא לרבות שלוחכם, מה אתם לדעתכם, אף שלוחכם - לדעתכם. אלא הכא במאי עסקינן - כגון דשויה שליח, ואמר ליה: זיל תרום, ולא אמר ליה תרום מהני. וסתמיה דבעל הבית כי תרום - מבינונית הוא תרום, ואזל איהו ותרם מיפות. ובא בעל הבית ומצאו, ואמר ליה כלך אצל יפות, אם נמצאו יפות מהן - תרומתו תרומה, ואם לאו - אין תרומתו תרומה.

מדובר באדם שירד לשדה חברו כשלוחו, ותרם עבורו. בעה"ב לא אמר לו כמה לתרום וממה לתרום. הוא תרם שיעור בינוני (1/50) מהחיטים היפות. תרומתו תרומה רק אם בעה"ב גילה אחר כך בדעתו שניחא לו בזה. אבל אם בעה"ב מגלה דעתו שלא רצה בתרומה מן היפות, השליחות בטלה וממילא גם התרומה.

בתוד"ה 'ואם לאו', כאן (ועוד מפרשים, ראה גם בר"ש על המשנה בתרומות), הקשו על הסוגיא הזו ממשנת תרומות:

ואם לאו אין תרומתו תרומה - וא"ת דבפרק אלמנה ניזונית (כתובות דף צט: ושם ד"ה פיחת) אמרינן דסתמיה דבעל הבית הוי אחד מחמשים ואם השליח פיחת י' או הוסיף י' תרומתו תרומה דמצי א"ל בהכי אמדתיך ה"נ נימא הכי

במשנה שם מבואר ששינוי בגדרי התרומה מועיל אם אין חריגה גדולה מדיי. אז מדוע כאן נדרשת הסכמה לכל חריגה?

תוס' מתרץ:

וי"ל דהתם הוי כולה שיעור תרומה ויש שתורם כך לכך מצי א"ל כיון שלא פירשת לי בהכי אמדתיך אבל מיפות אין רגילות לתרום ולכך לא היה לו לתרום בשום ענין מהם בלא רשותו.

הוא כותב ששינוי של עשירית מועיל מפני שיש שתורמים 1/40 או 1/60, אבל שינוי בטיב החיטין אינו חל מפני שכאן אין מנהג ברור לתרום דווקא מיפות. ומה יהיה כאן לפי הרמב"ם? לשיטתו יש מקום לומר שמכיון שדעת בעה"ב לגבי יפות לא ידועה, הרי שכאן כל שינוי הוא שינוי לא בכוונה, שהרי רק לגבי הכמות ניתן להגדיר שינוי בכוונה כי יש שיעור ממוצע שאותו הוא צריך להפריש כשדעת בעה"ב לא ידועה (1/50). אבל באיכות החיטין אין שיעורים כאלה, וכל שם כל שינוי הוא כשינוי לא בכוונה.

סוגיית גיטין: האדם הסביר

שנינו במשנת גיטין כט ע"א:

מתני'. המביא גט בא"י וחלה - הרי זה משלחו ביד אחר, ואם אמר לו טול לי הימנה חפץ פלוני - לא ישלחנו ביד אחר, שאין רצונו שיהא פקדונו ביד אחר.

אם שליח הגט מתבקש גם לקחת ממנה חפץ כלשהו, אינו יכול לשלוח מישהו אחר במקומו, מפני שאין רצונו של המשלח שיהיה פקדונו ביד אחר. לכאורה מדובר בשיקול של לתקוני שדרתיך, ולכן אם השליח עובר ועושה שליח אחר במקומו, השליח השני אינו שליח של הבעל והאישה אינה מגורשת (ואולי גם יצטרך לשלם על החפץ אם הוא יאבד, ואולי זה כדין שומר שמסר לשומר).

ובגמרא שם אנו מוצאים:

ואם אמר לו טול לי הימנה חפץ פלוני. אמר ריש לקיש, כאן שנה רבי: אין השואל רשאי להשאיל, ואין השוכר רשאי להשכיר. אמר לו רבי יוחנן: זו אפילו תינוקות של בית רבן יודעים אותה, אלא

זימנין דגיטא נמי לא הוי, דנעשה כמי שאמר לו אל תגרשה אלא בבית וגירשה בעלייה אל תגרשה אלא בימין וגירשה בשמאל.

ר"ל מסביר שיש איסור לשלוח מישהו אחר, ועל כך אומר לו ריו"ח שזה ברור ופשוט. החידוש של המשנה הוא שלא רק איסור יש כאן, אלא גם ביטול השליחות.

מעניין לציין שהדוגמאות אותן מביא כאן ריו"ח הן דוגמאות של דרישות מפורשות של המשלח שאין להן שום משמעות מבחינתו. המשלח דורש ביד כלשהי והוא עושה ביד אחרת (המשלח לא מפסיד אם הן לא תתקיימנה). ריו"ח מניח שגם במצב כזה השליחות בטלה. כלומר לדעתו לא רק קלקול מבטל שליחות אלא גם שינוי מדברי המשלח.

ובאמת זה דומה למה שראינו למעלה במשנת תרומות, שאם דעת המשלח ידועה אז כל שינוי ממנה מבטל את השליחות. והסיבה לכך היא שלכך השליח לא השתלח. ודאי שאם המשלח רוצה להגדיר שליחות באופן מסויים – זו זכותו. כל הדיון מתעורר רק מתי שהמשלח לא הגדיר בצורה ברורה את השליחות, ואז יש דרך מיטבית לעשות זאת (כמו לתרום 1/50), והשליח שינה ממנה. במצב כזה מתעורר דיון האם ומתי השליחות בטלה.

הגמרא ממשיכה ומפרטת זאת:

דכולי עלמא, היכא דנפקה לאפיה ויהבה ליה חפץ והדר שקלה מיניה גיטא - כולי עלמא לא פליגי דגיטא גיטא מעליא הוי, כי פליגי - היכא דא"ל שקול מינה חפץ והדר הב לה גיטא, ואזל איהו ויהיב לה גיטא והדר שקל מינה חפץ, רבי יוחנן פוסל בו וכ"ש בשלוחו, וריש לקיש מכשיר בשלוחו וכ"ש בו.

ההבחנה שעושה כאן הגמרא אינה ברורה. לכאורה המקרה הראשון עוסק במצב בו השליח מינה שליח אחר במקומו, וכשהשליח הזה מדיע לאישה כדי לתת לה גט ולקחת ממנה חפץ, האישה נתנה לו את החפץ ואח"כ קיבלה את הגט. במצב כזה לא קרה שום קלקול, למעט הבעיה שאין רצונו שיהיה פקדונו ביד אחר. הגמרא אומרת שבמקרה כזה לכל הדעות השליחות בתוקף והגט

כשר. המקרה השני הוא כשהמשלח נתן הוראות לקחת את החפץ לפני מתן הגט כדי לוודא שהחפץ יינתן, והשליח (האחר) הפך את הסדר. אמנם בסופו של דבר הוא קיבל גם את החפץ ולא קרה שום נזק, אבל מכיון שבעת שנתן את הגט הוא פעל שלא כרצון הבעל, אז השליחות בטלה וממילא גם הגט בטל. זהו מקרה שבו יש הוראה של הבעל לפעול באופן שמונע בעיות. כאן אם השליח שינה נחלקו ריו״ח ור״ל.

ראינו במשנת תרומות (לפחות לפי פירוש רוב הראשונים) שיש הבדל בין מצב בו דעת המשלח ידועה לבין מצב בו דבריו ניתנים לפירושים שונים. גם בסוגיא כאן רואים חילוק דומה: במקרה הראשון כאן מדובר כנראה שהבעל לא הורה בפירוש לקחת את החפץ לפני מתן הגט. במקרה זה לכל הדעות השליחות קיימת, לפחות אם זה נעשה בסדר הנכון. ואם הבעל הורה בפירוש על הסדר – אזי נראה שברור שכל שינוי יבטל את השליחות. להלן נראה זאת ביתר פירוט, אבל כבר כאן נביא משו״ת מהרי״ק סוף שורש כז שכתב כן בפירוש, והביא את דבריו בשו״ת **היכל יצחק** אבהע״ז ח״ב סי׳ סח, ד״ה ׳ואני מעיין׳:[46]

> ***ואני מעיין ורואה שמהרי״ק ז״ל לא דן בענין כזה אלא בענין אחר, ומה שהוא אומר הוא שכל שינוי מדברי המשלח מבטל את השליחות. וראיה לדבר: התקבל לי גט במקום פלוני, וקיבלו במקום אחר אינה מגורשת, דקפידא הוא, אעפ״י שיש לנו לאמר: מה לה במקום זה מה לה במקום אחר. וכן הבא לי מן החלון והביא מן הגלוסקמא שהשליח מעל, אלמא דבשינה כל דהוא בטלה השליחות.***

הוא באמת לומד זאת מהסוגיא שלנו. אמנם ברור שאין כוונתו לומר שתמיד כל שינוי מבטל את השליחות, אלא רק במקום בו המשלח אמר בפירוש את רצונו. במצב כזה, גם אם השינוי של השליח אינו מקלקל מאומה, וגם אם דרך בני אדם לא להקפיד על זה, השליחות בטלה.

---

46 ראה גם שו״ת קול מבשר חלק א סימן לד ד״ה ׳אמנם לכאורה׳.

מה הדין אם הבעל לא הורה בפירוש אבל השליח לא עשה בסדר הנכון? כלומר אם הבעל לא הורה והשליח לקח את החפץ אחרי מתן הגט?

רש״י כאן כותב:

דכ״ע לא פליגי דהוי גיטא - דאע״ג דאין רצונו שיהא פקדונו ביד אחר שליחות דגיטא לא בטיל ככל שלוחי גיטא שיכולין לעשות שליח דאגט לא קפיד בעל לדבר זה דגט אינו תלוי בחפץ דאפשר שילך ויטול החפץ וישלח הגט ביד אחר הלכך אפי׳ שינה בחפץ אין זה שינוי בגט שהרי קיבל החפץ ואח״כ נתן.

כלומר במקרה זה הבעל לא קשר את שתי השליחויות, ולכן אם יש קלקול בשליחות אחת זה לא מבטל את השנייה, ולכן הגט כשר. מסתבר שכך יהיה גם אם השליח מסר את הגט לפני שלקח את החפץ, שהרי זה קלקול בשליחות החפץ ולא הגט. כלומר לפי רש״י אין הבדל במקרה הראשון.

במקרה השני, שבו הבעל הורה בפירוש לקחת את החפץ לפני מסירת הגט, יש הבדל אם השליח שינה או לא:

ואזל איהו ויהיב לה גיטא - ברישא דכי אמר ליה שקול חפץ ברישא קפיד איהו שהיה בדעתו לעכב הגט אם לא תתן לו החפץ ולרדותה בעיגונא עד שתתן הלכך הגט תלה בחפץ בדבר זה וזה אם שינה נעשה כמי שאמר לו אל תגרשנה אלא בבית וגירשה בעלייה הלכך ר׳ יוחנן פוסל בו בשליח ראשון וכ״ש בשלוחו והיינו דקאמר זימנין דגיטא נמי לא הוי הלכך תנא במתני׳ לא ישלחנו ביד אחר שמא כשימסור ראשון שליחות לשני לא ימסור לו דברים כהוייתן או השני לא ידקדק בהן ויהא משנה ומיפסיל גיטא וריש לקיש מכשר כו׳ קסבר לאו קפידא הוא אלא אורחא דמילתא קאמר ליה.

כלומר ריו״ח פוסל כי במקרה כזה הבעל קשר את שתי השליחויות זו לזו, ומי ששינה בחפץ אינו שליח גם לגבי הגט. ר״ל גם הוא אינו מתכווח עקרונית, אלא שלדעתו הבעל לא התכוין לתלות את השליחויות זו בזו.

מדוע השינוי של מינוי שליח אחר אינו מבטל את השליחות, הרי אין רצונו של הבעל שיהיה פקדונו ביד אחר? נראה שזה כבר באמת רק שינוי בשליחות החפץ ולא בשליחות הגט, או שזה שינוי לא מהותי. בכל אופן, כאן יש רק איסור לכתחילה לעשות שליח כזה, כפי שאומרת המשנה, אבל השליחות לא בטלה. ייתכן שעל כך נסובים דברי ר"ל שדיבר על איסור לכתחילה ולא על ביטול השליחות.

ובתוד"ה 'רבי יוחנן', כאן, חלקו על רש"י:

ונראה לריב"א דכשאמר שקול מינה חפץ והדר הב לה גיטא שתולה שליחות הגט בחפץ פוסל ר' יוחנן נמי כשמשלח ביד אחר אפי' לא שינה שליח השני מדעת הבעל ונטל ממנה החפץ קודם נתינת הגט דכיון שתולה שליחות הגט בחפץ כל מה שמשנה מדעת הבעל בחפץ נפסל הגט והכי פי' רבי יוחנן פוסל בו בשליח ראשון כששינה וכ"ש בשלוחו ואפי' בלא שינוי ולא ישלחנו ביד אחר אפי' לא ישנה דקפיד הבעל שאין רצונו שיהא פקדונו ביד אחר פי' ביד השליח השני ור"ל כו' כדפי' בקונט'.

ריב"א סובר שאם המשלח מקפיד על הסדר אז גם אם השליח לא שינה את הסדר, רק מעצם הדין של אין רצוני שיהיה פקדוני ביד אחר. במצב כזה שתי השליחויות תלויות זו בזו, ומששינה לגבי פקדונו שיהיה ביד אחר בטלה גם שליחות הגט. אם הבעל לא אמר שהוא תולה את השליחויות אז השליחות לא בטלה אפילו אם שינה את הסדר.

יש להעיר שבסוגיא כאן נראה שאם המשלח לא תולה בפירוש את סדר לקיחת החפץ ומסירת הגט, השליח לא אמור לעשות זאת מעצמו. אבל בכתובות פה ע"א בסוגיית סיטראי שהובאה למעלה, הגמרא אומרת שגם אם הדבר לא נאמר ברור שהשליח היה צריך לעשות זאת. וכך באמת מקשים תוד"ה 'שקול', כאן:

שקול מינה חפץ והדר הב לה גיטא - משמע דוקא שהקפיד על לקיחת החפץ תחלה פליגי אבל הב לה גיטא ושקול מינה חפץ לא

ותימה דבפרק הכותב (כתובות דף פה.) אמרי' דלא שנא א"ל שקול שטרא והב ליה זוזי ולא שנא אמר ליה הב ליה זוזי ושקול שטרא משלם דאמר ליה לתקוני שדרתיך ולא לעוותי כיון שהזכיר לקיחת השטר אף על פי שהזכיר לבסוף ויש לומר דשאני התם שפרעון המעות תלוין בשטר ובהזכרת לקיחת השטר גלי דעתיה שירא שלא יאמרו סיטראי נינהו.

תוס' מחלק בין שטר ופירעון חוב שהם שני אספקטים של אותה שליחות ואז ברור שהסדר חשוב, לבין המקרה שלנו שאלו שתי שליחויות שונות, אלא אם המשלח תולה אותן זו בזו בפירוש.

נעיר כי היה מקום ליישב זאת גם בצורה אחרת: בכתובות הדיון הוא על חובת השליח לשלם ולא על עצם השליחות. כאן הדיון הוא על עצם השליחות, ובזה השליחות בטלה רק אם הוא אמר לו להקפיד על הסדר.

וברמב"ם נראה כדעת רש"י, שכן הוא כותב בהל' גירושין פ"ט הל"ה-לו:

האומר לשלוחו הולך גט זה לאשתי בין שאמר לו את הולך וחלה או נאנס משלחו ביד אחר, ואם אמר לו טול לי ממנה חפץ פלוני ותן לה גט זה הרי זה לא ישלחו ביד אחר, ואם שלחו ביד אחר ויצאת האשה לקראת השליח ונתנה החפץ בתחלה ואחר כך נתן לה הגט הרי זו מגורשת.

נתן לה הגט ואחר כך נתנה החפץ אפילו מיד השליח הראשון אינו גט שהרי עבר על דברי הבעל בדבר שסתם בני אדם מקפידין עליו שהרי הבעל אמר לו טול החפץ ותן לה והוא נתן ואחר כך נטל.

הרמב"ם כותב שאם הבעל תלה את שתי השליחויות זו בזו, השליחות בטלה רק אם השליח שינה את הסדר וקלקל, וזה כדעת רש"י נגד ריב"א. ברמב"ם גם כתוב הנימוק: הוא עבר על דעת המשלח בדבר שבדרך כלל בני אדם מקפידים עליו.

מדברי הרמב"ם משמע שאם השליח עובר על דעת המשלח בדבר שאין בני אדם מקפידים עליו, כגון יד ימין ויד שמאל, אין ביטול לשליחות. וצ"ע כיצד

הוא יסביר את הגמרא שהביאה דוגמה של יד ימין ושמאל. אולי הוא יסביר ששם מדובר כשהמשלח דרש בפירוש לעשות זאת ביד ימין, ואז כפי שראינו השליחות תמיד בטלה (כדעת מהרי״ק). במקרה שלנו מדובר שהמשלח רצה את שני הדברים, אבל הוא לא אמר בפירוש את הסדר, אלא רק שיקול הדעת של השליח היה צריך להבין שזה רצונו. כאן זה מועיל רק כשיש קלקול, שהרי בלי קלקול באמת אינו יכול לדעת שזה רצון המשלח. עצם הסדר בדברי הבעל אינו בהכרח אומר זאת, כי הבעל לא הדגיש שהסדר מעכב אלא רק מסר את המשימות בסדר הזה. לכן הרמב״ם דורש שיהיה כאן משהו שבני אדם סבירים מקפידים עליו.

ומה שאין רצונו שיהיה פקדונו ביד אחר, גם זה לא נאמר בפירוש אלא אומדנא בדעתו, ולכן במקרה כזה השליחות לא בטלה גם אם עבר על רצון המשלח, וכנ״ל.

במחנה אפרים הל׳ שלוחין סי׳ ג, דן בשאלה האם שינוי בשליחות הוא רק במצב שכל אדם סביר לא היה רוצה בזה, או שדי בכך שהמשלח עצמו מקפיד על זה. נראה מדבריו שהוא הבין ברמב״ם שזוהי דרישה כללית, כלומר גם כשהמשלח אומר להדיא זה לא מבטל את השליחות אם אין קפידא של כל אדם סביר, וזה בניגוד לדברינו כאן שכתבנו כמהרי״ק.

לכן ה**מחנ״א** שם באמת מקשה על הרמב״ם מדבריו בהל׳ עירובין פ״ו הכ״ג:

> ***אחד או רבים שאמרו לאחד צא וערב עלינו ועירב עליהן באי זה רוח שרצה הרי זה עירוב ויוצאין בו שהרי לא ייחדו לו רוח, האומר לחבירו ערב עלי בתמרים ועירב עליו בגרוגרות בגרוגרות ועירב עליו בתמרים, א״ל הניח עירובי במגדל והניחו בשובך, בשובך והניחו במגדל, בבית והניחו בעליה בעליה והניחו בבית אינו עירוב, אבל אם אמר לו ערב עלי סתם ועירב עליו בין בגרוגרות בין בתמרים בין בבית בין בעליה הרי זה עירוב.***

כאן רואים שגם כשמדובר בדבר שלא מקפידים עליו השליחות בטלה.

אמנם לפי דברינו למעלה אין שום קושי בזה, שהרי כאן מדובר במצב שההוראות ניתנו לו בפירוש, ולכן בזה ברור שכל שינוי מבטל את השליחות, וכנ״ל. לכן גם הרמב״ם בהלכה זו מבחין בין אמר לו בסתמא לבין אמר לו בפירוש. אמנם בדבר שיכול להתפרש לשני צדדים, כגון שאמר לו סתם, שם מה שיקבע הוא דעת האדם הסביר. נציין שגם ה**מחנ״א** שם מיישב את הקושי באופן דומה.

עוד מעיר שם ה**מחנ״א**, שלכאורה גם אם השליח כלל לא קיבל את החפץ מהאישה עדיין שליחותו בתוקף, שהרי אם הוא היה מקבל אותו הגט היה גט על אף ששינה את הסדר. אם כן, בשעה שביצע את השליחות ומסר את הגט הוא היה שליח, אז מדוע זה משנה שאחר כך הוא לא קיבל את החפץ? ותירץ שכל משלח מתנה מכללא שאם ייצא קלקול ממעשי השליח הוא לא מתכוין למנות אותו. כלומר אם התוצאה מעוותת, השליחות ודאי בטלה. כל הדיונים שלנו הם במצב בו השליח עשה באופן שאינו מיטבי אבל בסוף לא נגרם נזק. לכן בהפרשת תרומה גם שינוי קטן מבטל את השליחות כי שם יש תוצאה מעוותת ולא רק אופן ביצוע שאינו מתאים לכוונת המשלח.

סיכום ביניים

נמצאנו למדים בדין קלקול של שליח את הדינים הבאים :

- אם השליח במעשיו מביא לתוצאה מקולקלת – השליחות בטלה. כשיש לשליחות הזו עוד ענפים (כמו הגט והחפץ) גם הם בטלים.
- אם אין תוצאה מקולקלת, והשליח משנה מהוראה מפורשת של הבעל – עדיין שליחות בטלה.
- אם אין תוצאה מקולקלת והשליח מקבל הוראה שיכולה להתפרש לשני צדדים, ועושה אותה באופן מקולקל אבל בלי תוצאה מקולקלת, או אז הדבר תלוי בדעת האדם הסביר.

- אם אין הוראה מפורשת, אבל השליח משנה באופן מכוון מדעת בעה״ב, נחלקו בזה הראשונים:

א. לדעת רוב הראשונים אין הבדל בין שינוי בכוונה לשינוי שלא מדעת.

ב. לדעת הרמב״ם השליחות בטלה בכל מקרה, לפחות אם יש תוצאה שהיא קצת מקולקלת.

ומסברא נראה שגם בלי הקלקול השליחות בטלה, שכן כפי שראינו כאן הביטול הוא הלכתי ולא מדעת בעה״ב.

המודל שלנו

ההסבר של המסקנות הללו לאור המודל שלנו הוא פשוט מאד. השליח יכול לפעול עבור המשלח מכוח מינוי. המינוי ניתן לצורך מסויים, ורק לצורך הזה יש לשליח כוח לפעול במקום המשלח ועבורו.

מה קורה אם המשלח ממנה את השליח לעשות פעולה A שמביאה אותנו למצב t הוא עושה פעולה B שמוליכה אותנו למצב r? נציג זאת בציור שלפנינו:

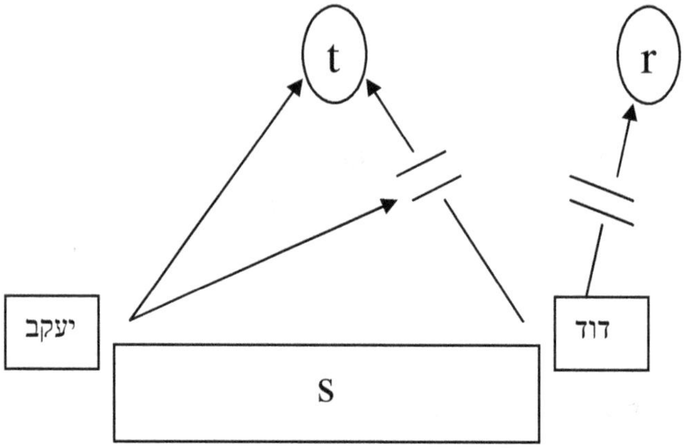

ברור שבמקרה זה הפעולה B לא חלה, כלומר אנחנו לא מגיעים למצב r, שכן אין לו מינוי שליחות לגביה.

כדי להחליט על כל המצבים שעולים בסוגיא, עלינו לדון בשני אספקטים: א. לגבי רוחב המינוי (האם המינוי הוא רק לגבי פעולה t או גם ל-r). ב. לגבי ההבדל בין המצבים r ו-t (האם הם שונים).

כאשר בפעולה B יש תוצאה שהיא קלקול, אזי בהגדרה המצב שאליו היא מוליכה הוא שונה מ-t. כאשר אין כאן קלקול, אנחנו מזהים את שני המצבים. אבל עדיין אין זה אומר שהשליחות חלה, שכן תיתכן בעייה במינוי.

אם המינוי נעשה באופן חד, אזי גם אם אין הבדל בין המצבים t ו-r, ייתכן שעדיין המינוי מוגבל רק לאחד מהם.

לעומת זאת, כאשר המינוי נעשה באופן עמום (שסובל כמה פירושים), אזי לפעמים הוא יכול לחול גם על A וגם על B, על אף שיש הבדל בין r ל-t.

כעת נסביר את כל המסקנות ההלכתיות מלמעלה:

- אם השליח במעשיו מביא לתוצאה מקולקלת – השליחות בטלה. מדוע? מפני שבסיטואציה כזאת בהגדרה שני המצבים r ו-t הם שונים. לזה הוא לא התמנה.
  אם אין קלקול אבל יש תוצאה נוספת (כמו בהפרשת תרומה לפי הירושלמי, ששם יש צד שהתרומה חלה על חלק והשאר הוא תוספת שמתבטלת), אזי המעשה חל, והתוספת יכולה להצטרף אליו או להתבטל.
- אם אין תוצאה מקולקלת, אזי מדובר בשני מצבים זהים. אבל עדיין אם השליח משנה מהוראה מפורשת של הבעל – הפעולות שמוליכות לאותו מצב (A ו-B) הן שונות, ולכן אין לו מינוי לביצוע הפעולה B, ולכן השליחות בטלה: המצב t לא הושג.
- אם אין תוצאה מקולקלת והשליח מקבל הוראה שיכולה להתפרש לשני צדדים, ועושה אותה באופן מקולקל אבל בלי תוצאה מקולקלת, ראינו שהדבר תלוי בדעת האדם הסביר. מדוע? כשאין קלקול התוצאה היא זהה, ולכן אין בעייה של התוצאה. אבל עדיין תיתכן בעייה במינוי. אם כל אדם סביר מקפיד על כך, אזי המינוי כולל רק את הפעולה A ולא B. לכן גם אם התוצאה של שתי הפעולות היא t, התוצאה הזו לא הושגה, כי לפעולה שבוצעה (B) אין מינוי.
- אם אין הוראה מפורשת, אבל השליח משנה באופן מכוון מדעת בעה״ב, נחלקו בזה הראשונים:

א. לדעת רוב הראשונים אין הבדל בין שינוי בכוונה לשינוי שלא מדעת. אם כן, לשיטות אלו חזרנו להסברים הקודמים.

ב. לדעת הרמב״ם השליחות בטלה בכל מקרה, לפחות אם יש תוצאה שהיא קצת מקולקלת.

ומסברא נראה שגם בלי הקלקול השליחות בטלה, שכן כפי שראינו כאן הביטול הוא הלכתי ולא מדעת בעה״ב.
כאן נדמה שיש חסר אחר, שהרי ראינו שזהו ביטול הלכתי ולא בגלל דעת המשלח. ההלכה עצמה אומרת שמי שבמכוון לא פועל מתוך הוראות המשלח כלל אינו שליח, ולא יעזור לו המינוי. כלומר כאן יש מינוי, והתוצאה היא אותה תוצאה, ובכל זאת השליחות בטלה. זהו אכן חידוש גדול, ורוב הראשונים חולקים עליו.

הערה לסיום: מהו קלקול?

בשו״ת **ציץ אליעזר** (חלק כב סימן צג ד״ה 'והנה בספר'), מביא הדרן למסכת תענית. הוא מביא שם את המחלוקת בגמרא (קידושין כג ע״ב, שהובאה בתחילת הפרק הקודם, ובמקבילות) האם הכהנים שמקריבים קרבנות הן שלוחי הקב״ה (שלוחי דרחמנא) או שלוחים שלנו (שלוחי דידן).
הוא מביא שם מ**המקנה** על סוגיית קידושין שמקשה על הדעה שהם שלוחים שלנו, מהמשנה הראשונה בזבחים שקובעת:

כל הזבחים שנזבחו שלא לשמן כשרים אלא שלא עלו לבעלים לשם חובה.

רואים שגם כשהכהנים קלקלו את הקרבן, ושחטו אותו שלא לשמה ולכן הוא לא מכפר על הבעלים, בכל זאת הקרבן כשר. ואם הם שלוחים שלנו, מדוע לא נאמר להם ששלחנו אותם לתיקון ולא לקלקול, ונבטל את השליחות, ואז הקרבן בטל.
קושייתו לא ברורה, שכן בהחלט סביר ששליחות הכהנים היא לעניין זה שהקרבן יכפר עלינו, וזה באמת בטל כאן. כשרותו של הקרבן אינה תלויה בדין השליחות של הכהנים (ייתכן שלזה התכוין **הצי״א** שם בהסבר הראשון).

אמנם יש להעיר מסוגיית נדרים לו ע״א, שהגמרא עצמה מקשה את אותה קושיא לגבי פיגול, וגם שם מדובר לגבי הכפרה עצמה (כי פיגול אינו מכפר). בתירוץ השני שלו הוא מיישב את קושיית **המקנה** בטענה:

ויש להוסיף על זה ולומר כי להבעלים גופיה לא ניחא להו שיבטל השליחות שממילא יפסל הקרבן, שהרי בין שיפסל בין שלא יפסל ורק לא יעלו לבעלים לשם חובה, בין כך ובין כך הרי צריך הכהן לשלם לבעלים דמי הקרבן לזבח אחר, וכדמבאר המשנה למלך בפרק ז׳ מה׳ חובל ומזיק הלכה ד׳, וא״כ מדוע ירצו הבעלים לבטל כעת השליחות ולהרבות פסולים בקדשים בזמן שאין נפ״מ להם מזה כלום?

וביותר יש לומר שהטענה הזאת של לתקוני שדרתיך שייכת רק כשבהיכא שנא׳ כן ויטעון כן ויבטל השליחות יתוקן בזה, אבל היכא שע״י טענה זו הוא עוד יגרע כבנידוננו שהקרבן יפסל, בכה״ג לא שייך טענה זו.

הבעלים עצמם לא איכפת להם שהשליחות תתבטל (ואולי אפילו איכפת להם שלא תתבטל), ובמצב כזה השליחות לא מתבטלת. הוא מחדש שהשליחות מתבטלת רק במקום שהביטול מועיל לבעלים, אבל לא כשהוא לא מועיל (ובודאי אם הוא מזיק).

נעיר כאן שאם הכהן שינה מדעת ההלכה בכוונה, אזי לפי הרמב״ם זה יתבטל בכל אופן, שכן במקרה כזה הביטול אינו בגלל דעת המשלח אלא ביטול הלכתי.

עד כאן ראינו שכדי שהשליחות תתבטל צריך שהמצב r יהיה פחות טוב מהמצב t. כאן אנחנו רואים עוד דרישה: שאם נבטל את השליחות ולא נחיל את המצב r עדיין מצבנו יהיה טוב יותר מאשר המצב s. המסקנה היא שביטול השליחות לא נקבע על פי היחס בין r ל-t, אלא על פי היחס בין r לבין s.

פרק שנים-עשר

מינוי שליח למשימה שהמשלח אינו יכול לבצע

בפרק זה נעסוק בשני נושאים: בחלקו הראשון נדון בשאלה האם כאשר יש חוסר כוח למשלח זה מונע מינוי שליח, ובחלקו השני נבחן את האפשרות למנות שליח לפעולה עתידית (על דבר שלא בא לעולם). הדיון השני נמצא בפרק הזה מפני שהוא מסתעף מהדיון בנושא הראשון.

א. כל מה דאיהו לא מצי עביד לא מצי למשווי שליח[47]

מבוא

ראינו שמשמעותו של דין שליחות היא שאדם שרוצה לבצע פעולה כלשהי יכול גם למנות שליח לעשות זאת. מסתבר שבה במידה, מה שהוא אינו יכול לבצע בעצמו הוא לא יכול גם למנות שליח לעשות זאת.

וכך אנו מוצאים בדברי הרמב״ם בהלכות גירושין פ״ו ה״ג שכותב:

הבעל אינו יכול לעשות שליח לקבל גט לאשתו אבל יכול לעשות שליח להוליך הגט לאשתו וזה הוא הנקרא שליח הולכה.

הרמב״ם קובע שהבעל יכול למנות שליח להוליך את הגט לאשתו אבל שליח לקבלה ממנה רק האישה ולא הבעל. הבעל אינו יכול בעצמו לקבל את הגט עבור אשתו, ולכן גם אינו יכול למנות שליח לעשות זאת. זהו הכלל ״כל מה דאיהו לא מצי עביד לא מצי למשווי שליח״ (מה שהוא עצמו לא יכול לעשות הוא לא יכול למנות על כך שליח), ובו נעסוק בפרק זה.

וכך אנחנו מוצאים גם בסוגיית יבמות נב ע״א-ע״ב:

---

47 ראה בספר רב ברכות (של בעל בן איש חי), מערכת כ סימן א, שמוקדש כולו לשאלה זו.

אמר רמי בר חמא, הרי אמרו: אמר אחד ללבלר כתוב גט לארוסתי לכשאכנסנה אגרשנה - הרי זה גט, מפני שבידו לגרשה, ולאשה בעלמא - אין גט, מפני שאין בידו לגרשה.

כלומר אדם לא יכול למנות סופר לכתוב גט לאישה שעדיין אינה מאורסת לו, שכן הוא עצמו לא יכול לגרש אותה, ולכן גם אינו יכול למנות שליח. כעת נראה את העיקרון הזה בשתי סוגיות תלמודיות נוספות.

הכהנים שלוחי דרחמנא

במשנת נדרים לה ע״ב מובא הדין שאדם לא יכול לפעול עבור מי שמודר הנאה ממנו:

מתני׳. ותורם את תרומתו ומעשרותיו לדעתו; ומקריב עליו קיני זבין, קיני זבות, קיני יולדות, חטאות ואשמות; ומלמדו מדרש, הלכות ואגדות, אבל לא ילמדנו מקרא, אבל מלמד הוא את בניו ואת בנותיו מקרא.

ובגמרא שם מובאת איבעיא:

איבעיא להו: הני כהני, שלוחי דידן הוו או שלוחי דשמיא? למאי נפקא מינה? למודר הנאה, אי אמרת דשלוחי דידן הוו - הא מהני ליה ואסור, ואי אמרת שלוחי דשמיא - שרי,

הגמרא מתלבטת האם כהנים שמקריבים עבורנו קרבנות הם שלוחים שלנו או של הקב״ה. ההשלכה היא לגבי מי שמודר הנאה מכהן, האם הכהן יכול להקריב קרבן עבורו או לא.

הגמרא כאן לא פושטת את האיבעיא הזו, אולם בסוגיית קידושין כג ע״ב (ובמקבילה ביומא יט ע״א-ע״ב) זה כן נפשט:

ואלא הא דאמר רב הונא בריה דרב יהושע: הני כהני שלוחי דרחמנא נינהו, דאי סלקא דעתך שלוחי דידן נינהו, מי איכא מידי דאנן לא מצינן עבדינן ואינהו מצי עבדי?

הגמרא מוכיחה שהכהנים הם שלוחים של הקב"ה, שכן אנחנו עצמנו לא יכולים להקריב קרבנות, לכן ברור שגם איננו יכולים למנות מישהו לעשות זאת. כאן מופיע הכלל שהשליח אינו יכול לעשות אלא את מה שביכולתו של המשלח לעשות בעצמו.

הגמרא מקשה:

> ***ולא? והא עבדא דאיהו לא מצי מקבל גיטיה, ושליח מצי משוי! ולא היא, ישראל לא שייכי בתורת קרבנות כלל, עבד שייך בגיטין; דתניא: נראין הדברים, שהעבד מקבל גיטו של חבירו מיד רבו של חבירו, אבל לא מיד רבו שלו.***

למסקנה זה לא דומה לעבד שכן שייך בתורת גיטין, ובאמת כהנים הם שלוחי דרחמנא.

כבר הזכרנו שבשאלת מעמדם של הכהנים ישנו ספק בגמרא, ועולה שם צד שהם שלוחים שלנו. כיצד ניתן להסביר את הצד בספק שהכהנים הם שלוחים שלנו, אם אנחנו עצמנו לא יכולים להקריב קרבנות? בתוד"ה 'דאמר', קידושין כג ע"ב (ראה גם במקבילה ביומא יט ע"ב, ובדיון בפרק הבא), הקשו זאת:

> ***דאמר רב הונא הני כהני שלוחי דרחמנא נינהו - פירש בקונטרס דמיירי לענין הקרבת קרבנות ונפקא מינה לענין מודר הנאה מן הכהן שהכהן מותר להקריב קרבנותיו תימה דמשמע הכא דפשיטא ליה ובמסכת נדרים בפרק אין בין המודר (דף לה:) בעי הני כהני שלוחי דרחמנא הוו או שלוחי דידן ולא איפשיטא ואמאי לא מייתי התם הך מילתא דרב הונא בריה דרב יהושע למיפשטא?***

תוס' (שם ושם) מתרצים שני תירוצים. הראשון:

> ***ויש לומר דאורחיה דגמרא הוא בכמה דוכתי דלא מיפשטא אלא ממשנה או מברייתא אף על גב דמצי למיפשט מדברי אמוראי***

כלומר באמת זה נפשט מדברי אמוראים, אבל האיבעיא היתה האם ניתן להכריע זאת מדברי התנאים, וזה לא הוכרע. לפי זה באמת אין שום אפשרות להבין שהכהנים הם שלוחים שלנו.

התירוץ השני הוא:

אי נמי יש לומר דהתם הכי קמיבעיא ליה הני כהני שלוחי דרחמנא דוקא נינהו ולא שלוחי דידן כלל או דילמא הוו נמי שלוחי דידן ונפקא מינה שאם היה כהן מקריב שלא לדעת הבעלים אי שלוחי דרחמנא [נמי] נינהו הוי קרבן כשר ואי הוו [דוקא] שלוחי דידן אינו כשר כיון שהקריב שלא מדעת הבעלים.

לפי התירוץ הזה הספק בסוגיית נדרים הוא האם הכהנים הם שלוחים של הקב״ה ושלנו גם יחד או רק שלו. ההשלכה היא האם מותר להם להקריב עבורנו. אבל לעניין הכלל של כל מה דאיהו לא מצי עביד – אין בעייה, שכן הקב״ה הוא שנותן להם את הכוח שחסר לנו. המסקנה מכאן היא שאם בעל הכוח משתתף בשליחות, אזי השליח יכול לבצע דברים שהמשלח השני אינו יכול לבצע. זה נראה פשוט בסברא, ואנחנו נראה דוגמאות לזה בפרק הבא שיעסוק בדין שלוחו של בעל הממון. שם נשוב גם לסוגיא הזו.

כהן זקן וטמא

בסוגיית ב״ק קט ע״ב אנו מוצאים ברייתא:

תנו רבנן: מנין לכהן שבא ומקריב קרבנותיו בכל עת ובכל שעה שירצה? תלמוד לומר (דברים י״ח): ובא בכל אות נפשו... ושרת, ומניין שעבודתה ועורה שלו? תלמוד לומר (במדבר ה׳): ואיש את קדשיו לו יהיו, הא כיצד? אם היה בעל מום - נותנה לכהן שבאותו משמר, ועבודתה ועורה שלו, ואם היה זקן או חולה - נותנה לכל כהן שירצה, ועבודתה ועורה לאנשי משמר.

האי זקן או חולה היכי דמי? אי דמצי עביד עבודה, עבודתה ועורה נמי תיהוי דידיה! ואי דלא מצי עביד עבודה, שליח היכי משוי? אמר רב פפא: שיכול לעשות על ידי הדחק, עבודה - דכי עביד ליה ע״י הדחק עבודה היא ומשוי שליח, אכילה - דכי אכיל על ידי הדחק

אכילה גסה היא, ואכילה גסה לאו כלום הוא, משום הכי עבודתה ועורה לאנשי משמר.

אמר רב ששת: אם היה כהן טמא בקרבן צבור - נותנה לכל מי שירצה, ועבודתה ועורה לאנשי משמר. היכי דמי? אי דאיכא טהורים, טמאים מי מצו עבדי? ואי דליכא טהורים, עבודתה ועורה לאנשי משמר? הא טמאים נינהו ולא מצו אכלי! אמר רבא, אימא: לבעלי מומין טהורין שבאותו משמר.

רואים כאן שאם יש כהן שאינו יכול להקריב מחמת זקנתו (כנראה ההנחה היא שזה כבר בלתי הפיך, שאם לא כן הוא לא היה נחשב לא מצי עביד, שהרי זה כמו ישן או מי שלא נמצא במקום שודאי יכול לשלוח שליח, שכן הפגם הוא זמני), הוא גם לא יכול למנות שליח להקרבה. ואם הוא לא יכול לאכול הוא לא יכול למנות שליח לאכילה.

שוב, העיקרון הבסיסי הוא שרק מה שהאדם יכול לעשות בעצמו הוא יכול למנות שליח לעשייתו.

שליחות קבלה בעבד

בסוגיית קידושין כג ע"א-ע"ב אנו מוצאים דיון בשליחות קבלה של עבד:

בעי רבה: לר' שמעון בן אלעזר, עבד כנעני מהו שיעשה שליח לקבל גיטו מיד רבו? כיון דגמר לה לה מאשה - כאשה, או דילמא, אשה דאיהי מצי מקבלת גיטה - שליח נמי מצי משויא, עבד דאיהו לא מקבל גיטיה - שליח נמי לא מצי משוי?

לפי ר"ש בן אלעזר עבד כנעני אינו יכול לקבל גט שחרור מיד בעליו, שכן מה שקנה עבד קנה רבו. כעת העבד רוצה למנות שליח קבלה, שיקבל את הגט עבורו. מחד, הגמרא מניחה שזה אינו אפשרי כי אם הוא עצמו לא יכול לקבל את הגט, אז הוא גם לא יכול למנות שליח לעשות זאת עבורו. אבל מצד שני

ישנה אפשרות ללמוד זאת מאישה, שכן אישה יכולה למנות שליח לקבל את גיטה מיד בעלה.

הגמרא פושטת:

בתר דבעיא הדר פשטא: לה לה מאשה - כאשה.

למסקנה העבד יכול למנות שליח קבלה, מפני שלומדים מאישה. אבל עקרונית באמת הכלל הוא שמה שהמשלח לא יכול לעשות בעצמו הוא גם לא יכול למנות שליח לכך.

כעת מקשה הגמרא:

ואלא הא דאמר רב הונא בריה דרב יהושע: הני כהני שלוחי דרחמנא נינהו, דאי סלקא דעתך שלוחי דידן נינהו, מי איכא מידי דאנן לא מצינן עבדינן ואינהו מצי עבדי? ולא! והא עבדא דאיהו לא מצי מקבל גיטיה, ושליח מצי משוי! ולא היא, ישראל לא שייכי בתורת קרבנות כלל, עבד שייך בגיטין; דתניא: נראין הדברים, שהעבד מקבל גיטו של חבירו מיד רבו של חבירו, אבל לא מיד רבו שלו.

למסקנת הגמרא גם אחרי הלימוד מאישה לא מופר כאן הכלל שמה שאיהו לא מצי עביד לא מצי משווי שליח. עבד שייך בתורת גיטין, שהרי הוא מקבל גט עבור חברו מיד רבו של חברו, ולכן הוא יכול גם למנות שליח.

רואים מכאן שיש עיקרון הלכתי שאדם לא יכול למנות שליח למשימה שאין בכוחו לבצע אותה. אמנם עוד רואים מכאן שאין צורך ביכולת לבצע את המשימה הזו עצמה, אלא רק בשייכות עקרונית לסוג זה של משימות. זה מרוקן מתוכן את העיקרון של כל מה דאיהו לא מצי עביד, שכן בעצם מדובר כאן בעיקרון אחר שמדבר על מי שאינו בתורת הדבר (ראה על כך לעיל בסוף הפרק הראשון).

ובכל זאת, במקומות אחרים רואים שהעיקרון של כל מה דאיהו לא מצי עביד מחייב יכולת קונקרטית שלו עצמו לבצע את הדבר. לכן צריך להסביר שכאן הגמרא מתבססת על הלימוד מאישה, ולולא הלימוד מאישה באמת העבד לא יכול היה למנות שליח קבלה לגיטו. אלא שאפילו אחרי הלימוד מאישה אנחנו

צריכים להעמיד את העבד כפוטנציאל למינוי שליח, ולזה מובא העיקרון שהוא בתורת גיטין. בהקשרים הלכתיים רגילים שבהם אין לימוד מיוחד, שם נדרשת יכולת לבצע את המשימה עצמה בפועל. אמנם להלן נראה סייגים נוספים על כך.

המעשה בקושטא

במל"מ (הל' גירושין פ"ו ה"ג) מביא מעשה שהיה בקושטא:

> ***ודע דמעשה היה בקושטא בארוס אחד שרצה ללכת למדינת הים ורצה לכתוב גט לאשתו על תנאי ונודע לב"ד שהארוסה היתה שוטה באותן הימים שאינה יודעת לשמור עצמה ומשלחה וחוזרת קרינן בה ושאל השואל היש פה כחא דהיתרא שיצוה הבעל לסופר שיכתוב לה גט כשתשתפה ולעדים שיחתמו ויתנו לה ויהיו הם שלוחיו לכתוב הגט וליתנו לה לכשתשתפה וכתורה יעשה.***

מעשה באישה שהיתה שוטה, וארוסה רצה לכתוב לה גט. בעודה שוטה הוא לא יכול לגרש אותה, אבל הבעל רוצה להורות לסופר לכתוב גט כשתשתפה ולעדים שיחתמו אז את הגט ויתנו לה.

הוא מביא ראיה שהדבר לא אפשרי מסוגיית יבמות נב ע"א-ע"ב, שהיבאה לעיל. שאדם לא יכול למנות סופר לכתוב גט לאישה שעדיין אינה מאורסת לו, שכן הוא עצמו לא יכול לגרש אותה, ולכן גם אינו יכול למנות שליח:

> ***ולכאורה נראה להביא ראיה מהא דאמרינן לאשה דעלמא אינו גט משום דאין בידו לגרשה וה"נ כיון דאין בידו לגרשה עכשיו מפני שטותה הו"ל כאשה דעלמא.***

הוא מדמה זאת למקרה שלנו אדם לא יכול למנות שליח לגרש את אשת חברו, מפני שהוא עצמו לא יכול לגרש אותה, וכל מה שהוא לא יכול לעשות הוא גם לא יכול למנות שליח לעשות זאת. אם כן, גם במקרה הזה כשהאישה

היא שוטה, הוא עצמו לא יכול לגרש אותה, ולכן הוא גם לא יכול למנות שליח לעשות זאת.

ובכל זאת, הוא מעלה אפשרות לחלק בין המקרים:

> ***ועם כי יש לדחות דשאני הכא דנכתב ונחתם הגט קודם שישאנה מה שא״כ בנ״ד דמצוה שיכתוב לאחר שתשתפה ואפשר דמהני כיון דבשעת כתיבה היא שפויה בדעתה דאם לא כן לישמעינן רבותא אפי׳ א״ל שיכתבו אחר שישאנה אי מהא לא איריא דזיל בתר טעמא והכל הולך אל מקום אחד דכיון דבשעת הצווי לא היתה בת גירושין נמצא כאילו נכתב בלא צוויו, וראיתי להרשב״א בחדושיו והטור סי׳ קל״ב שהבינו כן בדברי הרמב״ם ז״ל והסכימו גדולי הדור לאיסורא מטעמא דכל מידי דלא מצי עביד לא מצי משוי שליח כמ״ש התוס׳ בפ׳ ב׳ דנזיר ונתבאר היטב בדברי הרב המחבר לעיל פרק ט׳ מהלכות אישות דין ו׳ יע״ש באורך):***

אצלנו מדובר שהוא מצווה לכתוב את הגט אחרי שתשתפה, ואז הרי גם הוא עצמו יכול לגרשה, לכן אין מניעה למנות שליח לעשות זאת אז.

וב**מרכה״מ** שם הביא מחלוקת גדולה בין הפוסקים בדין זה, האם ניתן להחיל כאן את הכלל כל מה דאיהו לא מצי עביד לא מצי למשווי שליח. הוא קושר זאת לסוגיית נזיר יב ע״א-ע״ב, שם עוסקים במי שמינה שליח להפר נדרי אשתו. הכלל הוא שאדם יכול להפר את נדרי אשתו רק ביום שומעו, ולכן בעת המינוי הוא לא יכול להפר נדרים עתידיים, ובכל זאת השליח ממונה להפר אותם.

אמנם מפשט הסוגיא שם עולה שכל הבעיה היא דעתו של המשלח (שהוא לא התכוין למנות את השליח לעתיד לקדש אישה שכעת אינה בת קידושין), ולא שיש בעייה אמיתית בשליחות. אבל בתוד״ה ימ״ט׳, שם, קשרו זאת למקרים נוספים:

...אבל שליחותא (בעא) דלא מצי איניש משוי שליח אלא במילתיה דמצי עביד נפשיה בשעה שעושה שליח דהא נסיבי' לא מצי לשוויה שליח לקדש לו אף כשתתגרש ואף קדשה השליח אינה מקודשת.

תוס' מסבירים אדם לא יכול למנות שליח לקדש לו אישה שהיא עדיין נשואה, גם אם הוא אומר לו לעשות זאת אחרי שתתגרש. כלומר לדעתם למסקנת הסוגיא שם הבעייה היא במינוי השליח ולא בכוונת המשלח. ובשו"ת מהרי"ט חו"מ סי' כג דוחה את דבריהם מכוח הסוגיא, וטוען שגם המסקנה אינה שוללת מינוי כזה. אך ב**מחנ"א** הל' שלוחין ושותפין סי' י מכריח את דבריהם מתוך הסוגיא, עי"ש.

כעת מקשה התוס':

ואם תאמר דהא מעשים בכל יום שהאשה אומרת לחבירתה לושי לי קמח והפרישי חלה בעבורי וגם תלמידים של בית רבן אומרים כן ואיך נעשה שליח בדבר הזה הא בשעה שעושה אותה שליחות לא היתה יכולה בעצמה להפריש חלה מקמח זה שאינו בר חיובא שאין מפרישין חלה מקמח?

תוס' מקשה שלפי זה אישה לא יכול למנות שליח להפריש חלה מעיסה שטרם נילושה, שהרי בשלב המינוי גם האישה הזו עצמה אינה יכולה להפריש חלה.

ואומר רבינו תם דיש בידה להביא עיסה מגולגלת ולומר עיסה זו תהא חלה על קמח לכשיהיה נילוש ודברים שבידה קיימים דאין זה דבר שלא בא לעולם כיון שבידה ללוש ולגלגל העיסה קרוי שפיר בא לעולם כיון שבידה לעשות כדאמר פרק האומר לחבירו (קדושין דף סב:) פירות ערוגה זו תלושה יהא תרומה על פירות ערוגה זו מחוברת לכשיתלשו ונתלשו דבריו קיימין דכל שבידו לעשות לאו כמחוסר מעשה דמי ובידו לתולשם.

ומכל מקום בהאי טעמא לחודא לא סגי לן למימר דמצי למיעבד שליח כאן כיון דבידו ללוש ולגלגל מדאמר פרק רבן גמליאל (יבמות דף נב.) האומר לחבירו כתוב גט לארוסתי לכשאכניסנה אגרשנה

הרי זה גט מפני שבידו לגרשה מיהא אם ירצה ובעי התם ליבמתו מהו ומאי קא מיבעיא ליה והא בידו לבא עליה ולגרשה אלא ודאי כיון דהשתא לא מצי לגרשה לא מצי משוי שליח כיון דמחוסר מעשה לבא עליה הכא נמי כיון דהשתא איהו לא מצי להפריש אינו קרוי בידו מה שבידו ללוש ולגלגל לענין זה שיכול לעשות שליח כיון דמחוסר לישה וגילגול.

אם כן, למסקנה נראה שלא מקבלים את תירוצו של ר״ת, והאפשרות התיאורטית לעשות זאת בעצמו, כל עוד היא תלויה במעשה נוסף, אינה מספיקה כדי לאפשר לו למנות שליח. וראה ב**מרכה״מ** שם דיון ארוך על הדברים.

כשהמעכב אצל המשלח הוא צדדי

בספר **טבעת החושן** בתחילת ח״ד יש קונטרס שליחות. ושם בס״ ה הוא עוסק בדין זה ומביא שהאחרונים דחו את דברי ה**מל״מ**, וכתבו שאפשר למנות שליח שיכתוב גט כזה:

וכבר האריכו האחרונים לבאר דליכא בזה החסרון דכל מידי ומשום דרק במקום דחסר להמשלת הכח של המעשה ההיא הוא דנאמר בזה הדין דכל מידי כו׳ וכגון בגמ׳ דנזיר י״א שעושה שליח לקדש לו אישה שהיא עכשיו א״א שאין לו בה הכח של קדושין אבל במקום שיש לו הכח של המעשה שעושה עליה השליחות אלא שדבר אחר מעכב וכגון במעשה הנ״ל דהבעל יש לו הכח של גירושין אפי׳ בעת שהאשה היא שוטה אלא שמצד אחר אינו יכול לגרשה בזה שפיר מועיל שליחות ואין בזה החסרון דכל מידי

טענתו היא שהחיסרון של כל מידי דאיהו לא מצי עביד, קיים רק במקום שבו מדובר בחיסרון כוח של המשלח עצמו. אבל במקום שלמשלח יש כוח מלא, ויש רק דבר אחר שמעכב את המעשה, שם הוא יכול למנות שליח לעשות זאת.

כאשר אדם רוצה לקדש אשת איש ודאי אין לו כוח לעשות זאת. זהו חיסרון בכוח שלו לקדש אותה, ולכן הוא גם לא יכול למנות שליח לעשות זאת אחרי שתתגרש. אבל כשאשתו היא שוטה יש לו את מלוא הכוח לגרש, אלא שמבחינתה הגירושין במצב כזה לא יתפסו, ולכן כאן הוא יכול למנות שליח לעשות זאת.

אם כן, כאשר המונע הוא צדדי ולא חיסרון בכוחו של המשלח, הוא יכול למנות שליח לעשות את מה שהוא עצמו לא יכול לעשות.

הוא תולה את ההבחנה הזאת בשאלה כיצד מבינים את דין שליחות. אם שליחות היא ייפוי כוח, אז הכוח שיש לבעלים נמסר לשליח, וזה יכול להיעשות אם יש לבעלים את הכוח (גם אם עכשיו הוא לא יכול להשתמש בו). אבל אם השליחות היא ידא אריכתא, כלומר שהשליח הופך להיות ידו של המשלח לעניין המעשה הזה, והמשלח הוא מי שעושה אותו, אז אין מקום לחילוק הזה, וגם כשהמעכב הוא צדדי אין אפשרות למנות שליח. הניסוח שלו הוא שמינוי השליחות בעצם קשור למעשה, שלעניין המעשה הזה השליח נעשה זהה למשלח. אבל כשהמעשה אינו בר עשייה כעת, גם אם זה מחמת גורם צדדי, אין אפשרות למנות שליח לבצע אותו.

אמנם ניתן לדחות את דבריו, שכן גם לפי התפיסה של ידא אריכתא, אם ה'יד' יש לה את היכולת לבצע היא עושה זאת בשמו של המשלח. בעצם הוא עושה זאת באמצעות היד. ייתכן שיש כאן תפיסה שבעצם הפועל הוא השליח, אבל לצורך הפעולה הזו הוא זהה עם המשלח, ולכן כאילו המשלח ביצע את הפעולה. להלן נראה זאת במודל שלנו.

הצעה זו יכולה להסביר גם את הדין של שליחות קבלה של עבד (בסוגיית קידושין כג ע"ב, שהובאה להלן), שכן גם שם הוא אכן בעלים על הדבר (הוא המשתחרר), אלא שמה שמעכב את האפשרות שלו לקבל את הגט הוא הכלל שמה שקנה עבד קנה רבו. זהו מונע צדדי, ולכן כאן הוא יכול למנות שליח שיעשה זאת במקומו.

ידיים קטועות

תוס' ישנים בעירובין יג ע"א כותבים:

> ***ובתוס' ישנים פ"ק דעירובין (י"ג סוע"א): וצריך לחלק בין וכתב לונתן, דבנתינה בעינן שליחות, אבל בכתיבה לא בעינן שליחות, משום דמסתמא איירי קרא שכל אדם יכול לגרש את אשתו, ואפילו ידיו קטועות עכ"ל.***

הוא מניח שכל אדם יכול לגרש את אשתו אפילו אם ידיו קטועות, ומכאן הוא מוכיח שבכתיבה לא נדרשת שליחות. הנחתו היא שאם היתה נדרשת שליחות בכתיבה, אזי אדם שהוא קטוע ידיים לא היה יכול למנות שליח לכתוב גט לאשתו, שכן מה שהוא עצמו לא יכול לעשות הוא לא יכול למנות שליח.

ועל כך מקשה ב**קובץ הערות** סי' עו סק"י:

> ***ודבריהם סתומין, דמה בכך שידיו קטועות, מ"מ יכול לעשות שליח לכתיבה, ולא שייך בזה מילתא דאיהו לא מצי עביד וכו', כדאיתא בפ"ק דקידושין [כ"ג ע"ב] גבי עבד כנעני לר' שמעון בן אלעזר, דאף דאין לו יד לקבל שיחרורו, מ"מ יכול לעשות שליח לקבלה עיין שם. ועוד דא"כ גם בנתינה נאמר כן, דסתמא כתיב, אפילו ידיו קטועות ואין לו כח לתת בעצמו.***

וב**טבעת החושן** שם תירץ שלפי תפיסת השליחות שהמשלח ממש נחשב כעושה המעשה, זה לא אפשרי אם המשלח אינו יכול לעשותו מפני שהוא קטוע ידיים. אבל בסוגיית קידושין כג ע"ב רואים שעבד שאין לו יד לקבל גיטו יכול לעשות שליח קבלה. שם העבד יכול היה לעשות זאת, לולא הכלל שמה שקנה עבד קנה רבו. כוונתו אינה לומר שיש כאן מעכב צדדי, שהרי הוא מדבר לפי תפיסת השליחות שאינה מחלקת בין מעכב צדדי להיעדר כוח. כוונתו כאן לומר שהעבד כן יכול לעשות את המעשה, אלא שהוא ייעקר כשרבו יקנה את הדבר במקומו. זה נחשב מצב שהעבד כן יכול לעשות זאת.

אמנם לגבי ידיים קטועות הסברא הפשוטה היא שאין כאן חוסר בכוח, אלא רק מניעה פיסית. במצב כזה אין סיבה שלא ימנה את השליח שיפעל כידו

הארוכה. הרי זה דומה למי שישן, או שנמצא בחו״ל, שאין ספק שיכול למנות שליח שיפעל בשמו. במקרים אלו אין חוסר כוח, ולכן אין סיבה שלא יוכל להעביר את כוחו לשליח שיוכל לפעול עבורו.

שליחות למעשה ולתוצאה

ב**קובץ הערות** שם מחלק בין שני סוגי שליחות: 1. שליחות לעשיית מעשה. 2. שליחות שמטרתה היא שהתוצאה (המצווה) תיחשב לטובת המשלח.[48]

באות יח הוא מביא שה**מנ״ח** מצווה תריג קובע שאישה שפסולה לכתוב ס״ת אינה יכולה למנות שליח לכתוב אותו. ואילו לגבי מילה כתבו בתוד״ה 'אישה', ע״ז כז ע״א, שעל אף שהיא לא יכולה למול את בנה היא יכולה למנות שליח.

הוא מסביר שכאשר מטרת השליחות היא שהתוצאה תיחשב עבור המשלח, שם הוא יכול למנות שליח גם כשהוא לא בר הכי. המשלח עושה את הפעולה והתוצאה נחשבת למשלח. אבל בשליחות לפעולה לא מועיל כשהמשלח אינו בר הכי.

מניעה איסורית

בעל **מחנ״א** בהל' שלוחין סי' ט דן באדם שנשבע שלא יקדש אישה פלונית, ולאחר מכן מינה אדם אחר לקדש אותה. הוא פותח את דבריו בשאלה האם ניתן לדון כאן גם מצד מה דאיהו לא מצי עביד לא מצי למשווי שליח. אם עליו יש עבירה והוא לא יכול לקדש את האישה – לכאורה הוא לא יכול גם למנות שליח לעשות זאת.

מייד אחר כך הוא מעלה את הבעייתיות של שליח לדבר עבירה (ראה למעלה בפרק השני), ותולה זאת במחלוקת הלשונות בסוגיית ב״מ י ע״ב, האם

---

48 חילוק דומה אנו מוצאים בשערי ישר ש״ז פ״ז, וראה גם בחידושי רבי שמואל (רוזובסקי) ב״מ סי' יד. ראה על כך גם למעלה בסוף פרק שני (בסעיף על שליחות כוח ושליחות מעשה).

כשהעבירה מוגדרת רק על המשלח (כמו כהן ששולח ישראל לקדש לו גרושה), יש או אין שליח (ראה גם על כך בדברינו שם).

לאחר מכן הוא מביא בשם מהראנ״ח שאכן אומר שאי אפשר למנות שליח, בגלל שהמשלח לא מצי עביד. אבל הוא מקשה עליו, מאותה גמרא בב״מ י שלפי דעה אחת שם אפשר לקדש את האישה כשיש עבירה רק על המשלח, וגם הדעה השנייה שפוסלת זאת, תולה את זה בטעם אחר (אין שליח לדבר עבירה). לכאורה לפי שתי הדעות מוכח שקיומו של איסור על המשלח אינו נחשב כחוסר אפשרות.

ובאמת במצב כזה הרי אם המשלח היה עובר ועושה זאת, זה היה חל. אם כן, קשה לומר שיש כאן משהו שהמשלח לא מצי עביד. הוא יכול לעשות זאת, אלא שהעשייה תהיה כרוכה בעבירה (בלשון הגמרא: אריא הוא דרביע עליה, כלומר אפשר לעשות אלא שיש אריה שרובץ על כך ומפריע). זו אכן מסקנת ה**מחנ״א** שם.

יש אולי מקום לומר שלאותה שיטה בגמרא שסוברת שגם במצב כזה אין שליח לדבר עבירה, העיקרון שאין שליח לדבר עבירה עצמו אינו אלא ביטוי לעיקרון שאיהו לא מצי עביד. אותה לישנא רואה עבירה כמשהו שמונע את המשלח מלעשות זאת (על אף שבפועל אם הוא יעשה זאת – זה חל). נראה שלפחות לפי מהראנ״ח זהו בהכרח ההסבר.

יש מקום לומר שכאשר המעשה הוא בכוחו של המשלח אבל כרוכה בו עבירה, אזי אין למשלח שליטה מלאה לגביו, ולכן הוא לא יכול למנות שליח. כאמור, ייתכן שזה גופא העיקרון של אין שליח לדבר עבירה (לפחות לאותה לישנא כראנ״ח). בסעיף הבא נראה דוגמה אחרת לעיקרון הזה.

דבר שישנו בתנאי ישנו בשליחות

כאמור, בסעיף זה נעסוק בדין שמבטא את הדרישה שלמשלח תהיה שליטה במעשה כדי שיוכל למנות שליח לבצע אותו.

הגמרא בכתובות עד ע״א דנה בחליצה בתנאי. היא קובעת שם כך:

מכדי כל תנאי מהיכא גמרינן? מתנאי בני גד ובני ראובן, תנאה דאפשר לקיומיה ע"י שליח כי התם - הוי תנאיה תנאה, דלא אפשר לקיומיה ע"י שליח כי התם - לא הוי תנאה.

הגמרא מסיקה מכך שאי אפשר לחלוץ על ידי שליח, שגם אי אפשר להתנות תנאים בחליצה.

ובתוד"ה 'תנאי', שם, מסבירים זאת כך:

תנאי דאפשר לקיומיה ע"י שליח כו' - וא"ת ומה סברא יש כאן דלא גמרינן מהתם אלא לענין מה שהוא סברא דהא לא ילפינן מהתם דלא מהני תנאי אלא בנתינת קרקע וי"ל דהיינו טעמא דהואיל והמעשה כל כך בידו שיכול לקיימו ע"י שליח סברא הוא שיהא כמו כן בידו לשוויי ביה תנאה אבל חליצה שאין בידו לקיימה ע"י שליח לא הוי בידו נמי למירמי ביה תנאה ואפילו לא יתקיים התנאי יהיה המעשה קיים ומשום הך סברא מודו כ"ע דבעינן שאפשר לקיימו ע"י שליח דומיא דבני גד ובני ראובן

תוס' מסביר שכדי להתנות תנאים לאדם צריכה להיות שליטה על המעשה, כלומר שהוא יהיה בידו. ואם יש מעשה שהאדם אינו יכול למנות שליח שיעשה אותו עבורו, אות הוא שאין לו שליטה במעשה הזה, ולכן הוא גם לא יכול להתנות עליו. רואים מכאן שכדי למנות שליח נדרשת שליטה של האדם במעשה. זהו כלל שמרחיב את העיקרון של כל מה דאיהו לא מצי עביד. אמנם לא מדובר כאן על מי שלא יכול לעשות את המעשה כלל, אבל זהו בכל זאת מצב שלאדם אין שליטה מלאה במעשה. כדי למנות שליח נדרשת שליטה מלאה במעשה, וכשאין שליטה מלאה, גם אם האדם בכוחו לבצע אותו, הוא לא יוכל למנות שליח שיעשה זאת במקומו.

כפי שהערנו למעלה, ייתכן שזהו העיקרון שעומד בבסיס הכלל אין שליח לדבר עבירה. העובדה שבמעשה כרוכה עבירה – פירושה שלמשלח אין שליטה מלאה במעשה, ולכן הוא לא יכול למנות שליח.

סיכום

ראינו שדבר שאינו בידו הוא לא יכול למנות עליו שליח. אמנם יש כמה מגבלות:

- אם המונע הוא צדדי, יש דעות שאפשר למנות שליח.
- אם המונע הוא טכני ולא הלכתי (כמו ידיים קטועות, שזה דומה למי שנמצא במקום אחר), לרוב הדעות אפשרות למנות שליח.
- אם המונע הוא איסור (שאינו מעכב), הראנ"ח טוען שבכל זאת אינו יכול למנות שליח. לרוב הדעות אפשר.
- עוד ראינו שיש המחלקים בין שליחות על מעשה, ששם מי שאין לו כוח לא יכול למנות, לבין שליחות לתוצאה ששם זה כן אפשרי.

ייצוג לוגי במודל שלנו

מצב בו למשלח אין אפשרות לבצע את המשימה מיוצגת במודל שלנו באופן הבא:

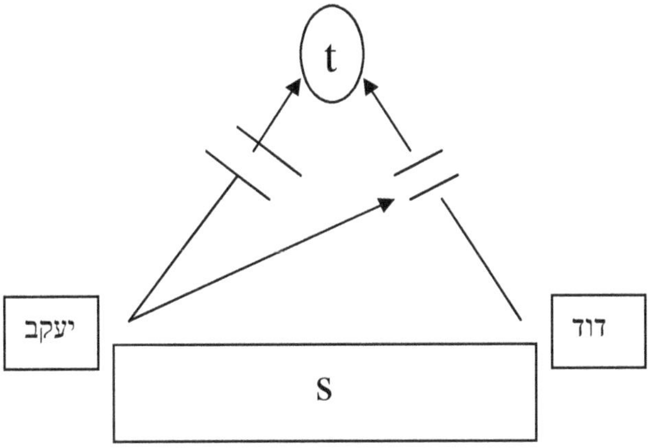

ציור 1: כל מה דאיהו לא מצי עביד לא מצי למשווי שליח

במצב כזה ליעקב אין אפשרות לבצע את המשימה, ולכן הוא לא יכול למנות את דוד לעשות אותה. לא מתקיים כאן התנאי שיהיה לו מסלול פתוח כלפי המצב הסופי.

המגבלה של מונע צדדי (לגרש אישה שוטה), או מונע טכני (מגרש בעל ידיים קטועות) פירושה שיש ליעקב מסלול פתוח במובן תיאורטי. שהרי במצב כזה לו עצמו יש את הכוח, אלא שבנסיבות יש מניעה לבצע את המשימה. ראינו שבעל **טבעת החושן** תולה זאת בהבנת מנגנון השליחות: אם זה ייפוי כוח אין כל בעייה למנות שליח כשיש מונע צדדי, שהרי בהעברת כוח יש צורך לשמשלח יהיה את הכוח, וכאן יש לו אותו. לעומת זאת, אם זו ידא אריכתא אז המשלח עושה את הפעולה, והרי הוא לא יכול לעשות אותה. ראינו שניתן לדחות זאת, שכן גם לפי התפיסה של ידא אריכתא, אם ה'יד' יש לה את היכולת לבצע היא עושה זאת בשמו של המשלח. בעצם הוא עושה זאת באמצעות היד. זה נאמר לפי התפיסה שהפועל הוא השליח, אבל לצורך הפעולה הזו הוא זהה עם המשלח, ולכן כאילו המשלח ביצע את הפעולה. באופן ציורי נייצג זאת כפי שייצגנו את שני המכניזמים הללו למעלה. ייפוי כוח מיוצג באופן הבא:

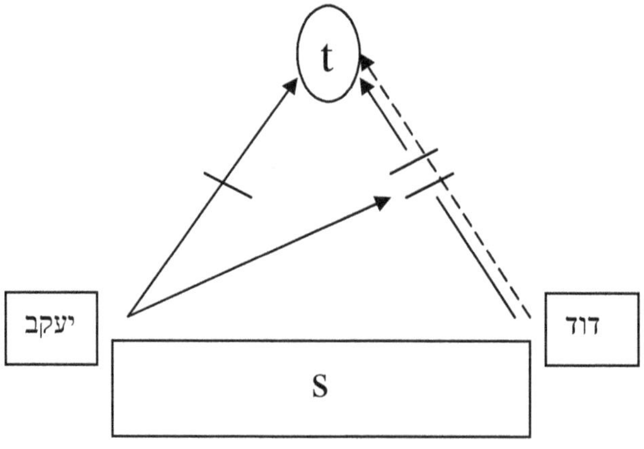

ציור 2 : כשיש מונע טכני או צדדי, במודל ייפוי כוח.

הקו הבודד מייצג חוסר יכולת במישור המעשי, אבל קיומה של יכולת עקרונית. מכיון שהפועל הוא דוד, וליעקב יש את הכוח, הוא יכול להעביר אותו לדוד, ודוד יבצע את המשימה. הקו לא מפריע למינוי, שכן יש חיבור בין יעקב למשימה, ואילו הביצוע מתרחש דרך דוד שיש ביכולתו לעשות זאת.

מה קורה בתפיסת ידא אריכתא? הדבר תלוי באיזה משני המכניזמים אנחנו בוחרים:

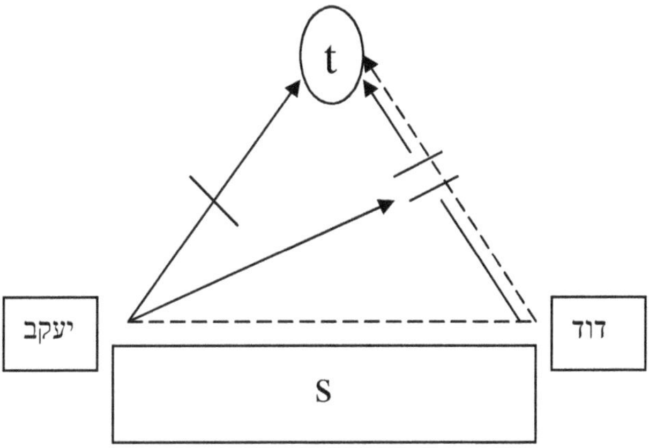

ציור 3: כשיש מונע צדדי או טכני, במודל ידא אריכתא הרגיל.

במודל הזה הפעולה נעשית דרך דוד, ולכן היעדר היכולת של יעקב אינו אמור להפריע. גם כאן המינוי פועל, וגם הפעולה עצמה יכולה להתבצע, כפי שראינו למעלה.

לעומת זאת, אם נשתמש במודל של ידא אריכתא ההפוך, שייצגנו אותו כך:

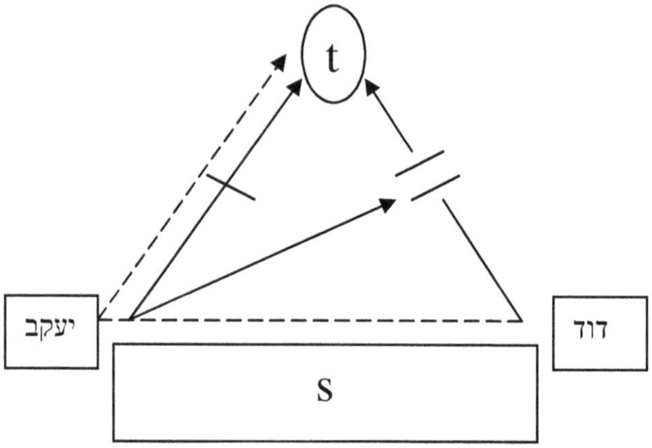

ציור 4: כשיש מונע צדדי או טכני, במודל ידא אריכתא ההפוך.

במצב כזה הפעולה מתבצעת דרך יעקב, והמסלול שלו קטוע. אי אפשר לעשות זאת כך, ולכן זה לא מועיל. זוהי האפשרות לדחות את דברי בעל **טבעת החושן**.

כאשר המונע הוא איסור, אז בעצם יש ליעקב מסלול פתוח למשימה. במצב כזה לא אמור להיות כאן הבדל בין המודלים, שהרי שני המסלולים פתוחים. לכן ברור שזו יכולה להיות רק בעייה במינוי. כשיש איסור למשלח אין לו שליטה מלאה על הדבר, ולכן הוא גם לא יכול למנות שליח לעשות זאת במקומו. הדבר דומה למה שראינו לגבי דין דבר שאינו בתנאי אינו בשליחות (תוד״ה ׳תנאי׳, כתובות עד ע״א, שהובא לעיל).

ההבחנה בין שליחות על מעשה ועל תוצאה, מיוצגת אצלנו כך. לראובן אין יכולת לבצע את המעשה, והוא רוצה למנות את שמעון כשליח לביצוע המעשה הזה. כאשר השליחות היא לביצוע מעשה, זהו בדיוק ציור 1 שראינו למעלה, אין אפשרות למנות שליח. לעומת זאת, כשהשליחות היא על תוצאה, אזי אמנם האדם לא יכול לבצע את המעשה דרך שליח, אבל כאן לא דרוש מינוי.

השליח מבצע את הפעולה ברשותו של המשלח, והתוצאה היא שעוברת לזכותו של המשלח.

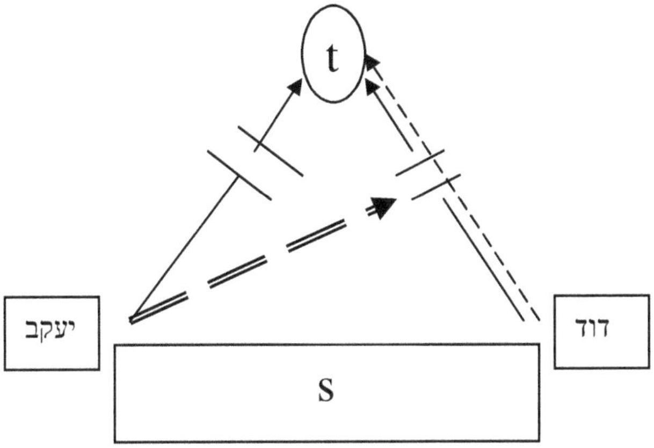

ציור 5: שליחות על תוצאה, כשאיהו לא מצי עביד. הקו המקווקוו אינו מבטא מינוי אלא מתן רשות. את זה אפשר לעשות גם כשאין למשלח מסלול פתוח למשימה.

ב. שליחות על דבר שלא בא לעולם

מבוא

עד כאן עסקנו בכך שאם למשלח אין כוח הוא גם לא יכול למנות שליח לבצע את המשימה. בחלקו השני של הפרק נעסוק במינוי שליחות לדבר שלא בא לעולם. כפי שנראה הנושא הזה קשור לנושא שבחלק הראשון.

נקדים ונאמר שבדרך כלל לא ניתן להקנות או לעשות פעולות משפטיות אחרות לגבי דבר שלא בא לעולם. אי אפשר להקנות פירות דקל, לפני שהם יצאו. אי אפשר להקנות חפץ שעדיין לא קיים בעולם. כאן נדון בשאלה האם ניתן למנות שליח לבצע משהו שעדיין אינו בעולם.

שליח לגרש ארוסה

בסוגיית יבמות נב ע״א-ע״ב שהובאה גם בחלק הקודם אנו מוצאים:

אמר רמי בר חמא, הרי אמרו: אמר אחד ללבלר כתוב גט לארוסתי לכשאכנסנה אגרשנה - הרי זה גט, מפני שבידו לגרשה, ולאשה בעלמא - אין גט, מפני שאין בידו לגרשה.

כאשר אדם שולח סופר לכתוב גט לארוסתו שהוא יעשה בו שימוש בעתיד (לאחר שיישא אותה) זה גט כשר. הנימוק הוא שגם כעת בידו לגרשה, ולכן יש לו כוח עקרוני לגרשה והוא יכול למנות את הסופר לכתוב את הגט. אבל לפני האירוסין אין אפשרות למנות שליח.

בהמשך הגמרא מעלים איבעיא:

בעי רמי בר חמא: ליבמתו, מהו? כיון דאגידא ביה כארוסתו דמיא, או דלמא כיון דלא עבד בה מאמר - לא? תיקו.

מכיון שיש זיקה לפני שהוא מייבם אותה יש צד שהוא יוכל למנות את הסופר לכתוב לה גט. ברור שכאן אין לו אפשרות אמיתית לגרשה כעת, אבל די בזה שישנה זיקה כלשהי ביניהם כדי להעלות אפשרות שניתן יהיה למנות שליח לכתיבת גט.

אם אכן ניתן לכתוב גט במצב של זיקה, הדבר מוכיח שהבעייתיות של מינוי שליח למשימה עתידית אינה קשורה לבעייתיות של כל מה דאיהו לא מצי עביד, שהרי גם בזיקת ייבום הוא לא יכול לגרש, ובכל זאת כאן אין את הבעייתיות הזאת. ולצד שלא ניתן לכתוב גט גם במצב כזה, יש אולי מקום לומר שהבעייתיות של שליחות לדבר שלא בא לעולם אינה אלא פן אחר של הבעייתיות של כל מה דאיהו לא מצי עביד.

ובתוד״ה 'ולאשה', שם, כתבו:

ולאשה בעלמא אין גט - ואפילו כתוב בו זמן דאחר נשואים כיון דאין בידו לגרשה בשעה שעשאו שליח ונראה לר״י דהיינו דוקא למ״ד אין אדם מקנה דבר שלא בא לעולם אבל למאן דאמר אדם מקנה הוי גט דבידו לגרשה כמו בשחרור דמהני לוקח עבד על מנת לשחררו וכתב לו לכשאקחך הרי עצמך קנוי לך מעכשיו כדאמר בהאשה רבה

(לקמן דף צג:) ובקידושין בפרק האומר (דף סג.) וגט שחרור וגט אשה שוים לכל דבר דהא ילפינן לה לה מאשה.

תוס' קושר את הדיון הזה לשאלה האם אדם מקנה דבר שלא בא לעולם. נראה שאם אדם מקנה דבר שלא בא לעולם, אז אדם יכול גם לכתוב גט עתידי, ולכן הוא גם יכול למנות סופר כשליח לכתוב את הגט.

אמנם בכל הסוגיא שם לא לגמרי ברור שדנים בבעייתיות במינוי השליחות. ייתכן שהבעייה היא בדין 'לשמה', שגט שנכתב לפני שקיימת האישות אינו נחשב ככתוב 'לשמה'.

המגיה ב**מל"מ** (ר' יעקב כולי) הל' גירושין פ"ו ה"ג טוען שנחלקו בזה תוס' והרמב"ם:

א"ה הנה בטעם הדין דלאשה דעלמא אינו גט כתבו התוס' ביבמות (דף נ"ב) דכיון דאין בידו לגרשה עכשיו לא מצי משוי שליח אבל הרמב"ם לעיל פ"ג דין ו' השיאו לדבר אחר וז"ל אינו גט מפני שלא היתה בת גירושין ממנו כשנכתב גט זה ונמצא שנכתב שלא לשם גירושין ע"כ.

הוא מסביר שלפי הרמב"ם יש בעיית 'לשמה', ולתוס' זוהי בעייה של מינוי שליח על דבר שלא בא לעולם.

ובספר **בני אהובה** על הל' גירושין פ"ג ה"ו כתב שדין זה הוא רק בגירושין, שכן הארוס עצמו היה יכול לכתוב גט עוד לפני שנשאה, ולכן הוא יכול גם למנות את הסופר. אבל בממון המשלח עצמו לא יכול לקנות אז הוא לא יכול גם למנות שליח. זה דומה לאישה בעלמא. גם הוא רואה את הדין זה כביטוי לדין כל מה דאיהו לא מצי עביד, ולא כדין מדיני 'לשמה'.

גירושין על ידי קטן

ה**טור** אבהע"ז סי' קמא הביא דין תמוה ביותר:

ואם הבעל רך בשנים טוב להצריך לדקדק אחריו אם הביא סימנים כשעושה שליח שאין קטן עושה שליח ומיהו אם יש לו זקן בפניו אין לחוש:

הוא מביא שאם הבעל הוא צעיר ויש חשש שהוא קטן, יש לדקדק אחריו כשעושה שליח לגירושין, שאם לא כן הוא אינו בר מינוי שליחות.

כמה מהמפרשים שם הקשו על הדין הזה, כיצד בכלל ייתכן שקטן יהיה בעל של אישה, הרי קטן אינו בר קידושין. **בד"מ** על **הטור** שם סקכ"ב הביא אפשרות שמדובר בקטן שייבם את אשת אחיו, שאז יכול להיווצר מצב שיש לו אישה מדאורייתא.

וה**מל"מ** בהל' גירושין פ"ו ה"ג העלה עוד אפשרות:

וסבור הייתי לומר דהטור אזיל בשיטת ר"י בר ברזילי שהביא מוהריק"ו בשורש ל' דאית ליה דקטן שקידש לו אביו אשה דחשש להצריכה גט משום דזכין לאדם שלא בפניו וכו'. ולפי הנראה משום קדושי תורה אתי עלה. ומש"ה הצריך הטור בדיקה לפי שאף שיכול לקדש אינו יכול לגרש.

הוא קושר זאת לדעת הר"י בר ברזילי המחודשת, לפיה ייתכן מצב שלקטן יש קידושין מדאורייתא אם אביו קידש לו אישה מדין זכייה. בכל אופן, מדובר כאן במצב שהיא אכן אשתו מדאורייתא.

אלא שכעת בעל ה**מל"מ** מקשה:

אלא דאכתי קשה דלמה לי טעמא משום דקטן אינו עושה שליח תיפוק לי דקטן אינו מגרש.

הוא מקשה מדוע ה**טור** מביא את הטעם לדין בכך שקטן אינו יכול למנות שליח. גם אם הוא יכול היה למנות שליח, כאן זה לא היה מועיל שהרי הוא עצמו לא יכול לגרש (כי הוא קטן), ולכן ודאי שהוא אינו יכול למנות שליח לעשות זאת. כפי שראינו בחלק הראשון של הפרק, מה שהוא לא יכול לעשות בעצמו הוא גם לא יכול למנות שליח לעשות זאת עבורו.

המל"מ שם מעלה אפשרות להסביר את דברי ה**טור** לאור יסוד אחר שהוא עצמו קבע בהלכות אישות:

> ***אך כפי מה שכתבנו דקטן יכול לקדש שיחולו הקדושין לאחר שיגדיל (א"ה נתבאר לעיל פ"ד מהלכות אישות דין ז' יע"ש) אפשר ליישב דברי הטור דמיירי בקטן שקידש ואמר שיחולו הקדושין לאחר שיגדיל ואם הוא בעצמו היה מגרשה לא היה צריך בדיקה דאף אם הוא קטן יכול לגרש לאותו זמן שיחולו הקדושין אך בעושה שליח לא מהני דאין שליחות לקטן:***

הוא מציע שמדובר בקטן שקידש אישה קידושין שיחולו אחרי שהוא גדל, ואז אפשר להסביר שה**טור** מדבר כשהוא כותב גט שיינתן לה אחרי שהוא יגדל והיא תהיה מקודשת לו במצב כזה הוא עצמו יכול לגרש, ולכן הבעייה היא רק זה שהוא לא יכול למנות שליח.

וב**מרכבת המשנה** שם תלה את הדברים בדין כל מה דאינו לא מצי עביד, כלומר הבעייתיות בשליחות לדבר שלא בא לעולם היא שכעת המשלח אינו יכול לעשות את זה, ולכן הוא לא יכול למנות שליח. לכן הוא קושר זאת לדיון שפגשנו ולגבי אישה שממנה את חברתה להפריש חלה עוד לפני שנילושה העיסה. גם כאן מדובר במינוי שליחות על דבר שלא בא לעולם, וכאן ברור שאין בעייה של 'לשמה' כמו שהצענו לגבי גירושין. כלומר הוא רואה זאת בוודאות כבעייה של כל מה דאיהו לא מצי עביד. כפי שראינו למעלה, זה הולך בעקבות תוס' ביבמות שגם הם תלו זאת בדין מקנה דבר שלא בא לעולם, והסברנו שאם אדם מקנה דבשלבל"ע אז זה נחשב בידו, ממילא הוא יכול גם למנות שליח.

שליחות לשליח שאינו בעולם

בסוגיית ב"ב קכז ע"א אנו מוצאים:

> ***דדרש רבא: שתי נשים שילדו ב' זכרים במחבא - כותבין הרשאה זה לזה. א"ל רב פפא לרבא, והא שלח רבין: דבר זה שאלתי לכל***

> ***רבותי ולא אמרו לי דבר, ברם כך אמרו משום ר' ינאי: הוכרו ולבסוף נתערבו - כותבין הרשאה זה לזה, לא הוכרו - אין כותבין הרשאה זה לזה! הדר אוקי רבא אמורא עליה ודרש: דברים שאמרתי לכם טעות הן בידי, ברם כך אמרו משום ר' ינאי: הוכרו ולבסוף נתערבו - כותבין הרשאה זה לזה, לא הוכרו - אין כותבין הרשאה זה לזה.***

מדובר בשני ילדים שלא ברור מי מהם הוא הבכור, ושניהם נולדו במחבוא. הם רוצים לתבוע את חלקם מהילדים המוכרים. הגמרא אומרת שכדי לתבוע את חלקם הם יכולים למנות יחד שליח שיתבע בשם שניהם את שלושת החלקים של שניהם.

ובתוד"ה 'מדדרש', שם, כתבו:

> ***מדדרש רבא שתי נשים שילדו במחבא כותבין הרשאה זה לזה - ואם תאמר הא רב (פפי) משמיה דרבא אמר דאין לו לבכור קודם חלוקה והיאך יבא ליטול בכורה מכח אידך ואור"י דאין זה בא אלא מכח שליחות דהלכתא שליח שוויה.***

תוס' מעיר שיש דעה שאין לבכור חלק כפול לפני החלוקה, ולכן הם לא יכולים למנות אחד את השני ליטול בשמם. ר"י עונה שבכל זאת שליח ניתן למנות כבר בשלב הזה. רואים שניתן למנות שליח לדבר שלא בא לעולם.

וכן ב**קצוה"ח** סי' קכג סק"א כתב:

> ***ואף על פי דציווי הנותן היה בדבר שלא בא לעולם לא גרע בזה, דמידי דהוי אשליחות בעושה שליח בדבר שלא בא לעולם כגון לקדש לו אשה לכשתתגרש דכתבו התוס' נזיר בדף י"ב דמהני וכמו שמביאין ראיה מנשים העושין שליח להפריש חלה מקמח שהוא דבר שלא בא לעולם ע"ש, וא"כ צ"ל דמהני ליה ציווי של המשלח אף על פי שהוא בדבר שלא בא לעולם א"כ מכל שכן בזה שהוא זוכה על פי ציווי המוכר או הנותן ולהכי כשקדם ותפס כל זמן שלא חזר בו המוכר מהני.***

הוא מסביר שאמנם הציווי ניתן כשהדבר אינו בעולם, זה כמו מינוי שליח לדבר שלא בא לעולם שמועיל, כמו שכתבו תוס׳ בנזיר יב, וכמו המקרה של נשים שממנות שליח להפרשת חלה.

אמנם מסקנת התוס׳ בנזיר שם אינה חד משמעית, שכן מה שניתן למנות שליח להפרשת חלה לפי ר״ת הוא רק מפני שבידה לגלגל אותה כעת. אמנם נכון שתוס׳ מוסיפים שמה שבידו ללוש כעת אינו מספיק, שהרי לגבי יבמה הגמרא ביבמות נב מסתפקת האם ניתן לכתוב לה גט כבר כעת כשיש רק זיקה. והרי גם שם יכול לבוא עליה לייבמה. אם כן, לפחות יש כאן מצב של ספק האם ניתן למנות שליח במצב כזה, אפילו אם בידו לשנות כעת את המצב. אם כן, נראה שכשאין בידו לשנות את המצב לפי תוס׳ אין אפשרות למנות שליח.

סיכום

ראינו כמה שיטות בדין מינוי שליחות לדבר שלא בא לעולם:

- לא ניתן לעשות זאת בשום מקרה.
- אין שום מגבלה כזאת, וניתן לעשות זאת בכל מקרה.
- ניתן לעשות זאת רק אם בידו לשנות את המצב כעת ולהפוך את עצמו לבעל יכולת.

ייצוג לוגי במודל שלנו

מי שתופס שאי אפשר למנות שליח לדבר שלא בא לעולם, רואה זאת בחלק מהכלל ש׳איהו לא מצי עביד׳, אותו ייצגנו בסוף החלק הראשון של הפרק.

מי שתופס שניתן לעשות זאת, כנראה רואה את זה כמשימה שכן ניתנת לביצוע על ידי המשלח, ואז יש כאן מינוי שליחות רגיל.

מי שסובר שבמצבים שהמשלח יכול לתקן את המצב ולהפוך את עצמו לבעל יכולת הוא כן יכול למנות שליח, כנראה רואה את המצב כמימוש פוטנציאל של המשלח. ניתן לייצג זאת כך:

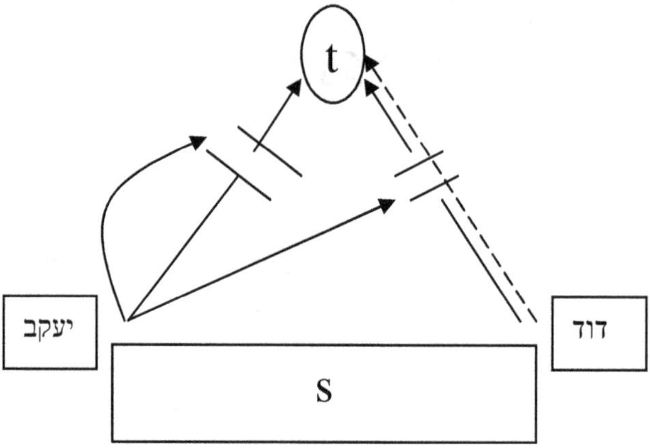

ציור 6: כל מה דאיהו לא מצי עביד, כשהוא יכול לתקן ולהיות בעל הכוח. יש לשים לב שהקו שמייצג את היכולת הזאת הוא רציף, כלומר לא מדובר בקו ביצוע (שאצלנו מיוצג בקו מקווקוו) אלא בקו פוטנציאלי של יכולת. הקו הזה מסמן שהוא יכול היה לסגור את הנתק במסלול שלו את המשימה. די בזה כדי שיוכל למנות מישהו אחר. הוא לא צריך לתקן את המצב בפועל.

פרק שלושה-עשר

שלוחו של בעל הממון[49]

מבוא

במקרים רבים פעולה משפטית נוגעת ליחס בין שני גורמים, או אנשים. כל צד יכול לשלוח שליח מטעמו לבצע את חלקו בפעולה. בפרק זה נבחן עיקרון שמתחדש בירושלמי, ומיובא על ידי הראשונים גם לבבלי ולהלכה בכלל. הירושלמי דורש שבמקרים מסויימים השליח יקבל ייפוי כוח גם מהצד השני לעסקה.

מקור הדברים

מקור יסודי לדין זה הוא בדברי תוד"ה 'בשלמא', ב"מ עא ע"ב, שכתבו:

בשלמא סיפא לחומרא - תימה אמאי לא הוי רבית גמור כשהעמידו אצל ישראל אפילו מקבל הנכרי רבית שהרי נעשה ישראל שני שלוחו של ראשון לקבל חובו מידו של נכרי וי"ל דאפילו שיוכל לזכות לחבירו במציאה הכא אין קבלתו מן הנכרי זוכה לישראל חבירו דנהי אם היה נכרי מפקיר מעותיו היה יכול לזכות לחבירו השתא מיהא שהנכרי אינו מפקירן אלא בא לזכות מעותיו למלוה על ידי זה הלוה אין לו כח לזכות שאם כן היה ישראל המקבל שלוחו של נכרי לזכות במעותיו של ישראל ואין שליחות לנכרי וה"ל להיות מותר אפי' העמידו אצל ישראל...

49 דין זה אינו מוזכר בפירוש בספרות חז"ל, ומקורו הוא בראשונים (ראה להלן). לפירוט על כל הנושא הזה, ראה לדוגמה בספר דברי יעקב, לר' יעקב עדס, ב"מ עא ע"ב.

מבואר בתוס' שאם שמעון הוא שלוחו של ראובן לזכות לו חפץ מנכרי, זה לא מועיל כי אין שליחות לנכרי. ולכאורה הדברים תמוהים, שהרי שמעון הוא שלוחו של ראובן ולא שלוחו של הנכרי? האחרונים מסיקים מדברי התוס' ששליח לזכות בממון כלשהו צריך להיות שלוחו של בעל הממון המוקנה.

אמנם למסקנה יש כאן איסור ריבית מדרבנן, שכן לחומרא יש שליחות גם לנכרי (ראה על כך למעלה בפרק השני). כך שיטת כמה וכמה ראשונים שם.

אמנם ראשונים אחרים (ראה **דברי יעקב** שם סי' ב) חולקים על תוס', ולדעתם אין דין שלוחו של בעל הממון. לדוגמה, הריטב"א (החדש, מובא **בשטמ"ק**) בב"מ עא ע"ב שם חולק על תוס', ולדעתו אם השליח מתכוין לזכות עבור המשלח אזי המשלח זכה בזה מן התורה:

ובודאי דגוי שזיכה מעות לישראל על יד ישראל זכה בהן אותו ישראל דכי אמרינן דגוי לית ליה זכייה היינו שאין לו יד לזכות הוא בשביל ישראל או שאין ישראל זוכה לגוי אבל ודאי מזכה הוא לישראל על יד ישראל ומשום דזימנין דהוי הכי ונמצא ישראל זה זוכה לישראל הראשון שהלוה לו מעות של גוי כשיקבלם והוה ישראל לוה מישראל ברבית אסרו חכמים בכל ענין ואפילו כשהגוי נותנם לישראל בשליחותו של ישראל ראשון ועל דעת להפטר והיינו דאמרינן בשלמא סיפא לחומרא אלא רישא אמאי מותר דהא כיון דאין שליחות לגוי מאי דיהיב ישראל לישראל אינו אלא כאלו נתן מעצמו ומשלו ואינו נפטר מחיובו של גוי ומה שישראל זה מקבל ממנו אינו זוכה לגוי אלא לישראל הנותן הוא מתחייב. ע"כ:

ובשו"ת רעק"א ח"א סי' קכט ד"ה 'ומכל מקום', כתב שהריטב"א חולק על תוס', ולדעתו אין דין שלוחו של בעל הממון.

וכן הוא בדברי ה**טור** יו"ד סי' קסח שהביא בשם ר"ת:

ור"ת פי' כיון שאין שליחות לעובד כוכבים לא נעשה שליח הישראל ושרי וכן הוא מסקנת א"א הרא"ש ז"ל ומיהו אפי' לרבינו תם אם

ישראל השני אומר שבשליחות הראשון מקבלם מהעובד כוכבים אסור דשליח של ישראל הוא וכאילו מקבלם מידו דמי.

אמנם גם הם מסכימים שאיסור הריבית כאן הוא מדרבנן, אבל מטעמים אחרים, שכן לדעתם השליח אינו מתכוין לזכות עבור המשלח, עי"ש.

וב**מחנ"א** הל' שלוחין ושותפין סי' יג הביא שהרמב"ם ובעל **התרומות** (שער מו ח"ד אות י) סוברים שיש כאן איסור תורה, ומוכח שגם לשיטתם אין דין שליחות של בעל הממון, והשליח זוכה עבור המשלח.

שיטת הר"ן וה'נמוק"י'

דין שלוחו של בעל הממון מופיע בצורה הכי ברורה בדברי הר"ן בב"מ יא ע"ב, שמסביר מדוע שליחות להגביה מציאה אינה מועילה מדין שליחות. וזו לשונו שמובאת ב**שטמ"ק** שם יב ע"א:

וזה לשון הר"ן: האי חצר איתרבי וכו'...

אבל גבי מתנה דזכות הוא לו חצרו קונה לו בין משתמרת בין אינה משתמרת מתורת שליחות ואפילו אינו עומד בה דזכין לאדם שלא בפניו זהו תורף פירושו. ורבים הקשו אם כן אפילו במציאה דליכא דעת אחרת מקנה תקנה שדהו שאינה משתמרת אפילו אינו עומד בה מתורת שליחות דזכין לאדם שלא בפניו.

ולי נראה דאינה קושיא כלל דכיון דמתורת שליחות אתינן עלה לחצר אין שליחות מועיל אלא במקום שדעת אחרת מקנה שהרי אתה רואה שנחלקו למעט במגביה מציאה לחברו אי קנה חברו אי לא קנה ואפילו כשעשאו חברו שליח להגביה כאותה ששנינו במשנתנו ראה את המציאה ואמר לחברו תנה לי דאפילו כהאי גוונא איכא מאן דאמר לא קנה אף על פי שהכל מודים דהיכא דדעת אחרת מקנה זכין לאדם על ידי אחר ואפילו מאן דאמר המגביה מציאה לחברו קנה חברו לא מטעם שליחות הוא אומר כן אלא דוקא היכא

דאיכא למימר מיגו דזכי לנפשיה וכו׳ דהא תלמוד מעשיר דליכא מיגו קיימא לן כרבנן דאמרי יתננה לעני הנמצא ראשון וטעמא דמילתא לפי שאי אפשר לזכות לחברו מתורת שליחות אלא אם כן נעשה שלוחו של בעל הממון והיכא דליכא דעת אחרת מקנה אין כאן בעל ממון שיהא זה שלוחו.

הדברים גם מובאים בקצרה ב**נמוק״י** שם (ה ע״ב בדפי הרי״ף):

ראה אותם רצים וכו׳ כי עומד בצד שדהו אין. דעכשיו היא משתמרת על ידו: וחצר המשתמרת דלא בעינן שיהא עומד בצד שדהו צריכא טעמא דהא לאו משום יד הוא דמהני כמו בגט דהתם בעי׳ עומדת בצד חצרה כדלקמן וגם לא מטעם שליחות כדפי׳ הר״נ ב״ר ז״ל שא״א לזכות לחבירו מתורת שליחות אא״כ נעשה שלוחו של בעל הממון ובמציאה ליכא בעל הממון שיהא זה שלוחו...

הר״ן מניח שהחצר אינה יכולה לקנות עבור בעליה מדין שליחות, שכן בשליחות נדרש שהשליח יהיה שלוחו של בעל הממון המוקנה, ובמציאה אין לממון הזה בעלים.

אם כן, הר״ן וה**נמוק״י** סוברים כדעת תוס׳ בב״מ עא שראינו לעיל.

שלוחו של בעל הממון בגט: מקור מהירושלמי

לגבי גט אנו מוצאים בירושלמי גיטין פ״ו ה״א (וכן הוא במעשר שני פ״ג ה״ד) את הקביעה הבאה:

ר׳ זעירא בעי קומי ר׳ מנא אף לעניין מתנה כן. אדם עושה שליח לקבל דבר שאינו שלו. אמר ליה תמן התורה זיכת אותה בגיטה והיא עושה שליח לקבל דבר שהוא שלה. אית לך מימר במתנה אדם עושה שליח לקבל דבר שאינו שלו.

כמה אחרונים מסבירים את הירושלמי לאור דברי הר״ן, ורואים בו מקור לדברי הר״ן והראשונים. הירושלמי קובע שבמתנה אדם לא יכול לעשות שליח

לזכות עבורו, ואילו בגט התורה זיכתה לה, כלומר שבגט יש חידוש מיוחד שניתן לעשות זאת (כלומר שאין שם די שלוחו של בעל הממון).

מה שונה בגט? נראה שכוונת הירושלמי למקור שמביא הבבלי בקידושין מא ע״א שאישה יכולה למנות שליח קבלה. והאחרונים הסבירו זאת באחד משני אופנים: א. גט הוא איסור ולא ממון. לכן בגט נדרש מעשה נתינה ולא זכייה ממש (ראה שיעורי רבי שמואל גיטין סי׳ קצה ועוד). ב. שליח קבלה בגט הוא יד ארוכה של האישה ולא ממש שליח שלה, ובזה הוא מועיל ממש כמוה, ולא צריך את דעת בעל הממון.

נעיר כי כמה אחרונים כתבו שאם זוכים גט עבור האישה מדין זכין אז כן נדרש שהזוכה יהיה שלוחו של הבעל (ראה **ברכ״ש** קידושין סי׳ יג, **ומשנת רבי אהרן** זרעים סי׳ ו, וראה גם שיעורי רבי שמואל גיטין סי׳ קצה). אמנם **בבית אפרים** חו״מ סי׳ ח, **דברי משפט** סי׳ קפב (ראה גם חידושי רבי שמואל ב״מ סי׳ יג, ושיעורי רבי שמואל גיטין סי׳ קצה) **ואו״ש** שם, כתבו שגם בדין זכין אין צורך בגט שיהיה שלוחו של הבעל.

שלוחו של בעל הממון במתנה ובמציאה

מדברינו עולה שגם בדעת הראשונים שדורשים שהשליח יהיה שלוחו של בעל הממון, רואים שיש הבדלים. לפי הר״ן החיסרון של שליח שלא התמנה על ידי בעל הממון קיים גם בדין הפקר כשאין לממון בעלים, ולכן הוא כותב שאי אפשר לזכות במציאה על ידי שליח. אבל תוס׳ שדבריהם הובאו כאן כותבים בפירוש שאם הנכרי מפקיר את הממון ניתן לזכות בו על ידי שליח.

אמנם **בנתיה״מ** סי׳ קה סק״ב רצה לחלק בין הפקר למציאה, ובכך למחוק את המחלוקת. הוא טוען שבמציאה, גם אחרי ייאוש הבעלים, החפץ אינו הפקר, אלא נמצא עדיין ברשות בעליו. הוא מסביר שלכן כתבו הר״ן **והנמוק״י** שאי אפשר לזכות בו בלי רשות הבעלים, אבל בהפקר הם מודים.

יש להעיר שההבדל בין שתי הסיעות יכול להיות מאד משמעותי. אם מבינים שבהפקר אין דין שלוחו של בעל הממון (כדעת התוס'), פירוש הדבר הוא ששלוחו של בעל הממון אינו אלא יישום של כל מה דאיהו לא מצי עביד. בהפקר הבעלים יכול לזכות בעצמו, אז גם שלוחו יכול לזכות עבורו. ורק במתנה שגם הבעלים עצמו אינו יכול לזכות בלי דעת המקנה, גם שלוחו לא יכול לזכות בלי דעת המקנה.

אמנם נכון שרוב האחרונים הבינו שדעת המקנה דרושה גם לכך שהשליח יהיה שליח ולא רק הסכמה לעצם מעשה הזכייה (שהרי זה דבר פשוט, שלא אפשרי לזכות בממון בלי הסכמת המזכה). ההשלכה העיקרית היא שאם המקנה הוא גוי לא מספיקה לנו הסכמתו, שהרי אין שליחות לגוי. אם כן, בזכייה מגוי המשלח ודאי יכול לעשות זאת, ואילו השליח לא יכול לעשות זאת עבורו. אם כן, גם לשיטת תוס' אין כאן רק יישום של כל מה דאיהו לא מצי עביד, אלא דין נוסף.

ויש שפירשו שכוונת התוס' היא רק להרחבה של הכלל שאין שליחות לנכרי, לומר שגם אם ישראל שולח ישראל אחר לזכות מנכרי אי אפשר לעשות זאת. כלומר אין כאן דין שליחות של בעל הממון (ראה **דברי יעקב** שם סי' ג ענף ב וג'). אבל רוב האחרונים הבינו שכוונתם לדין בדיני שליחות.

ולשיטות הראשונים שגם בהפקר דרוש שיהיה שלוחו של בעל הממון (כדעת הר"ן), אזי ודאי יש כאן דין מיוחד ונוסף בשליחות: שליח לזכות בחפץ חייב להיות שלוחם של שני הצדדים. הרי האדם עצמו ודאי יכול לזכות בחפץ הפקר או במציאה אחרי ייאוש, גם בלי רשות הבעלים (כי אין בעלים). ובכל זאת השליח לא יכול לעשות זאת כי אין שליחות ללא הסכמה של בעל הממון, גם כשאין ממון.

כל זה מוביל אותנו לצורך להסביר מדוע באמת נדרש שהשליח יהיה שלוחו של בעל הממון, לפחות לשיטת הר"ן.

הסבר דין שלוחו של בעל הממון

באבהא"ז[50] **ובמחנ"א**[51] התקשו מאד בדין זה: מדוע כשראובן ממנה את שמעון כשלוחו לזכות בממון כלשהו, שמעון צריך להיות גם שלוחו של המקנה? **ובמחנ"א**[52] ואחרים[53], כתבו שברור שיש כאן חידוש מיוחד בדיני שליחות, כפי שגם הוכחנו בסוף הסעיף הקודם. אמנם יש מהאחרונים שהבינו בדעת הר"ן **והנמוק"י** שרק בדין זכין נדרש שהשליח יהיה שלוחו של בעל הממון, ובשליחות רגילה אין צורך בזה (וכך הסבירו את מהלך הסוגיא בב"מ יא לשיטתם). אך זו לא ההבנה הפשוטה בדבריהם, ולכן נתעלם כאן מהאפשרות הזאת. אם כן, אנחנו מחפשים הסבר לדין שלוחו של בעל הממון בכל שליח (זוכה או שליח רגיל).

בשערי ישר ש"ז פי"ב כתב שבכל הקנאה יש שני רכיבים: הוצאה מרשות המקנה והכנסה לרשות הקונה. בפשטות את ההוצאה יכול לעשות רק המקנה, ואת ההכנסה רק הקונה. אבל **בשע"י** שם טוען שבמצבים מסויימים יכול המקנה לעשות גם את ההכנסה, אם יש מעשה קניין ורצון של הקונה. וכן לאידך גיסא, יכול הקונה לעשות את ההוצאה מרשות המקנה אם הוא מסכים לכך.[54]

ולכן הוא מסביר שכאשר הקונה שולח שליח לזכות עבורו, השליח צריך להיות שלוחו של המקנה כדי שיוכל לפעול גם את ההוצאה ולא רק את ההכנסה.

בשיעורי רבי שמואל גיטין סי' קצד מוסיף ואומר שלמשלח אין כוח להוציא את החפץ ולזכות לעצמו אלא שכשמקנים לו הוא זוכה. אם כן הוא לא יכול

---

50 הל' מלווה ולווה פי"ד ה"ג.

51 הל' שלוחין ושותפין סי' כג

52 שם ובהל' זכייה ומתנה סי' לג

53 ראה לדוגמה נתיה"מ סי' קה סק"ב ואו"ש הל' גירושין פ"ג הט"ו.

54 ראה גם אבן האזל הל' שכנים פ"ב ה"י, חידושי רבי שמואל קידושין סי' י ובחי' רבי שמעון יהודא הכהן ב"מ סי' יד ועוד.

להעביר את הכוח הזה לשליח שלו. זה מתקשר לדין שראינו בפרק הקודם שלמשלח צריכה להיות שליטה מלאה בדבר כדי שיוכל למנות שליח. כשהכוח לא מצוי בידו הוא לא יכול להעביר אותו למישהו אחר.

אמנם הסבר כזה לא מספיק לשיטת הר״ן וה**נמוק״י**, שהרי לשיטתם גם בהפקר ישנה בעייה של שליחות בעל הממון. הרי שם אין צד שני. ואכן, כפי שראינו, ב**נתהי״מ** טוען שלא תיתכן שיטה כזו, והוא מסביר שהר״ן עוסק באבידה, ושם זה לא הפקר. אבל בהפקר ודאי שלכו״ע אין צורך השליח של בעל הממון. אך רוב האחרונים חולקים עליו בזה, ומבינים שלשיטת הר״ן יש דרישה כזו גם בהפקר, כלומר שאי אפשר לזכות בהפקר על ידי שליח.

אפשרות אחת היא להסביר שגם בהפקר יש בעלים, האדם עצמו. **קצוה״ח** בסי׳ רעג סק״א מעלה אפשרות שהפקר הוא רק מתן רשות לזכות (כמו **נתיה״מ** שהזכרנו לגבי אבידה אחרי ייאוש). אמנם הוא עצמו מתקשה בהסבר הזה (וראה גם ב**שערי ישר** ש״ה פכ״ג).

אפשרות אחרת היא לומר שבהפקר יש בעלים אחר, והוא העולם כולו. [55] יש אחרונים שרצו להסביר שחפץ מופקר אינו חסר בעלים, אלא דווקא מרובה בעלים. אך זוהי שיטה חריגה ובעייתית, ולא נראה שזו כוונת הראשונים כאן. כדי להסביר את שיטתם בלי להיזקק לסברות אזוטריות כאלה, נבחן שוב לרגע את דין תופס לבע״ח.

---

55 ראה המידות לחקר ההלכה, לרב עמיאל, ח״ג, ׳מושגי ברירה ואיגלאי מילתא למפרע׳ פרק נב, ובעוד כמה מקומות. אמנם ראה שם שהוא מפרש שזוהי בעלות פוטנציאלית של העולם כולו, כלומר אפשרות של כל אחד לזכות, ולא בעלות בפועל. אם זה כך, אז נראה שזה לא מועיל לענייננו בין כה וכה. יתר על כן, לפי זה גם הזוכה שלנו בעצמו הוא חלק מהעולם, ולכן גם הוא בעל זכות להיות בעלים באותה צורה, ולא ברור מה חסר לו כדי שיוכל למנות שליח. אפשרות דומה לזו עולה בקצוה״ח שם, בדעת תוס׳ שסוברים ש״תשביתו״ בחמץ הוא סוג של הקנאה.

תופס לבעל חוב והסבר שיטת הר"ן

למעלה בפרק התשיעי עסקנו בדין תופס לבעל חוב. שם ראינו שכאשר אדם תופס עבור מישהו אחר והוא אינו חב לאחרים (אין בעלי חוב אחרים), זה מועיל. וב**נתה"מ** סי' קה סק"ב הקשה מדוע זה מועיל, הרי השליח צריך להיות שלוחו של בעל הממון (כאן מדובר שהוא תופס, כלומר בלי רשותו של החייב, שהוא בעל הממון).

ובשיעורי רבי שמואל גיטין סי' רג כתב שיש לחלק בין מתנה לתפיסת חוב. כאשר אדם זוכה מהשני במתנה או במקח כלשהו, אזי אין לו שום זכות בדבר. הזכייה תלויה ברצונו של המזכה, ולכן נדרש שיהיה שלוחו של בעל הממון. אבל בתפוס לבע"ח כל הרעיון הוא שיש לתופס זכות לתפוס בלי רשותו של בעל הממון, שהרי הוא חייב לו. במצב כזה התופס יכול לעשות זאת עבורו, גם בלי רשות של בעל הממון.

בניסוח אחר ניתן לומר זאת כך: דין שלוחו של בעל הממון רלוונטי רק כאשר מדובר בביצוע פעולות בין שני גורמים שונים (כמו קנייה, או גירושין). אבל כאשר מדובר בתפיסת חוב, אין צד שני. הזכויות שייכות לבעל החוב ולא ללווה, ולכן הוא יכול לפעול לבדו, או למנות לבדו שליח שיפעל עבורו. כשאין צד שני לא צריך שליחות של עוד מישהו (כמו בשליחות להפריש תרומה).

לפי זה יוצא שכאשר הוא חב לאחריניה, בעצם מה שהשליחות לא חלה זה בגלל דין שלוחו של בעל הממון. כעת יש בעלים נוספים לממון, והשליח צריך להיות שליח שלהם (כך גם הסביר **קה"י** ב"מ סי' י). זהו הסבר נוסף לדין תופס לבעל חוב, מעבר לאלו שהוצגו בפרק התשיעי.

אמנם בתוס' ב"מ עא ע"ב ראינו שגם לזכות מבע"ח אי אפשר אם אין רשות של הגוי (=בעל הממון), וזה לכאורה סותר את ההבחנה הזאת. הגרש"ר שם מביא בשם רבו הגרש"ש, שאם הלווה משלם מרצונו אכן לא תועיל תפיסה. רק אם הלווה ממאן לשלם והתופס בא לתפוס עבור בעל החוב, שם אין צורך שהוא יהיה שלוחו של בעל הממון. ובסוגיית ב"מ מדובר שהגוי מזכה זאת מרצונו, ולכן שם זה לא מועיל.

אך דומה שאין צורך להגיע לזה, שהרי שם מדובר בריבית, ולא במשהו שהגוי היה חייב מן הדין (ובפשטות הסוגיא מדובר בריבית קצוצה). לכן לפחות על הריבית ודאי נדרש דין שלוחו של בעל הממון (=הגוי). אף שהריבית היא חוב מבחינת חו״מ, ויש רק איסור לקחתה. אבל בכל זאת די ברור שקשה לדבר על זכויות של המלווה בסכום הריבית (שהרי ריבית קצוצה שנלקחה מהלווה מרצונו, בכל זאת יוצאה בדיינים בעל כורחו של המלווה).

לאור הדברים האלה, נוכל אולי להבין גם את שיטת הר״ן שהקשינו עליה למעלה. במצב של מציאה או הפקר אין לחפץ בעלים, ובכל זאת הר״ן דורש שהשליח יהיה של בעל הממון, כלומר הוא פוסק שאי אפשר לזכות בהפקר באמצעות שליח. ייתכן שההסבר לכך הוא שמינוי שליח דורש את קיומו של כוח, או זכות, בידי המשלח. כשממנים שליח להפריש תרומה זה מפני שיש למשלח כוח, זכות וסמכות, לעשות זאת. כך גם לגבי קידושין או זכייה במתנה, אחרי שהנותן או המתקדשת מסכימים יש למשלח את הכוח והוא יכול למנות שליח (בעזרת בעל הממון). אבל באבידה או הפקר, אמנם המשלח יכול לזכות בהם, אבל זה לא בגלל שיש לו זכות לעשות זאת. הרי זה לא כמו חוב שחייבים לו, או מתנה שניתנה לו ברשות הבעלים. מה שאדם יכול לזכות בהפקר זה רק בגלל שאין שום דבר שמפריע לו בכך. כלומר זו לא הפעלה של זכות שיש לו, או כוח שיש בידו, אלא פעולה סתמית שיכולה להתבצע כי אין מה שמפריע לה.

הצעתנו היא שלפי הר״ן מה שאפשר למסור לשליח הוא רק זכות שיש לי עצמי. אם לי יש את הכוח ואת הזכות הזאת אני יכול למסור אותם, או את הכוח לממש אותם, לשליח. אבל כאשר לי עצמי אין זכות, אי אפשר למסור זאת למשלח. לכן זכייה בהפקר יכולה אמנם להיעשות על ידי, אבל לא על ידי שלוחי.

זוהי הרחבה של הכלל כל מה דאיהו לא מצי עביד, שכן כעת לא רק אם המשלח לא יכול לעשות משהו הוא לא יכול למנות שליח. ולא רק כשיש איסור לעשות זאת (כמוהראנ״ח) הוא לא שולט במעשה דיו כדי למנות שליח.

אלא אפילו כשהוא יכול ללא שום מניעה לעשות זאת, אבל זו לא זכות שלו אלא אפשרות סתמית לבצע זאת באין מפריע. לפי הר"ן וה**נמוק"י**, גם במצב כזה אי אפשר למנות שליח. גם את דברי מוהראנ"ח אפשר להבין בכיוון הזה: כשיש איסור בדבר, אי אפשר לומר שיש לו זכות לעשות זאת (על אף שבפועל אם המשלח יעשה זאת, זה יחול). ממילא הוא גם לא יכול למסור אותה לשלוחו.

סביר לבסס את ההסבר הזה על התפיסה של ייפוי כוח. אני יכול לייפות את כוחו של מישהו אם לי עצמי יש כוח. אבל כשאין לי כוח, ואני סתם רוצה להעמיד מישהו במקומי, אי אפשר לעשות זאת. המינוי הוא מסירת כוח מהמשלח לשליח, וכאן אין למשלח מה למסור לו. לעומת זאת, לפי התפיסה של ידא אריכתא, כל מה שאני עצמי יכול לעשות אני יכול למנות אדם אחר שיעשה זאת כידי הארוכה. הוא עומד במקומי, ואני פועל דרכו (או הוא דרכי, במודל האלטרנטיבי).

כהנים שלוחי דרחמנא ושלוחי דידן

בתחילת ח"א של הפרק הקודם ראינו את הספק בגמרא נדרים לה ע"ב האם הכהנים שמקריבים את הקרבן שלנו הם שלוחים שלנו או של הקב"ה. ראינו שהגמרא שם לא פושטת את האיבעיא הזו, אולם בסוגיית קידושין כג ע"ב (ובמקבילה ביומא יט ע"א-ע"ב) זה כן נפשט, מכוח השיקול שאם הם היו שלוחים שלנו הם לא יכלו לבצע את המשימה, שכן המשלחים שלהם (=אנחנו) לא יכולים לבצע אותה (להקריב). זהו הכלל שכל מה דאיהו לא מצי עביד לא מצי למשווי שליח.

אז כיצד להסביר את הספק בסוגיית נדרים? מה סובר בעל הצד העולה שם שהכהנים הם כן שלוחים שלנו? הזכרנו שכבר תוס' בקידושין וביומא מקשים זאת. תוד"ה 'דאמר', קידושין כג ע"ב, הביאו שני תירוצים. הראשון:

ויש לומר דאורחיה דגמרא הוא בכמה דוכתי דלא מיפשטא אלא ממשנה או מברייתא אף על גב דמצי למיפשט מדברי אמוראי

כלומר באמת זה נפשט מדברי אמוראים, אבל האיבעיא היתה האם ניתן להכריע זאת מדברי התנאים, וזה לא הוכרע. לפי זה באמת למסקנה אין שום אפשרות להבין שהכהנים הם שלוחים שלנו.

התירוץ השני של תוסי שם הוא:

אי נמי יש לומר דהתם הכי קמיבעיא ליה הני כהני שלוחי דרחמנא דוקא נינהו ולא שלוחי דידן כלל או דילמא הוו נמי שלוחי דידן ונפקא מינה שאם היה כהן מקריב שלא לדעת הבעלים אי שלוחי דרחמנא [נמי] נינהו הוי קרבן כשר ואי הוו [דוקא] שלוחי דידן אינו כשר כיון שהקריב שלא מדעת הבעלים.

לפי התירוץ הזה הספק בסוגיית נדרים הוא האם הכהנים הם שלוחים של הקב״ה ושלנו גם יחד או רק שלו.

גם תוד״ה ׳מי איכא׳, יומא יט ע״ב, כותב באופן דומה:

ולי נראה דלעולם פשיטא ליה מדרב הונא בריה דרב יהושע דשלוחי דרחמנא נינהו דאי ס״ד שלוחי דידן דווקא נינהו ולא שלוחי דרחמנא כלל מי איכא מידי כו׳ והתם מיבעיא ליה אי שלוחי דידן קצת דהוו להו שלוחי דרחמנא ושלוחי דידן או שלוחי דרחמנא דווקא.

כאן תוסי מגדיר את הצד השני שהם גם שלוחי דידן קצת בנוסף לשלוחי דרחמנא.

ב**קובץ הערות** סי׳ עו אות יז מקשה על התירוץ הזה:

וצריך ביאור, דמ״מ תיקשי מי איכא מידי וכו׳ גם בקצת השליחות?

הוא מקשה, כיצד התירוץ הזה פותר את הבעייה? גם אם הם שלוחי הקב״ה ושלוחי דידן יחד, עדיין הם לא יכולים להיות שלוחים שלנו אם לנו עצמנו אין אפשרות לעשות זאת? כיצד הם מצליחים להיות קצת שלוחי דידן כשאנחנו עצמנו לא יכולים לבצע את פעולת ההקרבה?

הוא מתרץ את הקושי בהתאם לחילוק שלו שהובא בפרק הקודם בין שליחות למעשה לבין שליחות לתוצאה:

וי"ל לפי המבואר למעלה (אות ז') דיש שני מיני שליחות עיין שם, היכא דבלא השליחות לא מהני המעשה וצריך שהמשלח ימסור כחו להשליח, ובזה אמרינן דהיכא דאיהו לא מצי עביד וכו', אבל היכא דהשליח יכול לעשות בעצמו, אלא דצורך השליחות הוא שיהא המעשה נחשב על המשלח, בזה ליתא להך כללא דכל מילתא דאיהו לא מצי וכו', וזוהי כונת תוס', דאי אמרינן שלוחי דידן דוקא ולא שלוחי דרחמנא כלל, אז השליחות צריכה להכשר העבודה, דאם יקריב הכהן בלא שליחות הבעלים, הקרבן פסול, כמבואר בדבריהם שם, ומשו"ה פריך מי איכא מידי וכו', אבל אי נימא שלוחי דידן נמי, אז אין צריך לשליחותא דידן לענין הכשר הקרבן, ולזה סגי בשליחותא דרחמנא, אלא דצריך לשליחותא דידן שתהא המעשה נחשבת על המשלח, כמו בדבר עבירה, ובזה לא איכפת לן במאי דאיהו לא מצי עביד:

השליחות להקריב אינה זקוקה למינוי, אלא רק כדי שהתוצאה תיחשב לטובת המשלח (שיתכפר בקרבן). במצב כזה ניתן למנות שליח גם במקום שהמשלח לא יכול לעשות את הפעולה. הרי הכהנים יכולים לעשות את הפעולה מצד עצמם, וכל מה שנדרש הוא שהתוצאה תיחשב למתכפר. לעומת זאת, השליחות של הכהנים כלפי הקב"ה היא שליחות של מתן כוח. ממנו הם מקבלים את עיקר הכוח להקריב.

ניסוח אחר: שלוחו של בעל הממון

ניתן לנסח זאת מעט אחרת, גם בלי להשתמש בחילוק בין שני סוגי השליחות. הכהנים הם שלוחים שלנו לכל דבר ועניין. אמנם יש כאן כוח מסויים שלא נמצא אצלנו (כמו הכוח להוציא את הממון מבעליו), ולזה צריך שהם יהיו

שלוחים גם של הקב״ה. הכוח להתכפר בקרבן לא מצוי בידינו, והוא ניתן מהקב״ה. לכן צריך שיהיו שלוחים שלו.

מחלוקת הסוגיות

בשורה התחתונה ישנה בעניין זה מחלוקת הסוגיות. ראינו שההתלבטות לפי התירוץ השני של תוס׳ היא בין הצד שהכהנים הם רק שלוחי דרחמנא לבין הצד שהם שלוחיו ושלוחינו גם יחד. עוד ראינו שלצד שהם שלוחיו ושלוחינו גם יחד, לא צריך שאנחנו עצמנו נהיה בני הקרבה, ולכן הספק בסוגיית נדרים נותר בעינו. אלא שכעת עולה שאלה הפוכה: הרי סוגיות קידושין ויומא פושטות את הספק ומכריעות שכהנים הם שלוחי דרחמנא ולא שלוחי דידן, מכוח השיקול של כל מה דאיהו לא מצי עביד. רואים שהעיקרון הזה כן דוחה את הצד שהכהנים הם שלוחינו ושל הקב״ה יחד. אם כן, סוגיית נדרים סוברת שהצד שהכהנים הם שלוחים שלנו ושלו יחד סובל את החיסרון שאנחנו לא בני הקרבה. וסוגיות קידושין ויומא סוברות שהצד הזה נדחה בגלל השיקול שאנחנו לא בני הקרבה.

נראה שסוגיות קידושין ויומא סוברות שהצד שהכהנים הם שלוחים שלנו, הכוונה היא רק שלנו. הכוח להקריב ודאי ניתן להם על ידי הקב״ה, אבל זה לא מכניזם של שליחות. פעולת ההקרבה נעשית בשליחותנו שלנו בלבד. הסוגיות הללו סוברות שההקרבה אינה פעולה בין שני גורמים שדורשת שליחות של שני הצדדים, אלא פעולה הלכתית רגילה, כמו הפרשת תרומה.

סיכום

דין שלוחו של בעל הממון עוסק בסיטואציות שאדם עושה פעולה על ידי שליח, וזו פעולה שנעשית בין שני גורמים שונים (כמו קנייה, גירושין וכדומה). במצבים כאלה יש שיטות שדורשות שהשליח יקבל ייפוי כוח גם מהצד השני של העסקה.

ראינו שיש כמה שיטות ראשונים לגבי דין זה:

- יש ראשונים (ריטב"א ו**טור**) ששוללים את הכלל הזה לגמרי.
- יש ראשונים (תוס' ב"מ, וגם הר"ן וה**נמוק"י** לפי ה**נתיה"מ**) שסוברים שהכלל הזה חל רק במקום שיש בעלים לממון (יש צד שני).
- ויש ראשונים (ר"ן ו**נמוק"י** לדעת רוב האחרונים) שסוברים שהכלל הזה חל גם כשאין לממון בעלים, כמו בהפקר או מציאה (ואז אי אפשר לזכות על ידי שליח).

ראינו שההסבר היסודי לדין זה לפי תוס' הוא שייפוי הכוח דרוש כדי שהשליח יוכל לעשות את שני הרכיבים של הפעולות הללו: הוצאה מרשות המקנה והכנסה לרשות הזוכה.

עוד ראינו שלפי הר"ן ייפוי כוח כזה דרוש גם כשאין הוצאה מרשות (כלומר כשאין בעלים, כמו בהפקר). הסברנו זאת בכך שהיכולת של אדם לזכות בהפקר אינה זכות שיש לו, אלא מעשה שאין לו מפריע. ומכיון שזו לא זכות שלו, לכן הוא לא יכול למסור אותה למישהו אחר שיתפקד כשלוחו. שליחות ניתן לעשות רק במקום שבו יש לי זכות כלשהי שעוברת לשליח.

הזכרנו שההבנות הללו עשויות להיות תלויות בהבנת המכניזם של השליחות. אם מבינים שליחות כידא אריכתא, כלומר שהשליח עומד במקום המשלח כידו הארוכה, אזי אין מניעה שהשליח יעשה כל מה שהמשלח עצמו יכול לעשות. אבל לפי התפיסה של ייפוי כוח, ניתן למסור לשליח רק כוח שקיים אצל המשלח. אחרת אין את מה למסור לו.

ייצוג לוגי במודל שלנו

כעת ננסה לייצג את התוצאות של הפרק הזה במונחי המודל הלוגי שלנו. לפי הראשונים ששוללים את הכלל הזה, אין שום שינוי מהמודלים שהצגנו עד עתה. לפי הראשונים שסוברים שיש כלל כזה, בין אם רק כשיש בעלים ובין אם גם כשאין בעלים, נראה שכאשר עוסקים בשליחות למעשים שיש להם שני צדדים, הייצוג הגרפי של מינוי וביצוע השליחות משתנה.

נתחיל עם שיטת התוס׳. המודל של תוס׳ הוא כבציור 1:

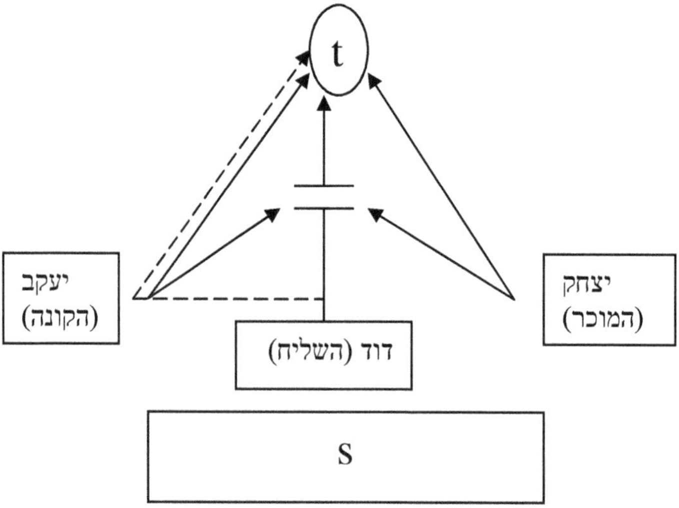

ציור 1: המודל של התוס׳: שלוחו של בעל הממון קיים רק כשיש בעלים אחר כנגדו. כאן צריך מינוי של שני הצדדים. ראינו שייתכן שהתפיסה הזו מבוססת על ידא אריכתא, הפועל הוא המשלח. לכן קו הפעולה בציור יוצא מדוד דרך יעקב. אמנם זה לא המודל ההכרחי, והשינוי היחיד הוא שקו הפעולה ייצא מדוד ישירות למשימה.

תוס׳ רואה מול עיניו את הבעלים השני, שצריך גם הוא למנות את השליח של הקונה. לכן דין זה קיים רק במקום שיש בעלים שני.

לעומת זאת, הר״ן וה**נמוק״י** סוברים שהמוקד אינו הבעלים השני, אלא מידת הזכות שיש ליעקב (הקונה) בחפץ. לכן לשיטתם אין זה חשוב האם יש מולו עוד גורם או לא. הכל נעוץ בטיבו של המסלול מהקונה (יעקב) למשימה. לא די לנו בכך שהוא יכול לעשות זאת, אלא נדרשת זכות שתהיה לו בדבר. כבר הערנו שבעצם לשיטתם יש כאן הרחבה של הכלל שמה ש׳איהו לא מצי עביד לא מצי למשווי שליח׳, שכן הם דורשים שלמשלח תהיה זכות, ולא רק יכולת לבצע את המשימה.

ראינו שברקע הדברים מונחת אצל הר״ן וה**נמוק״י** תפיסה של שליחות כייפוי כוח.

מנגנון השליחות הבסיסי הוא כבציור 2 :

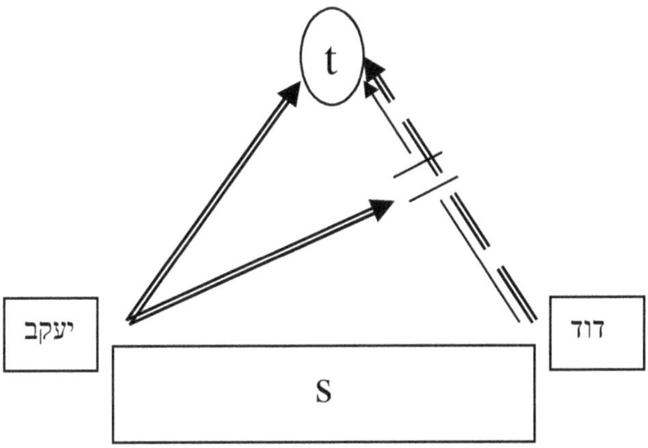

ציור 2 : מודל השליחות של הר״ן וה**נמוק״י**. כדי שיעקב יוכל למנות את דוד, עליו להיות בעל זכויות במשימה t. הפרשת תרומה היא שליחות מהסוג הזה. השליח מקבל את הזכות של יעקב (לכן גם קו הפעולה שלו הוא כפול).

מה קורה כשאין ליעקב את הזכויות במשימה כי יש בעלים מולו? כדי שיעקב יוכל למנות את דוד, עליו להיות בעל זכויות במשימה t. במצב הראשוני אין לו

את מלוא הזכויות (לכן הקו ממנו למשימה הוא יחיד ולא כפול). המצב היסודי מתואר בציור 3:

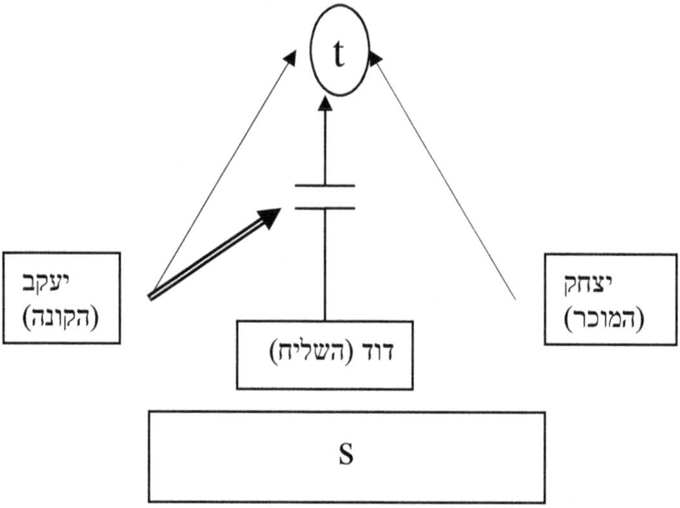

ציור 3: מודל השליחות של הר"ן **והנמוק"י** כשיש גורם מנגד. ליעקב אין זכויות, ולכן המינוי שבו הוא מנסה להעביר את הזכויות לדוד אינו יכול לחול בלי עזרתו של בעל הממון (יצחק). הוא לא יכול להוציא קו כפול כשלו עצמו יש קו יחיד. כאן אין קו מרוסק, כי דוד לא יכול לבצע את המשימה.

מה ניתן לעשות? יצחק צריך לתת את הזכויות משלו. כעת יש שתי אפשרויות לראות זאת:

א. הזכויות הללו ניתנות ליעקב על ידי יצחק (המוכר). לאחר שיש לו את הזכויות, הוא יכול להעביר אותן לדוד, ואז דוד מבצע את המשימה. נציין כי המינוח "שלוחו של בעל הממון" אינו ממש מתאים כאן, שכן בשורה התחתונה דוד אינו שלוחו של יצחק, אלא רק של יעקב.

המצב מתואר בציור 4:

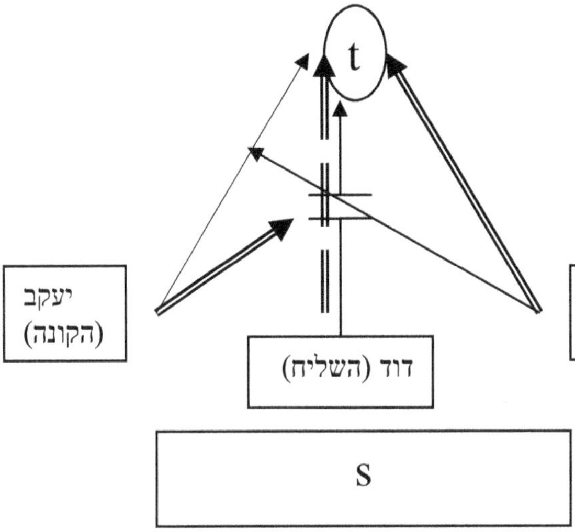

ציור 4: המודל הראשון של הר"ן וה**נמוק"י** כשיש גורם מנגד. יצחק נותן את הזכויות ליעקב, וכעת יעקב הוא בעל הזכויות והוא יכול למנות את דוד. לאחר העברת הזכויות ליעקב, הקו ממנו למשימה הופך בעצם להיות כפול, ולכן הוא יכול למנות את דוד. גם קו המשימה הוא כפול, כי אצל דוד יש את הזכויות שהעביר לו יעקב.

ב. אפשרות אחרת היא לומר שהזכויות הללו ניתנות ישירות מיצחק לדוד, ומשני הצדדים יחד הוא מקבל את מלוא הזכויות ואז הוא יכול לבצע את המשימה. זה שקול למודל של תוס' (שהרי במקרה הזה הם מסכימים). המודל הזה מתאים יותר למינוח "שלוחו של בעל הממון", שמצביע על כך שדוד הוא גם שלוחו של יצחק.

המצב מתואר בציור 5:

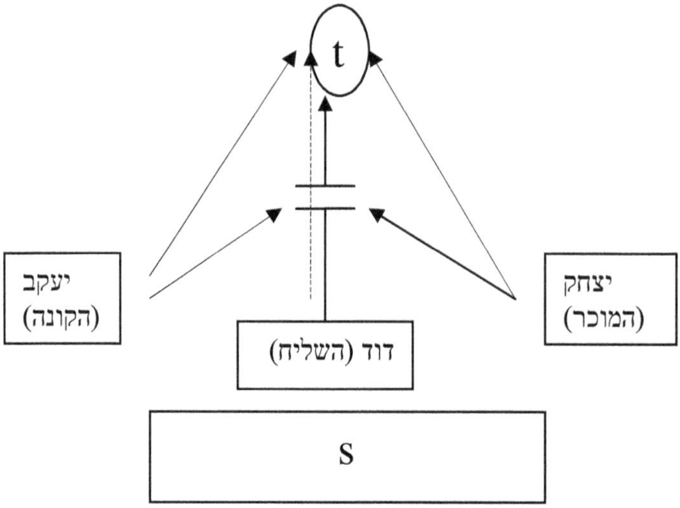

ציור 5: המודל השני של הר״ן וה**נמוק״י** כשיש גורם מנגד. יצחק ממנה את דוד ומשלים את המינוי שלו. כעת הוא יכול לבצע את המשימה. רואים שהציור הזה שקו ללגמרי לציור 1 שמייצג את שיטת התוס׳. רק קו הפעולה הוא שונה, כי כאן הנחנו תפיסה של ייפוי כוח.

המודל השני אינו משקף את הסברנו בר״ן וה**נמוק״י**, שהרי הסברנו שאם למשלח אין את מלוא הזכויות אין לו מה להעביר לשליח. לכן אם יצחק לא מעביר לו זכויות, אלא ישירות לשליח, אז אין ליעקב אפשרות למנות את דוד כלל, גם לא ברמה של קו בודד. אפשרות פעולה לא ניתנת להעברה, אלא רק זכות וכוח שיש למשלח הוא יכול להעביר לשליח. לכן גם ציירנו את קו הפעולה כקו בודד, כי השליח לא מקבל את מלוא הזכויות. מאידך, המודל הראשון אינו מבטא אל נכון את המשמעות של ״שלוחו של בעל הממון״, שהרי דוד הוא שלוחו של יעקב, ולא של יצחק.

המוצא המתבקש הוא לומר שבעצם המודל הראשון הוא המייצג אל נכון את שיטת הר״ן וה**נמוק״י**. מדוע משתמשים במינוח ״שלוחו של בעל הממון״? נראה שהכוונה היא לסוג של פיקציה משפטית, שמבססת בעצם את המודל

הראשון. מתן הזכות מיצחק ליעקב והעברתה לדוד, משמעותה בעצם היא שדוד הוא שלוחם של שניהם.

מה שנותר לנו כעת הוא להסביר מה קורה לפי הר״ן וה**נמוק״י** בהפקר, כשאין מול הזוכה בעלים שיכול לתת לו זכות? במצב כזה הוא עצמו יכול לזכות, שכן אין מניעה לעשות זאת. אבל הוא לא יכול למנות שליח, כי אין מי שייתן לו זכויות בחפץ.

המצב מתואר בציור 6:

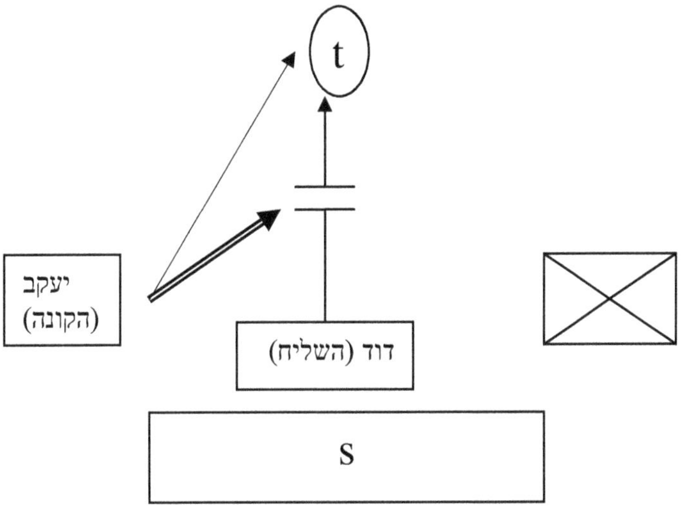

ציור 6: מודל השליחות של הר״ן וה**נמוק״י** כשאין גורם מנגד. כדי שיעקב יוכל למנות את דוד, עליו להיות בעל זכויות במשימה t. במצב הראשוני אין לו את מלוא הזכויות (לכן הקו ממנו למשימה הוא יחיד ולא כפול). אולם כאן אין מי שייתן לו את הזכויות הללו, ולכן המינוי שלו את דוד, שמנסה להעביר לדוד זכויות שלא עצמו אין אותן, כמובן לא מצליח. מי שיש לו עצמו קו בודד (יכולת לפעול אבל בלי שזה מבטא זכויות שלו במשימה) לא יכול להעביר קו כפול לשליח.

סיכום

בכרך זה סקרנו בראשי פרקים סוגיות מרכזיות של דיני שליחות. הדיון לא נועד למצות את כל פרטי הדינים עליהם נשתברו קולמוסים רבים. מטרת הסקירה הנוכחית היתה להציג את הכלים לניתוח הלוגי של מנגנון השליחות. הכלים שהוצגו בכרך זה הינם של ייצוג גראפי למסלול ההרשאה והפעולה, והייצוג של ההירכיה (של זהות והרשאה, משלח ושליח) בכרטיס (token).
ייצוגים אלה והתחשיבים הלוגיים הגלומים בהם (המוגדרים ומפורטים במאמר באנגלית שבסוף הספר), שימשו אותנו לפריסת המרכיבים של המיכניזמים ההלכתיים של דין שליחות - כגון חקירת ידא אריכתא או ייפוי כוח; שהענף של מושג השליחות כידא אריכתא הינו מחודש עבור עולם הלוגיקה, וההצרנה הלוגית שלו פותחת אופקים חדשים.
כמו כן ראינו את טווח האפשרויות של שליחות במגבלות יכולת הפעולה של השלוח ו\או המשלח באספקלריה של הלוגיקה של הרשאות. סוגייה רלוונטית במיוחד – הן לעיון ההלכתי והן לנושאים המעסיקים את הלוגיקה של הרשאות כיום – היא שרשרת השליחים על הסתעפויותיה המרובות: מינוי שליח על ידי שליח, אמר אמרו וכו', מספר משלחים לאותו שליח (בייחוד כשסמכויותיהם המקוריות שונות) ההגיון התלמודי מתמקד בגבולות האפשרות לפעולה (כשלון המשלח או המשולח), והלוגיקה המודרנית עוסקת בעיקר בשרשראות הרשאה ובתחשיב של הסמכויות. בכוחו של המודל המוצע כאן להצרין את שני סוגי העיון האלה, ולקשר ביניהן.